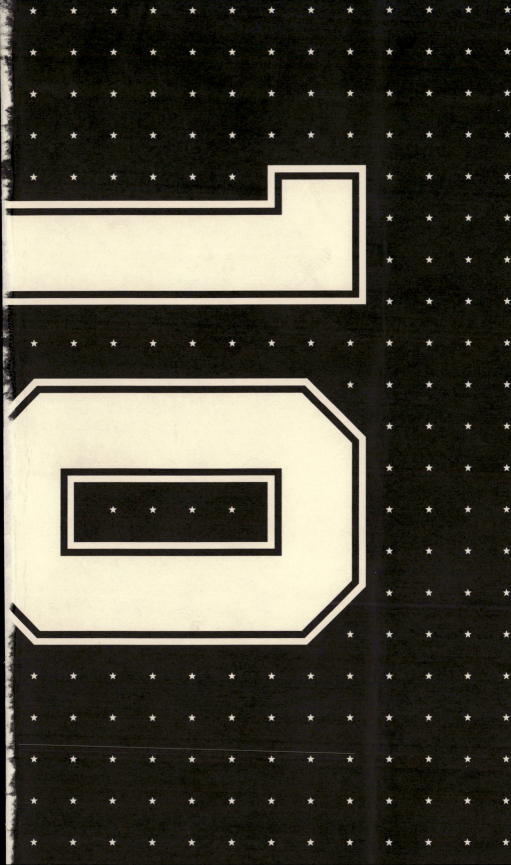

MARADONA

DE DIEGO A D10S

GUILLEM BALAGUE

Copyright © 2021 Guillem Balague
Copyright desta edição © 2023 Editora Grande Área

Tradução
Camilo Adorno

Preparação
Christian Schwartz

Revisão
BR75 | Clarisse Cintra

Projeto gráfico de capa e miolo
BR75 | Raquel Soares

Diagramação
BR75 | Raquel Soares

Produção editorial
BR75 | Clarisse Cintra e Silvia Rebello

Imagem de capa
dpa picture alliance archive | Alamy Stock Photo

Dados Internacionais de Catalogação na Publicação (CIP)
Angélica Ilacqua CRB-8/7057

B144m   Balague, Guillem
        Maradona: de Diego a D10S/Guillem Balague; tradução de Camilo Adorno. Campinas: EGA, 2023.
        384 p.: il.

        ISBN: 978-65-88727-29-4

        Título original: Maradona: The Boy. The Rebel. The God.

        1. Maradona, Diego, 1960 – Biografia 2. Jogadores de futebol – Argentina – Biografia I. Título II. Adorno, Camilo

23-2307   CDD 927.96334

Índices para catálogo sistemático:
1. Maradona, Diego, 1960 – Biografia

Para minha sobrinha Alba, que tantas risadas trouxe para este mundo confuso, e para Juan Carlos Unzué, que nunca nos deixa esquecer o quanto vale a força interior e o sorriso.

PRÓLOGO 9

PARTE 1 *EL PELUSA*

1 Don Diego, o pai 25
2 Doña Tota, a mãe 34
3 Goyo Carrizo, um amigo ainda em Villa Fiorito 41
4 Francis Cornejo e os *Cebollitas* 49
5 Estreia na equipe principal do Argentinos Juniors 56

PARTE 2 DIEGO

6 Uma força dominante em La Paternal 67
7 O encontro com Pelé 73
8 O Mundial Sub-20 de 1979, no Japão 81
9 Jorge Cyterszpiler 88
10 A transferência para o Boca Juniors 96

PARTE 3 MARADONA

11 O Boca, a glória e o peso da fama 107
12 Espanha-1982 112
13 Barcelona: o clube e a imprensa 122
14 O "clã Maradona" 131
15 Claudia Villafañe 140
16 César Luis Menotti, uma Copa do Rei e Andoni Goikoetxea 147
17 Adeus, Barcelona. Olá, Napoli 159

18 Corrado Ferlaino e o Stadio San Paolo	169
19 *Uno di noi*	178
20 Guillermo Cóppola	205
21 Carlos Salvador Bilardo	209
22 México-1986: as superstições	218
23 Inglaterra × Argentina: primeiro tempo	229
24 Inglaterra × Argentina: segundo tempo	235
25 Inglaterra × Argentina: terceiro tempo	248
26 A glória mundialista	255

PARTE 4 DIEGO ARMANDO MARADONA

27 Cristiana Sinagra e o primeiro *Scudetto*	267
28 Em Nápoles por inteiro	279
29 Do segundo *Scudetto* à Copa de 1990	292
30 Itália-1990	306
31 O fim no Napoli	317
32 Sevilla FC	326
33 Newell's e o caminho para sua última Copa	336
34 O doping na Copa do Mundo de 1994	343
35 "Cuesta abajo" e o retorno ao Boca	349
36 O caminho para a divindade	358

EPÍLOGO	375
AGRADECIMENTOS	382

PRÓLOGO

Francis Cornejo, treinador de uma equipe juvenil filiada ao Argentinos Juniors que ele batizara de *Cebollitas*, teve de viajar a Villa Fiorito para conferir a idade do menino em sua carteira de identidade. Goyo Carrizo havia levado consigo um amigo, Diego Maradona, para um teste no Parque Saavedra. Ao vê-lo jogar, Cornejo ficou impressionado: "Ele é minúsculo, não é possível que tenha oito anos".

Contudo, ao subir na carroceria da caminhonete Rastrojero laranja de José Trotta, Francis Cornejo hesitou. "Ah, Fiorito." A favela de Villa Fiorito, nos arredores de Buenos Aires, era o lugar onde alguns de seus jogadores viviam, mas era também uma vizinhança que frequentemente aparecia nos boletins de ocorrência policiais devido a brigas, tiroteios e assassinatos. Com um pouco de sorte, voltariam antes do anoitecer. Primeiro era preciso deixar oito ou nove meninos pelo caminho e depois levar Goyo, Diego e mais alguns até Fiorito. José Trotta, auxiliar de Cornejo e motorista da equipe, sabia como chegar à favela, mas a partir dali Diego teria de orientá-lo até sua casa.

A caminhonete precisou cruzar alguns trilhos ferroviários, e Cornejo ficou surpreso ao ver poços, carroças puxadas por cavalos e até um córrego de água suja que molhava o amontoado de sacos de lixo apodrecidos. "É ali", disse Diego, apontando para a esquerda. Cornejo atravessou a rua e bateu na porta. Doña Tota a abriu e, atrás dela, estava uma de suas filhas. Pareciam espantadas.

"Estamos montando um time no Argentinos Juniors e precisamos confirmar a idade do seu filho..." Os outros meninos haviam descido da Rastrojero e se aproximado da porta.

"Entrem", respondeu a mãe de Diego, amável, antes de prontamente mostrar a Francis Cornejo a certidão de nascimento do filho, da Policlínica Evita, confirmando que a criança nascera em 30 de outubro de 1960. Aquele menino realmente tinha oito anos de idade. Cornejo havia descoberto uma joia rara e podia usá-la em sua equipe. Na verdade, foi mais do que isso: de março de 1969 em diante, Diego ajudou o time a atingir uma marca inédita de 136 partidas de invencibilidade.

Em seu livro *Cebollita Maradona* — a história de seu relacionamento com aquela "cebolinha" menor do que as demais crianças, cabelo comprido, rosto redondo, pernas pequenas e velozes — Cornejo recorda-se de dezenas de momentos notáveis. "Após receber a bola pela direita da grande área, ele a levantou com seu pé esquerdo fazendo com que chegasse até a cabeça... Foi nesse instante que todos ficaram boquiabertos: com a bola grudada à cabeça, ele atravessou a área, da direita para a esquerda, e quando ficou frente a frente com o gol, parou. De repente, jogou a bola da cabeça para seu pé esquerdo, virou-se e deu um chute incrível que acertou a trave direita — o goleiro imóvel, como se hipnotizado pela jogada. No rebote, *Polvorita* Delgado mandou para o fundo das redes. Insano." O estádio todo aplaudiu aquela jogada, incluindo os torcedores adversários.

Um dia, enquanto treinava no Parque Saavedra, um senhor de idade que havia parado de jogar bocha para se divertir vendo Maradona, ofereceu-lhe sua bicicleta. "Não, senhor. Obrigado, mas não posso aceitar."

"Aceite, filho. É sua. Quero que você fique com ela. Você é um demônio com seus dribles. Lembre-se de mim quando estiver na seleção." Cornejo fez um sinal com a cabeça, dando seu consentimento, e um Diego agradecido e perplexo pela reação provocada por seu futebol aceitou a oferta. Quando se tornou jogador da seleção argentina, Maradona lembrou-se daquele senhor, mas nunca conseguiu contatá-lo ou mesmo saber se ainda estava vivo.

Os pais de Diego passaram a viajar para os jogos na caminhonete de José Trotta. Don Diego e Doña Tota sentavam-se com o motorista na frente, enquanto Francis Cornejo gostava de ficar na carroceria com as crianças. "Tinha o vento soprando no meu rosto e a algazarra do pessoal ao meu redor, cantando, contando piadas, se preparando psicologicamente para a partida."

O talentoso garoto dos *Cebollitas*, que estreou na equipe principal do Argentinos Juniors aos quinze anos, não demorou para conquistar os torcedores do clube, enquanto a diretoria o tirava da favela de Fiorito, juntamente com sua família, alugando uma casa para eles em Villa del Parque, próximo ao estádio do Argentinos. A algumas casas dali vivia uma menina tímida chamada Claudia. Certo dia, ele a viu de costas — ela vestia uma calça amarela — e se apaixonou de imediato. Claudia não sabia quem ele era. Maradona, porém, tempos depois, contaria a história de uma maneira um tanto diferente.

Don Diego e Doña Tota não tinham dinheiro suficiente para pagar o aluguel mensal e corriam o risco de ser despejados, mas o clube os ajudou e comprou a primeira propriedade de Diego. Ele tinha dezoito anos. Era um sobrado comum com um pátio no modesto bairro La Paternal, a poucos quarteirões do estádio do Argentinos. Seus pais e seus irmãos, e até alguns cunhados e cunhadas, moravam ali. Maradona dormia em um quarto só seu, mas precisava subir três degraus até o andar de cima para chegar ao banheiro, no mesmo andar do terraço.

Aos dezenove anos, muito antes de se tornar o "Deus sujo e pecador" descrito pelo escritor Eduardo Galeano três décadas mais tarde, ele conquistou o Mundial Sub-20, no Japão. Àquela altura, a caminhonete Rastrojero já tinha sido abandonada e Maradona estava se transformando em um aficionado por carros, as rodas como seu cartão de visita, uma característica argentina que ele jamais abandonaria. Os torcedores queriam agradecer a *El Pelusa* pela alegria que proporcionara a eles e, por isso, decidiram angariar fundos para lhe dar um carro, um aristocrático Mercedes-Benz 500 SLC vermelho com respeitáveis 237 cavalos de potência. Outro presente de agradecimento.

Aos poucos, seu salário lhe permitiu economizar para comprar o primeiro carro, e ele comprou de presente de Natal para si mesmo um funcional Fiat Europa 128 CLS, de linhas retas e retangulares, como se desenhado por uma criança. Um colecionador o mantém até hoje próximo a Buenos Aires e já recusou ofertas de museus italianos para exibi-lo.

Se você é uma estrela, e Maradona já era uma aos vinte anos, não pode dirigir um Fiat Europa. Então ele inaugurou sua coleção de carros esportivos com um Porsche 924 cinza-escuro com assentos de couro marrom, vindo da Alemanha. Foi seu primeiro tesouro; antes de deixar o Boca Juniors e se mudar para Barcelona, desfez-se do veículo. Trinta anos depois, no comando da seleção nacional na decepcionante campanha na Copa do Mundo da África do Sul, era possível comprá-lo por meio milhão de dólares; contudo, dois anos depois, o preço despencou para 77.500 dólares, assim como a reputação do treinador.

O contrato de Maradona com o Barcelona incluía um carro, um Golf vermelho, de onde ele surgiu na entrada do Camp Nou numa tarde de 1983. Porém, a porta de acesso ao estádio estava fechada. "Está vendo, Diego? Dizem que Deus ajuda quem cedo madruga, mas é a primeira vez que você chega cedo e a porta está fechada." Fernando Signorini, um jovem preparador físico, pensou que talvez tivesse cometido uma gafe ao proferir aquele comentário sarcástico, sua apresentação ao jogador. O sorriso de canto de boca de Diego deixava margem para dúvida.

Maradona conhecia Signorini, uma vez que ele era um dos poucos que podiam frequentar as sessões de treinamento de César Luis Menotti. "Então você é o preparador? Nós vamos jogar amanhã e depois parto de férias para a Argentina, mas, quando voltar para a pré-temporada em Andorra, gostaria de conversar com você porque meu empresário Jorge Cyterszpiler e eu estamos pensando em abrir uma escolinha de futebol em Barcelona." Tempos depois, Diego pediu para que *El Profe* (o professor) se tornasse seu preparador físico particular, algo inédito àquela altura no mundo do esporte coletivo. Eles passariam, entre idas e vindas, quase dez anos juntos.

A primeira grande crise de sua vida aconteceu depois que a Argentina conquistou a Copa do Mundo de 1986. Após atingir a glória com a qual sonhava quando criança, Maradona entrou em depressão. Sua vida de multimilionário e prisioneiro da fama na região de Posillipo o oprimia. A essa altura, sempre havia alguém ali para lhe oferecer um pó mágico e Diego, já alçado à condição de herói e mito, não hesitava em usá-lo. E assim que a depressão passava, era substituída quase imediatamente por um estado de euforia. Com o peito estufado uma vez mais, como quando ouvia o refrão do hino nacional argentino, ele se sentia pronto e preparado para enfrentar qualquer coisa.

Em 1987, depois da conquista do primeiro dos dois *Scudettos* com o Napoli, Diego, tendo decidido num impulso que precisava de uma Ferrari, disse a seu então empresário, Guillermo Cóppola, que queria uma Testarossa preta, em vez da usual Rosso Corsa, a vermelha mais famosa naquele mundo exuberante. Cóppola não era um empresário comum. Ele passou a cuidar de Diego logo após a chegada do jogador à Itália e conseguiu elevá-lo à estratosfera futebolística mundial; também ficou a seu lado durante o inferno provocado pela cocaína, um vício que ambos compartilhavam. Nesse caminho, a dupla desenvolveu um amor imenso. Cóppola faria qualquer coisa por seu amigo.

"Valia 430 mil dólares", contou Cóppola à TyC Sports. "Passei para o Napoli que custava o dobro do valor... e acrescentei 130 mil para a pintura. O presidente do clube, Corrado Ferlaino, acabou aceitando porque eu prometi que ele recuperaria o dinheiro com uma partida amistosa. E lá estava uma Testarossa preta. Nós dois entramos no carro pela primeira vez e Diego começou a olhar para os lados. Perguntei se havia algum problema. 'E o rádio?', ele perguntou. Eu disse: 'Que rádio? Não tem rádio. É um carro de corrida, sem rádio e sem ar-condicionado. Não tem nada'. E ele respondeu: 'Bom, neste caso, eles podem enfiar no cu'. Ferlaino não acreditou."

No fim, Maradona ficou com a Ferrari preta. Nesse veículo ele frequentemente tinha de escapar das Vespas que o seguiam de sua casa até o centro de treinamento. No fim dos treinos, desde que ninguém gritasse, tocasse seu cabelo ou o agarrasse pelos ombros, Maradona normalmente atendia todos e assinava qualquer coisa que lhe dessem.

Diego, o menino de Fiorito que olhava para o mundo com o nariz colado ao vidro, apartado, almejando uma vida de luxos, apaixonou-se por Maradona, o adulto, porque ele era capaz de ter tudo o que desejava (e muito mais do que isso): carros, mulheres e joias. E constante bajulação.

Em Nápoles, assim como em Barcelona, sua casa, a qualquer hora do dia, contava com convidados. Havia comida para todos, sempre, incluindo alguns amigos jornalistas que faziam parte do seleto grupo a quem era permitido adentrar o hermético — porém, se aceito, generoso — mundo de Diego. Daniel Arcucci, *ghostwriter* de duas de suas autobiografias, era um deles; conheceram-se numa véspera de Natal e Arcucci foi convidado a passar o dia seguinte com Diego, construindo um relacionamento que jamais chegou ao fim.

Anos depois, no fim de maio de 1990, com o Napoli prestes a sacramentar a conquista do segundo *Scudetto*, Arcucci foi enviado pela revista *El Gráfico* para cobrir a preparação para a partida contra a Lazio, que poderia definir a conquista do título. Ele resolveu caminhar por

Forcella, uma das áreas napolitanas controladas pelo principal grupo mafioso da cidade, liderado por Carmine Giuliano.

Signorini fez as vezes de guia para o jornalista e seu fotógrafo, Gerardo *Zoilo* Horovitz. Assim que entraram em Forcella, viram-se cercado por homens ameaçadores. A princípio, era uma coisa sutil, e então, repentinamente, viram-se sem saída. "Deixa que eu vou falar com eles", falou o preparador físico.

"Está tudo bem", disse ele na volta. E explicou que aqueles eram amigos de Diego. "Mas nós temos que beber alguma coisa com uma pessoa." Eles saíram da rua movimentada por meio de um beco, seguido por outro beco menor e ainda outro mais escuro. O barulho comum da cidade estava ficando distante e as vozes produziam eco. Sentindo-se tanto fascinados quanto assustados, entraram em um café. Rapidamente, os clientes se levantaram. O som das cadeiras se mexendo deu lugar ao silêncio. Arcucci reconheceu, graças às fotos nos jornais, o homem sentado no fundo: Carmine Giuliano.

"Vuoi un caffè?"

"Claro, claro. Obrigado."

"Você precisa de alguma coisa?", perguntou Carmine. Assim como a *El Gráfico*, a rede de televisão argentina Telefe não tinha ninguém na Itália e, por isso, pediu para Arcucci gravar algumas reportagens na cidade. O problema é que eles não tinham lhe enviado nenhum equipamento.

"Talvez uma câmera, já que você perguntou", ele arriscou, meio de brincadeira.

Carmine estalou os dedos: "Uma câmera para o cavalheiro".

Naquela noite, o jornalista jantou na casa de Maradona. Como os empregados estavam de folga, Doña Tota preparou um macarrão enquanto eles assistiam à televisão e conversavam sobre a possibilidade de o Napoli assegurar o título do campeonato no dia seguinte. Don Diego estava sentado em um canto, e a parceira de Maradona, Claudia, entrava e saía da sala. Era quase meia-noite quando alguém tocou a campainha. Diego deixou que Claudia atendesse e, ao voltar, ela cochichou alguma coisa em seu ouvido.

Maradona, que estava de chinelos, levantou-se de repente e calçou sapatos. "Vamos, Dani, deixe eu lhe mostrar a verdadeira Nápoles." Doña Tota, Claudia, Diego e o jornalista foram para o estacionamento.

Havia duas Ferraris, mas eles todos entraram em uma Kombi, aquela van popular da Volkswagen com um desenho curvilíneo que na década de 1960 tornou-se um ícone da cultura hippie. Como sempre, Diego estava na direção. No final da rampa, via-se a Baía de Nápoles — e um Lancia esporte vermelho. Dele, saiu Carmine Giuliano, vestindo um terno apertado, e se dirigiu a Maradona, cumprimentando-o com um beijo em cada bochecha, antes de os dois veículos partirem para a cidade.

O Lancia na frente e a Kombi atrás. À medida que se aproximavam do mar, surgiu de repente um enxame de Vespas ocupadas por jovens que estavam havia horas esperando alguma coisa acontecer. "Maradona! Maradona!", gritavam enquanto seguiam seu ídolo pelas ruas vazias da cidade. "Essa vida...", disse Doña Tota, suspirando, frustrada. "Não se pode ir a nenhum lugar com meu filho."

Dalma Salvadora Franco, que teve oito filhos, era conhecida por todos como Tota: ela era a mãe do povo. Sobretudo, era a protetora de Diego, a mãe idealizada, angariadora de afeto e figura-chave na história, bastante pública e muito bem documentada, das aventuras de seu filho. O pai do jogador, Don Diego, ou *Chitoro*, como seus amigos o chamavam, nasceu em 1927 em Esquina, na província de Corrientes, nordeste da Argentina, ou assim se diz. Na sua juventude, transportava gado de um povoado a outro em um barco; depois, quando toda a família se mudou para Buenos Aires, passou a trabalhar em uma fábrica do setor químico, onde mal conseguia ganhar o suficiente para o sustento da casa. Um dia, seu filho mais famoso lhe pediu para deixar de trabalhar e passar a lhe fazer companhia. Seus churrascos e seus silêncios eram lendários — Don Diego, um homem talvez de ascendência indígena, era feliz sendo invisível.

No auge de sua carreira profissional, Diego se casou com Claudia Villafañe, sua namorada de longa data, quando suas filhas Dalma e Gianinna tinham dois anos e seis meses, respectivamente. Houve uma festa sensacional no Luna Park, histórica casa de espetáculos em Buenos Aires, e a lista de convidados incluía Fidel Castro, o presidente argentino Carlos Menem, Silvio Berlusconi e o presidente da Fiat, Gianni Agnelli. Nenhum deles poderia ou iria comparecer, mas havia inúmeros políticos, cantores, atores, modelos e celebridades, e todo o elenco do Napoli estava presente. No bolo de oito camadas estavam penduradas uma centena de fitas com 99 anéis de ouro para os convidados levarem para casa, e uma outra fita contendo um diamante. Porém, antes que tudo isso começasse, os convidados, copos nas mãos, tiveram de aguardar mais do que se esperava porque Maradona, como sempre, se atrasou. Antes, era preciso fazer uma coisa.

Néstor, amigo de Diego, dirigia o elegante Dodge Phantom verde que conduzia a noiva, o noivo e Guillermo Cóppola desde o Sheraton Hotel até o Luna Park. A cauda do vestido de Claudia ocupava todo o assento traseiro e, em meio àquela montanha de branco, via-se apenas a cabeça de Diego. De repente, ele pediu para Néstor virar à direita em direção à Avenida Córboba. "Por quê? Não é este o caminho", disse Cóppola, enquanto o *walkie-talkie* que o conectava ao organizador do casamento perdia o sinal.

"Vire aqui, na Sanabria. Entre à esquerda daqui a três quarteirões, Avenida Castanãres. Aquela porta grande, número 344, pare ali", indicou Maradona depois de vinte minutos de orientações.

"Mas o que estamos fazendo aqui? Estamos muito atrasados."

Cóppola estava ficando nervoso.

"Bate na porta, Guille. Manda chamar o Don José."

Uma mulher de aproximadamente setenta anos abriu a porta. "Senhora, poderia dizer a Don José que Maradona está aqui?"

Doze anos antes, um jovem Maradona teve de viajar até a sede da Puma, na Alemanha, junto com seu empresário à época, Jorge Cyterszpiler, para assinar seu primeiro contrato de patrocínio. A empresa lhe enviara três passagens de primeira classe. Diego convidou Claudia. Aquilo fez Don José, que trabalhava com ferragens, dizer, desdenhosamente, algo como: "Estes Villafañes não deveriam deixar a moça ir com aquele jogador de futebol! Quem ele pensa que é?".

Don José, que usava um pijama azul-claro e chinelo, deparou-se com Maradona na porta de sua casa e deu um passo para trás, olhos arregalados de espanto. *"Buenas noches"*, foi o que conseguiu dizer.

"*Hola*, estou aqui com a menina que você disse que eu não deveria levar para a Alemanha quando eu tinha dezesseis anos. Hoje ela é minha mulher e a mãe das minhas filhas, Don José. Assista à festa de casamento pela televisão... Agora podemos ir, Guille."

Dívida paga.

Aquele fim da década de 1980 não foi um período tranquilo. A filosofia de Maradona estipulava que todos nascemos com um prazo de validade, por isso é melhor saborear cada momento porque não sairemos vivos daqui. Contudo, o hedonismo deve ter seus limites. Diego, porém, nunca aceitou o meio-termo — ele personificava o excesso, uma figura messiânica que muitas vezes falava de si na terceira pessoa, um homem sem limites. Todos assistiram a várias de suas transgressões, uma vez que inúmeras câmeras seguiam filmando ou tirando fotos dele: nós o vimos beijar mulheres e homens; nós o vimos bêbado; nós o vimos chapado. Brincando com suas duas meninas. Engraçado. Seguido; cercado. Asfixiado. Esperto; afiado. Perdido. Insolente.

Certa feita, em Londres, o inseparável Cóppola sugeriu que fossem visitar uma concessionária da Range Rover na região porque ele estava cobiçando uma. Enquanto saíam do hotel Park Lane, calhou de o modelo do qual ele gostava estacionar bem diante de si. "Saíram dois caras", contou Cóppola para o programa de televisão argentino *Pura Química*. "Maradona! Maradona! Podemos tirar uma foto? Pode nos dar um autógrafo?"

"Claro. Vá até a recepção e peça uma caneta e um papel."

Enquanto os fãs faziam isso, Maradona e Cóppola olharam um para o outro. Diego sorriu. "Vamos?"

"Entramos na Range Rover e saímos; fomos a um bar ali perto, e estacionamos o carro em qualquer lugar", recorda-se Cóppola. Duas horas devem ter se passado desde que haviam tomado o carro emprestado. "Voltamos e os dois estavam sentados no degrau onde a gente os havia deixado. Teve mais abraços, eles tiraram fotos, nos deram sapatos, camisas e suéteres que estavam no porta-malas e vieram nos buscar no dia seguinte para nos levar até o aeroporto."

Quando voltou ao Boca, em 1995, ainda em uma busca incessante pela emoção suprema, Diego comprou duas Ferraris F355 Spider exuberantes — vermelhas, desta vez, e com uma frente elegante. Ele havia angariado uma boa quantidade de automóveis, que usava em dias alternados. Às segundas-feiras, dirigia um Porsche; às terças, conversava com os jornalistas colocando a cabeça para fora da janela de sua grande caminhonete Mitsubishi; às quartas, aparecia para treinar em um caminhão de verdade, um Scania 360 azul.

Maradona pendurou as chuteiras em La Bombonera. A despedida, a noite em que ele libertou o futebolista Diego, ocorreu em 2001, anos depois de ter disputado uma partida oficial pela última vez. Para o estádio abarrotado, onde estavam muitos de seus antigos companheiros, disse que, apesar de tudo, a bola seguia imaculada. "*La pelota no se mancha.*"

Mas, na verdade, ele não estava de partida para lugar nenhum.

Um novo desafio havia começado — continuar a ser Maradona e, como disse Arcucci em uma ocasião, seguir marcando gols contra a Inglaterra. Sua personalidade narcisista e maníaco-depressiva, definida em termos psiquiátricos como bipolar, dominava suas decisões. Depois da aposentadoria, decidiu que não concederia ao homem que habitava em si a possibilidade de desfrutar de uma vida tranquila. Preferiu ser o homem que todos queriam que fosse. À depressão seguiram-se experiências quase mortais, ressurreição e novas quedas, multiplicadas e aceleradas após o falecimento de seus pais, na segunda década deste século. Então, o chão tornou-se lamacento, instável.

E, quando havia estimulantes à mão, essa incapacidade de dizer "chega" tornou-se um perigo para o próprio Diego e para aqueles que ocasionalmente o circundavam. Sua vida passou a ser uma rua sem saída. O viciado em drogas, ao parar de se drogar, apresenta uma vulnerabilidade neurobiológica que o deixa propício para recaídas. "Perversão" é o nome dado pelos psicanalistas para essa forte tendência de criar as próprias regras e, também, quebrá-las. Isso explica muitos dos incidentes ocorridos em diversos locais públicos para os quais ele era convidado e dos quais era, depois, aconselhado ou obrigado a se retirar, muitas vezes havendo algum tipo de violência por parte de Diego, fosse verbal ou física.

Jorge Valdano, seu companheiro de seleção argentina, disse, certa vez: "Muitas pessoas acreditam que o problema de Maradona são seus amigos, mas, na minha opinião, Maradona é que é o problema dos amigos". Aqueles mais próximos de Diego ou lhe prestaram a homenagem devida ou o abandonaram. Entre os que escolheram a segunda opção, há uma legião de ex-amigos e ex-amantes que tentaram alertá-lo, para o bem do próprio Maradona, mas que foram dispensados. Ele lutou contra todos, até contra os mais próximos — Cyterszpiler, sua esposa Claudia, Cóppola. E de uma maneira bastante pública. As guerras judiciais foram intermináveis; ainda existem inúmeros processos pendentes.

Sua saúde se deteriorou nos últimos dez anos de vida, mas o que mais lhe doeu foi perceber que, nas palavras de Arcucci, "ele não se sentia mais Maradona". E, certamente, quando se olha para seus últimos trabalhos como treinador no México com o Dorados de Sinaola ou na Argentina com o Gimnasia y Esgrima, fica claro que ninguém conseguiu convencê-lo de que não era mais preciso seguir tentando ser Maradona. Ele passou a vida buscando paz e, quando encontrou algo parecido, fugiu.

Diego abusou de seu corpo. Ele parou de usar cocaína e outras substâncias que lhe permitiam achar que estava acima de qualquer coisa, mas jamais deixou de ser um viciado. Em álcool. Em remédios para dormir. Em bajulação. Em destruir a própria vida.

Ele passou seus últimos dias em uma casa mal iluminada que alugou durante seu último problema de saúde. Sua cama, colocada na cozinha para que não tivesse de enfrentar os degraus da escada, se tornaria seu caixão.

A morte foi o único limite intransgredível — ele faleceu logo após completar sessenta anos, vítima de um edema agudo pulmonar secundário a uma insuficiência cardíaca crônica. Mas poderia ter sido por qualquer motivo.

Diego viveu apenas dezenove anos sem a bola.

Uma caminhonete Chevrolet da Polícia Científica de Buenos Aires o levou ao hospital para a autópsia. Uma ambulância modelo Fiat Doblo branco o conduziu até a Casa Rosada, a residência presidencial onde ocorreu uma grande vigília, um desfile constante de todos os tipos de argentinos diante de seu ataúde, alguns vindos de centenas de quilômetros de distância, ávidos por homenageá-lo. Eles não estavam se despedindo; estavam entronizando-o. As autoridades e Claudia decidiram fechar as portas da Casa Rosada cedo demais. Impedida de se aproximar do Diego do Povo, a multidão se revoltou. Houve violência e prisões.

Um carro funerário cinza-escuro da marca Peugeot o conduziu ao cemitério Jardín Bella Vista, onde ele foi enterrado ao lado de seus pais por aqueles que o acompanharam desde o início, ou aqueles poucos que ainda restavam — Claudia, Dalma, Gianinna, Cóppola.

A paz finalmente o encontrara.

Se ao menos tivéssemos tido a chance de alertá-lo quando ele posou para suas primeiras fotos, tímido e limpo, bola em uma das mãos, acerca do que estava por vir; se ao menos tivéssemos conseguido levá-lo por outro caminho.

Como explicar Diego Armando Maradona, o jogador de futebol? Os dois gols contra a Inglaterra na Copa do Mundo de 1986, no México, poderiam ser suficientes. Um livro inteiro certamente não basta. É uma história que pode ser vista nas manchetes, em letras garrafais, mas que é melhor entendida quando lida nas entrelinhas — uma crônica de feitos e relatos épicos, de paradoxos e equívocos, de contradições e revoltas. O que você tem nas mãos é o caminho percorrido pelo jogador desde suas origens até o dia em que ele se despediu da bola em La Bombonera.

Para escrevê-lo, tive de voltar ao início de tudo, nos arredores de Buenos Aires, à favela de Villa Fiorito; porém, ninguém queria me levar até lá. Era meu último dia na capital da Argentina naquele início de 2020. Meu plano era visitar Fiorito antes de seguir até o aeroporto de Ezeiza para pegar o avião para casa. "Você realmente quer ir?", me perguntou várias vezes um motorista antes de, relutantemente, aceitar meu pedido.

Deixamos a estrada e passamos por algumas rotatórias. Ambos calados. Eu não sabia o que me aguardava, embora tivesse uma ideia. À medida que as ruas foram se tornando mais estreitas e menos suaves, as casas se transformaram em pequenas caixas com cercas inacabadas e algumas plantas abandonadas. Sacos de lixo apodreciam do lado de fora de jardins desgastados, um homem passou conduzindo uma carroça forrada de papelão puxada por cavalos. Na rua suja e irregular por onde passávamos, crianças descalças chutavam uma bola e mulheres carregavam sacolas enormes contendo sabe Deus o quê. Acredito que pouca coisa tenha mudado desde aquela primeira viagem de Francis Cornejo até o local.

Não há nenhuma indicação do lugar onde Maradona foi alicerçado, da rua onde ele aprendeu aquelas coisas que não são ensinadas, do *potrero*, o terreno baldio onde ele jogava bola por dias sem fim — na verdade, hoje, é um terreno onde se construíram outros barracos com telhados de chapas de metal.

Estávamos no meio da tarde de um dezembro quente. Diminuímos a velocidade próximo a um homem de short e sem camisa, que caminhava no meio da rua de terra para evitar a enorme quantidade de entulho das laterais. Sem parar e mal tendo aberto seu vidro, o taxista perguntou, como quem pede desculpas, pela casa de Diego. "Ali, a uns duzentos metros."

"Lá está ela. Podemos ir agora?", perguntou meu amigo, assustado.

Estávamos finalmente do lado de fora da primeira casa de Maradona, o motor seguia ligado. O jardim estava coberto de mato, mas, no fundo, podia-se ver um bangalô tomado pelas sombras. Diante da porta que Doña Tota certa vez abriu para Francis Cornejo, um homem de regata branca prontamente se levantou de sua cadeira de balanço.

"O que vocês estão procurando?"

"Nada, senhor. Meu amigo aqui quer apenas...", respondeu o taxista enquanto engatava a marcha e saía dali. À esquerda, passamos por um campo de futebol sem marcações e com apenas uma trave.

Logo após o sexagésimo aniversário de Diego, as autoridades locais de Lomas de Zamora, que tem jurisprudência sobre Fiorito, declararam que sua primeira morada era "patrimônio cultural", após terem prometido a seu ocupante uma nova casa. No dia em que Maradona morreu, um artista contratado pela prefeitura pintou o rosto de Diego com uma auréola a seu redor no muro da residência. Embaixo da pintura, lia-se: "A casa de Deus".

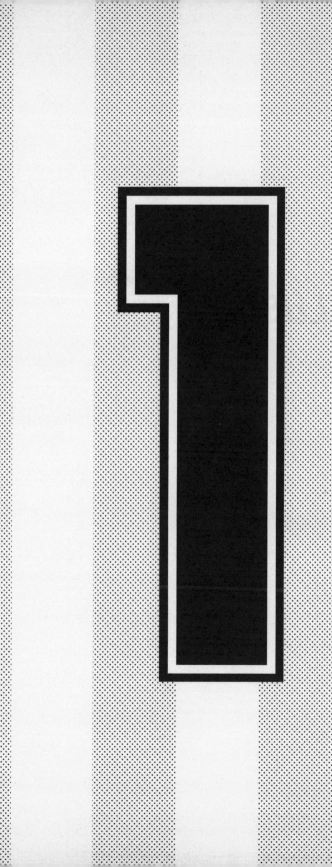

PARTE 1
EL PELUSA

1
DON DIEGO, O PAI

"O pai de Don Diego andava descalço." Essa é a expressão que as pessoas usavam, mesmo aquelas que jamais o conheceram, para descrever as origens humildes do avô de Diego Armando Maradona. Não é uma descrição depreciativa. Pelo contrário, é o reconhecimento de um estilo de vida simples, que remonta ao povo indígena da Argentina, a uma Argentina esquecida. Don Diego nunca se envolveu nessas discussões — talvez andasse descalço, talvez não.

Na verdade, sabe-se muito pouco, ou quase nada, a respeito do pai de Don Diego. Ele nasceu em uma comunidade pobre e teve muitos filhos, alguns conheceu; outros, não. Sua vida não foi comum. Católico em teoria, enxergava a vida por suas próprias lentes — tinha "fé", mas teria sido difícil explicar o que aquela fé significava e a quem se dirigia.

"Parece que ele descendia de povos indígenas", afirma Fernando Signorini, por WhatsApp. "Quem me disse foi um amigo do pai de Diego, de Esquina, cidade na província de Corrientes." Nada no registro civil de Esquina indica as origens indígenas desse ramo da família de Don Diego. O que torna a pesquisa mais complicada é o fato de ele ter adotado o sobrenome da mãe (Maradona), uma vez que seu pai desapareceu de sua vida muito cedo.

O que se sabe é que Don Diego, *Chitoro* para seus amigos, nasceu em 12 de novembro de 1927. O sobrenome não é italiano, apesar de seu som: Ma-ra-do-na. Com certeza tem aquele ritmo italiano, principalmente quando os napolitanos o pronunciam enfatizando o "n". Na verdade, o sobrenome parece ter origem em Lugo, região espanhola da Galícia, provavelmente em uma cidade ao sul de Ribadeo ou Barreiros. Pode ser Arante, Vilamartín Grande ou Vilamartín Pequeno, onde vivem muitos Maradonas.

Houve um Francisco Fernández de Maradona, nascido no povoado de San Pedro de Arante, no norte da Espanha, que em 1745 ou 1748, dependendo do documento consultado, se deslocou para o noroeste da Argentina e se estabeleceu em San Juan, na região de Cuyo. Sabe-se que ele foi o primeiro Maradona na Argentina. Durante a década de 1920, um parente de Francisco Fernández, um engenheiro chamado Santiago Maradona, foi governador da província de Santiago del Estero e era o único Maradona da cidade. Santiago não se casou, mas teve filhos que mantiveram seu sobrenome, incluindo a mãe de *Chitoro*, avó do jogador. Com base nas poucas fotos que sobreviveram ao passar dos anos, o bisavô materno de Diego, o engenheiro, se parece com Don Diego e, por conseguinte, com o próprio Diego, com seu rosto redondo, seu queixo proeminente e suas bochechas rechonchudas.

Um descendente daquele primeiro Maradona na Argentina se graduou recentemente em direito pela Universidade de Buenos Aires. José Ignacio Maradona contou ao site *Enganche* mais alguns detalhes sobre as origens do jogador: "Como nós, Maradonas, somos poucos, sabemos exatamente de onde viemos; porém, quando Diego apareceu ninguém sabia a qual ramo da árvore genealógica da família ele pertencia; uma vez, durante uma partida, meu pai foi falar com Don Diego, que disse que não tinha conhecido o próprio pai e que seu sobrenome vinha da mãe, que era de Santiago del Estero, e que, muito jovem, havia mudado com ela para Esquina, na província de Corrientes".

Sempre foi dito que Don Diego era de Esquina, mas acontece que ele nasceu em um local a onze horas de carro dali. Naquela época, porém, levaria muito mais tempo, dias até, para que Don Diego e sua mãe solteira realizassem aquela viagem. Do que eles fugiam? Por que uma viagem tão longa?

Don Diego nasceu, portanto, em Santiago del Estero, capital da província de mesmo nome, localizada às margens do rio Dulce, no norte do país. O avô paterno de Maradona tinha deixado apenas um único e pequeno vestígio, que *Chitoro* não contribuiu para esclarecer.

Talvez, apenas talvez, *Chitoro* tenha sido membro dos povos indígenas que viveram ali por séculos e foram subjugados e evangelizados pelos conquistadores espanhóis. Explorados. Arruinados. Ignorados. Na verdade, foram praticamente exterminados enquanto as planícies eram colonizadas; e seu hábitat natural, à medida que os colonizadores chegavam pelas ferrovias recém-construídas, foi sendo gradualmente destruído.

Os membros das comunidades indígenas encontravam trabalho como lenhadores e no setor de demolição nas montanhas de Santiago; havia pouquíssimas outras oportunidades. Eles viviam sob as próprias regras. Não registravam seus filhos e mudavam frequentemente de casa. Embora soubessem com certeza de onde tinham vindo, não sabiam para onde estavam indo.

Don Diego, então um adolescente radicado em Esquina, conheceu Doña Tota, com quem estava destinado a se casar. E, para ele, foi ali que tudo teve início. Até aquele encontro, ele falava pouco sobre o passado, como se tudo o que havia acontecido antes de a esposa entrar na sua vida (viver sem a presença do pai, as mudanças de cidade, recomeçar) fossem roupas que não lhe serviam.

Longe de Esquina, ocorreu algo que iria abalar o mundo de Don Diego. Juan Domingo Perón foi eleito presidente da Argentina, em 1946. Ele havia sido conduzido ao poder para colocar em prática um mandato populista que prometia uma nova era industrial, além de emprego para todos. Suas políticas socioeconômicas melhoraram as vidas dos trabalhadores e impuseram um maior controle do Estado sobre a economia. Tanto ele como sua esposa, Evita, lutaram pelos direitos dos imigrantes.

Na década de 1950, Buenos Aires se tornou um ímã para os pobres das zonas rurais, em especial do norte do país, que, numa resposta à retórica de Perón, inundaram a capital. Os pais de Diego Armando estavam entre eles, atraídos para a grande cidade pela perspectiva de emprego.

Na verdade, Doña Tota já havia vivido em Buenos Aires durante sua juventude, trabalhando na casa de um parente, mas a solidão a forçara a voltar para Esquina para ficar perto de Don Diego novamente. Quando sua irmã se mudou para Villa Fiorito, tempos depois, Doña Tota convenceu o marido de que eles não poderiam sobreviver de *changa* (trabalho temporário de pouca duração) com a pequena embarcação na qual *Chitoro* transportava animais e materiais para as ilhas ao redor da cidade.

Resolveram deixar tudo para trás, e Doña Tota foi primeiro para organizar as coisas. Ela partiu para Buenos Aires com uma das filhas, Ana, e a mãe, Salvadora Carilicci. Uma vez estabelecida, escreveu para Don Diego pedindo que se juntasse a elas; Tota havia encontrado um lugar para onde se mudariam, num bairro chamado Villa Fiorito. Chegara o dia de *Chitoro* se despedir de sua pequena embarcação, que ele vendeu por 3.500 pesos, e de sua antiga vida. Em silêncio, algumas lágrimas foram derramadas. Um grande barco o levou, juntamente com a segunda filha, Rita, por mil quilômetros ao longo do rio Paraná. Levavam duas malas e um enorme cobertor contendo algumas roupas, panelas e caçarolas. Todo o restante foi deixado para trás.

Chitoro logo descobriu que Villa Fiorito era uma região abandonada repleta de casas feitas de papelão, madeira e chapas de metal, além de ruas não pavimentadas e sujas. Era o destino dos migrantes, um gueto para os marginalizados. Não muito distante, separada pelas águas escuras do rio mais poluído da Argentina, fica a cidade de Buenos Aires.

Uma casa estava reservada a eles, mas quando os Maradona foram se mudar, descobriram que já havia sido alugada. Não muito longe dali, na rua Azamor, número 523, havia outra que, como as demais, não tinha nem eletricidade nem gás. Don Diego teve de sair em busca de uma chapa de metal para o telhado e alguma coisa sobre a qual se deitar naquela primeira noite. Não era o que ele imaginava, mas ele aceitou estoicamente. Não era hora do "índio que vivia dentro dele explodir", como diziam seus amigos quando ele proferia um raro palavrão, sinal de que alguém havia ultrapassado os limites do decoro.

Pouco tempo depois, *Chitoro* arrumou um emprego na Tritumol, fábrica de moenda de ossos do setor químico. Ele saía de casa às cinco da manhã e voltava, completamente exausto, às dez da noite. Ainda assim, seu salário não dava para todas as despesas, mas havia outras pessoas que colaboravam: a irmã de Doña Tota; ou o querido tio Cirilo. O irmão de Don Diego, de baixa estatura, e por isso chamado de *Tapón* (tampinha), havia sido goleiro amador e vivia próximo em Fiorito. Todos tinham alguma coisa para oferecer.

Doña Tota e Don Diego já tinham quatro filhas —Ana, Rita, María Rosa e Lili — quando nasceu Diego Armando, em um ensolarado 30 de outubro de 1960, na Policlínica Evita, em Lanús. A primeira lembrança de Diego é a de sua mãe o procurando para levá-lo para a escola enquanto ele se escondia, até a hora de voltar para casa, entre os milharais que cresciam na divisa de Villa Fiorito.

A casa tinha cozinha, mas não tinha água corrente. Havia um quarto para os pais e a avó e outro para os filhos, que, no fim, chegaram a um total de oito. "Nos dias de tempestade, a chuva perfurava a chapa de metal do telhado e o chão sujo ficava tomado por manchas escuras que pareciam pequenos insetos", contou Diego para Gabi Cociffi, do site *Infobae*. "Mamãe então gritava: 'Vão buscar os baldes!', e todos nós corríamos pela casa colocando os baldes sob as goteiras até que ficassem cheios e tivéssemos de jogar a água pela janela."

Em algumas noites, *Chitoro* bebia chá, talvez comesse um pedaço de pão, e permitia que seus filhos comessem sentados à mesa. Muitas vezes, aparentava estar sem apetite. Assim como sua mãe.

Às vezes, o menino jogava futebol por até dez horas, sozinho em algumas ocasiões, batendo bola no meio-fio ou em vasos de plantas, criando, inconscientemente, neurorreceptores durante aquelas muitas horas de treinamento que moldavam seu cérebro e seu talento. "Nós jogávamos nos *potreros*, sem quaisquer marcações, com lama voando para todos os lados, do nascer ao pôr do sol. Eu chegava em casa completamente imundo. Um desastre! E, claro, meu pai tentava, então, me bater, uma vez que não se deve fazer aquilo com as roupas, e eu fugia dele, me esquivando de suas tentativas... o que me ajudou a aprimorar meu drible." Quando criança, Maradona nunca conversou muito com seu pai e, se alguma vez apanhou, foi porque, segundo Diego, as coisas eram diferentes naquele tempo.

Diego se lembra de como gostava de fazer coisas com a bola que para os demais pareciam difíceis. "Não é minha culpa, né? Eu consigo controlar a bola com meu calcanhar e, quando um companheiro de time tenta fazer a mesma coisa, a bola acerta seu joelho. Isso não vem do meu pai porque ele era um péssimo jogador de futebol. Meu tio disse para ele: '*Pelu* com certeza não herdou de você a técnica futebolística!'" *Pelu* é a abreviação de *Pelusa*, "cabeludo", visto que, desde criança, Diego tinha cabelo em abundância.

No dia em que Francis Cornejo foi conferir a idade de Diego, *Chitoro* estava trabalhando na fábrica, embora fosse sábado — sempre aceitava fazer hora extra. O treinador o conheceria tempos depois, quando Don Diego acompanhou seu filho a um treinamento, trajeto que foi percorrido de trem e alguns ônibus.

"Meu pai me levava para treinar de ônibus e ficava completamente exausto", contou Diego para o *Infobae*. "Ele se agarrava à barra de segurança e eu ficava sob seu braço, na ponta dos pés, para escorá-lo porque ele dormia em pé. Era assim que viajávamos, nos apoiando um no outro."

Cornejo conheceu um homem de poucas palavras, mas de muita convicção. Desde o início, Don Diego e Doña Tota iam a todos os jogos dos *Cebollitas* sentados na cabine da caminhonete de José Trotta, enquanto o treinador Francis viajava na carroceria com as crianças.

Essas viagens permitiram que a família descobrisse o mundo. Maradona se recordava de caminhar pela ponte Alsina, olhando para as águas sujas do rio através das tábuas de madeira. Do outro lado ficava o mercado de Pompeya, fora do alcance de pessoas como ele, com suas lojas de brinquedo, sapateiras, camisetas penduradas em araras ("camisetas que minha irmã queria, que eu queria", contaria Diego, tempos depois). Comprar não era algo que faziam com frequência.

Havia, na verdade, uma alternância entre as crianças. "Hoje, a María pode comprar sapatos. Daqui algumas semanas é sua vez, *Pelu*. O que você deseja?"

"Um cavalinho de madeira."

"Não seja tonto; alguma coisa para vestir."

"Ah, *papi*, uma camiseta, então."

"Qual?" E a camiseta escolhida ficaria com eles para sempre, uma vez que passava de uma criança para outra até que servisse apenas para ser usada como pano de chão.

"Pai, você tem uma cueca sobrando?", perguntava Diego quando estava precisando de cuecas.

Certa vez, o jornalista Diego Borinsky perguntou a Maradona se alguma vez ele tinha pensado em roubar, como muitos de seus colegas. "Não, não, meu pai teria me batido até acabar comigo. Ele me criou da melhor maneira que pôde. Tudo o que eu fiz depois foi porque aprendi a fazer coisas ruins; não tem nada a ver com ele."

Nos anos de Diego com os *Cebollitas*, e antes de entrar para a equipe principal do Argentinos Juniors, aos quinze anos, seu pai lavava e lustrava suas chuteiras até que ficassem parecendo novas, um grande contraste em relação às dos demais, gastas e surradas.

Mesmo quando Diego, aos dezoito anos, tornou-se o provedor da família e pediu para *Chitoro* deixar de trabalhar, seus pais seguiam como os responsáveis dentro de casa. Maradona precisava que fosse assim, sempre em busca de orientação e pontos de referência claros e inquestionáveis aos quais pudesse se aferrar.

A natureza tranquila de seu pai permitia que Doña Tata tagarelasse até Don Diego se cansar ou alguma coisa o incomodar. De baixa estatura, ele se transformava em um gigante quando queria se fazer ouvir. E nesses casos até Doña Tota tinha de se calar; às vezes, bastava um olhar. Quando o preparador físico Fernando Signorini precisava repreender Diego, recorria a Don Diego. Caso este estivesse por perto, logo acabavam as brincadeiras.

Ele não inspirava medo, mas respeito. Todo o entusiasmo que Diego demonstraria tempos depois, desafiando e zombando os donos do poder, era fruto de uma rebeldia não contra a autoridade em si, e sim um protesto contra os abusos do poder que negligenciava as dificuldades enfrentadas por pessoas como ele e as 50 mil que viviam lado a lado em Villa Fiorito, e cuja situação deplorável era replicada em outros oitocentos povoados espalhados por Buenos Aires.

Maradona, o menino, sempre foi ajuizado, educado, atencioso, ainda que um pouco atrevido. Uma vez Doña Tota descobriu que as notas ruins que seu filho tirava na escola haviam, milagrosamente, melhorado — de algum jeito ele conseguira comprar um professor. Ela contou ao marido. Don Diego o proibiu de treinar por quase duas semanas. Qualquer pessoa que infringisse as leis tirava *Chitoro* do sério. Ele era meticuloso e formalista. Se dizia: "Vamos pescar em Corrientes amanhã cedo, às cinco", ele estaria em seu carro naquele horário e não ficaria esperando ninguém.

Era a única maneira de manter a ordem em um mundo de chapa de metal e papelão.

Muitos anos depois, após ter morado em uma casa perto do estádio do Argentinos Juniors, Don Diego e Doña Tota se mudaram para uma propriedade comprada pelo filho em Villa Devoto, bairro residencial de Buenos Aires, com um pátio enorme, uma televisão que ficava ligada praticamente o tempo todo, cigarros sempre acesos nas bocas dos pais e, claro, uma churrasqueira onde Don Diego reinava. Era mais fácil tirar Diego dos campos do que Don Diego dali.

As viagens para ver as partidas dos *Cebollitas* continuaram na equipe principal do Argentinos Juniors, no Boca Juniors e até em Barcelona. A casa dos Maradona, na parte alta da capital catalã, tinha uma cozinha enorme onde Doña Tota passava horas fazendo comida para todas as pessoas que entravam e saíam dali sem qualquer tipo de programação prévia. Don Diego assistia a tudo de um canto, invisível, mas onipresente. O amor que ambos tinham pelo filho era infinito. Quanto mais o observavam em seu paraíso artificial, mais percebiam suas fraquezas e forjavam um vínculo profundo, maior do que o sentido em relação a qualquer outra coisa ou pessoa, talvez aprisionados a um sentimento asfixiante de responsabilidade, de ausência de controle, e da necessidade de compartilhar a própria vida com outro ser.

Sempre que perguntado como era ser pai de Diego, *Chitoro* tinha dificuldade para manter-se sereno. "Quando saio na rua todos me param: 'Parabéns por seu filho', dizem. E não sei o que responder", e então sua voz começava a embargar. "Sei que ele é o melhor de todos os tempos, mas eu garanto que ele é melhor filho do que jogador." Então, chorava.

"Ele é um chorão." Era assim que seu filho, frequentemente, o descrevia, lutando ele próprio para conter as lágrimas. "Gostaria de ser um por cento da pessoa que é meu pai; é magnânimo, digno e lutou a vida toda para nos alimentar. Quando criança, queria ser igual a ele — e, adulto, ainda quero. Quero apenas uma hora da tranquilidade mental do meu pai. Aí, posso morrer feliz."

A lei da vida, em geral, estabelece que um dia o pai, neste caso Don Diego, tem de deixar este mundo. Depois de uma longa convalescência devido a problemas respiratórios e cardíacos e mais de um mês internado no hospital Los Arcos, em Palermo, Buenos Aires, Don Diego partiu aos 87 anos.

Guillermo Blanco, que conheceu o adolescente Maradona, viajou a Buenos Aires e combinou de se encontrar com Fernando Signorini para que os dois chegassem juntos ao velório de Don Diego. Eles viajaram durante a madrugada para evitar a imprensa, embora já houvesse muita gente no local. Ali, sentado, estava um Diego bastante obeso, recém-chegado de Dubai, onde morava àquela altura.

"Diego, *El Profe* e Guille estão aqui", disse-lhe sua secretária. Guillermo procurou em seus olhos o verdadeiro Maradona. Depois de cinco décadas de aventuras, Blanco viu seu cansaço, mas havia alguns poucos resquícios da criança que ele acreditava estar aprisionada no interior daquele homem.

Muitos anos tinham se passado desde que os vira pela última vez. Lentamente, Diego levantou-se de sua cadeira, a circunferência da cintura à mostra, seu rosto triste dando o tom. Ele deu um tapa no peito de Signorini uma vez, e depois outra. Uma eternidade entre os dois tapas, quase como uma cena exagerada e definitiva de uma produção teatral.

Maradona, o personagem, e não Diego, o menino, estava varrendo seu luto para debaixo do tapete com aquela atuação. Signorini e Blanco tiveram certeza de que depois, quando estivesse sozinho, ele sofreria ainda mais. Ele se lembraria do pai limpando suas chuteiras; dormindo no ônibus que os conduzia aos treinamentos. Sofreria pela tristeza e pela perda. Contudo, naquele momento, no velório, Maradona estava atuando e, ao fazê-lo, retardava sua dor.

"Estava pensando em você hoje, seu filho da puta", disse para Signorini. "Você se lembra daquele dia em que fomos enfrentar a Roma na nossa primeira temporada no Napoli? Eu não conseguia dormir e chamei você até meu quarto. Você veio e nós nos sentamos no chão. Eu lhe disse que preferia morrer do que ver meu pai ou minha mãe morrer, e agora os dois já não estão mais aqui. Você se lembra do que você me disse?"

Signorini tentou sorrir, mas fez apenas uma careta. "Eu disse que você estava sendo um covarde porque é a lei natural da vida. De jeito nenhum você deveria preferir o sofrimento de seus pais ao seu."

O velório de Don Diego durou a noite toda e o cortejo partiu por volta do meio-dia para uma cerimônia privada no cemitério Jardín Bella Vista, nos arredores de Buenos Aires.

Diego Armando Maradona, aos 55 anos, tornara-se órfão.

2
DOÑA TOTA, A MÃE

"Ele está vindo." O estádio, abarrotado, voltava a entoar seu nome.
Dieeeegooooooooo, Dieeeegoooooooo . . .
Ao longe, podia-se ver um grupo de pessoas aparecendo por detrás de uma enorme cabeça de lobo inflável, focinho aberto, de onde Maradona surgiria para adentrar o estádio. Entre elas, alguém com um boné branco com o número 10 estampado. "Ele está aqui."
Como um gladiador romano entrando na arena, a silhueta do novo treinador do Gimnasia y Esgrima começou a se materializar. Pouco a pouco, com o passo vagaroso que os joelhos recém-operados lhe permitiam dar e carregando um peso excessivo, viu-se um guerreiro que já tinha vivido dias melhores. Aos 57 anos, Maradona havia encontrado um novo teatro para atuar pelos próximos anos de sua inconstante carreira — o último, na verdade. Como líder e treinador, prometeu conduzir o Gimnasia y Esgrima a grandes feitos. O clube sabia que uma jornada movimentada, pública e interessante o aguardava, e isso era tudo o que importava.
Depois de se aposentar dos gramados, ele havia assumido projetos para ser treinador nos Emirados Árabes Unidos, para comandar o Sinaloa, do México, e até a seleção argentina. Suas equipes, muitas vezes, percebiam a inveja dos demais e o desejo de vê-lo fracassar. E daí? Aquilo, com certeza, era maior do que o anonimato.
Dieeeegooooooooo, Dieeeegoooooooo...

Cada passo dado em direção ao gramado de seu novo estádio, encorajado pelo barulho cada vez mais alto das arquibancadas, despertava uma dor ou uma memória. Entradas brutais em campos na Espanha e na Itália tinham deixado marcas indeléveis em seu corpo. Seu joelho protestava, assim como um ombro dolorido; havia, ainda, a ansiedade que ele tratava com sedativos que o deixavam em um estado de cansaço constante. Por dentro, a cocaína remodelara a paisagem, e em vários momentos seu coração reagira de maneira adversa ao histórico de abusos.

Maradona não tinha vergonha de admitir outros retoques cosméticos. Bandas gástricas, hérnias e cálculos renais deixaram sua marca. A cirurgia reparadora no lábio superior devido a uma mordida de seu cachorro também se destacava, e isso era apenas o que se podia ver. Havia outros itens de sua bagagem pessoal que lhe ofereciam alívio ou provocavam tristeza, dependendo do dia — ele admitia ter ao menos cinco filhos, e outros seis processos de paternidade tramitavam na justiça; havia brigado com Claudia dentro e fora de tribunais e em estúdios de televisão; e tinha dezenas de processos à espera de uma solução que poderia chegar a qualquer momento. Por fim, o impacto da perda dos pais.

"Diego, meu filho, meus olhos, meu menino."

Ele achou que tinha ouvido essas palavras no túnel de acesso ao campo e sentiu um nó na garganta. Tinha realmente visto o que achava que acabara de ver? Então, parecendo confuso, ele surgiu, piscando diante da luz do sol do estádio lotado.

Dieeeegooooooooooo!

Diego Maradona escondeu seu rosto enquanto abraçava o presidente do Gimnasia, Gabriel Pellegrino, tentando, sem sucesso, se recompor. Não conseguiu conter as lágrimas.

"Quando estava saindo do túnel, minha mãe apareceu de repente", disse ele, mais tarde. "Acho que tudo acontece por um motivo."

Mergulhado na emoção mais profunda, ainda absorvendo a euforia, ele deu mais um doloroso passo adiante, como se carregasse nos ombros o peso do mundo inteiro. Ao embarcar no carrinho de golfe que o levaria, o motorista, quebrando o protocolo, deu-lhe uma camisa da Argentina para que a autografasse.

"Acho que nunca deixei de ser feliz", havia dito Diego, anteriormente. "O problema é que... meus pais morreram; esse é meu único problema. Eu daria tudo o que tenho para que minha mãe surgisse por detrás daquela porta."

E naquele dia, no estádio, ela apareceu.

Doña Tota, a mãe do povo, havia falecido oito anos antes, aos 81 anos de idade.

Foi notícia nacional — algo sem precedentes para a mãe de um jogador de futebol. Na época de sua morte, respeitou-se um minuto de silêncio antes de cada partida da 15ª rodada do Torneo Apertura. Os jogadores do Boca Juniors usaram uma faixa preta em sinal de luto, enquanto os torcedores do Napoli cantaram o nome da mãe de Maradona e desfraldaram uma bandeira com os dizeres: "*Ciao Doña Tota*". Um jornal chegou a estampar a manchete: "A mãe do futebol morreu".

Maradona passou 28 horas voando desde Dubai para tentar chegar a tempo de se despedir. "Volte imediatamente", havia sido a mensagem enviada pelo médico da família, Alfredo Cahe. A mãe de Diego estava em tratamento intensivo no hospital Los Arcos, em Palermo. Nos últimos meses de vida, foram constantes as idas a hospitais, sofrendo de insuficiência renal e cardíaca. Durante uma visita anterior a Buenos Aires, antes de uma recaída, Maradona lhe mostrou sua mais recente tatuagem, uma rosa azul-turquesa, nas costas, com a frase em itálico: "Tota, te amo".

Mas Diego não chegou a tempo. Ainda no avião o dr. Cahe lhe informou que Doña Tota havia morrido. Anestesiado pelo choque, ele seguiu direto para o velório em Tres Arroyos. Trajando uma camisa branca, gravata escura e paletó preto, e escondendo seus olhos inchados atrás dos óculos escuros, braço dado com sua mais nova companheira, Verónica Ojeda, passou as horas seguintes chorando ao lado do caixão. A seu lado, podia encontrar conforto em Claudia Villafañe, Dalma, Gianinna, seus sete irmãos e Don Diego.

"Foi-se minha namorada, minha rainha, minha tudo", repetia Diego enquanto os restos mortais de Tota eram enterrados no cemitério Jardín Bella Vista em um dia quente de novembro de 2011.

Filho de uma cultura dominada por imigrantes do sul da Itália e da Espanha, com suas fortes crenças religiosas e louvor à mãe abnegada e incomparável que sempre perdoa o filho genioso, ele havia perdido a mulher que jamais cometera um erro, aquela que o defendia "dos moinhos de vento". Maradona, que nunca superou o complexo de Édipo, costumava brincar dizendo que ela se casara com seu pai só porque conhecera *Chitoro* antes de conhecer o próprio Diego.

Sua mãe admitia algo inexprimível: Diego era o filho que ela mais amava. "Ela tinha uma predileção por mim", dizia Maradona. "No dia em que completei 46 anos, olhei para ela e disse: 'Você é a primeira mulher da minha vida, minha eterna namorada. Devo tudo a você, Tota, e sempre vou amar você cada vez mais'."

Ela era a mãe idealizada de centenas de canções folclóricas argentinas, de tangos, milongas ou *chacareras*, todos símbolos culturais cujas fontes são sentimentos verdadeiros, mas também realidades imaginadas. Na famosa *Cómo se hace um tango* (Como se faz um tango), canta-se o seguinte: "Atenção, a pessoa que o ama vai falar / Hoje, amanhã, a qualquer momento porque, para mim / Você não é apenas minha mãe, mas minha namorada".

"O cantor Joan Manuel Serrat disse certa vez que se deixa de ser filho para se tornar pai quando os pais morrem", explica Guillermo Blanco, que foi assessor de imprensa de Maradona durante sua passagem por Barcelona e seus primeiros anos em Nápoles. "Diego ficou profundamente perturbado com a morte de seus pais, principalmente a da sua mãe. Havia um tipo de amor muito especial entre os dois."

Seus irmãos aceitavam o status especial de Diego aos olhos de Tota e do mundo. Alguns ainda moram próximo ao estádio do Argentinos Juniors, esquecidos pelo destino, meros parentes mortais de um semideus. Não se escapa disso, independentemente do que se faça. Lalo e Hugo, contrariando as expectativas, tentaram carreira no futebol, mas nunca empolgaram, seguindo como "os irmãos do Maradona".

Doña Tota, confortável no papel de mãe não apenas dos Maradona, mas do povo argentino, era o sol ao redor do qual todos orbitavam. A líder do bando. "Quando Doña Tota dizia alguma coisa, era lei e ninguém, nem mesmo Diego, ousava discutir", recorda-se Fernando Signorini. Ela era mais loquaz do que Don Diego, a não ser que estivesse assistindo à televisão ou andando de um lado para o outro carregando pratos e bandejas a uma mesa sempre posta.

Embora passasse temporadas longas com ele na Europa, a mãe sempre amorosa precisava, em contrapartida, sentir-se querida e amada.

Ela tinha ciúmes de Claudia e de todas as outras namoradas, complicando um pouco a vida delas. As ausências de Diego a frustravam, e eram frequentes as reclamações de que ele a havia "abandonado" em Buenos Aires. Diego se lembrava de um dia tê-la ouvido dizer ao telefone como se sentia sozinha. Durante a ligação, porém, era possível escutar ao fundo o barulho que faziam a família e os amigos — estava sempre cercada de pessoas.

La Tota achava que tinha se preparado para o inevitável: à medida que o filho crescesse e seu talento se tornasse uma *commodity* de grande valor, o Velho Mundo o levaria para longe dela. Foi exatamente isso que o diretor esportivo do Barcelona, Nicolau Casaus, escreveu a respeito da mãe de Diego em seu relatório sobre as primeiras negociações para a contratação de Maradona: "Imagino que ela tenha a mesma idade do marido, mas, dada sua aparência desgrenhada, é difícil afirmar. Quando menciono a possibilidade de seu filho se juntar ao Barcelona, ela diz apenas: 'Se for da vontade de Deus...'."

O futebol foi fonte de prazer e dor para Doña Tota, o motor que lhe permitiu deixar Villa Fiorito, impulsionando sua vida a uma velocidade até então inimaginável, mas que também causou acidentes. "Estávamos vendo pela televisão o Mundial Sub-20 de 1979, no Japão, e a Argentina perdia por 1 a 0 para a União Soviética", recorda-se Guillermo Blanco. "O que fez Tota? De repente, ela não estava mais na cozinha com a gente, havia ido para a cama porque não conseguia controlar suas emoções. Então apareceu de novo, e a Argentina marcou de pênalti, com Hugo Alves, e ela comemorou. Há até uma foto na revista *El Gráfico*. Aí voltou para a cama. E regressou novamente, e a Argentina marcou um segundo gol com Ramón Díaz. E lá foi ela uma vez mais para a cama antes de voltar a tempo de ver Diego marcar de falta. Foi uma euforia total. Todos gritando e se abraçando."

Os pais de Maradona realmente amavam futebol, não foi uma coisa que lhes foi imposta. Don Diego até teve uma carreira de jogador como ponta-direita de alguns times locais em Esquina, embora não tenha sido uma trajetória particularmente bem-sucedida. "O futebol era uma das poucas coisas que os pobres tinham", afirma Blanco. Desde os tempos dos *Cebollitas*, eles raramente perdiam uma partida em que *Pelusa* atuava. *Chitoro* fazia todo tipo de acordo durante seus turnos na fábrica para conseguir assisti-lo. Viajavam na cabine da caminhonete de

José Trotta, e frequentemente saíam para socializar e fazer churrascos com as famílias de classe média, às quais pertencia a maior parte dos jovens dos *Cebollitas*, em casas próximas ao estádio do Argentinos Juniors, a uma hora e um mundo de distância de sua casa.

Depois de receber seu primeiro pagamento como jogador de futebol, Maradona levou a mãe a uma pizzaria em Pompeya. "Só nós dois, sozinhos, como um casal. Gastei o salário todo", diria Diego, anos mais tarde.

Em casa, Doña Tota e Don Diego impunham os limites. Se ele era o pai severo com momentos de fúria, ela era, na maior parte do tempo, a mãe conciliadora. Uma vez Diego ignorou o pedido de Doña Tota para que não saísse de casa e foi jogar bola, voltando para casa com seu par de tênis Flecha, recém-comprado, sujo e rasgado. Seus pais tinham economizado ao longo de semanas para adquiri-lo. A raiva de Don Diego se transformou em força física. Doña Tota ouviu o que estava acontecendo e correu até lá, dedo em riste, gritando: "Se você encostar no meu filho, eu te mato de noite enquanto estiver dormindo".

Ela pedia para Diego comprar pedaços de carne de porco ou vaca para dar substância às refeições que tinham de alimentar onze pessoas: os oito filhos, os pais e a avó. Porém, nessas ocasiões especiais, Diego recebia o pedaço maior e às irmãs era servida muita salada. "As meninas mascavam alface como loucas", recordou-se Maradona em sua autobiografia, *Yo soy El Diego*. Elas não eram as únicas. Doña Tota às vezes reclamava que estava com dor de barriga na hora das refeições, e então não comia para que pudesse repartir o que tivesse entre os filhos. Seu pai com frequência fazia a mesma coisa.

"Às vezes, eu ficava lavando as meias das crianças até às cinco da manhã para que pudessem estar limpas na hora de ir para escola", contou Doña Tota para a revista *Gente*. "Eu tinha de lavar seis jalecos escolares. Seis! Imagine. Quando chovia, tinha de secá-los no aquecedor, e ainda acordava a qualquer hora para passá-los."

Nos dias de chuva a água entrava pelo telhado e eles pegavam um pouco porque não havia água corrente. Se não fosse o suficiente, Diego era o encarregado de encher as latas de óleos vazias, de vinte litros, na bica — aquele foi o início de seu treinamento com pesos. Essa água era usada para beber, cozinhar e se lavar. Caso estivesse frio, deixava-se para lavar os cabelos no dia seguinte.

Como eram muitos, viviam em um estado de caos eterno. Porém, quando Doña Tota ligava a televisão do cômodo que servia de sala de estar, sala de jantar e cozinha, fumando seu cigarro sem filtro, as crianças todas se recolhiam no fundo do cômodo e ficavam caladas. A mãe de Tota também assistia e não dava uma piscada sequer, fumando um cachimbo, quase como se fosse parte da mobília.

De manhã, Diego caminhava da rua Azamor à escola Remedios de Escalada de San Martín, que frequentava somente porque era obrigado. Ele estava apenas esperando que o futebol o aliviasse de outras responsabilidades e obrigações.

Fora da escola, passava seu tempo nos gramados sujos próximos de casa, jogando com amigos ou competindo em partidas pelo Estrella Roja, time fundado pelo pai. Dormia abraçado à primeira bola que ganhou, aos três anos de idade, presente de seu primo Beto, adorado por Diego.

Aos trinta anos, Doña Tota saiu de casa com um barrigão e, sentindo contrações, dali se encaminhou à clínica Evita, em Lanús, com seu marido e sua cunhada, Ana María. Eles andaram três quarteirões em direção ao trilho da estação de Fiorito e tomaram o bonde para Lanús. Desceram a pouco mais de dois quarteirões do hospital. Tota estava sentindo fortes dores que não conseguia suportar. Antes de entrar, viu uma coisa brilhante no meio-fio e se abaixou. Era um broche em formato de estrela, brilhante de um lado e escuro do outro. Uma metáfora do futuro, talvez. Ela o pregou na blusa. Quinze minutos depois, às 7:05 da manhã do dia 30 de outubro de 1960, nasceu Diego, "com cabelo por toda parte".

Diego era seu quinto filho e o primeiro homem. Doña Tota havia chegado de Esquina cinco anos antes em busca de um futuro melhor, junto da filha Ana e de sua mãe, Salvadora Cariolichi, que era filha de Mateo Kriolić, nascido em 29 de setembro de 1847 em Praputnjak, próximo à cidade de Bakar, a 150 quilômetros de Zagreb, no oeste da Croácia.

De todas essas confluências acabava de surgir Diego Armando Maradona.

3
GOYO CARRIZO, UM AMIGO AINDA EM VILLA FIORITO

Goyo se recosta na cadeira de vime, esfrega a careca com a mão e dá um sorriso cansado. Ele olha para a casa do outro lado, sua própria casa, onde mora desde que nasceu e onde três gerações de sua família viveram. Ele dissera ao jornalista Diego Borinsky, da revista *El Gráfico*, para ir à casa de seu filho, onde ele se encontra para a entrevista. Ainda não está acabada, mas o pátio é maior do que o da sua.

Será que ele estava fazendo a coisa certa? Falar agora? Goyo sempre se sentiu pouco à vontade com a atenção que recebeu devido à sua amizade próxima com Diego Armando Maradona. Sim, eles eram amigos; sim, ele levou *Pelusa* para a peneira que deu início à carreira estelar de Diego. Mas agora? Uma distância enorme se formara entre eles. E sua própria história? A história do menino que podia ter sido um ótimo jogador e não chegou a deslanchar tinha seu valor, mas era sua vida adulta que ele não desejava revelar ao mundo.

Gregorio Salvador Carrizo, Goyo, é baixo, magro e aparenta ser mais velho do que é — nasceu nove dias antes de Maradona. Ele e Diego estavam em classes diferentes na escola, e um dia Goyo viu *Pelusa* chutando uma "bola" feita de uma sacola cheia de embalagens de biscoitos. O jovem Maradona havia se apossado de uma pequena área, gramada e plana, onde um canteiro de flores deixava claro que ali não era permitido jogar bola. Goyo foi até ele e pediu que lhe passasse a bola, e então os dois meninos de cerca de sete anos começaram a chutá-la até serem chamados de volta para suas salas de aula. Pouco depois, Goyo encontrou Diego na estação e eles começaram a conversar.

"Onde você mora?"

"Na rua Azamor", respondeu Diego.

"Ah, a poucos quarteirões da minha casa", disse Goyo a seu novo amigo.

"Estou indo jogar bola, meu pai vai me levar, você vem?", *Pelusa* disse-lhe um dia, e a partir desse diálogo se tornaram inseparáveis.

"Aqui, neste campo?", perguntou Goyo.

"Por que não?"

Talvez por conta das vacas e dos cavalos que passavam por ali e porque alguém tinha cercado o terreno com arame; em teoria, não era permitido. Além disso, a grama estava muito alta. Ninguém jamais havia sido visto por aquelas bandas. Então, sugeriu Diego, se a grama fosse de alguma maneira cortada ou pisada com mais frequência, eles poderiam fazer as demarcações de uma área e fazer um gol usando bambus grossos.

Hoje, há um campo de futebol a cinquenta metros da casa de Goyo. Algumas vezes é apenas uma massa de lama e de latas enferrujadas, assim como o caminho que conduz até ali. O *potrero*, símbolo de uma vida em que se tem de desviar de problemas e entulhos, é usado frequentemente pelas crianças da região, que logo aprendem que, na luta para superar os obstáculos, é melhor unir as forças.

Como Maradona costumava dizer, em Villa Fiorito tudo é uma luta e, em cinco décadas, pouca coisa mudou. Durante a infância, se tinham condições de comer, comiam; se não tinham, era isso — nem valia a pena falar sobre o assunto. Sem água corrente, Goyo e Diego iam juntos buscar água na bica. Eles iam e vinham com seus tênis Flecha e Pampero, que usavam todos os dias até que, literalmente, se despedaçassem.

Havia, não muito longe de onde Diego morava, uma fossa tomada pelas coisas mais variadas. Ele devia ter menos de dez anos no dia em que, correndo atrás de uma bola, caiu ali e acabou coberto de excrementos até o pescoço. Uma vez lá dentro, continuou procurando a bola e se afundando cada vez mais. Onde estava a bola? Seu tio correu para resgatá-lo e, também com lama até a metade do corpo, se esticou e agarrou o braço de Diego. Goyo, claro, jamais deixou que o amigo se esquecesse daquele episódio.

Lalo e *Turco*, os irmãos mais novos de Diego, logo descobriram — assim como os adversários nas partidas disputadas nos *potreros* e nas ruas — que o mundo não é justo e que, se você for pequenino, não vai conseguir tirar a bola das crianças mais velhas. Ao menos não de Goyo e de *Pelusa*. Os Maradona eram uma família grande, mas harmoniosa; porém, por um longo período, Diego deixou de se sentir próximo de seus dois irmãos e eles pararam de se falar. Apesar de querer incluí-los em muitas coisas e da morte dos pais os ter reaproximado, ele os perdeu, e isso muitas vezes o levou às lágrimas.

O *Turco* morava em Nápoles. No dia 28 de dezembro de 2021, pouco mais de um ano após a morte do irmão famoso, faleceu vítima de infarto, aos 52 anos; Lalo, por sua vez, continuou na Argentina.

Se uma partida era disputada, Diego e Goyo jogavam para ganhar, estivessem na mesma equipe ou fossem adversários. Goyo era um clássico camisa 9, ambidestro, dotado de excelente movimentação instintiva; suas jogadas de articulação eram impressionantes, e ele tomava decisões rápidas na área rival. Maradona não sabia qual era sua melhor posição. Começou como líbero, com o campo todo à sua frente, podendo decidir como construir a jogada — ele gostava de comandar.

Goyo Carrizo defendia o Argentinos Juniors. Um pedreiro de Villa Fiorito que trabalhava próximo ao estádio do clube o levou para uma peneira. O pequeno gramado parecia enorme, e a noção de espaço era limitada apenas ao jogador mais próximo. Quando o menino estava se trocando para voltar para casa, Francis Cornejo, treinador que estava montando para o clube um time formado por crianças de oito e nove anos, colocou a mão em sua cabeça. "Você fica." Passados poucos meses, Goyo disse ao treinador que, no seu bairro, havia um jogador melhor do que ele. "Não tem mais vaga", respondeu Francis, antes de, eventualmente, mudar de ideia.

Goyo, então, correu atrás de Diego e, sem fôlego, lhe disse: "Estão procurando jogadores. Apareça no sábado". Diego partiu em disparada e foi contar para sua mãe. "Peça a seu pai", ela disse. Ele esperou o pai na porta que dava para o jardim: "Você me leva no sábado?" Don Diego, exausto do trabalho, sequer respondeu. No dia seguinte, Diego insistiu e os dois foram até a casa de Goyo conversar com o pai do amigo sobre o time de Cornejo.

No caminho de volta para casa, Don Diego falou: "Tudo bem, eu levo você". Chovia naquele sábado e, quando chegaram ao bairro das

Malvinas, onde a peneira estava marcada, ficaram sabendo que o lugar havia mudado e que tinham de se dirigir ao Parque Saavedra. Precisavam de duas passagens de ônibus, mas Don Diego estava sem dinheiro.

Enquanto isso, no parque, Francis Cornejo montava as traves próximas a uma fileira de árvores de eucalipto e escolhia as duas equipes. Don Diego, por fim, conseguiu convencer um homem a levá-los em sua caminhonete até o Parque Saavedra. Francis colocou Maradona e Carrizo no mesmo time e imediatamente viu que eles se entendiam bem. Goyo se lembra de que o desempenho de seu amigo foi bastante razoável, e Francis não precisou pensar muito. "Você fica." Diego sentiu como se tocasse "o céu com as mãos".

Maradona contou a história de como seu pai entrou no ônibus 28, que cruza a ponte La Noria, e os dois caminharam a partir dali em silêncio pelos vinte quarteirões que os separavam de casa. Ambos estavam felizes. Contudo, não foi assim que aconteceu.

Francis não estava seguro de que Diego tinha oito anos. Como ele não trazia uma carteira de identidade consigo, eles foram com a caminhonete Rastrojero, que pertencia a José Trotta, auxiliar de Cornejo e pai de um dos meninos, perguntar a Doña Tota. No fim, Maradona realmente tinha oito anos e lhe deram o sinal verde. Era o início de uma extensa lista de momentos felizes nos *Cebollitas*.

Durante aqueles primeiros anos, em razão de Don Diego trabalhar até tarde, era mais fácil para o pai de Goyo acompanhar os meninos de Villa Fiorito até Malvinas, onde aconteciam os treinos. Como não tinha carro, a viagem durava quase duas horas, tanto a ida como a volta. Para ter algum dinheiro sobrando e poder comprar um pedaço de pizza para os três, eles entravam escondidos, em Fiorito, no trem que os levava até a estação Puente Alsina, onde tomavam um ônibus.

No caminho de volta, as crianças adormeciam. Em algumas sextas-feiras, quando tinham jogo no dia seguinte, passavam a noite na casa de Jorge Cyterszpiler, próxima ao estádio do Argentinos. Em pouco tempo, Jorge havia se transformado em amigo dos dois, um jovem generoso com tino para oportunidades que assumiu, na equipe, o papel de ajudante e faz-tudo, tornando-se uma espécie de irmão adotivo mais velho de Diego.

"Goyo entendia-se magicamente com Diego dentro de campo", relata Francis Cornejo em seu livro sobre aquele período. Faziam coisas que não eram comuns para a idade deles. "Os reis do imprevisível", foi como o treinador os descreveu.

"Certa vez", escreveu Cornejo, "Diego matou a bola no peito, deixou que ela caísse a seus pés e partiu." O minúsculo jogador driblou todo mundo que estava em seu caminho e entrou com bola e tudo no gol. "Roberto Maino correu para abraçar e beijar Diego", contou Cornejo. "Eu lhe disse: 'Isso pega mal. Você é o árbitro!'. E ele respondeu: 'O que ele fez é o suficiente para encerrar a partida'."

Eles jogavam da mesma maneira que dançavam, como notaram José Trotta e Francis em uma festa infantil — com a mesma audácia e sincronia das almas gêmeas. Foi assim que venceram uma partida atrás da outra, alcançando uma invencibilidade de 136 jogos.

Em setembro de 1971, depois de Maradona demonstrar suas habilidades durante os intervalos das partidas do Argentinos Juniors, o primeiro artigo sobre *Pelusa* foi publicado em um jornal nacional, o *Clarín*. O jornal o chamou de Diego "Caradona": "O menino de dez anos conquistou aplausos arrebatadores durante o intervalo do confronto entre Argentinos Juniors e Independiente após demonstrar uma habilidade rara para fazer embaixadas não só com a parte interna de sua chuteira, mas também com a externa". Havia até uma foto de Diego com uma longa e desalinhada franja, enquanto fazia embaixadas vestindo uma camisa enorme.

Goyo jogava pelo time de seu pai, o Tres Banderas, assim como Diego defendia a equipe de *Chitoro*, batizada de Estrella Roja. Aquelas eram partidas disputadas em bons campos, demarcados com cal. Era a vida dos dois: competiam na vizinhança e atuavam juntos pelos *Cebollitas*.

Às vezes, completavam os times adultos. Como em um jogo disputado no Dia dos Pais em que faltaram atletas, e, apesar de terem apenas treze anos, os dois adolescentes preencheram as vagas. A partida terminou empatada e foi para os pênaltis. O treinador pediu para Goyo cobrar. "*Pelu* é melhor batedor", respondeu. Maradona converteu sua cobrança e o time sagrou-se campeão. Os jogadores recebiam um prêmio em dinheiro que era muito bem-vindo. Com sua premiação, Goyo comprou uma garrafa de licor de café para dar a seu pai. Don Diego gostava de gim, mas Maradona não tinha o suficiente para comprar. "Toma, *Pelu*." Goyo lhe deu o que havia sobrado.

"Quero ter sucesso no futebol profissional", Diego dizia para Goyo, que normalmente desviava o olhar, sabendo que cada passo naquela direção provavelmente afastaria o amigo dele. A primeira matéria sobre os *Cebollitas* na famosa revista *El Gráfico* saiu em agosto de 1973. "Esses meninos estão arrasando", escreveu Horacio del Prado.

"*Pelusa*, vá comprar uma garrafa sifão de soda", pediu Doña Tota para Diego certa tarde. "Vamos, Goyo." Eles foram correndo, claro. Quando viraram numa esquina, Diego caiu e o sifão fez um rasgo em seu braço. Ele tomou sete pontos no hospital e o braço todo foi enfaixado. "O que o Francis vai dizer?", eles se perguntaram, mais por respeito do que medo. "Você vai ficar um mês sem jogar", decidiu o treinador ao vê-lo. Diego baixou a cabeça e Goyo tomou a camisa 10, numa singela homenagem ao amigo ausente. "Goyo, fala que eu quero jogar, nós vamos ser campeões", disse Maradona, choroso. "Como ele vai jogar desse jeito?", perguntou Cornejo, que conversou com Don Diego. "Pai, deixa eu jogar, eu não vou trombar com os outros jogadores! Quero jogar e comemorar nosso título." Com Maradona de tipoia no braço, os *Cebollitas* venceram por 7 a 0, *Pelusa* novamente vestindo a camisa 10 e marcando cinco gols.

Aos dezessete anos, Goyo passou a treinar com a equipe principal do Argentinos Juniors, um ano depois da estreia de Diego. Depois de ser convocado para um jogo da seleção nacional juvenil, que viria a se sagrar campeã mundial da categoria sob o comando de César Luis Menotti, Diego lhe disse: "*El Flaco* (apelido de Menotti) quer você!" A frase ficou gravada na cabeça de Goyo. Um empresário disse que o tiraria de Villa Fiorito. O Argentinos Juniors, em uma tentativa de ajudá-lo a dar um passo à frente, quis alugar um apartamento de um quarto para Goyo próximo ao estádio. Porém, como sua irmã tinha filhos, ele não quis deixá-la sozinha e ficou em Fiorito, onde era convidado para participar de partidas por dinheiro, normalmente quinhentos ou mil pesos. Aquilo era mais fácil do que ter a disciplina necessária para se tornar um jogador profissional na primeira divisão.

Goyo recebeu uma convocação do time juvenil do Argentinos para disputar uma partida fora de casa contra o Huracán, mas na noite anterior, durante um jogo em que recebera dinheiro para participar, torceu o tornozelo. Em outra ocasião, ele ficou no banco de reservas da equipe principal. Bastaria a decisão do treinador de colocá-lo em campo ou algum jogador se machucar para ele fazer sua estreia, mas simplesmente não era para acontecer. Em 1981, Goyo sofreu uma grave contusão: após arrancar até a linha de fundo e cruzar, seu marcador acertou sua perna de apoio e ele rompeu os ligamentos do joelho. Ainda hoje a lesão o incomoda.

Isso foi na época em que Maradona estava prestes a deixar o Boca rumo ao Barcelona. O Argentinos havia dispensado Goyo, e seu amigo o levara para uma academia e pagara pelos seis meses de seu tratamento.

Ele continuou jogando até os trinta anos porque não sabia assentar um tijolo ou fazer qualquer outra coisa. Futebol ou futebol, não havia outra escolha; mas, e depois do futebol? Ele teve de catar lixo: abria sacos com um amigo e pegavam garrafas, papelão e, se houvesse cobre, comemoravam. Aos sábados e domingos, vendiam na região o que haviam coletado.

Em 1980, no Dia das Crianças, Diego foi até Villa Fiorito com Guillermo Blanco e um caminhão cheio de brinquedos. Eles participaram, por um tempo, de um churrasco. Fiorito era mais ou menos como é hoje: uma área com 50 mil habitantes ocupada pelas mesmas pizzarias e lojas mal abastecidas, em consonância com a miséria de seus moradores. Alguns dizem que, em outra ocasião, Maradona voltou em uma limusine e acabou bebendo uísque no assento traseiro com algumas pessoas.

Já outros contam a história do dia em que ele parou na estação de bonde e assinou seu nome na letra O da placa onde se lia o nome do bairro, na manhã seguinte arrancada com uma serra elétrica. A passagem mais recente de Diego por Fiorito ocorreu em 2005, como parte do documentário sobre sua vida feito por Emir Kusturica. Nesse dia, ele foi cercado, abraçado, arrastado e aplaudido.

Goyo não presenciou nem as visitas reais nem as fictícias, mas, depois da mudança do amigo para a Europa, viu Maradona outras três vezes. Quando chegou no Napoli, *Pelusa* pediu para seu primo ligar para Goyo, que viajou até a casa de Diego na Itália, sempre cheia de gente. Seu velho amigo foi a única pessoa que Maradona levou à cozinha. "Não faça cerimônia, Goyo", disse-lhe. "Fale com minha irmã Lili se precisar de alguma coisa." Gregorio jamais pediu qualquer coisa.

Durante os preparativos para a Copa do Mundo de 1994, Goyo ficou sabendo por meio de alguém da vizinhança que, em um evento para pessoas famosas, Diego estava tão drogado que quis se atirar da sacada. Descobriu onde Maradona estava treinando e foi vê-lo, mas não o deixaram entrar no local. Ele havia escrito uma carta e conseguiu entregá-la para alguém que estava entrando em uma van. "Entregue isto a Diego, por favor", pediu. Logo depois, uma outra van saiu em disparada em direção à entrada, com o motorista buzinando. "Goyo, Goyo!" Era *Pelusa*. Eles se abraçaram e choraram. Diego disse: "Não chore, estamos juntos agora, não estamos?". Passaram quatro horas conversando em uma sala.

Depois, se viram de longe em um programa de televisão, em 1997, uma homenagem surpresa para Maradona com seus amigos de diversas fases da vida.

"Aqui estamos, senhor", disse Goyo ao jornalista Diego Borinsky, que acabara de chegar. "Ainda no mesmo lugar onde sempre moramos. Diego dormia do outro lado, ali, na minha casa, e o gramado em que jogávamos pelo Tres Banderas, equipe do meu pai, ficava bem ali. O terreno foi comprado para a construção de moradias..."

4
FRANCIS CORNEJO
E OS *CEBOLLITAS*

Francis Cornejo, também conhecido como *El Negro* ou *El Zurdo*, foi um jogador de futebol talentoso e dono de um chute poderoso. Embora nunca tenha atuado profissionalmente, era um homem satisfeito com o que havia alcançado na carreira. Francis sentia-se muito mais confortável pavimentando o caminho para aqueles que estavam iniciando, corrigindo seus erros técnicos e suas atitudes. Foi um desses heróis anônimos responsáveis por treinar crianças que sonham com o estrelato. Em 1969, ele estava montando uma equipe sub-9 para o Argentinos Juniors e já tinha quase tudo de que precisava. Porém, num sábado de março, observou um novo menino.

Devido a uma tempestade, quase cancelou o treino, mas, para não arruinar o campo em Las Malvinas, resolveu manter todos os jogadores na caminhonete de seu amigo e auxiliar, José Trotta, e os levou para o Parque Saavedra, a cerca de 25 quarteirões dali. Pouco depois, um menino magro e baixo chegou em outra caminhonete, vestindo calça comprida de cor marrom-clara, tênis surrado e uma jaqueta verde desbotada que ele tirou enquanto corria em direção ao grupo.

No parque, Francis estava comandando uma partida de nove contra nove (ou talvez oito contra oito) e, sem que ninguém tivesse mandado, Diego se colocou no meio de campo. Naquela peneira, Maradona mal ouviu a voz de Francis, mas fez coisas que somente alguns poucos são capazes de fazer, como dominar um dos primeiros passes com seu pé esquerdo e, sem esforço, dar um lençol em um dos adversários, sem deixar a bola tocar o solo, antes de partir em direção ao gol.

"Não é possível que tenha oito anos. Ele deve ser um anão", disse o treinador para José Trotta.

Contudo, àquela altura, faltava alguma coisa a Diego. Para ser um jogador bem-sucedido, é preciso estar pronto física e psicologicamente. Alguns dias depois da peneira, Cornejo o levou para ver o dr. Roberto Paladino, que decidiu que o menino deveria ganhar alguns quilos e um pouco de massa muscular. Seu corpo era saudável, mas esquelético; bem alimentado, mais até do que os demais, contudo, necessitava de suplementos, que foram dados pelo médico.

Sem passar pelo período de adaptação e aceitação que Francis Cornejo sempre exigia, *Pelusa* entrou para o time e não saiu mais, embora, vez ou outra, o treinador resolvesse confundir o adversário. Em um duelo contra a equipe juvenil do Boca Juniors, que tem uma das categorias de base mais respeitadas do país, um celeiro de craques, Francis registrou Maradona com um sobrenome fictício, Montanya, e o deixou no banco. O Boca abriu 3 a 0 antes de o mago em miniatura ser acionado. Ele mudou o jogo ao fazer dois gols que ajudaram seu time a empatar a partida. O técnico rival fez uma análise precisa do jogo ao se dirigir a Cornejo: "Você escalou o Maradona, seu filho da puta!".

"Sua habilidade era inata", explica Signorini. "Era um cara instintivo que, na vida, driblava tudo o tempo todo, assim como fazia com a bola." Aos oito anos, já "deixava os defensores no chão", como observou Cornejo. E fazia coisas incomuns para crianças: ele tinha a pausa, fazia com que os adversários passassem lotados, controlava o ritmo do jogo, cadenciando-o.

Quando o talento de um jogador é tão óbvio, seus companheiros querem lhe dar a bola. Sem qualquer alarde e sempre esforçado, Diego estava ciente de que tinha algo que os demais não possuíam; porém, também sabia que fazia parte de um elenco que já era bom. Diego, Goyo e o restante do grupo eram jovens insaciáveis que gostavam de vencer até nos treinos, algo encorajado por Francis. Depois dos treinamentos físicos, disputava-se uma partida com poucos atletas de cada lado e os vencedores ganhavam uma Coca-Cola, um sanduíche ou um sorvete, caso estivesse calor.

Francis Cornejo criava atividades para ensinar não apenas as virtudes da competição, mas, também, da generosidade, e tudo isso era visto em campo. O treinador comprou o primeiro par de chuteiras Fulvence de Diego, que eram duras, mas um sucesso naquele tempo, e quando elas ficaram gastas e danificadas *Pelusa* as deu para José Trotta, que as guarda até hoje.

Diego ouvia e seguia as instruções de Cornejo e de José no gramado, mas também desenvolvia suas próprias técnicas de finalização, dava passes precisos e driblava para se divertir. Ele gostava de conversar detalhadamente com os técnicos sobre grandes jogadores, partidas e movimentações; nessas trocas, o jovem Diego mostrava sua admiração por Ricardo Bochini, do Independiente, cujos dribles e arrancadas com a bola queria copiar.

Enquanto Goyo Carrizo e os demais se preparavam para voltar para casa depois do treinamento, *Pelusa* gostava de ficar no campo e praticar mais cobranças de pênalti, aprimorando os chutes com o pé direito, embora já fossem um míssil, e trabalhando cabeçadas. Cornejo tentou lhe ensinar como bater faltas com seu pé bom, mas Diego já fazia muito bem isso.

Mudanças físicas não demoraram muito para aparecer. Maradona, cheio de energia nos treinamentos graças aos suplementos pelos quais Doña Tota e *Chitoro* agora davam um jeito de pagar, descobriu seu lugar no time como número 10, pelo lado esquerdo. Contudo, pouco a pouco, conquistou sua liberdade para se deslocar por todo o campo. Como meia organizador, dava passes e colocava a bola em lugares que só ele podia ver; quando jogava mais adiantado, arriscava cruzamentos de letra para Carrizo. Diego raramente exagerava em suas habilidades — eram coisas que faziam sentido, não eram exibicionismo. Na maioria das vezes, preferia escolher um companheiro bem-posicionado a finalizar.

"Dá um ovo pro *Pelu*, mãe", disse Daniel Delgado, outro jogador talentoso dos *Cebollitas*. Diego mostrou uma facilidade incrível para fazer embaixadinhas com o ovo cru. Naquela semana, na tentativa de imitar seu companheiro de equipe, Delgado quebrou algumas dúzias de ovos.

"Comecei a sonhar a partir do dia em que fui treinar no Argentinos Juniors", contou Diego. "Sabia que o futebol me daria uma vida melhor porque via como eu engolia os melhores jogadores; e não estava me gabando. E devo muito a meu pai. Ele lustrava minhas chuteiras antes de cada partida. As chuteiras dos outros jogadores estavam em um estado lastimável: sujas e cobertas de lama... Meu pai me ajudou a brilhar."

Cornejo afirmava que "*Pelusa* havia transformado aquele time em um foguete em direção à lua". O aposentado que, no Parque Saavedra, oferecera sua bicicleta a Maradona ganhou a companhia de outros fãs. Treinadores, torcedores e jogadores de várias categorias do Argentinos também seguiam a equipe. Chegavam inúmeros convites de clubes de todo o país querendo conquistar uma prestigiosa vitória sobre aquele time. Em alguns vilarejos, os meninos eram recebidos até por uma banda local, como se recorda outro membro dos *Cebollitas*, Mauro Mongiardini. Em 1971, o time se aventurou fora da Argentina pela primeira vez, viajando para o Uruguai; porém, Diego não pôde participar porque havia se esquecido de seus documentos. Era cada vez maior o número de estranhos, incluindo olheiros de outros clubes, que iam assisti-los.

O futebol é como Jano, o deus romano de duas faces e das portas, que se abrem em igual medida tanto para o novo mundo da glória em potencial quanto para o mundo novo do posterior fracasso. Diego passou a ser marcado homem a homem, e sua habilidade obrigava os defensores a lhe darem entradas duras; a torcida adversária gritava todo tipo de coisa para ele, e *Chitoro*, em mais de uma ocasião, quase brigou com aqueles que insultavam seu filho. Diego, que não reclamava, descobriu ser capaz de ignorá-los, ao menos naquela época, e também achava fácil evocar prontamente momentos de magia que os deixariam calados.

Porém, o inevitável ocorreu. Em um sábado de 1971, um adversário grande e lento marcava Diego. No segundo tempo, ao saltar para disputar a bola, o defensor esticou a perna e, ao cair, atingiu o joelho direito de Maradona, o da perna de apoio. O choque foi sério e Diego foi às lágrimas; seu joelho inchou e, uma hora depois, sua temperatura chegou a quarenta graus. Ele teve de ser levado ao hospital na manhã seguinte e o médico, com uma enorme seringa, retirou um sangue preto da região inchada. Durante a recuperação, Maradona passou pelos diversos estágios que acompanham uma lesão: aborrecimento, impaciência, medo de competir pela bola, até que, por fim, se esqueceu da lesão.

O *Cebollitas* foi oficialmente fundado em 1973, no Trofeo Evita, e embora fosse chamada assim, a equipe até então não tinha um nome. No dia da inscrição, Cornejo queria batizá-la de Argentinos Juniors, mas, enquanto aguardava para entregar o formulário, ouviu os nomes das outras equipes: Villa Tachito, Los Soles, Lucero. Os jogadores do seu time, nascidos em 1960, pareciam menores do que os demais. "Vamos dar um nome para eles que soe pequeno: *Los Cebollitas*." O documento de inscrição no campeonato acabou emoldurado na casa de José Trotta.

Naquele torneio, a equipe terminou na segunda colocação, com Diego inconsolável após a derrota na final. Uma sequência de 136 vitórias (ou 142, ou 151, dependendo de quem é consultado) fez com que aceitar as poucas derrotas fosse muito mais difícil. Quando perder é algo tão raro, cada evento parece uma pequena morte. "Ele estava tomado por muito ódio e culpa", contou Francis.

Maradona marcou um gol memorável contra o River Plate, driblando sete adversários (ou oito, ou seis, também dependendo de quem relata), e viu o interesse por ele aumentar. Sua fama local fez com que aparecesse no *Sábados Circulares*, um popular programa de televisão para famílias, no qual demonstrou as habilidades que vinha exibindo no intervalo das partidas disputadas no estádio do Argentinos. "Eu tenho dois sonhos", disse ele para a câmera. "O primeiro é disputar uma Copa do Mundo; o segundo é ser campeão da *Octava*[1] e o que vier depois [com o Argentinos Juniors]."

"Pode soar ridículo, mas Diego entenderia", explicava Cornejo. "Se Maradona estiver numa festa com um terno branco e uma bola enlameada voar pelos ares, ele a mata no peito." Assim o treinador descreve o futebol puro, onde dominar uma bola é a coisa mais importante a ser feita. Diego, cuja existência como adolescente já girava em torno dos treinamentos e da próxima partida, estava levando a vida que ele, mais tarde, almejaria recriar.

Contudo, para obter sucesso como profissional na elite é preciso que várias peças se encaixem: a família certa que entenda as oportunidades oferecidas pelo futebol; mentores pacientes durante os treinamentos; a cultura e o país certos; e um clube adequado. O Argentinos Juniors, que procurava meninos da região que tivessem boa técnica, certamente preenchia esse último requisito.

---

1 No futebol argentino, as divisões de base são nomeadas de maneira diferente do Brasil. A *Octava*, ou oitava divisão, corresponde ao sub-15, isto é, categoria para os jogadores que tenham até 15 anos de idade no ano da disputa do torneio.

Sediado em La Partenal, Buenos Aires, um bairro de famílias operárias modestas onde todos se conhecem, o Argentinos foi fundado em 1904 por jovens com crenças socialistas e anarquistas. Sua história é a história da luta contra a corrente, da chegada ao topo sem aceitar qualquer tipo de auxílio. O clube tem uma das bases de maior prestígio no país, e a equipe principal orgulha-se de, desde 1979, ter ao menos um jogador formado em casa.

Aos treze anos, ainda não era hora de ganhar a vida com o futebol, isso não ocorria naquele tempo. Diego, que ganhava apenas o que recebia pelas partidas com os meninos mais velhos, teve de procurar emprego, e arrumou trabalho numa empresa de desinfecção. Às sete horas da manhã, pegava um ônibus até a ponte da avenida San Martín. Ele recebia tabletes de veneno contra barata que tinha de espalhar nas grades e nos cantos dos edifícios, do porão até o último andar.

E a escola? A escola parecia um entrave para a ascensão implacável de *Pelusa*. Certa tarde, José Trotta, o auxiliar dos *Cebollitas*, foi a Fiorito para falar com a professora de Diego, que confirmou que ele não estava indo bem porque, muitas vezes, não aparecia para as aulas e ficava constantemente pensando em futebol. Desde aquela conversa, cujos detalhes nunca foram revelados, a professora jamais voltou a falar das ausências de Maradona, que concluiu o ensino fundamental sem qualquer problema.

Em dias de jogo, um menino do bairro La Paternal que tinha sofrido com poliomielite no início da infância começou a aparecer em Las Malvinas. Seu irmão, Juan Eduardo, havia jogado pelo Argentinos antes de morrer, muito jovem, de câncer. Com um nome complicado, ombros largos e uma vasta cabeleira cacheada, Jorge Cyterszpiler redescobriu sua vontade de desfrutar o futebol quando se deparou com Diego, quase dois anos mais novo do que ele; Jorge Cyterszpiler ficou amigo dos jogadores, frequentava treinamentos, viajava com os *Cebollitas* na caminhonete — era possível ouvir sua voz durante as partidas —, fazia caminhadas com os jogadores e participava com eles das travessuras infantis.

Cyterszpiler também aprendeu com o que ouviu. Representantes de mais de um clube fizeram investidas para tentar convencer os Maradona de que Diego deveria mudar de time. Primeiro, o presidente do Racing falou com Don Diego, mas não deu em nada. O River Plate adotou uma abordagem direta parecida: um ex-jogador do clube de Buenos Aires conversou com *Chitoro* enquanto Francis Cornejo treinava as crianças e lhe ofereceu uma quantia considerável. Deve ter sido um valor no qual valia a pena pensar, porque foi exatamente o que Don Diego fez — até então, ele havia rejeitado as propostas de imediato. Consultou sua mulher, os pais de outros jogadores e, por fim, Cornejo.

"Vou ser curto e grosso com você: acho que o Argentinos Juniors será o berço e o trampolim para a fama de Diego", disse-lhe o treinador. Diego, treze anos de idade, que estava sentado no chão, calado até então, implorou a seu pai, com uma voz chorosa, para "seguir com Don Francis". Fez-se silêncio. Don Diego franziu as sobrancelhas, deixando todos na expectativa.

"O fenômeno Maradona estava escrito em todas as rugas da testa de seu pai, bem como em suas mãos rachadas", afirmou Fernando Signorini. "Nas outras casas de Fiorito, o pai teria batido no filho se o jovem não fosse trabalhar com ele. Em vez disso, ele [Don Diego] via que o garoto tinha um futuro brilhante e estava desesperado para ajudá-lo."

Àquela altura, Don Diego era, evidentemente, quem tomava as grandes decisões.

"Tudo bem. Você fica com Francis", anunciou. Foi, talvez, a última vez que pôde decidir sobre a carreira do filho.

Em 1974, Maradona — então com catorze anos — e sua equipe sagraram-se campeões argentinos da sua categoria. Ao longo do ano seguinte, pouco antes de sua estreia na elite do futebol, o clube lhe deu uma casa em Villa del Parque, próxima ao estádio, para que seus pais e irmãos ficassem mais confortáveis. A pirâmide familiar havia, definitivamente, se invertido: agora, o filho era o provedor e o dono do próprio destino.

Sete anos mais tarde, Diego Armando Maradona deu a Francisco Cornejo a camisa usada em sua despedida do Argentinos Juniors.

Depois de ser internado no Hospital Policlínico Bancario da capital argentina, em fevereiro de 2008, Francis Cornejo faleceu, vítima de leucemia, aos 76 anos de idade.

5
ESTREIA NA EQUIPE PRINCIPAL DO ARGENTINOS JUNIORS

O ano era 1972 e o apito havia acabado de soar, anunciando o fim do primeiro tempo do confronto entre Argentinos e Boca. Diego, onze anos de idade, adentrou o gramado vazio e começou a demonstrar sua habilidade de controlar a bola, que, ao longo dos quinze minutos de intervalo, não tocou o chão em nenhum momento enquanto ele caminhava de um gol ao outro. Essa foi a primeira vez de um evento que se tornaria corriqueiro, e a multidão se deleitou. Em 1974, sua equipe, os *Cebollitas*, conquistou o campeonato de sua categoria, além do torneio nacional Trofeo Evita, na cidade de Embalse (não em Río Tercero, como relata, erroneamente, sua autobiografia). Foi naquele mesmo ano que os garotos dos *Cebollitas* deixaram para trás o treinador Francis Cornejo e passaram a fazer parte da equipe sub-14 do Argentinos Juniors — a partir de então, os jogadores podiam se filiar à Federação Argentina.

Àquela altura, Jorge Cyterszpiler era o coordenador da equipe. Nas sextas-feiras em que Diego dormia na casa de Jorge, na rua San Blas, próximo ao estádio do Argentinos, eles jogavam *Scrabble* ou assistiam à televisão, sua primeira experiência diante do aparelho. Certa tarde, Cyterszpiler levou Diego para visitar a *El Gráfico*, revista esportiva de maior prestígio na América Latina, conhecida como a "Bíblia do Esporte". Não foi à toa. Jorge queria não só que a *El Gráfico* ficasse sabendo a respeito do time; mais do que isso, queria que dessem destaque a Diego, colocando-o na capa da publicação.

Sua tenacidade começou a dar lucro. A revista mandou um repórter e um fotógrafo a um jogo do Argentinos Juniors. Pela primeira vez na história da *El Gráfico*, um jogador de uma divisão inferior aparecia em suas páginas, tamanha a fascinação provocada pela habilidade de Diego. Em contrapartida, Jorge teve de prometer à revista lhes dar informações exclusivas acerca de uma futura, mas já especulada, estreia do jovem na equipe principal.

Ainda com catorze anos, Diego chegou a disputar cinco partidas pela equipe sub-16. "A espera está quase no fim", comunicou Jorge à *El Gráfico*. O ano era 1975 e as condições faziam-se propícias: os jogadores profissionais estavam em greve, exigindo melhores salários e condições, e os juvenis teriam de se prontificar e vestir as cores do clube. O Argentinos enfrentaria o River, prestes a conquistar o título, embora o jogo fosse ser disputado no estádio do Club Atlético Vélez Sarsfield, também em Buenos Aires. "Pode ser hoje", foi o novo alerta dado à revista por Cyterszpiler.

Diego foi chamado, mas para atuar como gandula. Um dos diretores do Argentinos que estava assistindo ao jogo o viu sentado sobre uma bola e gritou da arquibancada: "Diego, Diego, o que você está fazendo do lado de fora? Como você vai passar a bola para essas mulas no gramado se está aí sentado? Entre em campo e mostre a eles como se joga!". Diego deu risada.

Quando uma possibilidade não se concretiza, a rejeição pode provocar ansiedade em muitos adolescentes. Não foi o caso de Diego. Desafios não paravam de surgir e de ser superados: ele foi escolhido para jogar algumas partidas amistosas com a terceira equipe do Argentinos. No time principal, o treinador Juan Carlos Montes acabara de ser contratado para tentar, ao longo dos poucos jogos que ainda restavam, colocar as coisas no prumo após uma temporada fracassada. O novo treinador pediu para Diego treinar com a equipe. Ricardo Pellerano, capitão do Argentinos Juniors, estava aquecendo com seus companheiros no complexo poliesportivo Club Comunicaciones quando Diego chegou: "Seus trajes eram exagerados e ele suava muito, provavelmente espantado com o desenrolar daquela situação". Ao lado de outros três jogadores juvenis, Diego se arrumou para a sessão de treinamento no vestiário junto com o restante do time.

De volta ao gramado, agora iluminado pelos refletores, o capitão notou o menino de baixa estatura dentro do campo. Os mais velhos olhavam para ele confusos. O que aconteceu na sequência ficaria gravado na mente de Pellerano. Em uma jogada, Diego partiu com a bola a toda velocidade, e então parou, ficando estático. Antes que alguém pudesse reagir, voltou a disparar a toda velocidade, deixando os jogadores para trás.

"Ele me deixou completamente deslumbrado", contou Pellerano. "Mas havia outros jogadores que não gostavam dele e que entravam duro. Eu lhes disse: 'Nós vamos cuidar desse garoto, tenho a sensação de que é um pouco diferente do resto de nós... e podemos precisar dele".

O treino estava programado para durar noventa minutos, e o técnico Juan Carlos Montes precisou de apenas cinco para entender o talento que tinha diante de si. Montes disse a Diego que devido à sua idade, quinze anos, ele teria de continuar jogando pela base, mas que poderia ser chamado de vez em quando. O terceiro time estava viajando com a equipe principal para disputar alguns amistosos em La Plata, e quando Diego estava descendo do ônibus, Montes lhe informou que, na partida seguinte, ele ficaria no banco de reservas da equipe principal. Cinco minutos contra o Estudiantes foram seguidos por meia hora contra o Atlanta. A estreia oficial estava, claramente, muito próxima.

Em setembro de 1976, a equipe sub-18 disputou um jogo importante contra o Vélez e Diego foi chamado para jogar. Algumas decisões duvidosas da arbitragem não deixaram os jogadores exatamente satisfeitos. Ao término do jogo, Maradona se dirigiu ao juiz: "Você é muito bom, devia apitar partidas internacionais". Seu cinismo foi repreendido com um olhar firme; Diego, porém, antes de entrar no vestiário, não se conteve: "Você foi desastroso!". Comportamento impróprio depois do apito final, cartão vermelho e cinco partidas de suspensão. A trajetória meteórica havia sido retardada.

Em uma segunda-feira, Juan Carlos Montes disse a Jorge Cyterszpiler que, se Diego treinasse bem na terça, estrearia no dia seguinte, em casa, na partida do Argentinos contra o Talleres de Córdoba, no estádio La Paternal. Diego não sabia de nada. Catorze meses tinham se passado desde que Jorge contatara pela primeira vez a revista *El Gráfico* para falar sobre a possível estreia oficial do garoto prodígio contra o River Plate. Apesar daquele alarme falso, ele os contatou novamente. A revista concordou em estender seu prazo de fechamento para poder cobrir a partida.

Diego voltou a Villa Fiorito. O clube havia alugado para os Maradona um dos famosos tipos de moradia da Argentina, as chamadas *casas chorizo*, nomeadas dessa forma por serem compridas e, assim, semelhantes a uma linguiça. São construções de fachada estreita e que se estendem em direção ao centro do quarteirão, com um pátio que dá acesso aos lares de diferentes famílias. Foram muito comuns no fim do século XIX e início do século XX, abrigando principalmente imigrantes que chegavam ao país. Essa casa ficava na rua Argerich, em Villa del Parque, a poucos quarteirões do estádio do Argentinos Juniors. Contudo, os Maradona e seus objetos ainda estavam abrigados na antiga casa da família em Villa Fiorito — incluindo Mamá Dora, a avó de Diego, que não tinha intenção de deixar a favela. Seria preciso encontrar uma maneira engenhosa de tirá-la dali.

Diego mal conseguia respirar quando contou para sua mãe a respeito da estreia. Doña Tota começou a chorar e o abraçou. Don Diego desviou o olhar do rosto do filho, mordendo os lábios. Doña Tota limpou os olhos enquanto repreendia o marido. "Chore! Você não está vendo que seu filho vai jogar pela equipe principal?"

"E você pode imaginar...", disse Diego, muito tempo depois. "Em dois segundos, toda Fiorito ficou sabendo da notícia."

Diego, o *Pelusa*, contou a seu primo Raúl e depois foi ver a pessoa que lhe havia dado sua primeira bola de futebol, seu adorado primo Beto. Quando tinham dinheiro para tomar o ônibus até o estádio, ambos costumavam assistir às partidas de Diego pelas equipes de base. Agora, Beto e Diego não conseguiam deixar de se abraçar e de chorar; e naquele instante, percebendo realmente o efeito que seu futebol provocava nos demais, Diego entendeu que estava dando início a algo bastante grandioso.

Naquela quarta-feira de outubro, dia em que seu filho se sentaria no banco de reservas da equipe principal do Argentinos Juniors, Don Diego foi para o trabalho. Ele pediu permissão para sair mais cedo para que pudesse ir ao jogo, mas, como tinha de ficar aguardando a resposta, Diego se preparou para ir ao estádio sozinho. Embora fosse um dia quente e abafado, vestiu uma camisa branca e sua única calça, daquelas que os *gauchos* usam no inverno, boca-de-sino azul-turquesa e veludo cotelê.

Doña Tota foi até a porta com Diego. "Vou rezar por você, filho", disse.

A *casa chorizo* permitia que se observasse os demais moradores a partir de determinadas janelas. Claudia morava ali também e podia ver Diego quando ele saía para treinar. "Eu me fazia de bobo quando ela me olhava, mas estava sempre de olho nela, atento, mas discreto. Por oito meses, não fiz nada", escreveu Diego, mais de 25 anos depois, em sua autobiografia, mudando a antiga história de sua fascinação pela garota de calça amarela para uma versão na qual ele era, na verdade, o objeto de desejo.

Maradona tomou o trem, depois os ônibus 44 e 135, encontrando, no caminho, alguns jogadores do Argentinos. O time se reuniu no restaurante *El Rincón de los Artistas*, na esquina das avenidas Álvarez Jonte e Boyacá, ao lado do estádio. Seus novos companheiros de equipe trocaram olhares interrogativos ao verem Diego em sua calça de veludo cotelê. "Estavam pensando: 'Esse cara errou completamente na roupa'. Era só que... nós mal tínhamos roupas!", recordaria Maradona, anos depois.

Antes das instruções táticas do técnico Montes, comeram bife e purê de batata. Entre os jogadores, falava-se sobre um bônus pela vitória e Diego pensou: "Bom, os reservas vão receber alguma coisa, e se eu atuar, talvez ganhe um pouco mais". Fez umas contas: "Vou comprar calças novas". Depois da refeição, a equipe caminhou até o estádio La Paternal. Às duas horas da tarde, seis jornalistas da revista *El Gráfico* estavam presentes, incluindo o redator Héctor Veja Onesime, responsável pela matéria sobre a partida, e o fotógrafo Humberto Speranza.

O jogo estava marcado para o início da tarde, e o dia estava ficando mais quente e mais úmido, obrigando o público a buscar as sombras enquanto aguardava a abertura do estádio. Vários torcedores do Talleres de Córdoba sentaram-se na calçada, compartilhando garrafas de vinho, tendo feito uma viagem de setecentos quilômetros de Córdoba até Buenos Aires para apoiar sua equipe. Na verdade, uma multidão extraordinariamente grande estava se formando, uma vez que entre os treinadores havia se espalhado a notícia de que alguém especial poderia estar em campo. Segundo a Associação do Futebol Argentino (AFA), oficialmente 7.737 pessoas assistiram àquela partida. O número foi provavelmente maior, com muita gente entrando sem ingresso; porém, seja qual for a contagem final, nunca será tão grande quanto o número de pessoas que afirma ter estado no estádio naquele dia.

O então treinador da seleção argentina, César Luis Menotti, estava presente, uma informação desenterrada pelo jornalista Diego Borinsky. No início daquela mesma semana, Montes havia se encontrado com Menotti e falado sobre aquele menino de quinze anos que era "um craque". O treinador da seleção meio que brincou: "Se ele é tão craque, por que você não o coloca na equipe principal?".

"É por isso que vim falar com você", respondeu Montes. "Quarta-feira vou promover sua estreia."

"Diego, seu pai chegou", gritou alguém para os atletas quando eles entraram no estádio. Maradona sorriu, grato pela informação.

"Quando fomos para o vestiário, senti como se estivesse tocando o céu com as mãos", contou Diego. Ele estava entre os dezesseis jogadores relacionados e, de fato, usou a camisa 16. Antes de vesti-la, segurou-a reverencialmente, levantando-a como se ergue um bebê, tomando muito cuidado para não a marcar nem a danificar. A camisa, larga como eram os uniformes da época, fez com que suas pequenas pernas parecessem ainda menores e mais finas. "Estar no vestiário, aquecer, [ouvir] o treinador falar com você... você não sabe se amarra as chuteiras ou... tudo era novo para mim. Completamente novo." Alegria e tensão o acompanharam até o gramado para o aquecimento e na volta ao vestiário. Alguns minutos mais tarde, estava sentado no banco de reservas o mais distante possível do treinador. E ficou ali esperando.

O Talleres de Córdoba dominou o primeiro tempo e ficou em vantagem aos 27 minutos. Pouco antes do intervalo, Montes olhou para Maradona e arqueou as sobrancelhas. "Sim, estou preparado", foi a resposta transmitida pelo jovem, sem desviar o olhar dos olhos do treinador.

Naquele dia, 20 de outubro de 1976, Diego Armando Maradona estava prestes a fazer sua estreia oficial, o que aconteceu no início do segundo tempo da partida, quando entrou no lugar de Rubén Aníbal Giacobetti, tornando-se o jogador mais jovem a estrear na elite do futebol argentino.

Montes lhe pediu para que jogasse o que sabia e, se possível, desse uma caneta em alguém. Diego recebeu a bola de costas para seu marcador, Juan Domingo Patricio Cabrera, e com um leve toque a passou por entre as pernas do adversário. "A bola passou limpinha", descreveu Maradona, falando ao canal de televisão TyC. "Logo eu ouvi o 'ooooo-léééé' da torcida, como se estivessem me dando as boas-vindas."

Diego, devido aos anos que passou jogando contra jogadores mais velhos, havia aprendido a evitar os pontapés de seus adversários. Seu manual de sobrevivência incluía driblar, seguir em frente, se esquivar das entradas dos oponentes e, mais importante, conduzir a bola em direção ao gol adversário sem medo. Desde sua estreia no futebol profissional, por ser visto como um jogador talentoso, ele foi vítima da violência, e as dores que sentia eram disfarçadas por injeções e analgésicos. É fácil tornar-se dependente deles, uma vez que é a maneira de continuar a jogar. E jogar era o que o definia.

Miguel Ángel Bertolotto era o único jornalista do diário *Clarín* presente na partida — seu jornal não havia recebido qualquer informação sobre aquela possível estreia — e ele escreveu: "A entrada do jovem Maradona deu mais mobilidade ao ataque, mas não foi a solução para a necessidade de ficar mais com a bola no campo do Talleres. Maradona demonstrou muita habilidade, mas não tinha com quem jogar".

A partida terminou em derrota do Argentinos por 1 a 0, e, segundo Diego, foi tudo "muito bom". Muito tempo depois, Maradona diria: "Era para o nosso adversário ter marcado dezoito gols".

Héctor Veja Onesime escreveu na *El Gráfico*: "O Argentinos foi soterrado devido à sua falta de capacidade ofensiva. Nem mesmo a entrada do surpreendente, habilidoso e inteligente Maradona, ex-*Cebollita*, conseguiu resolver o problema". A revista lhe deu nota sete (de dez).

Algumas semanas depois, Diego marcou dois gols e deu duas assistências na vitória do Argentinos por 5 a 2, fora de casa, contra o San Lorenzo de Mar del Plata. O time viajava de volta para a capital de ônibus e Alberto Pérez, um dos diretores do Argentinos, estava sentado em frente a Diego, que dormia. Seu colega e também diretor Reinaldo Medito, àquela altura com sessenta e muitos anos, comentou: "Olhe para esse menino, nem ele mesmo sabe até onde pode ir. Pode ser que eu não consiga vê-lo atingir todo seu potencial, mas você certamente vai desfrutar disso". Diego acabara de fazer dezesseis anos.

Apenas dois dias antes, Maradona havia sido convocado para a seleção nacional pela primeira vez por César Luis Menotti, e passara a integrar a lista de jogadores, elaborada pelo treinador, que não podiam ser vendidos para o exterior. "Tudo aconteceu muito rapidamente", admitiu Diego ao *Clarín* em sua primeira entrevista com o jornalista Horacio Pagani, apenas um mês depois da estreia. "Tenho de ir com bastante calma porque, se eu pensar muito seriamente sobre isso, vou ficar maluco..." Durante a entrevista, Diego disse que achava que tinha se saído bem por ter feito dois gols e dado três canetas. "Como?", perguntou Pagani. "Você conta as canetas?"

"No time principal, sim, porque só disputei algumas poucas partidas. Enfiei a bola entre as pernas do Cabrera na estreia contra o Talleres; depois, dei uma caneta no Gallego, mas ele devolveu. Domingo dei uma bela caneta no Mascareño..."

O artigo termina com o genuíno reconhecimento de Pagani: "Sua história é a aventura de um jovem menino. Os perigos o esperam, mas há esperança em seu futebol. E o futebol argentino precisa de esperança".

"Se prepare, Jorge, preciso de você." No início de 1977, Diego pediu que Jorge Cyterszpiler o representasse, e ele se tornou o primeiro empresário de um jogador argentino na história. Em maio daquele ano, Jorge negociou o primeiro contrato profissional de Maradona. Era um passo lógico: ele já estava tomando conta dos negócios que envolviam Diego e imaginando o que podiam fazer juntos.

Um ano e meio depois, aos dezoito anos, Maradona renovou seu contrato com o Argentinos Juniors. O presidente do clube, Próspero Cónsoli, reconhecendo o valor de Maradona e querendo demonstrar o quanto gostava de sua estrela, tirou Diego e a família da *casa chorizo* e os colocou mais próximos do estádio, em um sobrado com seis cômodos, um quintal e terraço. Maradona ainda era considerado menor de idade, por isso a escritura saiu em nome de seu pai, Don Diego. *Pelusa* dividia os 130 metros quadrados com os dois irmãos e quatro de suas irmãs (a mais velha, Ana, já tinha se casado), e com a avó. A família havia encontrado uma maneira de convencê-la a acompanhá-los: Diego e alguns amigos, enquanto ela cochilava no quintal da casa em Villa Fiorito, pegaram seus pertences e, antes de saírem correndo, deram-lhe um grande susto. Era hora de se juntar ao restante da família.

O único banheiro da casa ficava acima do quarto de Diego, no terraço, mas para ir até lá ele não usava o caminho convencional, saindo pela porta e subindo os degraus; mantendo-se fiel à sua personalidade *villera* ("malandra"), escalava pela pequena janela do próprio quarto, apenas para economizar alguns passos.

PARTE 2
DIEGO

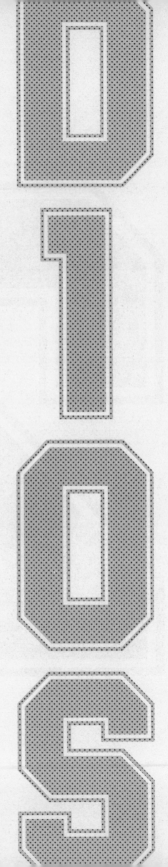

6
UMA FORÇA DOMINANTE EM LA PATERNAL

Em 1958, sob a liderança do presidente Arturo Frondizi, advogado e jornalista, a Argentina teve de seguir um rígido plano de austeridade acordado com o Fundo Monetário Internacional, estratégia que desencadeou dezenas de greves pelo país. Para compensar essas medidas austeras, o governo buscava políticas que ajudassem as indústrias automotiva, siderúrgica e petroquímica a crescer. Naquele período, os militares — que sentiam estar abrindo mão de sua autoridade para, mais tarde, retomá-la — impuseram restrições severas aos planos de Frondizi, forçando-o a estabelecer políticas ainda mais duras, o que levou a mais manifestações civis, com milhares de pessoas sendo presas. Eram tempos complicados: entre 1958 e 1963 ocorreram seis golpes, e em cada um deles uma facção distinta reivindicava o poder e seu direito *inalienável* de comandar o país, impondo, assim, novas circunstâncias à população.

Em meio a esse período de incerteza, nasceu, em 1960, Diego Armando Maradona.

As eleições de 1963 levaram Arturo Umberto Illía à presidência. Sua gestão foi fraca e caracterizada por uma agenda populista, e, uma vez mais, depois de apenas três anos, o presidente foi deposto por um golpe militar. A consequente ditadura veio acompanhada de uma década de tensão, com revoltas de operários e estudantes, e êxodo de cientistas para o exterior. O popular ex-presidente Juan Domingo Perón estava exilado.

Em 1973, a ditadura militar começou a se desintegrar, impondo, antes da convocação de novas eleições, um Estado reduzido e conservador. Em meio a tudo isso, Maradona e os *Cebollitas* desfrutavam a fama local.

Perón, impedido de concorrer, apoiou a candidatura de Héctor José Cámpora. Cámpora venceu com justiça e, poucos meses depois, convocou novas eleições, agora com Perón de volta ao pleito. O envelhecido líder conquistou o apoio de mais de 60% dos eleitores. Sua morte, um ano depois, fez com que a presidência passasse para sua esposa e vice-presidente, María Estela Martínez de Perón, a *Isabelita*, que não era muito versada em política. Com o vácuo no poder, impulsionado pela hiperinflação, o Congresso aprovou uma lei permitindo que os militares e as forças de segurança "aniquilassem" qualquer pessoa, em qualquer parte da Argentina, que fosse considerada "não conformista".

As Forças Armadas, a polícia e os grupos vigilantes abusaram de seus novos poderes e, sem julgamentos, mataram qualquer um que considerassem subversivo. Muitos dizem que foi um plano deliberado, posto em prática com a intenção de eliminar uma geração de pensadores progressistas, e que viriam a ser chamados de "desaparecidos".

Sem Perón, líderes da Igreja e as Forças Armadas se uniram e assumiram o controle do país em 24 de março de 1976, colocando María Estela Martínez de Perón em prisão domiciliar. O pretexto era estabilizar o caos econômico e ajudar na luta contra células guerrilheiras; o subtexto, porém, era muito mais abrangente. Outros golpes de Estado ocorreram na América do Sul naquela época: Pinochet no Chile, Bordaberry no Uruguai e Banzer na Bolívia. Desde 1964, o Brasil vivia uma ditadura; no Paraguai, Stroessner seguia comandando o país com mão de ferro, como vinha fazendo desde 1954.

Enquanto isso, grandes bancos multinacionais norte-americanos embolsavam o superávit do *boom* do petróleo nos países árabes e emprestavam dinheiro para os latino-americanos. As altas taxas de juros drenaram os cofres desses países e, mais tarde, provocaram um rompimento, gerando o que no início da década de 1980 era chamado de "Dívida Externa". Muitas nações não conseguiram honrar esses débitos e seus crescimentos foram interrompidos, dando origem ao que hoje é conhecido como "A Década Perdida".

★

Maradona, com dezesseis anos, fez sua estreia pela equipe principal do Argentinos Juniors nesse cenário político tumultuado. Ao escrever que a Argentina precisava de novas esperanças, Horacio Pagani fazia referência à capacidade agregadora de Maradona. A política não adentrava os vestiários argentinos, cujas conversas giravam em torno de futebol e mulheres — o esporte era conquistá-las. Diego, que não bebia nem fumava, adorava treinar, seguindo com os trabalhos mesmo quando as luzes do estádio já tinham se apagado. Ele convenceu o goleiro Carlos Munutti a participar de competições de pênalti, que envolviam outros jogadores e eram disputadas valendo dinheiro. Se ninguém mais topasse participar, faziam a disputa entre si: Diego chutava primeiro; depois, Munutti tentava superar seu miúdo companheiro de time. Na maior parte das vezes, o zelador da *cancha* — que precisava tomar dois *colectivos* para chegar em casa — tinha de expulsá-los do gramado.

Não há registro em vídeo dos primeiros gols de Maradona pelo Argentinos, mas existem fotos de seus dois tentos na vitória por 5 a 2 sobre o San Lorenzo de Mar del Plata, em novembro de 1976. A partida foi a quinta disputa oficial de Maradona, e ele começou aquele jogo no banco de reservas. Na volta do intervalo, com empate em 1 a 1 no placar, *Pelusa* entrou em campo tendo às costas o número 15. Seu primeiro gol, o quarto da equipe de La Paternal, aconteceu aos 42 minutos do segundo tempo: ele fugiu de três marcadores e tabelou rapidamente com Lopéz, seu companheiro de equipe, antes de chutar rasteiro e cruzado, de pé esquerdo, para marcar.

"Desde o início, ele demonstrou uma enorme habilidade e inteligência futebolística." O diário *La Capital* publicou uma foto de Maradona fechando o placar com seu segundo gol, o quinto do Argentinos. A análise feita por Julio Macia a respeito do confronto e de Maradona dizia: "Entrou na segunda etapa, mas foi a peça mais importante da partida...". Para o *La Capital*, o jornalista Segundo César Cheppi concluiu: "Sob a influência de Maradona, o Argentinos dominou a partida e saiu de campo com uma vitória merecida". Maradona guardou um exemplar da publicação, mas aquela lembrança, assim como tantas outras, se perdeu nas dezenas de mudanças de casas que ocorreram durante sua carreira.

Após o jogo, Benicio Acosta, treinador do San Lorenzo, repreendeu Alejandro Edelmiro Mascareño, seu jogador, dizendo: "É uma vergonha que esse cordeirinho tenha deitado e rolado em cima de você".

Na viagem de volta de Mar del Plata, os companheiros de equipe de *Pelusa* demonstraram muito mais curiosidade a respeito do jovem do que tinham demonstrado no trajeto de ida. "Nós passamos a cuidar dele porque percebemos o que tínhamos no elenco. O resto do time se tornou, pouco a pouco, apenas dez pessoas correndo por ele", recorda-se Ricardo Giusti, campeão da Copa do Mundo de 1986, no México, e outro jovem atleta do Argentinos Juniors àquela altura.

Falava-se de como, durante um treino, Maradona havia feito embaixadinhas com uma laranja, controlando-a com a perna, o ombro, o peito, até finalmente chutá-la para o alto e equilibrá-la na nuca. Em outro, "ele colocou dez bolas no meio do campo e apontou para o travessão", conta Giusti. "Ao menos sete foram no alvo. Sem exagero: eu tentei e não consegui sequer fazer a bola chegar ao gol."

César Luis Menotti, treinador da seleção argentina, já tinha visto o suficiente e, em fevereiro de 1977, Diego, aos dezesseis anos, estreou na seleção. Dias depois, Maradona insistia em afirmar que nada havia mudado: "Quando era mais novo, treinava uma vez por dia. Agora, treino o tempo todo. Não quero que as pessoas pensem que abandonei meus amigos, mas, desde que fui chamado para a partida contra a Hungria, não tive um momento livre para visitar meu bairro. Não quero que jamais digam que eu fiquei mascarado. Está todo mundo em cima de mim: revistas, televisão, jornais, todos me perguntando a mesma coisa. É cansativo. Na verdade, eu não sou ninguém, e a única coisa sobre a qual posso falar é minha infância e meu ídolo, Bochini". O menino estava começando a avaliar o preço da fama.

Seu relacionamento com Claudia Villafañe, a menina de calça amarela que olhava secretamente para Diego de sua janela, teve início no verão de 1977. Depois dos treinamentos, ele passava na casa de Claudia duas ou três vezes por semana para que os dois saíssem para caminhar. Parecia que o país todo os acompanhava naqueles passeios, com os jornalistas tirando fotos. Essa atenção jamais diminuiu.

A temporada seguinte foi a primeira completa de Maradona com a equipe principal, e é lembrada por um gol marcado no estádio do Huracán, em Buenos Aires, e do qual há apenas algumas poucas imagens de seus momentos finais. Diego pegou a bola em sua própria área e partiu em direção ao gol adversário, tabelando com um companheiro para tirar quatro adversários da jogada e, graças à sua inteligência e a seu talento, ficar em uma situação ideal, mano a mano com o goleiro; então, a qualidade e a ousadia falaram mais alto: Maradona enfiou a bola por entre as pernas do arqueiro.

Embora *El Pelusa* ajudasse uma equipe com pouco talento a vencer partidas, a imprensa especulava se a juventude e a crescente influência de Diego não estavam incomodando os demais jogadores. "É como time que ganhamos os jogos, os onze que começam a partida e os cinco reservas", declarou Maradona. "Se Ríos não marca, se Fren não tem um bom desempenho, então Maradona é inútil. É desrespeitoso jornalistas escreverem 'Maradona 2 time tal e tal 0'; isso machuca os atletas." Companheiros de equipe fizeram declarações parecidas, mas foi revelador, e um tanto estranho, o fato de Diego ter começado a se referir a si mesmo na terceira pessoa.

Maradona começou a passar mais tempo com um grupo da imprensa por quem nutria sentimentos cada vez mais contraditórios. Com a ajuda de Jorge Cyterszpiler, e talvez inconscientemente, o craque em ascensão estava criando seu próprio espaço midiático, sua imagem. Enquanto lamentava a impossibilidade de "conseguir passar duas semanas relaxando com minha namorada e minha família", começou a falar com os jornalistas sobre os carros que comprava e de seu gosto por roupas e perfumes importados.

"O que chamou minha atenção foi o fato de seu relacionamento com a imprensa ter, desde muito cedo, uma característica muito clara", conjectura Lalo Zanoni, que estudou a vida pública de Maradona em seu livro *Vivir en los medios*: *Maradona off the record*. "Quando Diego defendia os *Cebollitas*, [o jornalista] Horacio del Prado o entrevistou para *El Gráfico*. Del Prado encontrou um menino de doze anos que era muito maduro para sua idade, um espírito bastante livre. Aos quinze anos, ele estava jogando na equipe principal do Argentinos Juniors, e aos dezesseis já era um homem. Veja as fotos dele na imprensa, ele era, na verdade, um menino, mas sua postura e sua maneira de se portar eram de um adulto. Em pouco tempo se tornaria capitão do time, cercado por jogadores mais velhos. Foi o primeiro jogador na Argentina, talvez no mundo, a ter um empresário, e isso antes mesmo de se tornar famoso. [O tenista sueco] Björn Borg tinha um empresário, mas não era algo predominante na década de 1970."

A princípio, suas proezas não cruzaram as fronteiras, e somente aqueles que viviam na Argentina ou para lá viajavam ouviam suas histórias, narrativas de um menino que não apenas estreara no time principal do Argentinos Juniors e fora artilheiro, aos dezoito anos, do Campeonato Metropolitano (1978, 1979, 1980) e do Campeonato Nacional (1979, 1980), mas que também havia sido o mais jovem a alcançar tal façanha, até hoje o único jogador a conquistar a artilharia cinco vezes. Mesmo tão novo, Diego já era o líder e a força dominante do clube de La Paternal, e só se manteve por cinco anos no Argentinos porque a ditadura, por sugestão de Menotti, proibiu sua venda ao exterior.

O Argentinos Juniors é reconhecido por formar jogadores, mas também por incutir neles um espírito de equipe e liderança. Muitos capitães da Argentina passaram por suas equipes de base, incluindo Juan Pablo Sorín, Juan Román Riquelme e Esteban Cambiasso. Diego sentia que liderar era um passo natural, principalmente quando havia um vácuo a ser preenchido, independentemente de sua idade. "Nós fomos jogar no Brasil", recorda-se Rubén Favret. "Estávamos na era da televisão em cores e todos queríamos comprar uma. Mas não tínhamos recebido nosso bônus. Diego, que tinha dezoito anos, advogou por todos e disse a Cónsoli [presidente do Argentinos] que, se não nos pagassem, ele não jogaria."

Na nova casa de Maradona, Doña Tota assistia à televisão em preto e branco enquanto acabava com os pacotes de tabaco. Do Brasil, Diego trouxe uma televisão colorida para sua mãe.

Um mês após a Copa do Mundo Sub-20 de 1979, *Pelusa* disputou um amistoso pelo Argentinos contra o San Martín de San Juan, no centro-oeste do país. As coisas não iam bem, o time perdia de 3 a 0, e Diego, ao entrar no vestiário da equipe, no intervalo da partida, estava resmungando. "Temos tempo de sobra para virar", disse-lhe Quique Wolff, seu companheiro. Maradona voltou outra pessoa para o gramado, arrastando seu time consigo. Quando o jogo se aproximava do fim, ele driblou cinco adversários e ficou cara a cara com o goleiro, tendo a chance de dar a vitória ao Argentinos; então, vendo Wolff livre na pequena área, ele driblou o goleiro e passou a bola para que o colega marcasse. Wolff, braços abertos, ficou imóvel, e a bola raspou no seu calcanhar e saiu.

"O que aconteceu?", perguntou Diego. Quique Wolff, por sua vez, não conseguia olhar nos olhos de Maradona.

"Sua jogada foi tão espetacular que fiquei sem reação. Não acreditava no que estava acontecendo. Fiquei assistindo e admirando, como um torcedor."

7
O ENCONTRO COM PELÉ

Maradona resolvia enigmas futebolísticos onde não havia nem tempo nem espaço para resolvê-los. Ele enxergava o entorno como se olhasse para uma fotografia, escolhia a melhor opção estratégica e então realizava a ação necessária, possível ou aparentemente impossível. Suas decisões derivavam de uma fusão de análise e intuição, tanto da inteligência quanto da habilidade inata, combinadas de uma maneira extraordinariamente sofisticada e coroadas com uma camada de genialidade. Tudo a serviço de uma humilde bola de futebol.

Por que gênio? Diego buscava respostas dentro de campo a uma velocidade que ninguém podia alcançar. Entretanto, havia mais: ele não apenas dominava os fundamentos, os dribles e os passes, mas era capaz de criar sua própria arte. Em 1979, tudo estava pronto para elevá-lo a um nível acima de todos os demais jogadores. Suas atuações fantásticas iluminaram o ano com momentos espetaculares que excediam as expectativas, e então surgia outra exibição de gala, e mais outra. A Argentina toda ficou perplexa diante de sua habilidade, e já era possível vislumbrar a glória internacional.

Antes daquele perfeito ano de 1979, Maradona oscilara entre os mais nobres elogios e uma sensação nova de queda às profundas e sombrias catacumbas da rejeição, e começara a se viciar nessa montanha-russa de emoções que, cada vez mais, parecia se transformar em regra.

Após ter disputado onze partidas na primeira divisão do futebol argentino, Diego estreou na seleção nacional, comandada por César Luis

Menotti, em fevereiro de 1977, numa partida amistosa contra a Hungria, em La Bombonera, casa do Boca Juniors. "Agora, vá para o hotel Los Dos Chinos e se concentre", disse-lhe Menotti ao término de um treino. "Se o jogo estiver favorável, pode ser que você atue. Pode dizer a seus pais, mas somente a seus pais." Com 20 minutos do segundo tempo, a seleção argentina já vencia por 5 a 1 (placar que se manteria até o fim) e o técnico honrou sua promessa. Maradona continua sendo o jogador mais jovem (16 anos) a estrear pela seleção nacional. Após o apito final, Tolo Gallego, veterano meio-campista, deu-lhe um abraço paternal.

Seis meses depois, Diego foi convocado novamente por Menotti para alguns amistosos. O técnico estava montando o elenco para a Copa do Mundo de 1978, a ser disputada na Argentina. Dos 25 jogadores do plantel, o treinador tinha de cortar três para compor a lista final. No dia 19 de maio, o almirante Emilio Eduardo Massera, membro da junta militar que governava a Argentina, foi ao hotel da equipe acompanhado do vice-almirante Carlos Alberto Lacoste, que também era o vice-presidente da entidade ditatorial responsável pela organização do Mundial no país. Os dois oficiais foram recebidos por Menotti e Alfredo Cantilo, presidente da Associação do Futebol Argentino, e apresentados aos jogadores, que, depois, foram mandados para o hotel para se alimentar e descansar. Naquela tarde, ficariam sabendo quem estaria no elenco que disputaria a Copa.

Menotti reuniu o grupo de atletas no centro do campo onde a seleção se preparava para o Mundial, localizado numa chácara em José Clemente Paz, na Grande Buenos Aires, e em vez de ler os nomes dos 22 jogadores selecionados, optou por nomear prontamente aqueles que seriam cortados da convocação: Víctor Alfredo Bottaniz, Humberto Bravo e Diego Maradona. O atacante Leopoldo Luque olhou para um Diego transtornado e, enquanto o treinador seguia falando, tentou consolá-lo em voz baixa: "Dieguito, eu achei que tinha chances de ir para a Copa do Mundo de 1974, jogava pelo Unión [de Santa Fe] na época. Quando fui cortado, comecei a trabalhar para estar na de 1978 e, veja, deu certo. Você tem dezessete anos e cinco Copas do Mundo pela frente".

"Se quiserem, podem ficar", disse Menotti para os jogadores cortados. Maradona, chorando, deixou o grupo. Ele sabia que era melhor do que alguns dos atletas que estavam convocados para o torneio. Dois dias após o corte, Diego voltou a vestir a camisa do Argentinos Juniors e foi titular na partida contra o Chacarita Juniors. Na goleada por 5 a 0 de sua equipe, ele marcou dois gols e serviu outros dois companheiros. Hugo Pena, zagueiro do Chacarita, lhe disse após um de seus tentos: "Se eu não estivesse vestindo uma camisa diferente da sua, estaria comemorando com você".

"Qualquer um podia ver que Maradona era um excelente jogador", explica, hoje, César Luis Menotti. "Eu me desculpei [com ele] por tê-lo cortado do time... sei que o machucou muito. Não o escolhi porque estava pensando no Mundial Sub-20 do Japão, no ano seguinte. Ele era muito jovem e havia jogadores mais experientes em sua posição — Kempes, Villa, Ardilles; não necessariamente melhores do que ele, mas mais experientes. Se eu o tivesse levado, muito provavelmente ele teria se destacado, mas naquele momento preferi deixá-lo de lado."

Na Argentina, as pessoas estão acostumadas a promessas quebradas e a decepções — nada é o que parece. O futebol está tomado por essa mesma dúvida. Dizem que Norberto Alonso, adorado meio-campista do River Plate, seria cortado do elenco de 1978. Segundo a lenda, naquela visita ao hotel onde a seleção estava hospedada, o vice-almirante Lacoste, torcedor do River, pressionou Menotti para que incluísse Alonso na equipe que viria a conquistar a Copa do Mundo. "Ninguém influenciou a minha decisão", afirma o ex-treinador da seleção argentina. "Eu não conhecia Lacoste e o encontrei apenas duas vezes na vida. Cantilo, comandante do futebol argentino, tinha comprometimento total [com a seleção] — Lacoste não conseguiu ficar a menos de um quarteirão de distância de Cantilo, que dirá ter uma conversa ao pé do ouvido."

Maradona não podia aceitar uma rejeição como aquela e quis abandonar o futebol. Jorge Cyterszpiler fez valer sua influência cada vez maior sobre Diego e agiu como alicerce emocional. "Como é que você vai abandonar o futebol?", disse. "Tudo isso vai passar, você vai disputar outras Copas do Mundo, o Mundial Sub-20 no Japão..."

Os gols de Mario Kempes, a visão de jogo de Osvaldo Ardiles e a habilidade de Ricardo Villa inspiraram a vitória da seleção nacional na Copa do Mundo disputada em casa.

No mesmo mês em que a Albiceleste conquistou o título mundial, Domingo Tessone, diretor do Argentinos Juniors, teve a chance de negociar Maradona com o Sheffield United por 1,5 milhão de libras. A negociação teria ocorrido durante um período em que o presidente do clube, Cónsoli, esteve ausente. Ao menos era essa a história que se contava até hoje. Teriam a ditadura e Menotti, que desejavam manter os talentos no país para ajudar a seleção nacional, mudado sua postura em relação à obrigação de manter os jogadores na Argentina?

O treinador do Sheffield United, Harry Haslam, havia convencido Alejandro Sabella, habilidoso camisa 10, e o meio-campista Pedro Verde a se transferirem para os *Blades*, que, àquela altura, disputavam a segunda divisão inglesa. Durante a Copa do Mundo de 1978, Haslam viajou a Buenos Aires com o diretor John Hassall para sacramentar o negócio e observar talentos do mercado argentino, algo raro naquele tempo. O jornalista Tony Pritchett, do *Sheffield Start*, os acompanhou.

Keith Burkinshaw, treinador do Tottenham Hotspur, e alguns diretores do clube de Londres estavam no mesmo avião. Harry Haslam também tinha conversas adiantadas para contratar Ricardo Villa e Ossie Ardiles, dois jogadores de alto nível. Contudo, durante o voo, Haslam e Hassall perceberam que o Tottenham, recém-promovido de volta à elite depois de um período na segunda divisão, estava em uma situação mais favorável para fechar o negócio — Villa e Ardiles acabaram em White Hart Lane, onde viveram uma década de sucesso, pavimentando o caminho para que mais jogadores estrangeiros fossem para a Inglaterra.

Fazia pouco tempo que o também argentino Oscar Arce, ex-jogador do Aston Villa, tinha se tornado membro da comissão técnica do Sheffield United. Arce foi buscar a comitiva do Sheffield no aeroporto e passou a atuar como tradutor. Em dado momento, eles se encontraram com Antonio Rattín, lendário jogador do Boca Juniors, e a partir daí a história começa a se transformar em lenda. Relatos do pessoal do Sheffield afirmam que eles assistiram aos treinos do Boca em regiões próximas a Buenos Aires; contudo, à época daquela visita, Diego ainda defendia o Argentinos Juniors. Seja qual for a verdade, o fato é que Haslam, após ver Maradona treinando, ficou fascinado. "Quanto ele custa?", perguntou.

Circulam, ainda, outras versões. Lalo Zanoni afirma em seu livro *Vivir en los medios*: *Maradona off the record* que o clube inglês ofereceu quase 1 milhão de dólares por Maradona, uma alta soma para a época. O presidente do Argentinos Juniors, Próspero Cónsoli, e um dos diretores aceitaram a oferta. Contratos foram redigidos. Porém, a burocracia interrompeu o negócio. De acordo com o relato oficial, "a AFA proibiu quarenta jovens, incluindo Maradona, de jogar no exterior... para não atrapalhar os planos do treinador Menotti e obter a classificação para o Mundial Sub-20, no Japão".

"Você não sabe o dinheiro que eu perdi!", declarou Maradona ao jornalista Horacio del Prado, da revista *Goles*, ao falar sobre a possível transferência para a Inglaterra.

Em Sheffield, corre ainda uma outra explicação. Domingo Tessone, diretor do Argentinos, estipulou o valor em 200 mil dólares. Haslam não achou a soma exorbitante e estava disposto a aceitá-la, uma vez que acreditava ter descoberto uma joia. Durante a noite, de forma autoritária, alguém bateu na porta do quarto do hotel em que Haslam estava. Era um oficial da polícia exigindo outros 200 mil dólares para permitir que Maradona deixasse o país. A quantia seguia sendo acessível, mas Haslam não sabia ao certo como fazer o pagamento, ou mesmo se era uma boa ideia. Conversou então com a direção do Sheffield United e foi informado de que deveria deixar o país imediatamente, e sem Maradona. O presidente do Argentinos, Cónsoli, ficara sabendo da exigência e, segundo a versão do Sheffield, tinha dado um jeito de impedir o negócio a qualquer custo.

Maradona já era uma máquina de marketing, a moeda forte que esmaga o espírito do futebol. Ainda assim, Diego cultivava seus próprios sonhos, mantendo-se alheio graças ao entusiasmo e à curiosidade juvenis. Um de seus maiores ídolos era Pelé.

"Diego, então com dezoito anos, estava disputando o Sul-Americano Sub-20, no Uruguai, na busca pela classificação para o Mundial do Japão, em 1979", conta o jornalista Guillermo Blanco, organizador e cronista do que se tornaria um evento histórico — e que futuramente trabalharia como assessor de imprensa de Maradona. "Menotti havia dado folga para a equipe e passamos o dia com as famílias de Diego e Jorge [Cyterszpiler] nas praias de Atlántida... ali, Diego confessou pela primeira vez que um de seus sonhos era conhecer Pelé."

A Argentina se classificou para o Mundial Sub-20 (conhecido, à época, como Mundial Juvenil) no Japão e as atuações de Diego o colocaram, finalmente, na capa da *El Gráfico*, a primeira de inúmeras capas. Blanco propôs à prestigiosa revista organizar o encontro entre Pelé e Maradona. "Mas quando Diego podia, Pelé não podia, e vice-versa", explica Blanco. "O comportamento de Diego era curioso. Numa segunda-feira, Pelé podia e eu corri para contar a Diego, que respondeu: 'Não posso'. Uma semana depois, outra segunda-feira, a mesma resposta: 'Não posso'. Eu disse a mim mesmo: 'Mas ele estava tão ansioso para conhecer o Pelé...'. Ele não me dizia por que não podia encontrá-lo numa segunda-feira." Foram precisos três meses para que o encontro acontecesse.

No dia 8 de abril, logo após o Argentinos Juniors ter enfrentado o Huracán, dado o sinal verde, Maradona e Blanco foram até o Aeroporto Internacional de Ezeiza, em Buenos Aires, onde Don Diego e Jorge Cyterszpiler os aguardavam. Diego, que estava com o corpo pulsando de dor depois de uma partida dura, disse que toparia um encontro de cinco ou dez minutos com Pelé porque sabia como ele era ocupado. Já passava da meia-noite quando chegaram ao hotel no Rio de Janeiro, e, após comer alguma coisa leve, Maradona colocou gelo na perna.

Às onze horas da manhã, Pelé os aguardava em Copacabana, no apartamento de um amigo onde o brasileiro estava hospedado. Pelé os recebeu "de braços abertos, um sorriso largo, e usando uma camisa amarela, colarinho aberto, com flores brancas", escreveu Blanco para a *El Gráfico*. Primeiro, Pelé abraçou Don Diego e, em seguida, cumprimentou Maradona. Foram feitas as apresentações, eles se sentaram com um fotógrafo um tanto nervoso diante deles. Fotos coloridas eram algo incipiente, e o fotógrafo Ricardo Alfieri estava enfrentando algumas dificuldades técnicas. Blanco se recorda de quase todas as palavras trocadas naquele que é tido como um dos encontros mais famosos do futebol.

"Mas que sacrifício viajar depois de ter jogado no domingo para vir me ver. Você devia ter ficado em casa, não sou digno de tanto trabalho."

"Por favor, não é nenhum sacrifício. Não, não... Fazia muito tempo que queria conhecê-lo."

Diego mal conseguia concatenar duas frases. Parecia que tinha esperado a vida toda para conhecer Pelé.

"Estou chateado [disse Pelé]. Não posso ficar muito mais. Não achei que você fosse vir depois da partida. Combinei com meu advogado Samir de ir para Santos resolver umas questões de imposto, sabe?

E agora você está aqui e quero ficar para almoçar com você. Me diga uma coisa: como está seu time?"

"Líder do campeonato. Estamos fazendo uma temporada boa. Delem é o treinador e ele manda um abraço para você. Ontem vencemos o Huracán, 3 a 1, fizemos belos gols e os torcedores estão nos apoiando, nos seguindo a todos os lugares."

"Viu, Diego, outro dia você marcou um gol de mão? [contra o Newell's Old Boys]. Não se preocupe com isso, é problema do árbitro."

Blanco dedicou um espaço especial da reportagem da *El Gráfico* para outros conselhos que Pelé deu a Diego.

"Aceite os aplausos, mas não viva para ser aplaudido."

"Contratos: todo jogador tem seus próprios problemas. É um assunto muito pessoal, mas sempre tenha em mente que você deve lutar pelo que você realmente vale. Sempre se respeite e nunca faça concessões. Quando assinar seu contrato, não volte, depois, para reclamar ou pedir mais coisas. Sua assinatura é sua palavra."

"Essa conversa circulando na Argentina sobre sua transferência para o exterior... decida apenas depois de ter analisado bem a situação. Você me disse que tem oito irmãos, sua mãe e seu pai. Leve isso em consideração quando tomar sua decisão."

E uma premonição: "O corpo é sua caixa de ferramentas. Pelo que posso ver, você tem um ótimo físico; cuide dele. Na vida, há tempo para tudo, inclusive sendo jogador de futebol. Tempo para sair, para beber, para fumar um cigarro, para dormir tarde, para comer o que tiver vontade. Mas tudo requer equilíbrio. Caso contrário, acaba muito rápido".

O advogado de Pelé se aproximou para lembrá-lo de que o motorista o estava esperando do lado de fora. Pelé ergueu a vista e pediu mais um tempo. Viu um violão, pegou-o e tocou alguns acordes. "Não sei cantar, tenho uma voz muito rouca; mas sabe de uma coisa? Agora mesmo gravei um disco para crianças."

"Pelé, você vai disputar mais alguns jogos?", perguntou Maradona. "Porque só vi você contra o Huracán, em Buenos Aires. Você se lembra daquela partida?"

"Lembro, lembro, sim, acho que foi meu último jogo na Argentina. Bom, sei que vou jogar partidas beneficentes com bastante frequência."

De repente, Pelé tomou a mão de Diego. Ricardo Alfieri estava olhando atentamente para ambos, a força do momento o fazia esquecer de si mesmo. Ele sugeriu que fossem para a sacada para tirar mais algumas fotos e aproveitar a luz brilhante e tropical do meio-dia. Pelé deu a Diego uma camisa do Brasil e uma bola autografada. Cyterszpiler também pediu que Pelé assinasse a camisa que ele estava usando.

"Fique com este relógio", insistiu Pelé. "Não é grande coisa, você não pode entrar na água com ele. Dê para um de seus irmãos e fique com esta medalha para você; foi feita para minha despedida do [New York] Cosmos."

"Vou guardá-la por toda minha vida."

Tudo terminou em uma hora. "Foi maravilhoso", disse Blanco. "A caminho do aeroporto, tendo acima de nossas cabeças a estátua do Cristo Redentor, eu falei: 'Diego, uma coisa ainda me incomoda... por que caralho você não quis encontrá-lo numa segunda-feira?'"

"Guille, as segundas-feiras são da Claudia."

"Eu sabia que ele era um jogador extraordinário; agora, sei que é uma pessoa extraordinária", contou Diego a seus companheiros de Argentinos no primeiro treino que fez com a equipe após o encontro com Pelé.

"Quantos garotos como eu querem ver Pelé, tocá-lo, trocar algumas palavras, e eu... foi o Pelé que veio e me deu um abraço, mas primeiro ele abraçou meu pai, tratou meu pai como se fosse seu pai. A cada vez que pegava na mão dele eu ficava boquiaberto, embasbacado. Vi como meu pai chorava enquanto Pelé estava me dando conselhos. Conhecer Pelé é a Copa do Mundo que eu não tive."

O encontro recebeu apenas um pequeno canto da capa da *El Gráfico*, escanteado por Víctor Galíndez, vencedor do título mundial de boxe na categoria dos meio-pesados.

8
O MUNDIAL SUB-20 DE 1979, NO JAPÃO

Em janeiro de 1979, após a disputa do Sul-americano Sub-20, no Uruguai, que deu à Argentina uma vaga no Mundial da categoria, Diego levou sua família para a costa uruguaia para realizar um antigo sonho: sentar-se nas areias brancas das praias de Atlántida. Diego também queria levar seu pai para um lugar distante e convencê-lo a parar de trabalhar. "Ele tinha cinquenta anos e já havia feito mais do que o suficiente por nós. Era a minha vez", diria Maradona, anos depois.

Embora tenha se tornado o chefe da família, Diego "não perdeu o pai", pontua Néstor Barrone, amigo próximo de *Pelusa*, ao comentar a nova função do atleta. "Uma coisa é comprar uma casa, ajudar seus irmãos ou pedir que seu pai deixe de trabalhar; outra é o espaço pessoal de cada um dentro da unidade familiar. Diego sempre achou necessário fazer a distinção entre essas coisas. Depois disso, alguns podem crescer; outros, não, mas todos ao menos tiveram uma oportunidade."

Enquanto Lalo e Hugo, irmãos de Diego, disputaram algumas partidas na primeira divisão argentina, fazendo com que suas carreiras no futebol os levassem para Espanha, Japão e Itália, suas irmãs praticamente não ganharam destaque na história de Maradona.

Desde muito cedo, o Estado argentino quis se apropriar de Maradona e de seu sucesso. Em 1972, quando foi escolhido para sediar a Copa do Mundo de 1978, o país já estava sob um regime ditatorial.

Em 1976, um golpe civil-militar que colocou Jorge Rafael Videla no comando da nação pôs fim ao breve governo da presidente María Estela Martínez de Perón. A junta usou a conquista do Mundial, em junho de 1978, cuja organização havia sido tirada das mãos da Associação do Futebol Argentino, para legitimar sua existência e estender seus poderes.

Ademais, "além da possibilidade de poder manipular as situações e exibir uma falsa alegria para o mundo, ao mesmo tempo que varria toda e qualquer sujeira para debaixo do tapete, havia muito a ser roubado", recorda-se o escritor Sergio Levinsky. Muitas pessoas foram sequestradas e levadas para a *Escuela de Mecánica de la Armada*, localizada a pouco mais de um quilômetro do Monumental de Nuñez, estádio do River Plate. "Enquanto os gols estão sendo celebrados, o barulho encobre os gritos daqueles que são torturados e assassinados", afirmou Estela de Carlotto, presidente de *Las Abuelas de Plaza de Mayo*, que estava entre as muitas pessoas que aguardavam diariamente informações sobre seus filhos e netos desaparecidos — informações que jamais chegariam.

Os tentáculos do Estado chegaram à equipe nacional sub-20: serviço militar obrigatório, cabelos curtos e uma foto obrigatória. A maior parte dos jovens jogadores se apresentava por apenas algumas horas a cada semana, nunca montando guarda ou portando armas. Sua simples presença era manipulada para a imprensa. O alistamento militar obrigatório recebeu o apelido de *colimba*, uma palavra formada da junção das primeiras sílabas dos verbos *correr*, *limpiar* e *barrer* — porque era exatamente isso, correr, limpar e varrer, que eles faziam quando estavam em serviço. "Passei um total de nove horas e meia na *colimba*", contou Maradona, cujo breve interlúdio no serviço militar havia começado em março de 1979, em um prédio diante da sede do governo, a Casa Rosada. Não lhe ensinaram nem mesmo a saudar um oficial de alta patente.

Durante aquele período, Maradona continuou a treinar com o Argentinos Juniors e também com as seleções principal e juvenil. Antes da viagem ao Japão para o Mundial Sub-20, Diego disputou partidas pela principal em várias províncias da Argentina, bem como na Suíça, na Itália e na Irlanda, além de Estados Unidos e Escócia. Foi em um amistoso em Hampden Park, no dia 2 de junho, que ele marcou seu primeiro gol pela seleção, na vitória por 3 a 1 sobre os escoceses. Após receber uma bola que o deixou na cara do gol, ele enganou o goleiro ao ameaçar tocar para um companheiro e então, quase sem ângulo, mandou para as redes.

"Não é à toa que ele é o Pelé... ele me deu alguns conselhos. Que privilégio", repetia Maradona para seus companheiros a caminho de Tóquio, uma narrativa que todos queriam escutar.

Diego e o técnico da seleção, César Luis Menotti, se reencontraram para o torneio no Japão. Maradona era o líder de uma equipe que representava a essência do futebol argentino: talento, comprometimento e competitividade. "Era melhor do que aquela de 1978", afirma o próprio Menotti, que havia optado por comandar a seleção sub-20 na Ásia.

A junta militar deu a Menotti tudo o que ele pediu enquanto esteve à frente da equipe nacional. Havia sido sua a ideia de não deixar, até o término da Copa do Mundo de 1978, nenhum atleta sair do país para jogar no exterior. Mario Alberto Kempes, que já havia assinado com o Valencia, recebeu uma permissão especial. Menotti também exigiu que, antes do torneio no Japão, os mais jovens deixassem seus clubes e se juntassem à seleção para um período de treinamento.

El Flaco criou um grupo bastante unido desde o início, misturando conselhos e rigidez, mas sempre demonstrando confiança nos jogadores. O treinador disse: "Devemos nos reunir e ficar juntos por apenas algumas semanas e ver o que acontece? Ou vamos manter o foco e vocês fazem o que eu disser para fazer? Se vocês se entregarem de corpo e alma, talvez sejamos campeões". Claro que a equipe ficou com a segunda opção.

Gabriel Calderón, que seguiria sua carreira no Real Betis e no Paris Saint-Germain, lembra-se de ter ficado boquiaberto por ter no vestiário um técnico que havia conquistado uma Copa do Mundo. "Menotti nos disse: 'Vou para o Japão para ser campeão, não para ficar em segundo lugar'." Sua metodologia exigia aplicação cerebral: os exercícios nos treinamentos envolviam uma concentração física e mental absoluta. Alianças foram forjadas, e um grupo de garotos tornou-se uma unidade, um time que obteve apoio dos torcedores e lotou estádios mesmo em jogos amistosos, inclusive em uma partida contra o New York Cosmos, de Franz Beckenbauer.

A escalação tradicional da Argentina era a seguinte: Sergio García, Carabelli, Simón, Rubén Rossi e Hugo Alves; Barbas, Osvaldo Rinaldi e Diego Armando Maradona; Escudero, Ramón Díaz e Calderón.

O torneio no Japão contou com grande cobertura da imprensa, e muitas pessoas acordavam às cinco da manhã para acompanhar os jogos.

Maradona assumiu o papel de líder do time. "Um dia, marcamos onze gols contra o San Telmo [clube de Buenos Aires]", relatou Osvaldo Rinaldi ao jornal *La Nación*. "Durante o jogo, Diego me disse: 'Vou tentar driblar todo mundo'. E foi o que fez... Era como estar na Disney todos os dias. E ele era a pessoa mais humilde; uma companhia estupenda e um capitão divertido e protetor."

Em campo, a personalidade de Maradona os conduzia adiante. "Ele dizia apenas o suficiente, e na hora certa; era um líder dentro de campo. Se você perdesse a bola, ele dizia: 'Não se preocupe, continue trabalhando, vamos, vamos em frente'", conta Calderón. "Era o primeiro a fazer brincadeiras e tinha sempre a última palavra, com suas tiradas espertas e afiadas."

A fase de grupos teve três partidas disputadas em seis dias. A Indonésia foi goleada por 5 a 0 na estreia e Maradona marcou dois gols. O confronto com a Iugoslávia, na segunda partida, foi duro. "Por que caralho vocês vieram para o Japão?", gritou Menotti com seu time durante o intervalo, exigindo que eles jogassem de acordo com o nível que ele esperava. Um gol no segundo tempo deu a vitória por 1 a 0 à seleção argentina; depois veio um triunfo tranquilo por 4 a 1 sobre a Polônia, então campeã europeia sub-20. Diego anotou um contra os poloneses.

Nas quartas de final, a Argélia foi surrada, 5 a 0, e Maradona marcou o primeiro gol do jogo; depois, reclamou e caiu no choro ao ser substituído antes do apito final. A semifinal foi o clássico do Rio da Prata contra o vizinho Uruguai; sob a chuva de Tóquio, dois gols marcados pela dupla mortífera Díaz-Maradona puseram fim à resistência uruguaia.

"Você sabe quem ensinou Ramon Díaz a finalizar?", contou Diego, em tom jocoso, anos depois, no *La Nación*. "Fui eu, o papai aqui! Expliquei a ele que para marcar gols não era preciso furar o peito do goleiro. Depois, aprendeu. De nada, Ramón."

"Acorde feliz, Argentina!", era a mensagem transmitida sem cessar na rádio nacional e na imprensa do país. O governou suspendeu as aulas para que todos pudessem assistir à final. Representantes da junta militar e celebridades queriam viajar para o Japão para ver a partida

— o presidente Videla começou a ensaiar a foto da vitória ao lado de Menotti e Maradona.

"Vocês já atenderam às minhas expectativas", disse Menotti aos atletas no último treino antes da decisão contra a União Soviética. "Vou contar aos meus filhos, quando eles crescerem, que este time foi aquele que chegou mais próximo daquilo que eu quero de uma equipe. Vocês me deram tudo o que desejei. Não há mais nada que eu possa lhes pedir." O treinador conseguiu o efeito que desejava imediatamente, tirando do time a pressão e provocando uma resposta.

"Nós ainda temos uma final para disputar!", protestaram os jogadores. Menotti manteve sua ideia: "A final não me interessa. Tudo pode acontecer — um gol acidental e talvez a gente perca. Quero que vocês saibam que, aconteça o que acontecer, vocês fazem parte da melhor equipe que já comandei na vida". Em sua autobiografia, *Yo soy El Diego*, Maradona concordou com aquela declaração: "Aquele foi o melhor time em que atuei em toda minha carreira".

A final foi disputada em uma noite sufocante e abafada de Tóquio. Depois de um primeiro tempo sem gols, os soviéticos marcaram no começo da segunda etapa. A Argentina não apresentou o mesmo ritmo das outras partidas do torneio. Porém, oito minutos malucos trouxeram a glória: primeiro, um pênalti convertido por Hugo Alves; depois, um gol de Ramón Díaz, em boa jogada individual do atacante; por fim, o próprio Maradona, de falta, fechou o placar, 3 a 1. Com vinte gols marcados e apenas dois sofridos, a Argentina foi campeã mundial sub-20 com mérito. O gol de Díaz fez dele o artilheiro da competição com oito gols, dois a mais que Diego, eleito o melhor jogador do campeonato após ter marcado em cinco das seis partidas.

"A verdade é que, tirando minhas filhas da equação, e falando apenas sobre minha carreira, é difícil encontrar alguma coisa que tenha me dado tanta alegria", relataria Maradona duas décadas depois. De volta ao hotel Prince Takanawa, o elenco cantava: "*Maradona no se vende / Maradona no se va / Maradona es argentino / Patrimonio nacional*"..

Dois dias depois, os vencedores voaram, com inúmeras paradas, para Buenos Aires — exceção feita a Menotti, que tinha de se juntar à seleção principal na Europa. A convocação para o serviço militar impedia Maradona de atuar pela equipe nacional; ele e cinco outros campeões mundiais sub-20 tinham ainda vários meses de Exército para cumprir. No Rio, embarcaram em um avião militar para Buenos Aires e, em seguida, em um helicóptero para o estádio do Club Atlético Atlanta.

"Dali, fomos até a Corrientes [uma das principais avenidas de Buenos Aires]. O trajeto não fazia sentido", recorda-se o meio-campista Osvaldo Rinaldi. "Muito tempo depois descobrimos que era para que desfilássemos em frente aos emissários da Comissão Interamericana de Direitos Humanos (CIDH), que haviam chegado à cidade na véspera. Na rua, foi uma grande festa. Não tínhamos ideia do que estava acontecendo."

A Comissão estava na Argentina para investigar os crimes cometidos pela ditadura, e sua delegação se encontraria com as Avós da Plaza de Mayo e visitaria presídios. A junta encorajou o povo a mostrar sua união nas ruas, criando inclusive o slogan: "*Los Argentinos somos derechos y humanos*", um jogo de palavras com o nome da instituição. O ônibus com os campeões seguiu até a Casa Rosada, onde o presidente Videla receberia o elenco.

"Fomos todos com cabelos compridos", recordaria Maradona, anos depois. "Claudia me disse: 'Corte o cabelo'... 'Pode esquecer! Sou campeão do mundo', respondi. Estávamos a caminho de encontrar o comandante em chefe quando alguém se aproximou e disse: 'Cortem o [cabelo] de todo mundo'. Sabe como eles nos deixaram? Lisos como casca de ovo... eles tinham uma maquininha". Todos os recrutas, incluindo *Pelusa*, foram obrigados a trocar suas roupas civis por uniformes militares. O boné de Diego não lhe cabia na cabeça. "Parecia um barquinho de papel boiando sobre um cabeção", conta Sergio García, seu companheiro de time.

A poucas ruas das celebrações que aconteciam na Casa Rosada, uma mulher registrava o desaparecimento de seu filho junto à comissão interamericana. Ela era tia de Jorge Piaggio, um dos jogadores campeões mundiais sub-20 no Japão; o desaparecido era Guillermo Mezaglia, primo do jogador.

Antes da entrega da placa pela vitória e de posarem para a foto comemorativa, os jovens jogadores receberam instruções, ao longo de meia hora, sobre como fazer a saudação militar, preparando-se para encontrar Jorge Rafael Videla e o comandante em chefe e futuro presidente Roberto Eduardo Viola. Chegada a hora, Maradona, que havia sido empurrado pelo grupo para a frente da fila para que conhecesse as autoridades militares, cumprimentou apenas Viola.

"General Videla... uma coisa..." Maradona pediu que ele e seus cinco companheiros fossem dispensados do serviço militar. Em um mês, todos receberam a dispensa, exceção feita a Juan Barbas, o único a não ser liberado. "Se você me trouxer o Maradona, eu libero você", disse um tenente-coronel para Barbas. "Tranquilo", falou Jorge Cyterszpiler quando lhe foi pedido para levar *Pelusa* ao encontro do tenente-coronel — Maradona, claro, foi.

Alguns dias depois das comemorações, a Comissão concluiu que "a questão dos desaparecidos era um dos mais sérios problemas relacionados aos direitos humanos enfrentados pela República da Argentina".

"O poder sempre tentou se aproximar de Maradona", afirma o comentarista esportivo Víctor Hugo Morales. "E, quando muito próximo, fica difícil afastá-lo." A ditadura e, depois, a subsequente democracia continuariam a usar Diego e o futebol, envolvendo-os em um discurso demagogo que permitiria o crescimento de um dos braços da lenda em torno de Maradona: o mito nacionalista, a defesa do melhor jogador do mundo, que, claro, é argentino.

A imprensa também havia achado um novo ídolo. Diego tratava bem os jornalistas se sentisse que eles o entendiam e o retratavam de maneira justa. Guillermo Blanco era um desses jornalistas. Todos os dias alguma coisa era escrita sobre Dieguito, o *Pelusa* da favela de Villa Fiorito, o menino do bairro, a criança com carisma, o vencedor humilde, um bom moço preocupado com sua família, alguém que segue com a namorada da adolescência e ainda cuida do melhor amigo de infância. Jorge Cyterszpiler também havia estado no Japão.

Diego sabia que a vida era como uma cachoeira violenta cuja correnteza o levava, incessantemente, adiante, e que isso era fruto de sua incrível habilidade e de sua fama, que a essa altura já cruzava fronteiras. Os elogios o agradavam, embora rejeitasse a pressão imposta por aqueles que o transformariam em ídolo.

Quando Maradona afirmava jamais querer ser visto como exemplo, parecia estar apenas pedindo para não ser julgado. Ele sentia que estava navegando em águas pantanosas e desconhecidas.

9
JORGE CYTERSZPILER

O mapa emocional de uma nação, seja ele real ou imaginário, baseia-se em seus mitos, em suas histórias e crenças, criando o cenário de uma narrativa subjetiva e em constante mudança. Desde muito cedo, a Argentina tornou-se o modelo do futebol de rua, com seus dribles para enganar os adversários, uma antítese da visão de jogo de seus criadores britânicos, que salientavam a destreza física e a habilidade aérea. A revista *El Gráfico*, fundada em 1919, recebe o crédito por ter nutrido a ideia de que o futebol *criollo* deu toques argentinos e brio ao esporte original. Essa imagem triunfou no exterior, à medida que mais e mais jogadores eram exportados, muitas vezes carregando nos ombros as esperanças de famílias inteiras.

Por volta do fim da década de 1970, a Argentina testemunhou um jovem *criollo* malandro e habilidoso invadir a dormente consciência nacional durante uma era de confusão política e de falta de referências confiáveis, e fez dele a personificação do espírito argentino. O momento era ideal; a nação o aguardava. O estilo inicial de Maradona era o exemplo perfeito de uma veia ousada e esperta, o poeta do futebol tendo o jogo como sua musa e demonstrando uma essência amadora que não precisa de incentivo financeiro para ser colocada em prática. Diego era um *pibe*, um menino, uma criança que invocava jogadas novas e que fintava apenas para ouvir os aplausos e mostrar sua alma ao público.

O problema é que, quando ele deixa de ser criança, como é natural, seguimos pedindo que reproduza sua engenhosidade infantil, negando-lhe, assim, as fases de desenvolvimento normais de seu crescimento — aparar arestas comportamentais e se tornar um adulto. Cria-se um homem falho: dentro de campo, uma criança o tempo todo, mas, quando esse menino, fora dos gramados, age da mesma maneira, nos sentimos incomodados. Assim como Peter Pan, algumas de suas escolhas foram inesperadas, para dizer o mínimo, como dar o bolo em Franz Beckenbauer quando o Cosmos jogou na Argentina, por exemplo; ele simplesmente não estava a fim de encontrá-lo naquela noite.

Em meio a essas contradições, o Argentinos Juniors entendeu que Maradona era uma mina de ouro, e que a receita que podia gerar permitiria mantê-lo em La Paternal por mais algum tempo. O Argentinos tornou-se o primeiro clube da elite do país a ter uma marca estampada em seu uniforme. "Vamos cuidar desse *pibe*, ele vai nos fazer ganhar o mundo", era a brincadeira corrente entre seus companheiros de equipe enquanto viajavam para disputar um amistoso durante a semana na Colômbia ou no Equador. Em dezembro de 1979, o time foi até Barcelona atuar no Camp Nou. Jorge Cyterszpiler, já mostrando sua visão como pioneiro no agenciamento de jogadores de futebol, só permitiu que Maradona desse entrevistas pagas.

"Maradona é o melhor jogador da atualidade", disse Hugo *El Loco* Gatti, goleiro do Boca Juniors, ao jornal *El Litoral*. "Mas sabe qual é minha preocupação? Seu físico... em alguns anos ele vai enfrentar problemas devido à sua tendência a ser rechonchudo." Diego, que aos vinte anos já era capitão do Argentinos, ficou sabendo da declaração por amigos e por Cyterszpiler. "Ele chamou você de gordo", disse seu empresário, jogando lenha na fogueira pouco antes de as duas equipes se enfrentarem.

"Eu estava pensando em marcar uns dois gols; agora, meu objetivo é marcar quatro", respondeu Diego. "E do jeito que der." Antes do início do jogo, Gatti se desculpou com Diego e disse que suas palavras tinham sido mal interpretadas. *Pelusa* aceitou as desculpas. Então a partida teve início e Diego marcou de pênalti, de falta e ainda fez um terceiro, por cobertura — matou a bola no peito e a colocou por cima de Gatti. Não era o suficiente. Partindo em direção ao gol adversário, Maradona foi derrubado na meia-lua e, na cobrança de falta, anotou seu quarto gol e selou a vitória de sua equipe por 5 a 3.

A partida terminou de maneira atípica, com a torcida do Boca cantando "Maradó! Maradó!" — era o começo de um caso de amor. Cyterszpiler, que passava a maior parte dos jogos na arquibancada imitando os dribles e os gestos técnicos do amigo, apesar de suas limitações físicas, ficou extasiado ao ver o desenrolar dos acontecimentos, e jamais se esqueceu daquele dia.

Certa vez, Jorge, sempre maravilhado pelo talento de *Pelusa*, perguntou como ele sabia que seu marcador estava às suas costas. "Eu o ouvi", foi a resposta. De alguma maneira, Diego tinha desenvolvido um sexto sentido. As coisas claramente estavam saindo como planejadas.

Jorge Horacio Cyterszpiler era o filho mais novo de uma família polonesa batalhadora que chegou à Argentina no início da década de 1870 e tinha uma fábrica de sapatos localizada a apenas alguns metros do estádio do Argentinos — Jorge jamais ficou muito longe do seu amor pelo futebol. Eduardo, seu irmão, era lateral e chegou a defender o Argentinos profissionalmente; contudo, diagnosticado com câncer, morreu pouco tempo depois, aos 23 anos. O golpe abalou Cyterszpiler, e pela primeira vez em sua vida ele deixou de lado o sonho no futebol, aparentemente para sempre. Em uma época na qual enfrentava dificuldades para seguir com sua vida, ele ficou sabendo de um grupo de jovens futebolistas que tinha tudo para se tornar especial. Essa equipe o ajudou a se reconectar com o mundo.

"Jorge não podia ser o que desejava ser", explica Guillermo Blanco. Após um grave surto de poliomielite ter atingido a Argentina na década de 1950, Jorge, então com dois anos de idade, ficou com sua perna direita debilitada. Embora usasse uma prótese que lhe dava sustentação do joelho para baixo, não tinha força muscular e mancava. Seu problema físico ocultava um espírito combativo que, em alguns momentos, aproximava-se de um sentimento de vingança contra o mundo.

Jorge Cyterszpiler era dotado de uma força magnética. Fernando García, seu companheiro de escola, o acompanhava a todos os lugares. Em algumas ocasiões, iam até o cemitério judaico de La Tablada para que Jorge conversasse com seu falecido irmão, Eduardo. Se o cemitério estivesse fechado, ele falava pelos muros.

"O que você faz aos sábados pela manhã?", perguntou certa feita Jorge a seu colega de escola. "Nada? Então venha comigo ver um jogo.

Tem um time com o novo Pelé. Eu levo os limões e a água. Você vai se surpreender." Jorge, dois anos mais velho do que Maradona, já podia antever o destino futebolista do menino de nove anos. "Havia também um ótimo camisa 9, Goyo Carrizo, que jogava como os deuses", recorda-se Fernando García. "Era de outro planeta. Mas suas condições de vida não lhe permitiram seguir em frente."

Antes de sua doença, Eduardo convidava dois ou três amigos às sextas-feiras para a espaçosa casa dos Cyterszpiler, que estava sempre de portas abertas. Se o Argentinos fosse jogar em casa, o estádio era próximo; caso o jogo fosse fora, os ônibus saíam da *cancha* de La Paternal, o que continuva a fazer da casa um bom ponto de encontro. Jorge copiou a ideia do irmão: cinco ou seis *Cebollitas*, incluindo Diego, ficavam na casa da família em vez de tomarem mais de um ônibus e, no caso de Maradona, voltar para Villa Fiorito. O jantar, claro, estava incluso. Toncha, mãe de Jorge, preparava uma milanesa que todos adoravam. Diego, sempre disposto a desafiar os limites, atacava, de noite e sorrateiramente, a geladeira.

Foi assim que a relação dos dois teve início. Jorge conseguiu transformar a dor da perda de seu irmão em amor pelo futebol e pelos *Cebollitas*. Ele levava não só os limões, mas também bolas e coletes, sempre disposto a ajudar. Em uma ocasião, pouco depois da conquista do campeonato, Francis Cornejo, treinador da equipe, sofrendo de pedra na vesícula, entregou o cargo a Cyterszpiler por uma partida: "Eu lhe peço apenas o seguinte, Jorge: não briguem e se divirtam". Aquele jogo acabou em uma batalha campal, mas também em um segredo bem guardado.

O relacionamento entre Maradona e Cyterszpiler começou a se tornar uma parceria de negócios quando Diego estreou na equipe principal, em 1976. No ano seguinte, Jorge acompanhou a seleção sub-20 da Argentina durante o Sul-Americano, disputado na Venezuela. Em Caracas, demonstrou empreendedorismo ganhando dinheiro com a venda de couro e sapatos recebidos de um amigo. A Argentina não passou da fase de grupos, uma mancha que passa praticamente despercebida na autobiografia de Diego, mas que lhe permitiu notar que nem todo jogo acaba em vitória e nem todo passo que se dá é um passo adiante, como Jorge vinha lhe dizendo.

Cyterszpiler estudava Economia, mas frequentava pouco as aulas, tamanha era sua confiança em uma intuição que se confirmou após o torneio, momento em que Diego pediu a seu amigo que o representasse em período integral. Jorge prometeu protegê-lo e ganhar dinheiro suficiente para proporcionar uma vida melhor a ele e à sua família. Don Diego e Doña Tota sabiam que Diego estava em boas mãos. Jorge chegou a um acordo com o Argentinos para que Diego tivesse seu primeiro contrato profissional, que incluía o aluguel de uma casa na rua Argerich, além de um salário mensal de quatrocentos dólares.

Naquela época, os jogadores negociavam os próprios contratos e eram frequentemente prejudicados na assinatura desses vínculos porque pouco sabiam das finanças do futebol. Jorge olhou para o mundo do tênis e seu sistema com empresários para entender melhor o assunto; direitos de imagem, contadores, advogados e publicidade, tudo precisava ser levado em consideração. Silvio, seu irmão mais velho, estava estudando Direito e também oferecia conselhos. Jorge queria a estrutura mais profissional possível para Diego, alguém que ele via atuando não apenas na seleção nacional, mas chegando à Copa do Mundo — e conquistando o título — em seu caminho para se tonar o melhor jogador do planeta.

Contudo, no percurso, havia coisas que Diego tinha de fazer fora de campo. Jorge desenvolveu uma relação com Roberto *Cacho* Paladino, médico que cuidava de boxeadores, e com outro especialista, o dr. Alfredo Cahe, que se tornou, a partir de então, o médico da família Maradona. Foi o dr. Cahe quem, muitos anos depois, ligou para Diego para lhe informar da morte de Doña Tota. Assim se formou uma equipe médica para o jogador, à parte do clube, outra coisa inédita no futebol.

Jorge sempre entendeu do que Diego, que confiava totalmente no amigo, precisava, e sabia que o promissor jogador era mais temperamental do que cerebral — as personalidades dos dois eram complementares. Cyterszpiler usava seu charme, apoiado em sua inteligência, sagacidade e intuição, para cortejar quem precisava ser cortejado. Esses dois meninos das ruas de Buenos Aires, mesmo sem uma formação profissional, fundaram a "Maradona Producciones" (ideia de Jorge), um empreendimento comercial inovador destinado a produzir filmes, atrair patrocinadores e desenvolver e monetizar a imagem de Diego. Valendo-se do mesmo espírito que demonstrava quando jogava como goleiro nas peladas com os amigos, Cyterszpiler olhava para a frente e não via absolutamente nada que pudesse detê-lo.

Eram atitudes de um jovem confiante de dezenove anos, Jorge, e de outro que tinha dezessete, Diego, igualmente ambicioso; juntos, eles enfrentavam o mundo de peito aberto no início de sua jornada. Embora não tenha sido fácil, Jorge, em um período de apenas cinco anos, conseguiu uma Mercedes-Benz para Diego, três contratos com o Argentinos Juniors, cada um mais valioso que o anterior, um cobiçado ensaio fotográfico para a capa da revista *El Gráfico* e, claro, exposição pública e adulação. Como empresário de Maradona, também cuidava do relacionamento que o jogador vinha construindo com a imprensa, fazendo qualquer coisa pelos jornalistas no Argentinos, até servir Coca-Cola durante os intervalos das partidas. Quando Diego não fazia um bom jogo, Jorge ficava particularmente agitado.

O jornalista italiano Pier Paolo Paoletti, especialista no mundo de Maradona, descreveu o relacionamento entre Jorge e Diego no livro de Sergio Levinsky, *Rebelde Con Causa*: "O que se pode dizer sobre Jorge? Ele foi uma espécie de gnomo elegante, mas também um homem de riquezas e valores internos incomensuráveis, coroados por uma grande paixão por Diego, com quem teve grande identificação. Durante os jogos, Cyterszpiler caminhava de um gol ao outro sem parecer se importar com sua perna debilitada. Olhava para Maradona extasiado. Copiava cada movimento feito por Diego. A conexão era total...".

No mesmo livro, Bruno Passarelli, correspondente italiano da *El Gráfico*, explica: "Se Diego tinha treino, uma partida no dia seguinte ou alguma coisa importante para fazer, Jorge dormia no chão, ao lado da cama de Diego, para evitar que ele saísse de noite e fizesse das suas".

"Jorge nutria um amor infindável por Diego. Infindável", afirma Néstor Barrone, membro de seu círculo íntimo em Barcelona. "E onde quer que esteja, suponho que ainda o ame."

"Tudo era calmo, saudável e promissor", explica Fernando García, amigo de Jorge. "Honestamente, o verdadeiro esporte era ir atrás de mulher. Durante o dia, pensar em como fazer com que a carreira futebolística fosse mais profissional; no tempo livre, pensar em mulheres. Eram dois adolescentes que amadureceram rapidamente. Para mim, Diego esteve em seu estado mais puro quando defendia o Argentinos Juniors, lado a lado com Jorge."

Durante o Mundial Sub-20 de 1979, disputado no Japão, Cyterszpiler comprou uma câmera profissional, e sua ideia inovadora era entrar no mercado dos Estados Unidos, amplo e inexplorado. Ele queria fazer um filme que mostrasse como *Dieguito*, apelido dado pelos jornalistas ao jovem craque, estava trilhando o caminho que faria dele o novo Pelé. O cinegrafista Juan Carlos Laburu foi contratado para acompanhá-los por todos os cantos, seguindo com eles quando a caravana se mudou para Barcelona e, depois, Nápoles.

Após a Argentina conquistar o torneio no Japão, Cyterszpiler teve a ideia de organizar um show durantes as férias de Natal, apelidado de *Natal de Maradona*, e cuja arrecadação seria doada para *El Patronato de la Infancia*. Mais de 2 mil pessoas compareceram ao Luna Park, local onde se realizavam, entre outras coisas, lutas de boxe, e onde Maradona celebraria mais tarde seu casamento. Houve jogos de futebol, rifas, música e uma variedade de shows, com a presença de muitos convidados, entre eles Diego e Menotti, que falaram à multidão. A festa serviu, ainda, para lançar a Maradona Producciones — o folheto do evento definia a recém-criada instituição como "um homem, uma empresa".

Alguns membros mais céticos da imprensa levantaram suspeitas quanto aos motivos por trás da cerimônia. Maradona repondeu: "Eu preciso me promover? Vocês esqueceram de mencionar que toda a arrecadação vai para *El Patronato*? É cruel. Eu também já fui uma criança pobre e sei o que é não ter uma bola oficial".

A partir daquele momento, porém, vários contratos publicitários se materializaram. Diego assinou com a Coca-Cola; depois, com a Puma, sua primeira patrocinadora esportiva e cujas roupas e calçados usou por muitos anos. Os pedidos de Jorge Cyterszpiler aos patrocinadores eram pequenas fortunas para aquela época, e muitos foram aceitos: AGFA Gevaert, Mauricio de Sousa Produções, TSU Cosméticos, Della Penna...

Jorge foi o responsável por negociar a transferência de Diego do Argentinos para o Boca Juniors, e não foi a única na qual trabalhou, diga-se. Contudo, em 1985, já em Nápoles, a parceria — e até a amizade — entre os dois chegou ao fim. "Eu amava Diego, amo Diego, e sempre vou amá-lo", declarou Cyterszpiler, em 2015. "Não vou falar mal dele; ele é o verdadeiro conceito do significado de amizade. Uma palavra contra ele jamais sairá da minha boca."

Em 2002, Jorge celebrou 25 anos como empresário, e toda a realeza do futebol argentino compareceu à sua festa: do presidente da AFA, Julio Grondona, a muitos contatos que fez durante sua carreira, incluindo os pais de Maradona; o atleta, contudo, não foi. "Ele é o melhor amigo de Diego; sempre foi", disse Tota, naquele dia, a respeito de Jorge.

Sem Maradona, Cyterszpiler soube se reinventar. Temporariamente, ele deixou de empresariar jogadores e passou a organizar eventos no mundo do entretenimento, bem como uma excursão bem-sucedida da seleção nacional. Quando o ex-jogador e então treinador Miguel Ángel Brindisi resolveu procurar um empresário, entrou em contato com Jorge, que, uma vez de volta à função de empresário futebolístico, realizou mais de duzentas transferências internacionais. Fez a ponte entre o mercado argentino de futebol e a Rússia, ganhou uma fortuna, e também cometeu alguns equívocos.

Maradona e Jorge se encontraram novamente em 2011, longe das câmeras, quando *Pelusa* treinava o Al-Wasl, nos Emirados Árabes Unidos. Diego queria a contratação de um de seus clientes, Juan Ignacio Mercier, e convidou Jorge para visitar sua casa na Península Arábica. Foi um encontro amigável, e a transferência foi acertada. Não voltaram a se ver.

O negócio bem azeitado de empresariar jogadores não dava a Jorge a felicidade necessária para ansiar por um novo dia. Seu divórcio o machucou profundamente, transformando seu mundo em uma espiral de perturbação e falta de controle. O terapeuta de Jorge o vigiava de perto, uma vez que havia momentos em que nada o fazia levantar da cama ou mudar sua tendência a ver tudo sob uma ótica sombria, extremamente sombria. Em 2017, Jorge, que estava viajando pela Europa, foi a Málaga almoçar com um de seus clientes, Martín Demichelis, ex-jogador do Manchester City e da seleção argentina. "Na sua casa não, Martín", disse Jorge. Ele não queria que a esposa do atleta visse seu estado. "Agora, ligando todos os pontos, acho que Jorge já sabia o que ia fazer e aquele almoço foi uma despedida", contou Demichelis ao jornalista Diego Borinsky.

Vinte dias depois, em 7 de maio de 2017, num domingo arrastado e preguiçoso, Cyterszpiler se hospedou no quarto 707 de um hotel em Puerto Madero, bairro de Buenos Aires. Uma vez sozinho, ele se jogou da sacada do quarto, no sétimo andar. Jorge Cyterszpiler tinha 58 anos.

Quando Maradona ficou sabendo, balançando a cabeça, tentou achar uma explicação: "Uma mulher pode fazer o cara sofrer, mas não a ponto de matá-lo... No caso do Jorge, acho que todos nós bobeamos".

10
A TRANSFERÊNCIA PARA O BOCA JUNIORS

Ainda em 1979, o Barcelona já havia chegado a um pré-acordo tanto com o Argentinos Juniors quanto com Maradona para contratar o argentino. O vice-presidente do clube catalão, Nicolau Casaus, que viajou a Buenos Aires para selar o acordo, escreveu um pequeno relatório após sua primeira reunião com *Pelusa*:

> *A casa fica no mesmo bairro do clube e foi dada a Maradona pelo Argentinos Juniors; trata-se de um sobrado de construção muito simples. Ao entrar, há um pátio interno no estilo* criollo *que serve para tudo: sala de jantar, sala de estar e para as crianças brincarem. Fomos recebidos pela mãe e pelos irmãos de Maradona. A família toda é composta por pessoas decentes e boas, mas que não podiam ter tido uma origem mais humilde. Maradona, incrivelmente simples apesar de sua enorme popularidade, mantém uma modéstia encantadora. Veste-se o tempo todo como atleta e é simpático, embora bastante tímido. Prefere ouvir em vez de falar, e quando o faz é com muito bom senso. Ele tem uma namorada.*

O ano seguinte, 1980, começou com Maradona, bastante cabeludo, fazendo o sinal da cruz antes de adentrar mais um gramado para realizar dribles e passes com seu habilidoso pé esquerdo, agora nacionalmente famoso. Ele havia se tornado o jogador mais eficiente, artístico e desejado do mercado, e já se falava que era o melhor do mundo. Naquela temporada, Diego tinha marcado 43 gols em 45 partidas, dois deles contra o River Plate no estádio Monumental de Nuñez, e, terminada a partida, o clube adversário tentou contratá-lo. Tendo se tornado capitão do Argentinos, aprendera a lidar com a imprensa e estava tomando suas próprias decisões quanto ao futuro. Era um Maradona bem diferente do Diego que Casaus havia conhecido no ano anterior.

"Tecnicamente, éramos um time fraco, mas com ele fomos vice-campeões em 1980, ficando dois pontos atrás do River Plate", recorda-se Ricardo *Gringo* Giusti, ex-companheiro de Maradona. Aquele segundo lugar, três anos após sua estreia no profissional, foi o maior sucesso de *Pelusa* no Argentinos. Na carreira de muitos dos melhores futebolistas, há, muitas vezes, um momento em que se percebe que o jogador ficou maior do que o clube que o formou, e administrar essa dinâmica não é uma tarefa fácil.

O Argentinos melhorou o salário e o contrato de Maradona várias vezes durante sua passagem por La Paternal, tornando-o o atleta mais bem pago do país, ainda que tenha contado com uma polêmica ajuda extra da Associação do Futebol Argentino (AFA). Em 1980, o governo concedeu à AFA um subsídio para gastos com a manutenção e expansão da seleção nacional, e parte desse dinheiro foi usado para pagar o salário de Maradona. "É um caso excepcional", declarou o comitê executivo da entidade. O Argentinos Juniors também conseguiu cobrir parte do salário de Maradona graças ao auxílio recebido da Austral, umas das duas empresas aéreas estatais da Argentina, acordo facilitado pelo general Carlos *Pajarito* Suárez Mason, figura influente da ditadura. Com equipes estrangeiras rondando Maradona, o governo e a AFA queriam demonstrar seu desejo de manter sua joia a qualquer custo.

Diego se perguntava se era legal impedir um jogador de atuar no exterior. O governo pegou a ideia original de Menotti, que não queria que os jogadores deixassem a Argentina antes da Copa do Mundo de 1978, e a transformou em lei. Se um atleta quisesse deixar o país, tinha de tratar diretamente com o homem forte da junta militar, o vice-almirante Carlos Alberto Lacoste.

A imprensa, monitorada de perto pela ditadura, implorava para que Maradona ficasse, apontando — talvez de maneira excessivamente cautelosa — que sua saída poderia representar a morte do futebol argentino. Valendo-se desses mesmos argumentos, o River Plate apresentou uma proposta considerável ao Argentinos. O presidente da Juventus, Giampiero Boniperti, viajou a Buenos Aires disposto a pagar 1,3 milhão de dólares pelo empréstimo de um ano. O acordo incluía até uma cláusula indicando que Maradona voltaria quatro meses antes da Copa do Mundo de 1982 para se preparar com a equipe de Menotti. Contudo, as dificuldades financeiras e as batalhas com o sindicato enfrentadas pela Fiat, proprietária do clube, fizeram com que Boniperti desistisse da ideia.

Então, aos vinte anos, Diego decidiu que queria jogar pelo Boca Juniors, o time de seu pai. Inconscientemente, o espírito de Diego havia sido atraído para um clube que alimentaria seu mito na Argentina e faria dele mais do que um simples jogador de futebol.

Situado no sudeste da cidade de Buenos Aires, em uma das fozes do Rio da Prata, o bairro La Boca foi o lar histórico de um grande contingente de imigrantes italianos, sendo, desde o início do século XX, famoso por sua atividade cultural intensa. Não é apenas uma região, é a raiz da identidade social, quase uma república independente em miniatura repleta de expatriados operários. Emir Kusturica, enquanto filmava com Diego seu documentário *Maradona*, afirmou: "Quando filmei *Você se lembra de Dolly Bell?*, descobri a grandeza dos pobres nas cidades e vi que o espírito da virtude havia sumido das casas dos ricos e se transferido para as casas dos pobres. Ali, regras eram respeitadas, havia sacrifício. Quando Maradona teve de optar entre o River Plate, que lhe oferecera mais dinheiro, e o Boca Juniors, Diego, por essas razões virtuosas, escolheu o Boca".

No clube, Maradona realizaria o sonho da classe operária, dos pobres da região e também de seu pai: jogar diante dos amigos em La Bombonera. Parafraseando o sociólogo Pablo Alabarces, se as coisas derem certo para você no Boca Juniors, a imprensa vai escrever sobre seu sucesso como *la épica del pobre*. Maradona sentia-se bastante confortável em um cenário como aquele.

E assim ocorreu a primeira grande transferência midiática da história do futebol argentino.

Sua saída de La Parernal parecia irreversível. Embora as negociações — e até os nomes dos outros clubes que estavam à espreita para o caso de as tratativas não darem certo — fossem de conhecimento público, a última etapa, a confirmação de seu próximo clube e a assinatura do contrato, vinha sendo adiada. O que impedia o inevitável? Em uma entrevista para a *El Gráfico*, em julho de 1980, Maradona reconheceu a situação difícil em que se encontrava: "Estou no meio de todos, braços cruzados, como se eu fosse um objeto leiloado e o martelo estivesse erguido com alguém dizendo: 'Quem dá mais'?"

O governo informou Maradona que preferia que ele ficasse calado enquanto tudo estivesse sendo resolvido, mas era sabido que Diego não fazia o tipo submisso. "Não sou uma *commodity*, sou um jogador de futebol", afirmou Diego, àquela altura. "Ficando neste país estou assumindo um grande risco porque, se alguma coisa acontecer a Maradona, ele vai deixar de servir a um propósito, e aí ninguém vai lhe oferecer um centavo." Uma vez mais ele usava a terceira pessoa.

Fernando Signorini afirma que Diego, cuja oratória sempre tocou as massas, começou a falar de si na terceira pessoa "porque às vezes ele mesmo não acreditava que aquilo tudo estava acontecendo com ele. Achava que acontecia com Maradona, ao passo que ele se mantinha o Diego humilde, voltado para sua família, o sal da terra".

Cyterszpiler teve conversas informais com o River Plate buscando uma negociação que beneficiasse todos. Depois que Maradona marcou aqueles dois gols no Monumental de Nuñez, o presidente do River, Rafael Aragón Cabrera, perguntou quanto o presidente do Argentinos queria por *Pelusa*. "Não vamos vendê-lo", respondeu Próspero Cónsoli. Os esforços do River não diminuíram e, no começo de 1981, voltaram à carga pedindo uma resposta. Cónsoli, ciente de que não podia mais segurar sua estrela, disse: "Treze milhões de dólares". O River ofereceu metade desse valor mais um jogador, uma contraproposta recebida com indiferença por Diego. Em fevereiro, Maradona e sua família foram ao Monumental de Nuñez assistir a uma partida da categoria juvenil. Durante o jogo, ele foi lembrado por torcedores, de forma repetitiva e desdenhosa, de que havia elogiado o Boca, maior rival do River. "Não piso mais naquele estádio", disse ele para Claudia. O River aumentou a oferta, mas inseriu uma cláusula: o salário de Diego não poderia ser maior do que o salário de Ubaldo *Pato* Fillol, jogador mais bem pago do River. Diego viu aquilo como mais uma ofensa.

Um ano após ter marcado quatro gols em Hugo Gatti e recebido *aquela* aclamação dos xeneizes (o apelido provém de "genovês", em razão da origem de muitos dos moradores de La Boca e fundadores do clube), e apesar do pré-contrato acordado com o Barcelona, Maradona decidiu assinar com o Boca. "Como faço para conseguir [isso]?", ele se perguntava.

Diferentemente dos dias atuais, na década de 1980 o universo das fofocas futebolísticas girava em torno de alguns veículos de imprensa: uma revista importante (*El Gráfico*), uma grande estação de rádio (*Rivadavia*) e alguns jornais (*Clarín, La Nación, La Razón* e *Crónica*). Diego escolheu o diário *Crónica* para vazar a um de seus jornalistas, Cayetano Ruggeri, que as negociações com o Boca estavam adiantadas. Uma informação falsa — pelo menos àquela altura. Cayetano muito provavelmente já sabia, mas fez o que dele se esperava e publicou a história, talvez como um favor ou parte de um acordo com Diego.

Pelos lados do Boca, sopravam ventos de mudanças. O novo presidente, Martín Benito Noel, escolheu Silvio Marzolini como treinador, e trouxe jogadores fortes e talentosos, como o meia-atacante Miguel Ángel Brindisi e o atacante Carlos Morete. Era um ótimo momento para fazer parte do clube.

O artigo no diário *Crónica*, indicando que as negociações entre os xeneizes e Maradona estavam adiantadas, empolgou os torcedores, deixando o clube com pouca margem de manobra. Os diretores do Boca ligaram para Cyterszpiler para conversar sobre a mensagem enviada por Diego.

O empresário confirmou que o jogador estava interessado em se transferir, mas deixou claro que era preciso agir rapidamente porque havia outras ofertas. O clube não tinha recursos, mas prometeu fazer uma proposta. O que começou como uma oferta de compra direta pela considerável soma de 10 milhões de dólares acabou se tornando, de última hora, uma proposta de empréstimo envolvendo seis jogadores do Boca, algum valor em dinheiro e o que Maradona descreveu como "apartamentos suspeitos", além de cheques que serviriam de garantia.

A princípio, o proprietário de um jornal de Buenos Aires prometeu pagar os 10 milhões que o Argentinos Juniors queria pelo jogador e ainda ajudou a definir os termos do acordo com Diego e Cyterszpiler. Jornais e estações de rádio e televisão presumiram que o negócio estava fechado, ou praticamente concretizado, e montaram equipes de reportagem para cobrir todos os detalhes, saturando o noticiário entre os dias 13 e 20 de fevereiro.

Contudo, uma mosca pousou na sopa. Um jornal rival do diário investidor publicou uma história alegando que a Receita Federal queria saber como o Boca conseguiria bancar uma transferência como aquela e qual era a procedência do dinheiro.

O empresário *Cacho* Steinberg, ex-representante do boxeador Carlos Monzón, tentou tirar proveito da confusão e se ofereceu para remover quaisquer obstáculos que estivessem atrapalhando o negócio. Se feito por ele, tudo se resolveria, afirmou. Steinberg tentou falar diretamente com Diego, e o jogador avisou Jorge: "Ei, cabeção, estão tentando passar a perna em você". São esses momentos que quantificam e solidificam relacionamentos.

A diretoria do Boca não podia recuar diante da pressão pública, mas o primeiro investidor, por fim, resolveu não se envolver, obrigando o clube a buscar, urgentemente, uma alternativa. Talvez algum tipo de acordo por empréstimo? Maradona, uma vez mais, deu uma força.

No sábado, dia 14 de fevereiro, viajou para a cidade balneária de Mar del Plata, quatrocentos quilômetros ao sul de Buenos Aires, para defender o Argentinos contra a Hungria em um torneio de verão. A revista *El Gráfico* tentou convencer o craque a fazer um ensaio fotográfico com ele vestindo a camisa do Boca. Diego pensou sobre o assunto, mas concluiu que aquilo apenas deixaria as coisas mais complicadas. Isso posto, ele também sabia que ser visto com as cores azul e dourada do time xeneize era outra maneira de fazer o negócio andar. Maradona posou, então, vestindo uma camisa do Argentinos e segurando, com a ajuda de companheiros, um uniforme do Boca. A foto estampou a capa da edição seguinte da revista.

Aquela foi a última partida que Maradona disputou pelo clube de La Paternal. Na quinta-feira subsequente, e após várias longas reuniões que adentraram a madrugada, Boca e Argentinos chegaram a um acordo. Por 4 milhões de dólares, Diego se mudou para a Bombonera, por empréstimo, até o início da Copa do Mundo de 1982, na Espanha, dezesseis meses mais tarde. Depois do torneio, outros 4 milhões seriam pagos pela compra do jogador. Além do dinheiro, quatro atletas do Boca se transfeririam para o Argentinos Juniors em definitivo, além de outros dois que iriam emprestados. O Boca prometeu, ainda, pagar as dívidas do Argentinos na AFA (dinheiro que a associação havia emprestado para pagar os salários extras de Diego), bem como alguns empréstimos bancários — a soma de tudo chegava a mais de 1,5 milhão de dólares.

Outro empresário facilitou várias questões para garantir que o acordo saísse. Guillermo Cóppola, funcionário do Banco Federal, havia convencido os seis jogadores do Boca a cumprir sua parte no acordo e se transferir para o Argentinos; Maradona ficou impressionado e elogiou a energia vibrante de Cóppola. Para seu amigo Jorge Cyterszpiler, disse um sincero: "Obrigado, cabeção".

Anos depois, Diego definiu o acordo com seu novo clube como "um pouco estranho". Em sua autobiografia, escreveu: "Para complementar o contrato, eles me deram alguns apartamentos construídos pelo empresário Tito Hurovich que pareciam feitos de papelão; não havia documentos, nada, e não pudemos registrar as escrituras". Porém, ele havia conseguido o que queria: jogar pelo Boca Juniors.

O frenesi da imprensa chegou a seu clímax com Maradona assinando o contrato diante das câmeras de TV — o Canal 13 comprara os direitos de transmissão do ato. Na sexta-feira, 20 de fevereiro, Diego, lesionado, disputou um amistoso entre Argentinos e Boca em sua nova casa, La Bombonera. Na primeira etapa, vestiu a camisa do Argentinos, que depois daria para seu antigo treinador Francis Cornejo; no segundo tempo, usou a do Boca.

Doze anos tinham se passado desde a peneira do Parque Saavedra, e quatro anos e meio desde sua estreia pela equipe principal do Argentinos, pela qual marcou 116 gols em 166 partidas. Agora, Maradona deixava para trás amigos do elenco, o estádio e muitas lembranças.

O Argentinos, graças ao dinheiro da transferência e algumas boas contratações, sagrou-se campeão da primeira divisão em 1984 e venceu a Copa Libertadores de 1985, disputando a final da Copa Intercontinental naquele mesmo ano. Em 2003, o estádio do clube foi rebatizado e passou a se chamar "Diego Armando Maradona", embora muitos torcedores preferissem que tivesse mantido seu nome original, La Paternal, referência ao bairro onde se encontra a agremiação.

A estreia oficial pelo Boca aconteceu dois dias depois do amistoso com o Argentinos, na abertura do Torneo Metropolitano contra o Talleres. Maradona marcou dois gols de pênalti na vitória por 4 a 1, em casa. O primeiro "caiu como uma lágrima", segundo o relato poético do lendário narrador Víctor Hugo Morales, que também fazia sua estreia nos microfones da imprensa argentina. "Eu estava inspirado naquele dia", recorda-se Morales. "Mas era fácil deixar a imaginação fluir quando se estava vendo Diego, principalmente naquele palco, o estádio do Boca, *La Bombonera*, a caixa de chocolates, com aquele barulho tão especial e singular."

A partida rendeu cerca de 1 milhão de dólares, cumprindo as previsões econômicas do Boca e ajudando o clube a começar a honrar os acordos da transferência. Tendo perdido a estrela que cobiçava, o River Plate contratou o eficiente atacante Mario Alberto Kempes, herói da vitória argentina na Copa do Mundo de 1978, e que estava no Valencia. Contudo, o valor do dólar em relação ao peso argentino disparou em meio a políticas governamentais que afetaram dramaticamente o poder financeiro de River e Boca. Os cheques usados para pagar a transferência de Maradona já não eram garantidos por fundos suficientes.

"Segundo o acordo, o Boca pagaria, primeiro, 4 milhões de dólares, 1 milhão por vez", explica Alberto Pérez, que, àquela altura, era secretário-geral do Argentinos Juniors. "Pouco tempo depois, eles nos disseram: não podemos pagar o que vocês estão pedindo porque hoje o dólar tem um valor muito mais alto do que tinha no momento em que fechamos o acordo."

Na verdade, com a desvalorização do peso, nem mesmo se enchesse quatro estádios o Boca conseguiria pagar por Maradona; o River, por sua vez, tampouco conseguiu pagar por Kempes, que voltou ao Valencia após a conquista do Nacional, disputado no segundo semestre — o título do Metropolitano, na primeira metade do ano, ficara com os xeneizes liderados por Maradona. No final de 1981, Diego disputou seus últimos jogos oficiais pelo Boca e, no início do ano seguinte, se apresentou à seleção nacional para se preparar para a Copa do Mundo da Espanha.

E o Barcelona, valendo-se do pré-contrato assinado em 1979, sabia que seu momento havia chegado.

PARTE 3
MARADONA

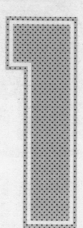

11
O BOCA, A GLÓRIA E O PESO DA FAMA

Durante os quinze meses em que defendeu o Boca, o mundo de Maradona mudou. A fama lhe abriu muitas portas e, cheio de testosterona e ousadia, ele adentrou novos cenários. Ciente de que era o jogador mais bem pago e também o mais capaz de acumular e exercer poder, usou sua influência para causas importantes. O Boca, por exemplo, cobrava dos jovens atletas pelas camisas de jogo que eles usavam; Diego exigiu que a diretoria desse a todo elenco uma camisa por partida, de graça. No Dia do Amigo, em julho, ele distribuiu relógios de marca, sempre um símbolo de status, para seus amigos mais próximos.

Roberto Mouzo detém o recorde de jogos com a camisa do Boca. "Diego me emprestava sua BMW para que eu fosse a Morón [cidade da província de Buenos Aires] comprar o diário *La Razón* aos sábados de noite", contou Mouzo para Diego Borinsky, da *El Gráfico*. "A primeira vez que fizemos aquilo nós vencemos, então passou a ser um ritual de superstição."

A revista semanal *Somos* publicou a relação dos bens de Maradona em uma reportagem: duas Mercedes-Benz com motorista, uma BMW, um Ford Taunus preto, uma casa na rua Cantilo, no valor de 800 mil dólares, e outra na rua Lascano. Havia um terreno em Moreno, cidade da província de Buenos Aires, e o escritório da Maradona Producciones, instalado em um prédio imponente no centro da cidade. "Ele tem quarenta pares de sapatos, cinquenta camisas italianas e usa perfume Paco Rabanne", afirmou a revista.

Diego gostava de ir a cabarés e teatros de revista, e não se importava em aparecer em fotos com as vedetes, estrelas das produções. Sua imagem foi imortalizada em instantâneos tirados enquanto deixava restaurantes famosos onde tinha se encontrado com atores, políticos e empresários conhecidos. Para satisfazer seu novo estilo de vida, alugou um apartamento no norte de Buenos Aires para que amigos e jogadores de futebol pudessem visitá-lo. Carlos Salinas, um dos jogadores que foram para o Argentinos Juniors como parte da transferência de Maradona, era um deles. "Depois do negócio, nos encontramos várias vezes com Diego em um apartamento que ele tinha na avenida Santa Fe", contou a Diego Borinsky, da *El Gráfico*. "Bem abaixo havia uma danceteria chamada Dover, e levávamos as mulheres dali para o apartamento. Guillermo Cóppola, Carlitos Randazzo também frequentavam... eles eram como uma banda de rock'n'roll ambulante, e sabiam fazer uma festa."

Foi Randazzo quem apresentou Diego a Cóppola, pouco antes de o bancário se envolver em sua transferência para o Boca Juniors. "Foi como juntar um casal", explica Randazzo, nascido em La Boca, e um dos envolvidos na transferência de jogadores do clube para o Argentinos Juniors que sacramentou a contratação de Maradona. "Um dia participamos juntos de um anúncio para a Flipper Jet, algum novo jogo eletrônico", contou Randazzo para a *El Gráfico*. "Diego me convidou para ir a seu apartamento; já era de noite e quando subi... já havia mulheres, muitas mulheres por lá."

Quando, anos depois, as drogas passaram a fazer parte da história de Maradona, Randazzo foi incluído no mesmo balaio. "Toda vez que alguém mencionava as drogas... sempre apontavam para Diego e para mim", disse ele a Borisnky. "Mas ninguém fala sobre a época em que, com dezessete ou dezoito anos, recebíamos, nós e muitos outros, injeções dadas pelos médicos para podermos jogar. No dia em que ele me ofereceu cocaína, eu falei: 'Isso não é nada, isso é merda comparado às injeções'. Por isso ficamos tão viciados."

Segundo Randazzo, os médicos, naquele tempo, também davam anfetaminas indiscriminadamente para jogadores de base dos clubes porque "se o cara na nossa frente recebe aquela ajuda, também queremos".

O ex-atleta insiste em afirmar que, por conseguinte, muitos passaram a ter problemas para dormir e precisavam de imersões regulares de desintoxicação em banheiras e saunas. "Veja, era uma escolha de cada um. Havia jogadores que não tocavam nisso, mas a maioria usava. Representava uma pequena vantagem."

Diego disputou o amistoso entre Argentinos e Boca machucado e depois passou vários dias tentando se recuperar de modo a se sentir fisicamente apto para o *Superclásico* contra o River Plate, em abril, na Bombonera. Era uma noite chuvosa, mas isso não impediu Maradona de proporcionar momentos memoráveis. Os primeiros dois gols do Boca foram marcados pelo meia-atacante Miguel Ángel Brindisi; o gol inaugural surgiu de uma jogada de Diego, que partiu com a bola de seu próprio campo rumo à meta adversária e foi derrubado após uma entrada forte de seu marcador, merecedora de cartão amarelo; contudo, o árbitro deu vantagem porque Diego se levantou e seguiu na jogada, passando por outros três defensores até dividir com o goleiro *Pato* Fillol e ela sobrar para Brindisi, que a empurrou para as redes. Brindisi marcou mais um, e o Boca fez ainda o terceiro, fechando o placar da noite em 3 a 0. O último gol do clássico tornou-se icônico.

Cacho Córdoba, camisa 3 do Boca, avançou pela ponta direita, algo pouco comum para ele, e, vendo Maradona livre próximo à marca do pênalti, cruzou para Diego. Sutilmente, o craque dominou a bola, que parou no gramado lamacento; Fillol saiu apressadamente para fechar o ângulo e Diego o driblou ameaçando sair para a esquerda, mas tomando o caminho oposto, deixando-o estatelado no chão. A dança levou menos de um segundo e ocorreu em um espaço de menos de um metro quadrado. Fillol foi completamente ludibriado. Tarantini, zagueiro do River, correu para fazer a cobertura e se atirou aos pés de Maradona, como um goleiro. "Eu ia driblá-lo, garanto para você", disse Maradona, "mas então vi um espaço vazio e 'tum', coloquei a bola ali." O chute foi leve, controlado, uma tacada de sinuca, a bola passando entre a mão esticada de Tarantini e o poste direito. Um fotógrafo saiu em disparada de trás do gol para acompanhar a comemoração de Maradona, caindo comicamente na lama enquanto o flash de sua câmera iluminava o rosto do atleta.

Maradona e Brindisi marcaram, juntos, 33 gols para o Boca naquela temporada (17 de Diego e 16 de Miguel) e ajudaram o time a vencer o título do campeonato Metropolitano — única conquista profissional de Maradona por um clube na Argentina.

Ele estava desfrutando de seu futebol: as rivalidades, os estádios estridentes, as comemorações e seu caso de amor com a bola. Todavia, internamente, podia-se ouvir as primeiras rachaduras de algo frágil se quebrando. Praticamente ao mesmo tempo que sua mais nova estrela marcava seus primeiros gols pelo Boca Juniors, começaram a surgir dúvidas sobre a capacidade do clube xeneize de honrar os pagamentos daquela transferência. Uma vez mais, Diego estava no radar de outras agremiações.

Devido à maneira extremada com que compreendia a vida, a atenção incessante da imprensa começou a lhe sufocar, e Maradona resolveu que queria abandonar o futebol, se afastar do monstro que ele mesmo criara, sempre na busca de um portal mágico que o levasse em direção a novos horizontes. Alternava saídas noturnas em Buenos Aires com períodos de introspecção, ou simplesmente se escondia com sua família, retratada na revista *Humor* como um grupo de turistas que comprava de tudo com o dinheiro de Diego. "Não consigo ter tranquilidade em nenhum lugar", queixava-se ele.

O Boca, em razão da situação econômica catastrófica na qual se encontrava, passou a ser pressionado pelo fisco argentino. A imprensa chegou a publicar que Maradona, alheio aos embustes de seu clube, havia parado de pagar impostos e poderia até ser preso. A pressão era enorme, uma vez que esses assuntos tomavam os jornais, e não apenas as páginas esportivas.

Oito meses depois da contratação do astro, o clube organizou uma excursão com a ideia de arrecadar dinheiro para conseguir pagar por seu garoto de ouro. Em outubro de 1981, a caminho da Costa do Marfim, um Maradona subjugado se abriu com Roberto Passucci, lendário meio-campista do clube. "Quando as luzes se apagavam, ele não conseguia dormir", contou Passucci ao site do Boca, "e então ele me disse: 'Passu, não consigo dormir, não consigo lidar com a fama, não consigo ficar tranquilo em nenhum lugar. Se eu quiser sair e comprar uma camiseta hoje, Cyterszpiler tem de fazer todo tipo de malabarismo para que as pessoas não me vejam. É horrível'."

Quando os jogadores desembarcaram no aeroporto de Abidjã, centenas de meninos marfinenses, vestindo camisetas com a imagem de

Maradona estampada, recepcionaram o time, em uma ação orquestrada por seu empresário. Diego jamais havia visto coisa parecida. "As crianças passaram correndo pelos policiais, que portavam machetes, e simplesmente se penduraram em mim cantando 'Die-gó, Die-gó'", escreveu em sua autobiografia. "Mais tarde, quando fomos almoçar no hotel, cerca de vinte crianças se aproximaram de mim, e uma delas me chamou de *El Pelusa, El Pelusa*'." Uma criança negra da Costa do Marfim conhecia o nome *Pelusa!*

"No exterior, eu era tratado como rei; em casa... quanto menos fosse dito, melhor."

Na época, Maradona disse a Guillermo Blanco que queria largar o futebol. Sua estreia na primeira divisão havia ocorrido cinco anos antes, e ele estava prestes a fazer 21 anos. Ele queria "jogar uma partida contra as crianças, que houvesse crianças nas arquibancadas, que os goleiros fossem crianças, assim como os policiais... apenas crianças... com os inocentes".

Diego sentia-se enclausurado e chegou a falar sobre o assunto com seu pai, algo raro. Parte dele queria voltar a ser o menino de Villa Fiorito; porém, logo descobriu que nenhum lugar é capaz de receber as pessoas de volta por completo, e passou a conviver com uma sensação de deslocamento, uma espécie de vertigem.

"Maradona não podia se permitir qualquer fraqueza", disse Fernando Signorini no documentário *Diego Maradona*, de Asif Kapadia. "Um dia, eu lhe disse que com Diego iria até o fim do mundo, mas que com Maradona não daria um passo. Ele me respondeu: 'Sim, mas se não fosse por Maradona eu ainda estaria em Villa Fiorito'."

Em 1981, no avião que os levava da Costa do Marfim de volta para a Argentina, Diego se virou para Guillermo Blanco e falou: "Às vezes, escuto dizerem que tenho de marcar mil gols como Pelé e não entendo o motivo. Isso vai me dar paz e tranquilidade? Quero que as pessoas se esqueçam de Maradona e que os jornais parem de escrever besteiras. A última coisa que eles inventaram foi um iate; divulgaram que eu havia comprado um [iate]. Lalo, meu irmão, veio até mim e me perguntou sobre aquilo. Eu disse que não tinha nada e ele respondeu: 'Mas no artigo dizem até o nome de quem vai tomar conta do iate! Você tem certeza de que não é verdade?'".

Havia apenas uma solução para aquele frenesi todo.

12
ESPANHA-1982

A partir do momento em que mencionou abertamente seu desejo de abandonar o futebol, Maradona teve de ascender desde lugares bastante profundos. Ferido e frustrado, ele foi de férias para Las Vegas com sua família, faltando aos períodos de treinos da seleção nacional — uma ofensa passível de expulsão do time segundo as regras de Menotti, que, no entanto, compreendeu o humor de Maradona. Diego ainda perdeu um outro treino da seleção quando resolveu passar uma noite cuidando de sua mãe, Doña Tota, que estava doente. Aos 21 anos de idade, suas emoções estavam à flor da pele.

"Depois de concretizarmos sua venda [para o Barcelona]", explica o secretário-geral do Argentinos Juniors na época, Alberto Pérez, "disse o seguinte para [Josep Lluís] Núñez: 'Olhe, não sei se Diego vai se adaptar a Barcelona', e ele me olhou surpreso. 'Estou lhe dizendo... Os catalães são muito formais, e Diego vem de uma origem diferente...'" O presidente do Barcelona havia recebido seu primeiro aviso.

"Concluída toda a negociação, Jorge Cyterszpiler me falou: 'O Barcelona deu um carro para o Diego'", prossegue Pérez, "e ele me disse para pedir que Núñez pague também a gasolina. 'Ele [Núñez] vai ficar furioso, Jorge! Você que fale com ele'. 'Não, não, você fala com ele'. Então eu digo ao Núñez que faltava acertar um detalhe, muito pequeno... o Barcelona tem de pagar pelo combustível do carro... Ele se levantou e começou a gritar: 'O combustível?

O combustível? Com as milhões de pesetas que... e você me pede para pagar o combustível!'."

Jorge e Diego, dois meninos de bairro de Buenos Aires, foram juntos conquistar a Europa. Ao chegarem a Barcelona, a desconfiança e a ansiedade dos dois equiparavam-se às dúvidas e à hostilidade de seus anfitriões; porém, ainda assim, mostravam-se prontos para desafiar o Primeiro Mundo.

No entanto, antes daquela aventura, havia um pequeno assunto a ser tratado: a Copa do Mundo da Espanha. Tudo que sobe, desce, e o tempo soluciona praticamente tudo. Uma vez resolvida a transferência para o Barcelona, Maradona readquiriu sua tranquilidade e concentração, o que lhe permitiu se preparar adequadamente para o Mundial de 1982. Menotti deu início à preparação ainda em 14 de fevereiro, quatro meses antes da estreia no torneio, mesclando campeões mundiais (Fillol, Passarella, Ardiles, Kempes) e alguns jovens que haviam estado em Tóquio (Ramón Díaz, Calderón, Barbas e, claro, Maradona). Foram disputados alguns amistosos na Argentina, os últimos dois contra Bulgária (vitória por 2 a 1, em Buenos Aires), no qual a seleção foi vaiada pela torcida, e Romênia (vitória por 1 a 0, em Rosario). Partidas nas quais se pôde notar, pela primeira vez, a ascendência de Diego sobre a equipe. "Espero que nossos torcedores percebam que este é um tipo de futebol que deve ser defendido. As vaias do outro dia me machucaram", admitiu Diego.

Seu brilhantismo estava começando a eclipsar todo mundo, inclusive o treinador. "Você compete com Diego?", perguntaram os jornalistas a Menotti, na coletiva de imprensa. "Eu não jogo e ele é o melhor jogador do mundo, como posso competir com Maradona?", foi sua resposta. A transferência da primazia, porém, teve de ser resolvida pela primeira vez ainda em 1980, numa excursão da seleção nacional pela Europa. Após proibir sua principal estrela de conversar com a imprensa, depois de ficar sabendo que Maradona pedira 2 mil dólares para dar uma entrevista durante a passagem por Londres, Menotti defendeu que "o silêncio é uma coisa saudável". Diego, que não estava acostumado a receber ordens, ficou impaciente — ele tampouco estava acostumado a ter filtros em seu contato com o público, sua ávida plateia. Cyterszpiler pediu para que Diego abrandasse suas declarações, algo que também havia sido sugerido pelo governo argentino. Parecia que o espírito livre não podia ser suficientemente controlado.

Em entrevistas, Maradona insistia em dizer que era o mesmo de sempre, que nada havia mudado desde que deixara a favela, mas esse discurso estava se tornando habitual e repetitivo.

Durante a primeira fase da Copa do Mundo, a seleção nacional ficou no Hotel Benidorm, em Alicante. Maradona, uma das superestrelas do torneio juntamente com o brasileiro Zico e o alemão Karl-Heinz Rummenigge, estampava as capas das revistas e os pôsteres, seu rosto presente nos anúncios pelas ruas da Espanha. A imprensa argentina se valeu da ideia de que ele era um dos escolhidos, de quem se esperava o máximo: "Não é mais uma criança... deve cumprir 'o que nos prometeu'". Pelé, aposentado do futebol desde 1977 e tricampeão mundial, externou suas dúvidas e afirmou não saber se Maradona tinha "grandeza suficiente para justificar as honras que o mundo lhe prestava".

Ossie Ardiles, um dos remanescentes do título de 1978, acreditava que Diego precisava de mais normalidade, que deveria de vez em quando sair do império artificial que havia sido construído a seu redor. Sorrateiramente, eles foram visitar uma igreja em Villajoyosa, cidade costeira próxima. Ardiles contou a história para o livro *El Partido*,[1] de Andrés Burgo: "Quando os guardas na concentração perceberam que havíamos sumido, soaram todos os alarmes. Circularam rumores de uma possível ação armada ou de um sequestro orquestrado pela SAS [Serviço Aéreo Especial do Reino Unido] contra a equipe. Diego estava na missa comigo, assistindo a uma porção de crianças que faziam a primeira comunhão, quando, de repente, homens de terno e óculos escuros entraram no local, suspirando aliviados por terem nos encontrado".

Os campeões do mundo queriam cuidar daquele jovem delicado, sedento por obter sucesso com a seleção nacional principal e dono de uma técnica espetacular. "[Nos aquecimentos] ele ficava no meio do campo e começava a fazer embaixadinhas", contou Ardiles ao *Daily Mail*. "Então chutava a bola para o alto e conversava com você, como se tivesse se esquecido do que estava fazendo: 'Ossie, como você está hoje?'. E aí *pá!*, a bola caía no pé dele novamente. Na maioria das vezes, os adversários interrompiam o aquecimento para assistir, sabendo que dali a

---

1 Traduzido e publicado no Brasil pela Dolores Editora sob o título *O Jogo*.

dez minutos estariam enfrentando aquele monstro. Ele sabia disso... Para a outra equipe era: 'Caramba!'; para nós: 'Ei, ele joga no nosso time'."

Do outro lado do Oceano Atlântico, a Argentina estava em ebulição em meio ao conflito com o Reino Unido pelas Ilhas Malvinas, território britânico além-mar cuja soberania é contestada há muito tempo pelos argentinos. No dia 2 de abril de 1982, soldados argentinos ocuparam a capital da ilha, Port Stanley, desencadeando uma reação favorável por todo o país. A junta militar entendeu aquela resposta como um apoio irrestrito à empreitada e uma oportunidade para negociar com os britânicos a disputa pela soberania das ilhas. Cyterszpiler e Maradona, como muitas outras celebridades da época, arrecadaram fundos para a campanha militar.

A guerra invadiu o vestiário da seleção nacional: alguns jogadores tinham parentes que estavam envolvidos no conflito; outros sentiam-se indignados com a junta; e havia os que ainda acreditaram no patriotismo vendido pela ditadura. Embora não houvesse um acordo para que os jogadores apresentassem apenas uma única opinião, o governo desejava controlar o que era dito. Um funcionário público deu ao time um documento com instruções sobre o que deveria ser falado acerca do conflito. Menotti, por sua vez, foi bem claro em sua mensagem ao responder que não havia nenhuma maneira de impedir homens corajosos de falar o que sentiam.

"Queremos vencer a Bélgica por nosso país, que está sofrendo tanto", disse Maradona a respeito do primeiro confronto da seleção argentina pela fase de grupos. Contudo, não se falou muito mais publicamente sobre a situação da guerra, uma vez que, em geral, os jogadores não estavam recebendo informações confiáveis sobre o conflito. Anos depois, Menotti falou para a *El Gráfico* sobre o aparente distanciamento emocional diante daquele trágico evento: "Foi uma época terrível. Os jogadores falavam com suas famílias e as pessoas diziam que estávamos ganhando a guerra por 4 a 0. Na Espanha, pouco a pouco descobrimos que, na verdade, estava havendo um massacre".

Em 14 de junho, dia seguinte à estreia da Argentina na Copa do Mundo, que terminou com derrota por 1 a 0 para a Bélgica, a junta aceitou a humilhante rendição. Paco Aguiar, jornalista espanhol que acompanhou a Albiceleste durante o Mundial, conta uma história sobre aquele período complicado: "Após o jogo, Ramón *Pelado* Díaz havia saído para encher a cara em uma danceteria, apesar das instruções para que ninguém saísse — o primo de Ardiles, José, piloto da Força Aérea argentina, tinha morrido naquele mesmo dia. Quando o capitão Daniel Passarella ficou sabendo do ocorrido com José e percebeu que Díaz tinha saído, foi atrás dele, achou-o e lhe deu um soco que o derrubou no chão, para então levá-lo de volta ao hotel".

Em campo, Menotti usou Maradona como atacante e deu a ele mais liberdade, enquanto Mario Kempes, que era extremamente eficaz dentro da área, foi colocado mais atrás com a função de ajudar na construção das jogadas. O esquema de Menotti fazia com que Diego não recebesse a bola nas regiões do gramado em que poderia causar mais perigo. Maradona não era um artilheiro nato, mas um finalizador de jogadas que ele mesmo construía para si ou para os companheiros. Além disso, os jogadores mais velhos não foram capazes de integrá-lo ao time.

A falta de sinergia do elenco e o plano tático da equipe não o impediram de tentar exercer sua liderança. "Para ele, uma partida era [um] show. No seu auge, ele não precisava se aquecer nem se concentrar", contou Ardiles para o *Daily Mail*. "Porém, antes de um jogo ele quase entrava em transe, falando palavrões para se motivar e motivar os demais. Transmitia o quanto aquilo era importante para ele."

Diego começou a ignorar as instruções de Menotti e buscou iniciar os ataques, mas lhe faltava maturidade para escolher o momento ideal. No Camp Nou, em Barcelona, os belgas o marcaram homem a homem e de maneira agressiva, anulando suas tentativas, e um único gol deu a vitória aos europeus. "Maradona não pode reclamar", afirmou Pelé sobre a tática severa do time belga. O brasileiro, que vivia uma relação de paparicos com a Fifa, aparentemente não tinha coragem suficiente para exigir proteção aos artistas do esporte.

A Argentina venceu as duas partidas subsequentes de seu grupo (4 a 1 na Hungria e 2 a 0 em El Salvador) e se classificou, apesar de parecer um grupo de onze indivíduos que, coletivamente, não dava liga. O melhor momento de Maradona ocorreu no triunfo sobre os húngaros: cobrou a falta que originou o primeiro gol, de Bertoni, e ainda marcou dois na goleada.

A fase seguinte colocava três times em um grupo no qual apenas o campeão passava para a semifinal; os adversários da Argentina seriam duas das equipes mais fortes da competição: a Itália e a favorita seleção brasileira, em jogo a ser disputado no estádio Sarriá, em Barcelona. A primeira partida foi contra os europeus e é considerada um divisor de águas para o futebol. Claudio Gentile, famoso e imponente zagueiro, o cão de guarda italiano, marcou Maradona com força durante todo o confronto. O italiano cometeu 23 faltas no argentino, uma a cada quatro minutos, um recorde até os dias atuais. Os dois disputaram uma partida à parte: uma dança cativante, ainda que desagradável, na qual um espírito bailarino busca se esquivar da pancada do martelo do ferreiro.

"E Gentile?", perguntaram a Maradona ao término da partida. "Foi bem, foi bem, ele me marcou bem."

Marco Tardelli, meio-campista italiano, afirmou: "Para parar Maradona é preciso usar as mãos, os pés, chutá-lo, porque de outra maneira não há como pará-lo. Eu teria lhe dispensado o mesmo tratamento".

Antonio Cabrini, lateral-esquerdo italiano, afirmou: "Tínhamos de antecipar seus movimentos, chegar antes dele e cometer faltas, deixá-lo nervoso, não permitir que jogasse, evitar que recebesse a bola... E, principalmente, evitar que ele virasse e ficasse de frente para o nosso gol. Um jogador como Maradona não produz o mesmo efeito se não consegue partir em direção à área adversária".

Maradona comentou: "Só tenho reclamações do árbitro. Realmente não sei o que ele queria fazer".

Gentile, por sua vez, afirmou: "Os argentinos não devem reclamar. É claro que, quando se perde, buscam-se desculpas. Tarantini, Passarella e Gallego não são anjos. Melhor esquecer isso".

Já Tardelli explicou: "Acho que nos dias atuais a coisa teria repercussão ainda maior, porque ninguém pode fazer tantas faltas hoje em dia como fizemos em 1982".

Gentile recebeu cartão amarelo aos 42 minutos de jogo. A Itália venceu por 2 a 1, e o trabalho do zagueiro foi elogiado em seu país. A atuação quase perfeita da cultura futebolística defensivista italiana deu uma dose de confiança ao time que conquistaria o título da competição. Maradona ainda teria uma vida inteira de entradas criminosas à sua espera, mas depois de tamanha agressão pública, ouviram-se, por parte de jornalistas e comentaristas, os primeiros pedidos para que fossem protegidos os craques do jogo.

A Argentina precisava vencer a partida contra o Brasil para ter alguma esperança de chegar às semifinais. Momento é fundamental no futebol, e não havia sido criada a formatação ideal para encorajar o talentoso Diego, que parecia, uma vez mais, caminhar em campo, incapaz de entender o que o duelo exigia. Sua equipe perdia por três gols, numa partida que acabaria 3 a 1 a favor dos brasileiros, quando Maradona foi expulso após ter acertado um pontapé na altura do abdômen de Batista. "Tudo o que sei é que levantei minha perna para me proteger, sem qualquer intenção", disse, depois, um Maradona ainda irritado. "Às vezes você se cansa de receber faltas."

Afrontas e um desejo de vingança se acumularam ao longo da vida de Maradona, mas aquela foi a primeira vez que isso se manifestou com tanta força. A Copa do Mundo de 1982 criou uma plataforma para sua raiva e uma nova fonte de rebeldia. O torneio acabou para a Argentina com Menotti não tendo conseguido mesclar duas gerações talentosas. Em *Yo soy El Diego*, sua autobiografia, o jogador cita uma preparação física insuficiente e o fato de seu revolucionário pedido por treinamentos individualizados ter sido ignorado. "Não se pode fazer avaliações tomando como base um garoto como eu tendo de dar piques de 150 metros para chegar ao ataque — e tinha acabado de disputar uma temporada bastante cansativa!" O lendário treinador que havia renovado o futebol argentino e criado uma seleção de sucesso adepta de uma filosofia abrangente decidiu deixar o comando da seleção após a eliminação na Espanha.

De volta à Argentina, Diego, que precisava processar sua tristeza e recuperar a força para retornar ao outro lado do Oceano Atlântico, se isolou em sua casa de Moreno (na Grande Buenos Aires) com Claudia, a família e os amigos, longe dos olhos da imprensa. Um jantar de despedida com antigos companheiros do Argentinos, do Boca, celebridades e artistas foi organizado. Em 26 de julho, Diego, vestindo um terno branco, e Jorge Cyterszpiler foram ao aeroporto de Ezeiza. Claudia, os pais e os irmãos de Maradona os acompanharam, despedindo-se deles de maneira efusiva; viajariam depois para Barcelona.

O astro estava rumando para um clube em crise e que precisava de estímulo e algum prestígio. O Barcelona acabara de conquistar a Recopa Europeia, mas estava havia oito anos sem vencer La Liga — nas

22 temporadas anteriores, tinha sido campeão nacional apenas uma vez. Aos olhos do presidente Josep Lluís Núñez, Maradona era, antes de mais nada, uma contratação estratégica: o Barça havia acabado de ampliar a capacidade do Camp Nou de 90 mil para 120 mil espectadores, e, com o melhor jogador do mundo no elenco, era mais fácil encher o estádio, bem como conseguir patrocínios e empréstimos.

Núñez, de aparência discreta, ocupou o cargo de presidente do Barcelona por 22 anos (de 1978 a 2000), fazendo com que o clube se tornasse independente financeiramente graças à sua visão para gerar receitas com direitos de televisão e merchandising, o que possibilitou a contratação de grandes estrelas, duas reformas no Camp Nou e a compra de um terreno para a construção do que hoje se conhece como Ciutat Esportiva Joan Gamper. O mandatário jamais teve um diretor esportivo, lidando diretamente com treinadores e atletas.

Naquela primeira viagem de Maradona para Barcelona, Núñez assinara todos os cinco contratos relacionados à transferência: dois com o Argentinos, um com o Boca, um com a Maradona Producciones (parte dos vencimentos eram pagos à empresa de produção) e um com o próprio jogador. Diego concordou em firmar um contrato de seis anos recebendo menos do que o treinador alemão Udo Lattek, porém mais do que a outra estrela alemã do Barcelona, o meio-campista Bernd Schuster. Na verdade, Diego seria o jogador mais bem pago do mundo, embolsando o equivalente a 421 mil euros por ano em salários, bônus e acordos publicitários. O Barcelona inseriu uma cláusula que estipulava que, se o clube não estivesse satisfeito com o desempenho do jogador, poderia vendê-lo.

Diego Maradona pousou em Barcelona no dia 27 de julho. Foi uma "recepção fria", segundo a imprensa espanhola, uma vez que apenas uma dezena de torcedores e um punhado de jornalistas aguardavam sua chegada. Para não chatear outros jogadores do elenco, não havia planos de uma apresentação individual. Quando perguntado o que esperava encontrar na Espanha, ele deu seu primeiro recado: "Sei que existem muitos Gentiles, mas confio nos árbitros espanhóis".

Ao chegar no hotel, Maradona telefonou para a mãe e, em seguida, foi levado pelo motorista do diretor Joan Gaspart a um restaurante, onde jantou com Osvaldo, antigo companheiro de Argentinos Juniors que estava fazendo um teste com o Barça Atlètic, o segundo time do

FC Barcelona. Na manhã seguinte, o elenco da equipe principal seria apresentado à torcida no Camp Nou.

Maradona esqueceu as chuteiras e também perdeu a singela missa celebrada na capela do túnel de acesso ao gramado. O Barcelona estava em meio a um conflito com as redes de televisão espanholas, e por isso apenas uma câmera particular filmou o evento. O argentino e o time foram recebidos por 60 mil torcedores, número superior à média para esse tipo de ocasião, mas eles fizeram mais barulho mesmo para Bernd Schuster, que há pouco se recuperara de uma lesão que o afastara por meses dos gramados. O treinador Udo Lattek tinha de escolher dois atletas estrangeiros, limite imposto pela Uefa naquele tempo, e resolveu manter o meio-campista alemão em detrimento do atacante dinamarquês Allan Simonsen, que foi vendido.

A chegada de Maradona correspondia à imagem que a Espanha queria passar ao mundo em 1982. Televisores coloridos estavam substituindo os antigos aparelhos em preto e branco, assim como as ruas também estavam sendo tingidas de inúmeras cores e formas. Sete anos depois da transição democrática pós-Franco e apenas dezoito meses após um fracassado golpe de Estado, a Copa do Mundo deixara a impressão de um país que queria fazer parte do cenário internacional. Um show memorável dos Rolling Stones sob a chuva de Madri e o surgimento da música e da arte produzida nos entroncamentos das principais cidades do país eram alguns dos sinais do despertar nacional. O triunfo do partido socialista (PSOE, Partido Socialista Operário Espanhol) e a vitória do jovem e eloquente presidente Felipe González, bem como a constatação de que dentro do Estado havia outras nações que desejavam o reconhecimento de suas necessidades históricas, deram ao povo espanhol a sensação de estar vivo e ser relevante novamente.

Contudo, havia ressalvas. A suspeita sobre o valor da negociação e a capacidade de se adaptar do recém-chegado eram discutidas na imprensa. Enrique *Quini* Castro, atacante do time, afirmou que "nenhum jogador vale tanto dinheiro", referindo-se à transferência recorde de 7,3 milhões de dólares, numa época em que o salário anual médio era de 10.200 dólares. O presidente da Real Federación Española de Fútbol, Pablo Porta, que também considerou a cifra "exorbitante", disse: "O futebol aqui é diferente e a marcação é mais dura, vamos ver se ele vai superar isso".

O jornalista Lluis Canut se lembra do primeiro momento crítico, fora dos gramados, de Maradona, algo que ocorreu cerca de um ano depois da chegada do astro argentino: "Ele estava prestes a disputar um amistoso de pré-temporada em Bordeaux. Antes do início do jogo, Maradona pediu ao vice-presidente do clube, Nicolau Casaus, 1 milhão de pesetas [cerca de 6500 euros] para entrar em campo. Josep Lluis Núñez ficou perplexo e, claro, se recusou a pagar. Maradona era como um ciclone. Quando ia à sala do presidente, normalmente era para pedir mais dinheiro e Núñez se escondia dele". O que o presidente temia?

O estilo de gestão de Núñez deu origem a um nome que ainda é usado nos dias de hoje: *núñismo*. O jornalista catalão Frederic Porta explica: "Digamos que o Olimpo do futebol seja formado por Di Stefano, Pelé, Kubala, Maradona, Cruyff e Messi. Quatro deles jogaram pelo Barça. Isso não é algo para se orgulhar? Núñez conseguiu fazer com que parecesse que Maradona não esteve no Barça, como se ele não merecesse ser considerado um *culé* [torcedor do Barcelona]. Me lembra as fotos do Stálin em que Trosky era apagado. Mas por quê? De acordo com a maneira *núñista* de ver o mundo, o comportamento pessoal de Maradona na cidade não era condizente com os supostos valores 'elevados' do clube".

Um novo capítulo da eterna batalha entre o espírito livre e o *establishment* cerceador estava prestes a começar.

13
BARCELONA: O CLUBE E A IMPRENSA

Situações difíceis mostravam a verdadeira personalidade de Diego: coloque um leão em seu caminho e ele o encara. Porém, às vezes, não era capaz de fazer tudo sozinho. Era aí que a ajuda de sua equipe de apoio, composta por Jorge Cyterszpiler, Guillermo Blanco e Fernando Signorini, mostrava, de fato, seu valor.

Depois da campanha decepcionante da Argentina na Copa do Mundo de 1982, Diego enfrentou o desafio em Barcelona de peito aberto, e as coisas começaram bem. Em uma partida pela Recopa Europeia, em outubro, a maior parte dos 100 mil torcedores que lotaram o Marakana de Belgrado se levantou para aplaudir seu gol por cobertura: um chute magistral da meia-lua da grande área, após uma arrancada de quase trinta metros, que fez a bola passar por sobre o goleiro Stojanović, do Estrela Vermelha. Talvez tenha sido seu gol mais bonito pelo Barcelona.

Depois desse início promissor, no final de 1982 foi preciso, como se recorda Blanco, "enfrentar um enorme leão: Diego contraiu hepatite. Cyterszpiler me ligou da Espanha dizendo que precisava de pessoas que dessem a Diego um pouco de carinho e amor, e explicou que eu sabia como Diego era, quais eram suas necessidades, e o que lhe dava ânimo. Ele me perguntou como eu estava no trabalho, e se eu podia dar uma mão...".

Blanco aceitou a proposta, mais um pedido de um amigo do que uma oferta de trabalho, àquela altura; pegou dinheiro emprestado com um amigo próximo e comprou uma passagem para a Espanha, onde passou a viver entre Valencia e Barcelona. Graças a intermediações de Cyterszpiler, Blanco trabalhou no jornal *Match* e, em março de 1983, quando César Luis Menotti assumiu o Barça, se mudou de vez para Barcelona, mesma época em que Signorini passou a ser o preparador físico particular de Diego. Escrevendo agora para o diário *Sport* e a revista *Don Balón*, Blanco tornou-se uma referência no jornalismo catalão devido a seus vínculos estreitos com Diego e Cyterszpiler.

Em pouco tempo, Signorini também ganhou importância ao ajudar Diego a criar seu próprio regime de treinamento individualizado, algo inédito naquele momento. No primeiro dia da parceria, o preparador físico o levou para a pista de atletismo em Montjuic. "Vamos ver até aonde conseguimos correr em doze minutos", disse ele a Diego. Signorini colocou em Maradona um monitor cardíaco — era uma das primeiras vezes que se usava o aparelho para medir a forma física de um jogador de futebol. Passados dez minutos, o atleta já não podia mais correr. "Chega. Para, para, para." Maradona, com as mãos na cintura e tentando recuperar o fôlego, parecia irritado. Signorini pensou: "Vou aproveitar e explicar tudo agora de uma vez: este trabalho foi desenvolvido pelo dr. Cooper na Universidade da Califórnia para determinar e blá blá blá..."

"E quanto você corre em doze minutos?", perguntou o craque. Signorini, que estava em boa forma aos 32 anos, era capaz de correr mais rápido. Maradona o olhou nos olhos, pegou um isotônico que tinha por perto e falou: "Bom, então no domingo você joga". Foi a primeira lição aprendida por Signorini sobre a maneira de se preparar fisicamente um jogador. "Não é assim que se corre dentro de campo, mas ninguém nunca tinha me dito aquilo ao longo de todos os meus anos de estudo. Me fez repensar tudo", admitiu o preparador físico.

Quando Maradona viajou a Buenos Aires para se recuperar de sua fratura "Goikoetxea" (falaremos mais sobre isso adiante), Blanco o acompanhou, prometendo ajudar com tudo o que fosse preciso, desde brincar de pega-pega até simplesmente ouvir o que ele tinha para dizer. Junto com Don Diego, Blanco promoveu um encontro dos *Cebollitas* na casa de Maradona.

Mais adiante, Cyterszpiler ofereceu a Blanco um salário para que gerenciasse os assuntos de Diego relacionados à imprensa, tornando-o o primeiro assessor de imprensa de um jogador de futebol no mundo.

Maradona queria conduzir a narrativa que estava sendo contada, em especial depois que começaram a surgir as primeiras críticas.

Em Barcelona, Blanco treinava diariamente com Maradona, passando muitas horas em sua casa com Claudia, Doña Tota, Don Diego e os irmãos de Diego, quando estes lá estavam, o que era frequente. Blanco tinha seus próprios assuntos, mas auxiliar Maradona era algo bastante abrangente, uma vez que todos queriam alguma coisa do argentino — organizava entrevistas coletivas e contava aos interessados, em *off*, a respeito de Diego, suas ideias e suas vontades.

O ex-assessor capta a intensidade e a imprevisibilidade de um dia com *Pelusa* neste relato a Signorini: "Diego enviou uma carta ao rei da Espanha, escrita por mim, dizendo que queria conhecê-lo. O rei respondeu e, após recebê-lo, começou a contar algumas histórias para Diego, como se ele não fosse um rei — casos de como ele saía de moto de noite para que ninguém pudesse reconhecê-lo. Então, [o presidente] Felipe González interrompe o encontro e diz: 'Com licença, será que você pode autografar esta camisa para o meu filho?'".

Não havia dúvidas de que Maradona empolgava as pessoas mais importantes e respeitadas de Barcelona e de toda a Espanha, mas como seus companheiros de equipe o receberam naquele outono de 1982?

"Ele foi saudado como o salvador", afirma Juan Carlos Rojo, atacante do elenco do Barcelona que deu as boas-vindas a Diego. "Nós não ganhávamos a liga desde a era Johan Cruyff, oito anos antes, e acreditávamos que Diego podia nos ajudar a conquistar o campeonato novamente." Com apenas um título do Campeonato Espanhol em 22 temporadas e nenhuma competição europeia de maior porte, o Barça não era uma potência internacional, mas meramente um clube com um nome prestigioso, sobrecarregado, assim como tantos outros anteriormente, pelo peso de seu potencial.

No primeiro encontro de *Pelusa* com o elenco e a comissão técnica, Diego, trajando um abrigo da Puma, cumprimentou calmamente um a um. "Você se dizia: é o Maradona", recorda-se Jaume Langa, fisioterapeuta do clube. "Com aquele cabelo, ele era baixo, parecia um pouco... atarracado. A parte inferior de seu corpo era muito forte."

Diego sentou-se próximo do lateral-esquerdo Julio Alberto e do atacante Marcos Alonso. "Ei, se você precisar de alguma coisa, me avise", disse Julio. "De repente, ele pegou algumas meias mal dobradas, que transformou em uma bola, e começou a fazer embaixadinhas, tum-tum-tum..." Mais um toque, e outro, e mais outro. "Ele chegou a duzentas", recorda-se Marcos, "e estávamos todos sentados no vestiário olhando para ele: 'O que é isso?'"

Marcos sussurrou para Julio Alberto: "Melhor a gente não treinar, ele vai nos fazer de bobo". Foi assim que Diego anunciou sua chegada à equipe. Alguns dias depois, fez a mesma coisa com um limão, controlando-o com o ombro e a cabeça. As pessoas ficaram surpresas quando viram que Maradona não amarrava suas chuteiras. "Seus pés eram muito largos e quando as amarrava, os pés doíam", explicou o fisioterapeuta do clube, Ángel Mur. "Durante o aquecimento, e sempre que possível, os cadarços ficavam balançando ao vento."

O ponta Lobo Carrasco tornou-se um dos anfitriões de Maradona, explicando-lhe sobre a cidade, o clube e a cultura catalã. Lobo era de Alicante, no sudeste da Espanha, mas às vezes as pessoas de fora conseguem observar melhor as idiossincrasias do país. "Diego mostrou-se muito humilde em sua chegada", lembra-se o antigo jogador do Barcelona. "Ele carregava as bolas no início e no fim dos treinos. Pode parecer irrelevante, mas nos mostrava que ele não se achava mais do que os outros."

Os *culés*, como são chamados os torcedores do Barcelona, chegavam meia hora antes do início dos jogos para ver Maradona se aquecer. Quando criança, Pep Guardiola estava entre eles: "Diego ficava no meio do campo, pegava uma bola e a chutava bem alto. À medida que ela caía, de primeira e sem que ela tocasse a grama, ele a mandava de novo para o alto. Repetidamente, seis, sete vezes, nunca deixando o centro do gramado. Eu nunca nem tentei. Sei das minhas limitações."

Começados os jogos, Maradona demonstrava um domínio da bola que até então não havia sido visto no Camp Nou, sendo capaz de controlá-la como se estivesse em câmera lenta; ele podia acelerar ou brecar a jogada de maneira instantânea, e seus piques e seu ritmo intimidavam qualquer defensor. Os passes para seus companheiros eram precisos, deixando-os em vantagem sobre os adversários — Marcos Alonso deve seus gols às assistências de Diego. Davam-lhe uma bola quadrada e ele a devolvia espetacularmente redonda. Quando as coisas começavam a dar errado, Diego pedia a bola e usava sua determinação para trazer o time de volta para o jogo. Era também o mais irritado depois de uma derrota. Não demorou muito para que se tornasse um líder dentro e fora de campo.

Já com a temporada 1982/1983 em andamento, o clube agendou alguns amistosos; era preciso espremer ao máximo sua estrela para poder pagar por ela. Esses jogos extras, que obrigavam o time a escalar Maradona entre os titulares, não estavam no contrato do jogador, que, frequentemente, tinha de atuar com dor nas costas devido à falta de descanso. Duas horas antes do início de um desses amistosos, contra a Fiorentina, em Florença, Maradona perguntou a seu companheiro de equipe José Vicente *Tente* Sánchez se o elenco estava recebendo extras para jogar. Não estava. "Se vocês não receberem um extra, eu não jogo. Não estou brincando", foi sua resposta categórica.

Quando *Tente* falou sobre aquela exigência a Nicolau Casaus, o vice-presidente "teve de ligar para o clube e conversar com o presidente", recorda-se o atleta. "Núñez lhe disse para não se preocupar porque o assunto seria resolvido quando retornassem a Barcelona." Diego insistiu: "Tem de ser resolvido agora". Uma vez confirmado que todos receberiam sua compensação, o time entrou em campo, ainda que com um certo atraso. Em outra ocasião, Maradona ficou sabendo que as bonificações ainda não tinham sido negociadas e imediatamente se prontificou a ajudar. Em sua segunda temporada, como era de se esperar, Diego foi escolhido para ser um dos quatro capitães do time.

O outro estrangeiro e líder da equipe era o calado mas resoluto alemão Bernd Schuster, meio-campista de muita inteligência, capaz de dar lançamentos longos incrivelmente precisos. "Duas mentalidades tão diferentes, e ainda dividíamos o mesmo quarto", contou Schuster a Lluís Canut, do canal catalão tv3. "Porém, nos entendíamos perfeitamente, ainda que nossos biorritmos não estivessem em sincronia. Diego gostava de se levantar ao meio-dia, enquanto eu estava acostumado a começar o dia abrindo as cortinas, janelas, acendendo as luzes... logo percebi que aquilo não era aceitável. Então ia para o banheiro sem fazer barulho."

"Havia um pequeno problema... e a culpa era tanto minha quanto do time", apontou Schuster. "Nós achávamos que Diego, com sua qualidade e liderança, resolveria todos os nossos problemas em campo, e por isso o restante do time ficou um pouco intimidado. Isso era evidente."

Maradona brilhou nos primeiros meses, em especial na vitória por 2 a 0 sobre o Real Madrid, no Santiago Bernabéu. Durante a partida, um grupo de torcedores do Real Madrid insultou Maradona, um deles xingando inclusive a mãe do jogador. Familiares e amigos de Diego estavam sentados próximos àqueles torcedores e houve troca de ofensas verbais e até confrontos físicos, o que obrigou a polícia a intervir para acalmar os ânimos. A imprensa catalã relatou o tumulto e o espetáculo de Diego ganhou um novo ato: o clã Maradona.

Maradona passou seus primeiros tempos em Barcelona no Hotel Avenida Palace, propriedade de Joan Gaspart, diretor do clube. Curiosamente, um dos quartos do hotel foi batizado de "Beatles", assim nomeado porque a banda se hospedou no hotel depois de ter feito um show na cidade, não muito longe dali. Não há menção à estada de Maradona no Palace. Mais tarde, o argentino se mudou para uma ampla casa na parte alta da cidade, na Avenida Pearson de Pedralbes, junto com Claudia, seus pais, sogros, e mais familiares e amigos.

"A primeira coisa que ele fez foi colocar o distintivo do Barcelona no meio da piscina", conta um de seus amigos catalães, Marc Bardolet. "A casa era imensa, com três andares, elevador, 6 mil metros quadrados, era uma coisa realmente impressionante", relata Fernando García, amigo de Cyterszpiler. "Diego também mandou construir uma academia e, quando estava treinando, parecia um animal selvagem."

Havia várias escolas na região, e crianças frequentavam a casa durante o intervalo do almoço. Diego aparecia e lhes dava autógrafos ou cartões-postais com sua foto, e, vez ou outra, participava de partidas de futebol improvisadas na rua.

Doña Tota sempre tinha um punhado de nhoque pronto para todos que chegassem inesperadamente. "A cozinha era enorme, a toalha de mesa era de plástico, e a qualquer hora era possível se deparar com um grupo de pessoas fazendo um *asado* [churrasco]", recorda-se o jornalista Pepe Gutiérrez, que tinha uma ótima relação com os familiares de Diego. O quintal contava, além da churrasqueira, com uma quadra de tênis bastante utilizada por Maradona, que se dedicava ao esporte, embora a magia que mostrava com a bola de futebol não transparecesse quando empunhava uma raquete.

Diego, que encarnava o melhor amigo possível, montou um gazebo para que todos pudessem se divertir, o que dava a qualquer dia a sensação de feriado, de que o tempo havia parado. Segundo Marc Bardolet, seu amigo catalão, "Diego trouxe para cá um pouco 'do que havia lá'". Um pedaço de Buenos Aires em Barcelona.

"Eles adicionaram algumas colunas, como aquelas dos pórticos das casas americanas, uma coisa romântica", explica Josep María Minguella, que havia intermediado as negociações entre o Barcelona e o Boca Juniors. Um fotógrafo dos diários *El Periódico* e *La Vanguardia* foi até a casa de Diego em Pedralbes fazer uma matéria e, chocado, contou para Lluís Canut o que testemunhara: "Todos os frisos e colunas daquela casa, uma casa fantástica, tinham sido cobertos com gesso e pintados com cores malucas... Eles pediram permissão, pagaram o que era devido e destruíram a casa. Na hora do almoço, vinte pessoas estavam sentadas em volta da mesa e, de repente, Maradona surge de um corredor carregando duas bandejas com batata-frita e comida e fazendo embaixadinha com uma bola. Uma casa maluca".

Com apenas 22 anos, Diego se colocara no topo de uma montanha, observando, do melhor lugar, as possibilidades da vida; no entanto, determinadas raízes se retorcem, giram e provocam rachaduras na terra. Alguns de seus amigos começavam a aparecer na imprensa com muita frequência e, em dezembro, se confirmou que Maradona estava com hepatite, o que o afastou dos gramados por três meses. Imediatamente surgiram dúvidas acerca de sua doença.

"Sempre se questionou se a hepatite era real ou, na verdade, outra doença sexualmente transmissível", afirma Lluís Canut. O fisioterapeuta do Barcelona, Jaume Langa, sustenta a versão oficial: "Era hepatite — cem por cento. Eu ia até a casa para tratá-lo, mas não vou dizer o nome do remédio".

"Ah, a hepatite...", diz Fabián Ortiz, jornalista esportivo argentino e psicólogo que vive em Barcelona. "Sei disso porque minha companheira naquela época trabalhava no que se chamava *The First Champions Productions*, nome oficial da Maradona Producciones. A hepatite era, na verdade, uma doença venérea que Diego contraiu devido a práticas sexuais descuidadas. Aquilo não podia ser revelado para a imprensa, era algo inaceitável, e então o clube criou a história da hepatite para explicar o tempo necessário para sua recuperação."

"Quando Claudia ou os pais estavam na casa, tudo estava sob controle", explica Lobo Carrasco. "Estive ali duas vezes e nunca vi nada que pudesse afetar seu desempenho esportivo. Mas, claro, devia haver dez ou vinte pessoas na cola dele do lado de dentro e ao redor da casa... e elas tinham acesso a dinheiro. Uma coisa pode facilmente levar a outra."

Os amigos de Maradona praticamente moravam com ele. "Desde o primeiro dia, era uma loucura", explica Lluís Canut. "Foi como uma invasão de um clã argentino, havia cerca de vinte pessoas sempre no entorno. No Camp Nou, essas pessoas tomaram conta da área do vestiário e, ao passar por elas, a gente sentia muito medo. Era diferente do que nós estávamos acostumados."

Jornalistas anônimos, donos de casas noturnas e porteiros, todos têm suas próprias histórias a respeito do "clã". Alguns dizem que, enquanto esperavam o avião de Maradona pousar, seus amigos corriam pelo aeroporto. "A Mercedes do clã passava pela Rambla Catalunya para pegar profissionais do sexo e levá-las para a casa de Diego", afirmam outros, que não querem ter seus nomes revelados. Aparentemente, o clã foi proibido de entrar na famosa casa noturna Up & Down. "Andavam como a máfia", contou um. "Eram intimidadores", relatou outro. "Com a mulher que atuava como relações-públicas da casa noturna, eles tinham passado do limite."

Naquele tempo, o jornalista Alex Botines tinha um programa na rádio espanhola SER, e em uma das edições apresentou uma entrevista reveladora com uma mulher cujo nome não foi revelado. "Ah, se eu falasse sobre as noites com Diego", disse ela para os ouvintes.

"Ao ficar sabendo daquilo, o clã ficou muito irritado", conta Canut. "Eles foram até a emissora e esperaram o fim do programa — tinham contas a acertar com Botines. Cyterszpiler acertou uma pancada na cabeça do jornalista." A Associação Espanhola de Jornalistas Esportivos relatou a agressão ao Barcelona.

Diego queria comprar uma casa luxuosa em Maresme, região costeira ao norte de Barcelona onde moravam o diretor do clube Joan Gaspart e o treinador do time, Udo Lattek. Para viver ali, era necessária a aprovação dos vizinhos; porém, conta-se que, citando a fama que acompanhava o jogador, eles negaram seu pedido.

"A imprensa passou a criticar duramente as atitudes de Maradona, bem como qualquer coisa que ele fizesse ao lado de seus amigos", explica Lalo Zanoni em seu livro *Vivir en los medios: Maradona off the record*. "Quase diariamente aquela superestrela tinha de rebater as críticas a respeito de seu comportamento, esclarecer e retificar declarações, ou, simplesmente, dar início a uma nova batalha."

"Os jornalistas da Europa malhavam jogadores estrangeiros que ganhavam fortunas", explica o jornalista argentino Carlos Ares no livro de Zanoni. "E se fossem orgulhosos e vaidosos, como Maradona, era ainda pior. O *Russo* [Cyterszpiler; de origem polonesa] era um grande amigo, mas deixou que as coisas saíssem do controle; além disso, ele se achava um grande empresário, mas não era capaz de dar bons conselhos a Maradona. O clã estava vivendo além de suas possibilidades... ganhavam dinheiro às custas do nome de Maradona, que, para se sentir fortalecido, precisava estar cercado daquilo tudo."

No livro *La caída de un ídolo*, de Bruno Passarelli, o diretor executivo da revista espanhola *Interviú*, Ramón Miravitllas, afirma: "Meu relacionamento com Maradona durante seu período em Barcelona limitava-se a ter de ouvir, com certo ceticismo, muitas histórias contadas por mulheres jovens. Moças de olhos abatidos, tristes e cansados que, em troca de algum dinheiro, estavam dispostas a me dizer com quem, e como, tinham transado nas festas organizadas pelo clã".

Alguma coisa estava mudando para Maradona. A sombra do Diego campeão mundial sub-20 no Japão, tímido e simples, parecia se distanciar do autoconfiante e insolente Maradona líder do Barcelona.

Mas ele era de fato um líder? O time precisava de um e, claro, Maradona assumiu a função. O mundo exterior, com uma indústria futebolística à caça de um ídolo, também o via como tal. Diego era autoconfiante? Ele certamente era bastante seguro de suas possibilidades, algo que aborrecia muitos catalães que lutavam contra a arrogância do Novo Mundo. E insolente? Será que Maradona não queria se tornar aquilo que todos desejavam que ele fosse?

"Sua personalidade não se adequava às idiossincrasias dos catalães", explica Emilio Pérez de Rozas, jornalista nascido em Barcelona. Talvez as pessoas não quisessem compreendê-lo ou demonstrar empatia por ele porque Diego não satisfazia o estereótipo com o qual parte da sociedade se sentia mais confortável — ele se recusava a ser o jogador de futebol sul-americano submisso e agradecido.

Para aqueles em Barcelona que desejavam desesperadamente ser considerados europeus ordeiros e deferentes ao *establishment*, talvez Maradona fosse demasiadamente "sulista", excessivamente o menino da "periferia selvagem".

E diante de injustiças evidentes, havia, para Diego, somente uma resposta: a rebeldia.

14
O "CLÃ MARADONA"

Angel *Pichi* Alonso sentava-se, frequentemente, ao lado de Maradona no ônibus do time a caminho dos jogos, e em pouco tempo ficou evidente para o atacante espanhol que o recém-chegado "sentia-se muito nostálgico". Parafraseando o escritor uruguaio Mario Benedetti, Diego provavelmente não percebia que o sentimentalismo é o preço que se paga para desfrutar bons momentos. E ele encontrou a solução para sua nostalgia: trazer "para cá o que havia lá".

"Era uma quinta-feira", recordou-se Maradona, dando risada, no canal argentino de televisão TyC Sports. "Eu estava na cama com Claudia, dormindo profundamente, dali a dois dias disputaria minha primeira partida contra o Real Madrid. E o *Loco* Galíndez me diz: 'Estou saindo, Diego. Vou ver umas mulheres'." *Loco* Galíndez é Miguel di Lorenzo, lendário fisioterapeuta da seleção argentina nas Copas do Mundo de 1986 e 1990. Quando os dois se conheceram no Argentinos Juniors, Maradona tinha quinze anos, e Diego fizera de Galíndez membro de sua *entourage* durante o período em Barcelona.

"À uma da manhã, Claudia me acorda. 'Diego, estão dando uma surra no Galíndez!' Eu pego o telefone e ouço: 'Alô, Diego, estão me esmurrando, me matando, acabando comigo. Venha, por favor!'. Eu me levanto, coloco um agasalho, um calçado e digo ao Gabriel ['o *Morsa*'], que estava em casa: 'Venha, estão matando o Galíndez!'. Nós ainda pegamos mais um amigo que morava ali perto. Claudia se encontra com *Chino* Vallejo e ligam para todos os argentinos falando para irem à casa noturna. Ao chegar, digo ao porteiro: 'Ei, não estava tendo uma briga aqui agora? Não estavam batendo no...?'. 'Nããão, ele está bebendo no bar'. Nós entramos e eu vejo Galíndez com um copo na mão, gargalhando. E eu falo: 'Galíndez, você é idiota ou o quê?'. 'Chefe, mandei bem, não? Veja como somos próximos, você veio aqui por mim.' E eu respondo: 'Eu estava dormindo, seu filho da puta! Vou matar você'. Lá estava eu, numa discoteca em uma quinta-feira à noite, tendo um jogo contra o Real Madrid no sábado. Ao sairmos, pudemos ver o resto dos argentinos chegando."

Loco Galíndez, Gabriel *El Morsa*, *Chino* Vallejo, os irmãos e os pais de Diego, seus sogros: o "clã". Maradona rapidamente recriara sua pequena Villa Fiorito em Barcelona. No entanto, quem pararia a própria vida para se juntar a essa panelinha? E o que havia ali para essas pessoas? Néstor *Ladilla* ("o Parasita") Barrone era um dos membros desse seleto grupo de amigos.

"Venho de uma família e de um bairro humildes de Buenos Aires. Em 1982, fui ver a Copa do Mundo graças à ajuda de César Menotti e [Julio] Grondona, presidente da AFA, a mim e a um de meus amigos. Nós viajávamos com a delegação da seleção nacional, mas em um ônibus à parte dos jogadores, e como a Copa do Mundo, para nós, foi muito curta, acabei ficando na Espanha", conta ele.

Barrone jogava futebol e participou de algumas peneiras, incluindo uma no Barcelona Atlètic, e chegou a participar da partida de despedida, organizada pelo Barça, do atacante Hugo Sotil, jogo que contou com a presença de Johan Cruyff, ex-companheiro do peruano. O tempo foi passando, Barrone conheceu algumas pessoas, adaptou-se ao novo país — voltar para a Argentina estava fora de cogitação devido ao caos político e econômico —, e começou a trabalhar em um restaurante argentino, *Corrientes 348*, com Jorge Vallejo, o *Chino*. Um dia, Cyterszpiler, Diego e outros quatro ou cinco argentinos foram comer no restaurante.

"Bom, estamos indo para casa tomar alguma coisa", disse Diego após a refeição, dirigindo-se a todos os presentes. Passado algum tempo, como já estava ficando tarde, Maradona convidou Barrone, que tinha 27 anos àquela altura, para ficar e dormir por ali mesmo. "Eu dormi em um sofá enorme que era mais gostoso que uma cama. 'Estou bem aqui', disse a Diego. Acho que outros três ou quatro caras também ficaram; José Luis

El Gordo Menéndez, com certeza ficou." Pouco depois, Cyterszpiler lhe propôs passar a fazer parte do grupo de amigos que cuidava de Maradona.

"Diego confiava muito em todos nós, e era muito solidário com a gente. Ninguém tinha uma função específica, éramos um grupo de amigos e ele tinha sua privacidade. Na verdade, ninguém morava com Diego, nós ficávamos em um apartamento com Jorge, também no bairro de Pedralbes. José Luis, *El Pato*, Osvaldo, Nando e eu éramos todos mais ou menos da mesma idade. Passávamos a maior parte do dia na casa de Diego comendo, jogando baralho, conversando sobre o jogo do dia anterior ou do dia seguinte, apenas reuniões de amigos. É por isso que, muitas vezes, se diz que vivíamos com ele, mas não vivíamos."

Era um grupo saído da mesma fornada: suas infâncias e ideologias, seu senso de humor e seus hábitos eram semelhantes. Néstor Barrone sempre foi esperto e sobreviveu graças à sua astúcia; quando criança, tinha o suficiente para pagar a passagem do ônibus que o levaria para os treinos nos clubes amadores em que jogou, mas nem sempre para a passagem de volta. Contudo, todos os dias conseguia chegar em casa. Barrone era esse tipo de pessoa.

Eles adoravam futebol e achavam que uma caneta no adversário era sua arte mais sublime, a representação definitiva do esporte — travessura, diversão. O estilo malandro de Maradona em campo simbolizava o grupo: "Um jogador de futebol inteligente que demonstrava solidariedade e tinha uma noção clara de responsabilidade, é assim que, em termos simples, eu o descrevo", afirma Barrone.

"Nós precisávamos dele", admite. "Ninguém, por uma porção de fatores e circunstâncias, estava se dando bem em Barcelona. Todos trabalhávamos, mas ninguém era particularmente brilhante; éramos o tipo de pessoa que havia aprendido mais na escola da vida do que nas instituições de ensino, e era complicado ter sucesso."

Os membros mais íntimos do clã, aqueles a quem Néstor Barrone se refere, moravam a cerca de dez quarteirões de Maradona. Se Diego recebia um convidado famoso, um elemento do grupo o levava para ver os pontos turísticos de Barcelona, aliviando a pressão de sua presença. "Sempre havia um carro à disposição e um dos preferidos era a Mercedes-Benz coupé branca. Maradona mal podia usá-la e isso, claro, o irritava bastante. Era muito complicado ser Maradona. Nós acompanhávamos Diego aonde ele ia, e as pessoas me deixavam irritado porque elas pulavam diante dele, derrubavam nossos óculos, então você pode imaginar como era isso para ele."

O grupo acompanhava o astro em diferentes eventos, tais como ensaios fotográficos publicitários, jogos e sessões de treinamento; às vezes, queriam matar a saudade de casa, e então alguém se dirigia a um restaurante argentino para pegar uma *pastafrola* (torta doce com massa crocante), uma *medialuna* (tipo de croissant de tamanho menor) ou *dulce de leche*. Em geral, o local escolhido era o restaurante El Seis. Diego, certa vez, saiu de casa usando uma peruca. "Era assim que conseguíamos sair todos juntos para buscar uma *factura* [bolo, doce] de tarde", explica Barrone.

"Diego tinha um cômodo que parecia uma loja de roupa, cheio de coisas que seus patrocinadores lhe ofertavam, e ele simplesmente nos dava algumas peças; e tinha muitos carros. Da Argentina, ele levou consigo uma BMW, imagine você." Não havia passado pela cabeça de ninguém que os carros trazidos da Argentina seriam apreendidos na alfândega portuária e tratados como importação ilegal. Contudo, Diego queria seus carros consigo e Josep María Minguella, dirigente do Barcelona, o ajudou a liberá-los — com uma ajudinha de outros amigos.

Esse não foi o único apuro em que os amigos de Diego se meteram. "Uma vez, fui parar na Alemanha com aquela BMW para pegar umas malas de roupa que a Puma tinha dado para Diego", recorda-se Barrone. "O carro tinha placa argentina e, lógico, foi parado pela polícia."

Néstor foi para Mônaco com Maradona, após o jogador ter recebido uma ligação do príncipe Rainier: "Da sacada do meu quarto de hotel em Mônaco, olhei para baixo e vi duzentos iates; além disso, a mesa em que almoçávamos tinha trinta metros. Como as coisas mudaram, pensei. Todavia, as grandes potências econômicas e os poderosos não tinham interesse em pessoas que, como Diego, faziam os outros felizes. Quer dizer, se interessavam por alguém como ele, mas por outro motivo. Por que o príncipe Rainier telefonou para Diego e o convidou para visitar o palácio de Mônaco? Por que o rei Juan Carlos e Felipe González quiseram conhecê-lo? E o papa João Paulo II? O rei Fahd da Arábia Saudita? O que essas pessoas todas tinham em comum com Diego? Elas queriam tocar sua aura de indestrutível glória".

★

Em meio ao caos aparente, Diego jogava e treinava muito, cuidando de si e de suas habilidades. Para que pudesse treinar cobranças de falta, colocou uma trave em sua quadra de tênis e comprou uma barreira móvel de metal com a silhueta dos jogadores. Diego, que adorava recriar o futebol *potrero*, de rua, improvisado, disputado em qualquer canto ou gramado, recebia todos em sua casa às segundas-feiras, inclusive Menotti. Jogavam bola até escurecer no pequeno campo do colégio San Juan Bosco, em Sarrià, a um quarteirão de onde morava o clã, e então iam jantar.

"Ele gostava de estar entre os seus, em parte porque nunca se preparou para estar com qualquer outro grupo", recorda-se Fernando Signorini. Maradona nunca foi um leitor, mas era uma alma curiosa e sensível e gostava de se informar — se um assunto despertava seu interesse, ele fazia perguntas e descobria mais sobre aquilo. "Era um cara muito espontâneo e que pegava as coisas rapidamente, astuto e inteligente", complementa Signorini.

"Cristiano Ronaldo tem cinco seguranças; Diego tinha a gente", afirma Barrone. "Nós cuidávamos dele como um amigo, o protegíamos. Havia muita distorção, mentira; nós éramos chamados, depreciativamente, de 'o Clã', mas a verdade é que incomodávamos uma parte específica da sociedade catalã. Não toda, é preciso dizer."

"Diego estava em forma e levava uma vida saudável. As pessoas atribuem a ele as coisas que aconteciam na noite, mas a culpa era nossa, não dele. Infelizmente, essa auréola que criamos para ele ajudou muita gente a criar uma determinada imagem a seu respeito."

Fernando Signorini passou muitas horas com os amigos de Diego. "Eu me lembro de encontrá-los pela primeira vez durante a final da Copa do Rei. Um dos amigos de Diego, um rapaz muito atlético, estava bebendo cerveja e alguém começou a chamá-lo de *sudaca* [termo depreciativo para se referir a sul-americanos], então o amigo se aproxima do cara, cerveja na mão, e... *bum!* Gritaria, sangue... Esses caras eram todos... jovens de origem muito humilde."

"Eram, em sua maioria, argentinos", recorda-se Signorini. "As pessoas os chamavam de vagabundos, beberrões, preguiçosos, diziam que Diego não era um esportista e não levava uma vida de esportista, que vivia apenas para sair na noite... Besteira! Diego não era idiota. Ele saía, sim, como todo mundo. Como não sair? Tinha de viver em um convento? Ele não podia levar uma vida reclusa porque isso o deixaria infeliz."

Aqueles amigos falastrões, atrevidos, jovens, faziam sucesso com as mulheres. "Falavam de um jeito diferente, o doce sotaque argentino deve ter ajudado", conjectura Signorini, em tom de brincadeira. "Eles se deram bem em Barcelona, onde as pessoas são um pouco mais retraídas, algo que também incomodava e irritava alguns. Mais de uma vez eles foram expulsos da casa noturna Up & Down."

A relação de Maradona com os jornalistas não foi sempre tensa, ou ao menos não com uma parte deles. A negatividade em torno de Diego e de seu clã apareceu na imprensa quando ele começou a entrar em conflito com o clube, e Maradona sempre defendeu seus amigos até o fim. "Enquanto Diego estava jogando e marcando gols, driblando oito adversários e colocando a bola no fundo das redes em todos os lugares, era considerado um fenômeno, alguém intocável", afirma Néstor Barrone.

Barrone conta que alguns jornalistas catalães se aproximaram do clã e passaram a "nos amar e nos proteger muito. Pepe Gutiérrez e Paco Aguilar estiveram com a gente em momentos importantes e íntimos. Eles nos conheceram".

"Naquele tempo, nós viajávamos com o time", lembra-se Aguilar, que passou a maior parte de sua carreira no diário *Mundo Deportivo*. "Quando acabava o treino você saía e tomava um aperitivo com os jogadores ou os aguardava no estacionamento. Algumas vezes, podia encontrá-los para almoçar ou jantar, inclusive Maradona." Em certa ocasião, Paco, um defensor do jornalismo tradicional, buscou Doña Tota no aeroporto e levou para ela um buquê de flores. A mãe de Diego jamais esqueceu aquilo. "Você podia ir até a casa dele e, se Diego não estivesse lá, o convidavam para entrar e bater papo por um tempo. Em um dia podia ter quinze pessoas na casa; em outro, ninguém; variava muito."

"Naquele tempo não havia celular", diz outro jornalista veterano e respeitado, Quique Guasch, que trabalhava para a TVE durante a época de Maradona. "Como Diego nunca atendia o telefone, eu tinha de ligar para sua casa e usar um código para que ele soubesse que era eu. Ele me pedia para telefonar em uma hora específica e, caso eu ligasse e Diego não quisesse conversar, alguém me dizia que ele estava dormindo."

Guasch tem uma dezena de histórias que mostram facetas bastante diferentes daquelas descritas pelas fontes do clube. "Diego viu um programa médico na TVE Internacional e me pediu para conseguir o vídeo", conta o jornalista. "[O programa] retratava um problema que alguns de seus amigos estavam enfrentando, e ele acabou pagando pelos transplantes de rim deles em Barcelona."

Nem todos os jornalistas que o acompanhavam entenderam o tipo de pessoa que ele era. O sociólogo Sergio Levinsky argumenta: "A maioria deles estava acostumada a ídolos eternamente gratos que nunca falavam palavrões nem infringiam as regras, mas ali estavam diante de um tipo de ícone diferente: alguém tomava a dianteira e carregava o estandarte. Ele [Maradona] foi o primeiro a dizer a verdade, ou a sua verdade, acontecesse o que acontecesse".

Os diretores do Barcelona desconfiavam de seus jogadores — vistos, muitas vezes, como gananciosos, incapazes de respeitar as regras e temer as autoridades — e o clube chegou a contratar pessoas para espionar Maradona. "Iglesias, chefe da segurança, era um policial federal e conhecia muita gente da noite", recorda-se Pepe Gutiérrez. "Ele tinha amigos em casas de bingo, casas noturnas, restaurantes... Não havia uma festa que os jogadores pudessem frequentar sem que ficasse sabendo no dia seguinte. E todos os jogadores saíam para beber. Nós, a imprensa daquele tempo, tínhamos uma mentalidade mais próxima daquela dos futebolistas do que seria a de um jornalista, e lidávamos com a informação sem prejudicar a imagem deles."

"Na verdade, Diego não era alguém que saía muito", conta Gutiérrez, que foi para a noite com Maradona em mais de uma ocasião. "Ele bebia uísque com Coca-Cola, que chamava de 'uísquecola', e ficava ali no bar. Na Up & Down, os garçons não cobravam por seus pedidos. Quando Claudia chegou a Barcelona, ele passou a ficar primordialmente em casa, vendo filmes ou fazendo qualquer outra coisa a noite toda, e depois acordava tarde."

"Sobre essas grandes *fiestas* na casa de Diego, não acredite que era só bebedeira. Era só um pessoal assistindo filmes até as três da manhã", relata Josep María Minguella. "Toda segunda-feira eles iam até a Videos Vergara alugar os novos lançamentos e passavam a noite inteira vendo filmes. Devia ter dez, doze jovens sentados no chão ou encostados na parede diante de uma enorme tevê que mostrava filmes do [comediante francês Louis de] Funès, do [cantor e ator italiano Adriano] Celentano, faroestes, todo mundo dando risada... Mas, de fato, não era a vida de um esportista profissional de ponta."

"A programação da TV acabava cedo, aí tocava o hino nacional e então a tela se transformava apenas em ruído", explica Barrone."Depois disso, ligávamos o videocassete e víamos dois ou três filmes seguidos — mais se Diego estivesse doente ou machucado."

Quando contraiu "hepatite", Diego passou muito tempo em uma casa emprestada por um amigo, na costa norte de Barcelona, entre Lloret de Mar e Blanes, e Barrone e o restante do grupo se juntaram a ele por alguns dias; Cyterszpiler aparecia quase toda tarde, e amigos jornalistas como Paco Aguilar passavam por ali para testemunhar o que eram longos e monótonos dias de recuperação.

Ninguém jamais viu Diego consumindo cocaína em Barcelona. "É uma coisa que ganhou proporções e passou a ser visto como verdade porque foi dito por Diego e porque está em sua biografia oficial, mas é mentira", afirma o jornalista argentino Fabián Ortiz. "Quando Maradona saía, ele bebia um ou dois 'uísquecolas'."

Maradona gravou um comercial antidrogas para uma campanha do governo catalão — *Simplesmente Diga Não* era o slogan que o argentino, rodeado por crianças, anunciava. Mas ele experimentou cocaína? "Aqui, não. Não, não. Aqui, enquanto defendia o Barcelona, nunca usou nada", conta *Chino* Vallejo, outro membro do clã.

Em 1999, o canal de televisão público TV3, da Catalunha, fez uma homenagem a Diego em seu programa *Aquest any cent!*. Quando lhe perguntaram sobre o consumo de drogas em Barcelona, o jogador respondeu com um sonoro: "não, não", diferente da versão que ele, tempos depois, escreveria em seu livro. A conversa passou a ser, então, sobre o famoso "clã" e a insinuação de que Diego sempre esteve cercado de pessoas, morando em um ambiente caótico e levando uma vida irregular na qual estavam incluídas muitas festas. Maradona negou aquilo com veemência: "Se eu tivesse feito tudo o que foi publicado, não estaria aqui, não teria mantido minha esposa ou tido duas filhas. Não sou exemplo para ninguém, mas se eu não tivesse uma vida organizada ou não fosse responsável, provavelmente não teria defendido o Barcelona".

"Maradona estava levando a vida como qualquer jovem rapaz", afirma o jornalista Paco Aguilar. "Naquela época, a sociedade catalã era muito racista, e Maradona era um *sudaca*, um latino. Estou falando da burguesia catalã, da imprensa de Barcelona, até da *gauche divine* — os intelectuais da cidade. Eles tinham o melhor jogador do mundo, mas não sabiam como usá-lo nem como celebrá-lo da melhor maneira."

Além disso, Maradona sentia-se tolhido dentro de campo, uma vez que Udo Lattek era um treinador ortodoxo que limitava sua liberdade com suas táticas. Cyterszpiler alimentava os jornalistas com fofocas para expor os métodos de treinamento antiquados de Udo. "Treinar com bolas medicinais — não dá para chutá-las, dá?", Maradona disse, certa vez, para seu treinador.

A temporada 1982/1983 começara com Udo Lattek no comando, mas terminou sob a batuta de César Luis Menotti. Depois de se recuperar de sua doença, Maradona não conseguiu retomar a melhor forma, mas ajudou a equipe a conquistar a Copa do Rei com uma vitória por 2 a 1 sobre o Real Madrid na final. Na liga, terminaram a temporada na quarta colocação, seis pontos atrás do campeão Athletic Bilbao.

Não era suficiente.

15
CLAUDIA VILLAFAÑE

Na casa de Diego havia muitos homens e apenas uma única mulher", conta Fernando García, então secretário de Jorge Cyterszpiler. "[Claudia] Era a vilã do filme — e a parceira de Diego! As pessoas eram convidadas regularmente para a casa e praticamente todos os dias havia onze, doze de nós ao redor da mesa. Se um boxeador argentino estava em Barcelona, lhe diziam para se juntar ao nosso grupo; se um jogador não tinha para onde ir, lhe diziam 'venha', e então a ampla mesa estava tomada por jovens rapazes. Diego ia para a cama e, ao descer no dia seguinte, perguntava: 'Quem é este?', e então seguia em frente. Até que um dia Claudia falou: 'Isto não é um clube de futebol'. Ela estava tentando ter uma vida de casados, mas nenhum de nós realmente prestou muita atenção àquilo."

Néstor Barrone tenta dar alguma perspectiva à situação: "A vida privada deles se passava lá em cima, no primeiro andar da casa, e as horas de lazer aconteciam no andar de baixo. Porém, olhando para isso agora, Jesus, nós devemos ter incomodado tanto, sentados à mesa com a Claudia nos servindo".

Anos depois, em mais de uma ocasião, ouviu-se Claudia, talvez com saudade de um momento e de um lugar, dizer: "Aquela casa em Barcelona não deveria ter sido vendida nunca".

Claudia, a "parceira ideal" de Diego segundo Signorini, encarnou a anfitriã determinada, àquela altura, a acompanhar Diego em sua jornada, e deu tudo o que tinha, "por mais que ficasse incomodada com o fato de haver tantas pessoas morando ali", ressalta o *Profe*. Diego não tinha vergonha de abraçá-la, beijá-la na frente de todos, de lhe dar atenção e de exibi-la, de tê-la: "Claudita, meu amor...". Maradona sentia-se grato por sua parceira assumir o papel de submissa.

Quando Diego mudou-se para Barcelona, Claudia, junto com os pais de ambos, o acompanhou. Sua mãe, Ana María Elía, era uma costureira que foi, pouco a pouco, perdendo a visão depois de ter costurado por tantos anos, ao passo que seu pai, Roque Nicolás Villafañe, conhecido como *Coco*, era motorista de táxi. Eles se revezavam fazendo companhia ao casal. A maior parte do dia de Claudia era ocupada pela administração da casa e pelos assuntos da vida doméstica.

Em seu tempo livre, atualizava a própria biblioteca de recortes de jornais, que começara aos dezesseis anos, organizando-os em envelopes, um para cada mês. Claudia guardava os recortes como os confetes de um casamento, uma coleção de momentos belos e efêmeros. Além disso, a presença nas colunas de jornais confirmava a importância do casal.

A relação deles havia começado no verão de 1977, quando parecia que os dois estavam em pé de igualdade, mas logo se transformou em uma situação na qual havia um jogador de futebol com potencial e uma jovem operária, um pouco mais nova que ele, que estudava na escola para meninas San Rafael, em Buenos Aires. A paixão era mútua, mas Diego gostava de recontar a história de amor por meio de narrativas que apresentavam algumas poucas variações. "Ele era meu vizinho", disse Claudia, muitos anos depois, para a Telefe, rede de televisão argentina. "Me disse que se apaixonou porque me viu de costas, de calça amarela. Não tinha visto minha cara ainda, coitadinho! Eu não sabia quem ele era, havia pouco tempo que tinha estreado pela equipe principal do Argentinos. Depois, ele me disse que claro que eu sabia quem ele era, que eu fingia não saber — a típica história do machão."

Maradona deve certamente ter notado que, como jogador de elite, não faltariam admiradoras. Seus companheiros de time estavam saindo com cantoras e modelos, mas Diego sempre se sentiu atraído por pessoas leais e próximas ao mundo onde cresceu, aos seus primeiros bairros e às suas idiossincrasias e estética. Não nutria pretensões aristocráticas ou pequeno-burguesas em relação a sua parceira, nada do suposto refinamento das mulheres de outros jogadores de futebol. Claudia se formou em Administração, mas abandonou seu sonho para ser a companheira de Diego, uma mulher comum. Do jeito que ele queria.

Diego declarou seu amor por sua *mina* no Club Parque, em Buenos Aires, enquanto dançavam ao som de "Proposta", de Roberto Carlos — tempos depois, ele, como se esperaria, a pediu em casamento. Todas as segundas-feiras, dia de folga no Argentinos, Diego ia vê-la sem falta, mesmo depois de ter se mudado para uma casa maior, dada pelo clube, na rua Lascano. Desde o início, Claudia era sua cúmplice, figura materna e confidente, quisesse ela ou não. Era ele quem estabelecia as regras.

"Um dia", escreveu Any Ventura no diário *La Nación*, "o pai de Diego a confrontou: 'O menino não pode ir dormir tão tarde, você tem de cuidar mais dele, ele tem de treinar'. Claudia se conteve. Ela não sabia do que ele estava falando. Naquela noite, tinha se deitado cedo e Maradona saíra sem que soubesse. Ali, ela percebeu que sua vida seria diferente."

Diego lhe pedia apoio incondicional. Segundo Dalma, a filha mais velha do casal, Claudia não pôde seguir estudando porque Diego tinha ciúme. Ele implorava para que sua esposa não fosse vê-lo jogar. "Dizia que o deixava nervoso", explica Dalma em seu livro *La hija de Dios*. "Ele não conseguia jogar sabendo que minha mãe estava sozinha na arquibancada, tinha medo de que alguma coisa acontecesse com ela."

Quando Diego se transferiu do Argentinos para o Boca, Claudia não fez parte das discussões contratuais, mas o ajudou a se estabilizar quando ele pensou em abandonar o futebol. Ela conseguia, com facilidade, se imaginar estabelecida em Barcelona, onde transformou a casa da Avenida Pearson em um oásis de conforto, com o apoio frequente de sua mãe e de Doña Tota.

Como sua influência sobre Diego tinha limites, Claudia se valia daqueles a seu redor para mantê-lo na linha. Pessoas como o fisioterapeuta Galíndez: "Diego teve febre e eu me lembro de ter levado meu colchão para o quarto deles e de colocá-lo ao lado da cama, próximo a Diego. Era sabido que, às vezes, ele fugia de noite e, por isso, Claudia me pediu que tomasse conta dele".

Claudia foi a única presença constante em sua vida. Ela estava na ambulância que levou Diego ao hospital após a famosa entrada de Goikoetxea, e, na fase de recuperação, esteve do lado de fora da quadra de tênis observando Maradona seguir o revolucionário programa proposto pelo dr. Rubén Dario Oliva, sob a supervisão de Fernando Signorini e de Guillermo Blanco.

Maradona precisava sentir que a mulher o amava, mas seu apetite carnal insaciável mostrou, desde o início, que Claudia não era suficiente. "O poder de Maradona está em seu corpo, e é um corpo que precisa se exibir", afirma o filósofo e historiador argentino Gustavo Bernstein. "A mente está subordinada a esse corpo, é uma consequência desse corpo que tudo conquista, que devastou tudo o que encontrou pela frente, no gramado e na vida", prossegue, explicando que a energia de Maradona é dionisíaca — sensual, espontânea e emocional. "E isso inclui, também, as trevas todas."

A teoria de Bernstein descarta a ideia de duas personalidades: Diego, o menino; Maradona, o mito. "Não podemos fingir que Maradona deixa o estádio e, como um funcionário de banco que trabalha das oito às cinco, volta para casa e bebe chá. Em campo lhe pedem que transgrida, atue, trapaceie... ele não pode, depois, fingir que é um cavalheiro."

Maradona nunca procurou ocultar ou reprimir sua moral e sua ética, permitindo-se ser guiado pela própria personalidade e mudando de opinião a seu bel-prazer. Então, por que tantos o bajularam? Suas emoções o levaram a romper as regras e, assim, encarnar a liberdade. "Suas regras são feitas de exceções — ele sempre exigiu exceções para tudo", explica Bernstein.

Além disso, continua Bernstein, ele não era exemplo de nada e não se importava com quem o julgava. O que desejava era fazer tudo ao mesmo tempo. Diego não era um herói nem desejava sê-lo, uma vez que sabia não ser um modelo de virtude, e talvez por isso representasse os argentinos, o melhor e o pior deles: o absurdo, a arbitrariedade, sua inquietação e arrogância. Sim, arrogância. Quem, de fato, acredita ser capaz de driblar todos os jogadores adversários a caminho do gol? Apenas os arrogantes e corajosos. Olhe as fotos de Diego criança, no Argentinos Juniors e depois no Barcelona, em pé com a bola, peito estufado, ali já se pode ver muitos desses atributos. Muitos de nós nos sentimos atraídos por esse Maradona brilhante, apreciando, indiretamente, o Maradona rebelde.

Poucos desejariam ou seriam capazes de parar esse potro indomável, principalmente alguém que dependesse dele, de sua liberdade, ou alguém que o amasse profundamente e sem limites, como Claudia em

Barcelona. Entrementes, ninguém pensou em olhar para a alma dela, em escrever sua história, nem ela mesma, uma vez que seguia colecionando recortes de jornal.

Diego amava Claudia à sua maneira: como mulher e como mãe. Ele queria que ela perdoasse seus descuidos, mas que também os permitisse; que fosse a anfitriã de todos e, ao mesmo tempo, se mantivesse invisível. Porém, a inocência ou ignorância necessárias para manter uma relação desse tipo não duram para sempre, e Maradona não viu que apareciam as primeiras rachaduras, ignorando, ou avaliando mal, o dano que causava enquanto trocava seu amor por mais e mais exceções.

A primeira filha do casal, Dalma Nerea, veio ao mundo em 1987, um ano após Diego conquistar a Copa do Mundo e na época em que ele era a estrela de um grande time do Napoli. Dois anos depois, Claudia deu à luz sua segunda filha, Gianinna Dinorah. As duas nasceram na Clinica del Sol, na Argentina, e no parto de ambas Claudia tinha a seu lado apenas *Coco* e Ana María. As partidas de futebol atrapalhavam sua vida.

Pouco antes do nascimento de Gianinna, Claudia e Maradona decidiram se casar, após doze anos juntos, e deram uma festa memorável no Luna Park, em Buenos Aires, convidando todos os companheiros de Diego, dos *Cebollitas* ao Napoli. Antes da celebração, Maradona quebrou o protocolo para exibir a um vizinho aquela que, em breve, viria a ser sua esposa.

Em meio à loucura do mundo de Maradona, Claudia sempre buscou normalidade, levando as filhas para a escola diariamente, pedindo para que as outras mães a tratassem como uma igual e envolvendo-se em assuntos escolares, reuniões e festas. Ela ganhava descontos especiais para viagens de fim de ano (em alguns casos ninguém se importa de ser um pouco especial) e dividia peças de carne que recebia de presente. Para seu desconforto, câmeras a seguiam em público com frequência, e ela sempre se desculpava com outras pessoas que, por isso, tinham sua privacidade invadida.

Contudo, após anos de sacrifício e sofrimento, Claudia começou a questionar sua vida. Ela decidiu que precisava de seu próprio espaço e, imediatamente, Maradona quis restringi-la e desprezá-la — reação tipicamente machista. Pouco a pouco, Claudia foi se afastando do circo da imprensa e, de volta a Buenos Aires, ousou se mostrar distinta de Diego, à medida que as filhas se tornavam adolescentes.

Discretamente, ela organizou suas próprias propriedades e seu portfólio de negócios, passou a usar roupas um pouco mais justas, a ir ao cabelereiro com mais frequência e a ficar de dieta quase o tempo todo. Claudia não desejava mais ser conhecida como "a esposa de alguém" — queria ser amada por ser Claudia Villafañe. Suas poucas aparições na imprensa eram, normalmente, provocadas pelo cansaço de ver Diego ser o narrador público de sua vida. Por fim, sua paciência se esgotou, e Claudia contou ao mundo como era ter um marido infiel que havia tido vários filhos com diferentes mulheres.

Após alegar que Diego havia abandonado o lar da família, deu-se a inevitável separação, em 2000, 23 anos depois de sua calça amarela ter sido vista pela primeira vez pelo jovem e atrevido jogador. Porém, quando, no estádio do Boca Juniors, Diego se despediu do futebol, em novembro de 2001, Claudia estava na tribuna de honra. Ela havia prometido a si mesma que não o abandonaria completamente. Embora jamais tenha conseguido influenciar o rumo que a vida dele tomava, ela se valia de qualquer pequena — mas importante — influência que ainda tinha para persuadi-lo a navegar por águas mais tranquilas. Porém, não haveria reconciliação; ela já não estava mais apaixonada por Diego.

Naquele dia em La Bombonera, ele fez um discurso de despedida e se esqueceu de mencionar Claudia.

Três anos depois do divórcio, Maradona apareceu na televisão argentina, no Canal 9, e admitiu, como já havia feito tantas vezes antes, que ainda precisava contar com a mulher de sua vida: "Claudia tem sua própria vida, ela construiu uma vida, seus negócios, e merece tudo de bom que está acontecendo com ela. Merece. Não terminei o relacionamento ainda. Ela terminou, e com razão." Aquela pequena migalha rendeu muitas matérias em vorazes revistas e programas televisivos. Enquanto isso, silenciosamente, Claudia seguia reconstruindo sua vida ao lado das duas filhas.

Contudo, conhecendo os defeitos e as fraquezas de Diego — e ciente de que, de certo modo, estava destinada a ser eternamente sua esposa —, Claudia sabia que devia manter essa nova vida em segredo. Maradona, apesar das próprias infidelidades, seguiu tentando descobrir se os rumores de um caso entre Claudia e o produtor Jorge Taiana eram verdadeiros, algo que Claudia conseguiu manter sob sigilo por uma década. Quando soube, Diego acusou toda sua família, não apenas

Claudia, de traição. Em público, chamou-a de ladra, e deu início a uma série de ações judiciais contra ela por fraude e irregularidades na distribuição dos bens.

No 32º aniversário de Dalma, os parabéns de Diego foram maculados por novas acusações contra Claudia. Porém, desta vez, Claudia já era uma mulher reconstruída, com uma base familiar sólida. Cansada das alegações e das dores provocadas a cada nova reprimenda, ela foi até a polícia denunciar Maradona pela violência psicológica que vinha sofrendo desde que ele ficara sabendo de seu caso com Taiana.

O episódio mostrou uma Claudia muito distante daquela que acreditava que os insultos lançados contra seu marido manchavam seu próprio nome. "Nós estávamos jogando com o Barcelona contra o Manchester United", contou Menotti para a Fox Sports, "e no primeiro tempo eu disse para Diego jogar bem à frente dos meio-campistas... mas ele começou a vir cada vez mais para trás e eu me irritei. Então, a quinze minutos do fim, eu o substituí. Depois da partida, já tinha me esquecido daquilo. Diego ficava de cara fechada, não conversava com ninguém, mas jamais perdeu a linha. Quando chego, encontro Claudia, que, chorando, me diz: 'Que diabos você fez com Diego?'."

Claudia, sempre Claudia. A Esposa, mesmo após o divórcio. A mulher encarregada do funeral de Maradona.

16
CÉSAR LUIS MENOTTI, UMA COPA DO REI E ANDONI GOIKOETXEA

Diego Armando Maradona sempre exigiu um acordo tácito com o público: em troca de sua arte, queria reconhecimento. O relacionamento com os torcedores, em geral, é temporário e oscilante, mas, com Maradona, era um pacto permanente. A contrapartida pela ausência de uma vida normal era a devoção eterna, e, se em algum momento ele sentisse que aquele amor não era incondicional, sua reação passava a ser veemente.

No Barcelona, esse nível de adulação nunca foi atingido, a começar pelos dirigentes. O presidente Josep Lluís Núñez administrava o clube do escritório de sua construtora, Núñez y Navarro, e não se dava um passo sem sua permissão. E isso incluía as decisões esportivas, embora ele não interagisse muito com os atletas. A gestão do dia a dia ficava a cargo de uma pessoa de sua confiança, Antón Parera, e contava ainda com Joan Gaspart, seu vice-presidente executivo e negociador. Nicolau Casaus era o rosto simpático e porta-voz do clube.

Dono de uma personalidade forte e obstinada, não havia ninguém mais importante no Barça do que o presidente, ou ao menos com mais autoridade. Seus sucessos econômicos maquiavam a mediocridade esportiva, e caso o Barcelona não conquistasse o Campeonato Espanhol havia sempre um novo projeto pronto para ser colocado em prática sob sua supervisão. Núñez levava uma vida social e familiar discreta e exigia o mesmo de todos que trabalhavam para ele. "Um jogador não deve apenas jogar futebol, mas, também, ter uma vida pessoal aceitável... Se ele não entende isso, não faz sentido puni-lo; o melhor é ele deixar o clube", disse, em novembro de 1982, ano da primeira temporada de Diego no clube. A mensagem, claramente direcionada ao argentino, foi respondida pelo jogador da seguinte maneira: "Eu não interfiro na vida pessoal de ninguém e não quero que ninguém interfira na minha".

Na esperança de agradar sua estrela, o Barcelona decidiu contratar César Luis Menotti para o lugar de Udo Lattek. "Quando os problemas entre Diego e Lattek começaram — eles não tinham mesmo se entendido —, Cyterszpiler percebeu que Menotti era o treinador certo para o Barcelona", explicou Guillermo Blanco a Roberto Martínez, no livro *Barçargentinos*.

Na verdade, o clube catalão já havia tentado contratar Menotti depois do sucesso da campanha na Copa do Mundo de 1978, e chegou-se a assinar um contrato; porém, o presidente da AFA, Julio Grondona, o convenceu a permanecer à frente da seleção. "Fique e mudaremos o futebol argentino", disse-lhe Grondona, e ele ficou e realmente realizou uma transformação. Menotti sempre defendeu a existência de uma memória genética e cultural no futebol, acreditando que Maradona não havia nascido do nada; que era, em parte, filho de Mario Kempes e de outros jogadores argentinos lendários como Omar Sívori ou José Manuel Moreno, e, enquanto buscava decifrar o esporte, trabalhava para implantar essa memória na seleção nacional. "O futebol é um grande mistério que somente os grandes jogadores conseguem resolver. Às vezes, nem mesmo eles conseguem", disse certa vez.

A relação de Menotti com a equipe catalã prosseguiu. Logo após o Mundial disputado na Argentina e conquistado por sua equipe, o treinador fez um relatório detalhado para o clube sobre Diego, então com dezessete anos: "Ele tem qualidades técnicas extraordinárias, dribla com facilidade, sempre vindo de trás; embora esteja sempre olhando para o gol adversário, sabe enfiar a bola para um companheiro mais bem colocado. É dotado de reflexos extraordinários, além de saber proteger a bola muito bem, podendo passá-la pronta e eficientemente. Seus passes curtos e seus chutes são maravilhosos, assim como é espetacular sua capacidade de alternar velocidade e cadência".

Apesar dessa avaliação entusiasmada, Menotti tinha deixado Maradona fora do elenco da Copa do Mundo de 1978. Contudo,

Diego concordava que ele era o técnico ideal para o que o Barcelona precisava, ainda que Menotti não tivesse tirado no Mundial de 1982 o máximo da seleção que tinha em mãos. Após a derrota do Barça em casa por 2 a 0 para o Racing Santander, último colocado do torneio, Núñez dispensou Udo Lattek. Para Menotti, o Camp Nou era como o Teatro alla Scala, de Milão, e ele teria a seu dispor "Schuster e Maradona, dois solistas espetaculares; eu precisava apenas afinar a orquestra". Sua primeira partida no banco da equipe ocorreu na 28ª rodada da temporada 1982/1983, empate em 1 a 1 com o Real Betis.

"Cadê o Rojo?", perguntou Menotti pouco depois de ter chegado ao Barcelona.

"No Barça Atlètic [segundo time do Barcelona]", responderam.

"Estou falando do segundo melhor jogador do Mundial Sub-20 do Japão."

"Sim, sim, esse mesmo."

Menotti não conseguia acreditar naquilo e brincou: "Se Maradona tivesse nascido em Barcelona, ainda estaria jogando pelo time B".

O técnico argentino é uma pessoa culta, de mente aberta e discursos hipnóticos. "É um homem de grandes frases", afirma o jornalista Lluís Canut. "Ele disse que o clube tinha 'problemas históricos' que levavam a decisões precipitadas e equivocadas, e que era preciso definir para onde se queria ir e não olhar para trás. Jamais tínhamos pensado daquela maneira e ficamos boquiabertos."

Recuperado de sua infecção, Maradona se ofereceu para ajudar o treinador, por quem nutria profundo respeito — embora certamente não tivesse se esquecido de 1978. Menotti pediu ao jogador uma coisa: "Diego, se você quer me ajudar, tem de ser o primeiro a chegar e o último a sair dos treinamentos. Se eu conseguir isso, você vai ver que vamos construir algo poderoso com esta equipe". E Maradona, que passava horas conversando com Menotti sobre futebol, fez exatamente como combinado.

"Em um dos primeiros treinamentos, Menotti reuniu o grupo todo no meio de campo", recorda-se Signorini, uma testemunha privilegiada do treino. "Eu o vi falando com Diego. Então, Diego se afasta com uma bola e começa a chutar em direção ao gol mirando o travessão. Todos os demais continuaram no centro do gramado. Depois, ouvi Menotti dizer para o pessoal: 'Temos de organizar uma estratégia, mas temos de deixar Diego livre. Não podemos condicioná-lo nem pôr ideias na cabeça dele'."

O Barcelona passou de um time que valorizava os passes longos para uma equipe que privilegiava os passes curtos, adotando, no processo, novas metodologias de preparação. Havia muito toque de primeira e passes entre os companheiros, e muito Diego. Schuster tinha liberdade em três quartos do gramado, voltando bastante para ajudar na recomposição. Maradona atuava como um atacante recuado buscando articular as jogadas com Schuster. Marcos Alonso e Carrasco trabalhavam para abrir espaços, enquanto Victor e *Perico* Alonso carregavam o piano.

Os torcedores, mais do que ninguém, sentiam aqueles "problemas históricos" citados por Menotti, com tão poucos triunfos em tempos recentes, e mostraram-se logo impacientes com aquela nova proposta de jogo. O que eles viam era um estilo de futebol parecido com o apresentado nos tempos de Johan Cruyff e que, mais tarde, Pep Guardiola elevaria à máxima potência. Contudo, talvez houvesse um problema em seu cerne, como Cruyff mostraria tempos depois. Para o treinador holandês, o time não conseguia jogar bem porque o Barcelona havia contratado o jogador mais capacitado a realizar passes longos, Schuster, sempre em busca de um espaço para lançar a bola, e o melhor jogador de passes curtos, Maradona, que sempre queria a bola nos pés.

Esse não era o único desconcerto no clube. A direção ficou sabendo das noitadas de Diego e Menotti e chamou o treinador para explicar por que os treinamentos aconteciam às cinco da tarde, e não pela manhã, como em todos os outros times. Era uma desconfiança conservadora tipicamente catalã em relação àqueles que, supostamente, estavam ignorando uma rígida ética de trabalho. Menotti estava preparado: "Que horas começam as partidas? Às cinco da tarde, certo? Bom, é nesse horário que devemos treinar".

"Essa lenda urbana em particular é mentirosa", explicou Gaspart para a Barça TV. "Menotti não saía todas as noites. Morávamos no mesmo prédio, seu apartamento era no primeiro andar; o meu, no quarto. Não estou dizendo que ele não gostava da vida noturna, mas bastava olhar para Carrasco e Marcos, Schuster e *Perico* — eles corriam por dez jogadores do Real Madrid! Era uma equipe que trabalhava duro."

Maradona queria manter determinados privilégios dentro de campo que ele, tacitamente, obtivera ao longo de sua carreira. Aos 22 anos, sentia-se um *caudillo*, um tipo de líder dominador, um conceito que aprendera na Argentina e lhe permitia enfrentar a direção do clube quando acreditava que uma injustiça estava sendo cometida.

Perto do fim da primeira temporada de Maradona em Barcelona, e quatro dias antes da final da Copa do Rei entre Barcelona e Real Madrid, Paul Breitner, lenda do futebol alemão, convidou Diego e Bernd Schuster para sua partida de despedida, em Munique. Os diretores do clube se negaram a liberá-los. "Se o Real não vai mandar o Santillana, você também não vai!", berrou um Núñez histérico, ciente de que o clube retinha os passaportes dos atletas para as viagens do time. Maradona se virou para Schuster e falou: "Nunca esqueça de que um contrato não compra sua vida".

Apesar da insistência de Maradona ao longo de vários dias, o presidente teimava em não lhes entregar os passaportes. Certo dia, Diego apareceu na administração do clube e ficou esperando Núñez na sala de troféus, junto com Schuster e o vice-presidente, Casaus. "O presidente não está aqui", disseram. "Então o Núñez não quer mostrar a cara? Vou esperar cinco minutos... Se eu não conseguir meu passaporte, vou jogar todos estes troféus, estes troféus maravilhosos, principalmente os feitos de vidro, no chão, um a um", afirmou o argentino, como ele conta em *Yo soy El Diego*. "Me avise quando começamos", disse Schuster. Diego pegou o maior, do Teresa Herrera (torneio anual de pré-temporada disputado em La Coruña)... "Não, Diego", implorou Casaus. Tarde demais. Maradona o atirou ao chão. "Fez um barulho tão alto...", recordava Diego, divertindo-se. O clube lhe deu seu passaporte, mas conseguiu fazer com que a Federação Espanhola de Futebol o impedisse de viajar para a Alemanha.

Naquela temporada, o Barcelona não conquistou nem o Campeonato Espanhol nem a Recopa Europeia, mas faturou a Copa do Rei com uma vitória por 2 a 1 em cima do Real Madrid comandado por Alfredo di Stéfano, graças a um gol de Marcos Alonso no último minuto da partida. O atacante se lembra de que as entradas dos adversários, principalmente em cima de Maradona, foram "aterrorizantes": "Hoje, o jogo teria acabado com cinco atletas de cada lado, todos os outros teriam sido expulsos". O primeiro gol da decisão, marcado ainda no primeiro tempo, nasceu de um lançamento de Schuster para Maradona, que driblou o marcador dentro da área e, vendo a chegada de Víctor, rolou para que ele chutasse para o fundo das redes — a combinação de estilos, nesse caso, funcionou. O Real empatou na etapa complementar, gol de Santillana. Com a partida se aproximando do fim, os jogadores normalmente evitam correr riscos. Não era o caso de Diego, que viu o ponta Julio Alberto livre na esquerda e deu um lançamento preciso de quarenta metros para a lateral do campo. Alberto superou seu marcador e fez um lindo cruzamento para o segundo poste, encontrando Alonso que, de peixinho, marcou o gol da vitória.

Três semanas depois, Maradona colocou as mãos em seu segundo troféu, a Copa de La Liga. Uma vez mais, o Barcelona enfrentou o Real Madrid, e novamente venceu, agora por 4 a 3 no placar agregado. Na primeira partida, que acabou 2 a 2 no Santiago Bernabéu, Diego marcou um tento espetacular. Partindo livre em direção à meta adversária, o argentino avançou e, depois de ter driblado o goleiro Agustín, poderia ter marcado; porém, vendo que o lateral-direito Juan José vinha correndo em disparada para evitar o gol, resolveu esperar a chegada do defensor, que se jogou num carrinho desesperado. Maradona deu um corte para o meio, viu Juan José passar lotado e só empurrou a bola para dentro.

"Por que você demorou tanto para marcar?", perguntou Gaspart, maravilhado e apreensivo.

"Os gols devem ser marcados na hora certa", respondeu Diego.

Na temporada seguinte, as diferenças entre a diretoria e Maradona se tornaram mais pronunciadas. No fim de agosto, horas antes de um jogo amistoso contra o Nantes, no estádio Parc Lescure, em Bordeaux, o quarto em um período de seis dias, Maradona, apoiado por Schuster, exigiu uma parcela maior do valor que o clube estava arrecadando com o jogo. Eles tinham descoberto recentemente que, enquanto o Barcelona lucraria 11 milhões líquidos, os jogadores receberiam apenas 11 mil pesetas por mais um jogo amistoso. Casaus, que sabia que o clube perderia 8 milhões de pesetas se o argentino não jogasse ao menos por uma hora, aceitou as exigências e pagou aos demais atletas mais 3 milhões de pesetas. O jogo foi disputado, ainda que o excesso de partidas estivesse causando a Maradona dores no nervo ciático.

Aos poucos, o time parecia estar se adaptando a um estilo de jogo mais próximo daquilo que agradava a Maradona, usando o campo todo, tocando bastante a bola e criando muitas jogadas de ataque. Realmente acreditavam que, se seguissem melhorando, poderiam conquistar o primeiro título do Campeonato Espanhol desde 1974. A quarta partida da temporada colocou o Barcelona diante dos então atuais campeões, Athletic Bilbao, em casa.

Depois de uma hora de jogo, Maradona tentou acalmar o zagueiro central basco Andoni Goikoetxea, que havia sofrido uma entrada dura de Bernd Schuster. Dois anos antes, Goikoetxea machucara seriamente o alemão, deixando-o fora de combate por um ano. Maradona descreve a cena: "Eu me lembro que já tinha discutido com o Goikoetxea porque ele queria acertar Schuster novamente, e eu lhe disse: 'Deixa isso para lá, você já o prejudicou uma vez, você sabe como ele é, o alemão não é má pessoa'".

"E nessa jogada, depois de ter falado com ele, vejo um companheiro de time matar a bola no peito e deixá-la escapar um pouco de seu domínio. Quando vou pegar a bola, sinto a pancada, como se um pedaço de madeira tivesse sido partido."

Goiko, com os cravos de sua chuteira levantados e sem qualquer possibilidade de pegar a bola, a cinquenta metros de seu gol, havia acertado, por trás, a perna de Maradona, provocando uma grave lesão no tornozelo esquerdo do argentino.

"Eu estava a dez ou doze metros de distância e ouvi o estalo perfeitamente", conta Lobo Carrasco. O estádio ficou em silêncio. Miguel Bianquetti, o *Migueli*, zagueiro central do Barcelona, correu até Diego e lhe perguntou como estava. "Ele me quebrou, Miguel, ele me quebrou!"

"Eu queria levantar meu pé esquerdo e não conseguia. Na Argentina, quando mostram essa jogada, minha mãe sempre chora", recordou Maradona tempos depois.

O árbitro interpretou como uma falta normal de jogo, não como lance violento — apesar de a bola estar a quatro metros do ponto de contato — e, de acordo com a regra da época, entrada por trás não era punida com o cartão vermelho direto. Goiko recebeu apenas um cartão amarelo.

Ao chegar no vestiário com Maradona lesionado, o fisioterapeuta do Barcelona chamou o médico do clube, González Adrio. Com a ajuda de ambos, Diego entrou no chuveiro. Em dois minutos o vestiário ficou lotado e todos estavam prestes a chorar. "Vou para o hospital preparar a sala de cirurgia", afirmou Adrio, que operou Maradona naquela mesma noite. "Quero voltar a jogar, faça o que quiser comigo", disse Diego, aflito, antes da cirurgia, que durou algumas horas.

Javier Clemente, treinador do Athletic Bilbao, continuou a alimentar o clima tenso dentro e fora de campo em sua batalha ideológica com Menotti — a filosofia agressiva de Clemente colidia com a visão poética de Menotti. Depois da partida, Clemente declarou: "Vamos ver, talvez ele [Maradona] até atue na próxima semana".

Menotti respondeu com uma reprimenda: "Alguém vai ter de morrer para que alguma coisa mude nesse esporte".

"Eu me lembro do corredor onde ficava o quarto dele", relata o jornalista Pepe Gutiérrez. "Fui para lá após o fim da partida. Havia muita gente: Claudia, a família de Diego, seu pai, seu irmão Lalo... Muitos amigos de Diego, incluindo seu cunhado, o *Morsa*, que junto com alguns outros queria quebrar as pernas de Goikoetxea. O grupo resolveu pegar um bastão de baseball e ir até o hotel [do Athletic Bilbao]."

Alguém telefonou para alertar Javier Clemente, que estava com o time no Princesa Sofía, em Barcelona. Havia um elevador no estacionamento que dava direto no lobby. "Essa entrada não é vigiada, Javi. Coloque um segurança no estacionamento."

"Algum bom senso, somado ao trabalho da segurança do clube, impediu [o pior]", recorda-se Gutiérrez.

"Saí da clínica com todos os jornais sendo muito claros sobre a lesão e afirmando que jamais voltaria a jogar", contou Diego, uma década mais tarde, para a TV3. "Eu me lembro de chorar com minha mulher, e de Claudia me dizendo que, se eu não jogasse mais, ela me amaria como homem, não como jogador de futebol. E respondi que ela poderia continuar amando o homem e o jogador, porque eu ia voltar." Era mais uma montanha para Diego escalar.

Fernando Signorini foi vê-lo no dia seguinte na casa de Diego em Pedralbes. O processo de recuperação foi liderado pelo dr. Rubén Dario Oliva, médico argentino que morava em Milão e havia comandado a equipe médica da seleção argentina na Copa do Mundo de 1978. "Um dia", recorda-se Signorini, "sem aviso, Oliva me disse: 'Bom, amanhã vou voltar para Milão e você ficará como o responsável pelo tratamento. Faça com que ele saia para caminhar, suba os degraus e mais tudo o que você faz normalmente'."

Maradona sofreu danos irreparáveis em seu tornozelo que reduziram sua mobilidade de maneira considerável, e por isso teve de se adaptar. "Ele começou a treinar uma nova maneira de apoiar o pé, virando ainda mais o quadril para poder ficar mais perto da bola", explica Signorini.

A última fase da recuperação foi feita em Buenos Aires. Em vez de ficar em uma maca, Diego preferiu trabalhar no gramado. Falava-se em seis meses de recuperação, mas em três meses e meio ele estava pronto para voltar, ainda que a dor ininterrupta o forçasse a tomar vários analgésicos.

Nesse ínterim, começou-se a se discutir a necessidade de proteger os jogadores. Goikoetxea recebeu uma punição de dezoito partidas, mas cumpriu apenas seis antes de voltar a jogar. "Quem vai reduzir minha lesão?", foi a pergunta feita por um frustrado Diego na revista *Don Balón*.

"A maneira como lidaram com a lesão machucou Diego", recorda-se Guillermo Blanco. "A princípio, houve um clamor, mas, pouco a pouco, a punição foi reduzida, como se estivessem podando os galhos de uma árvore antes de arrancá-la, e Maradona passou de vítima a assassino."

Em Diego, havia-se rompido mais do que apenas seu ligamento. Blanco prossegue: "Ele percebeu que parte da imprensa não estava ao seu lado quando passou a ser julgado em termos econômicos: custou tanto, rendeu tanto. Isso provocou uma reação de determinados setores da sociedade contra ele, e Diego teve muita dificuldade para aguentar aquilo. Como ele não podia mais ficar em silêncio, houve um inevitável conflito". Segundo a descrição feita por Blanco, Diego reagiu "como um vulcão em erupção". A montanha-russa emocional na qual ele vivia o mergulhou em uma depressão mais profunda do que a habitual, sendo seguida, muitas vezes, por picos ainda mais altos de otimismo — um traço recorrente de sua personalidade adulta.

"Eu estava muito ansioso por jogar na Espanha, mas estão me fazendo perder a vontade. Tenho certeza de uma coisa: ninguém mais vai usar Maradona", disse ele a um jornalista da revista *Don Balón* com um ar de resignação que até então não demonstrara. "Achei que, devido ao que se passou comigo, por ser Maradona e ser conhecido no mundo todo, as autoridades aproveitariam a oportunidade para acabar de uma vez com a violência. Mas não acho que vão fazer isso."

No dia 8 de janeiro de 1984, Diego voltou a atuar no Camp Nou. Àquela altura, ele havia dado início a um trabalho de seis meses com cinesiologia para melhorar seu tornozelo, uma vez que só conseguia mexê-lo para cima e para baixo, não sendo capaz de fazer movimentos laterais nem circulares. Naquela noite, usando chuteiras especialmente desenhadas e com as travas mais altas possíveis, marcou dois gols contra o Sevilla na vitória do Barcelona por 3 a 1.

No fim daquele mês, Maradona enfrentou, uma vez mais, o Athletic Bilbao, líder do campeonato e, novamente, marcou duas vezes — desta vez em uma vitória por 2 a 1. Ele mal pôde acreditar no que pensou ter ouvido dentro de campo: "Eu jamais vou conseguir perdoar Goikoetxea. Ele incentivou seus companheiros a me acertarem; me disse que ele não podia me bater porque eu tinha toda a imprensa a meu favor, e que por isso os outros estavam me caçando".

Goikoetxea nunca sentiu muita culpa, acreditando que havia sido uma daquelas coisas que acontecem em campo. Maradona mais tarde o perdoou, ainda que não por completo. "Quando jogava pelo Sevilla, Diego veio disputar uma partida em Bilbao", contou Goikoetxea, anos depois, para a rádio espanhola Onda Cero. "Passamos um tempo conversando no Hotel Villa Bilbao, em Gran Vía, meia hora tomando um café, falando sobre nossas famílias, até se lembrando daqueles momentos. Bom, ele havia se recuperado completamente da lesão. Na verdade, depois de três meses, já estava jogando, não estava?" O zagueiro guardou as chuteiras usadas no dia em que machucou Maradona em uma redoma de vidro — alguns dias depois, ele usara aquelas mesmas chuteiras novamente na partida contra o Lech Poznán, pela então chamada Copa da Europa (hoje Champions League), e marcara um gol. "Eu vivi o pior e o melhor do futebol em apenas quatro dias, e foi por isso que as guardei."

O time do Barcelona tinha sofrido sem sua principal estrela. No retorno de Maradona, em janeiro, estava quatro pontos atrás do Athletic Bilbao e a três do Real Madrid. Em março, Diego gravou o comercial contra as drogas para o governo catalão — àquela altura, seu relacionamento com o clube e com o futebol espanhol estava se esfacelando.

"A carreira dos jogadores tem várias fases, como um casamento", afirmou Joan Gaspart, antigo vice-presidente do Barcelona, falando sobre Maradona. "Quando se está apaixonado, você se casa. Contrato assinado. Com o passar dos anos, surgem problemas e aquele amor vai se perdendo. Estamos falando de clubes, jogadores, torcedores. Alguns atletas me disseram: 'Olha, Juan, tenho de sair porque quando ando nas ruas as pessoas não me pedem mais autógrafos'. E, quando o jogador chega a seu novo destino, há milhares de pessoas à sua espera no aeroporto. No Barcelona, sentimos que o crédito de Maradona, o amor, já tinha se esgotado."

A primeira partida das quartas de final da Recopa Europeia contra o Manchester United, em março de 1984, foi disputada no Camp

Nou, e o Barcelona venceu por 2 a 0. Antes do jogo, Maradona, embora estivesse sofrendo com dores nas costas, quis jogar. "Nas 24 horas que antecederam a partida, ele recebeu onze injeções de cortisona ou de anti-inflamatórios", conta Pepe Gutiérrez. "Ele não jogou bem e foi duramente criticado." As injeções o deixaram tonto e, ao ser substituído antes do final do jogo, ele foi vaiado. Um Maradona irado saiu de campo direto para o vestiário.

Contudo, sua estrela seguia brilhando ao redor do mundo, e o fato de o Barcelona não obter nem mesmo uma migalha da espetacular receita que Maradona ganhava com direitos de imagem irritava o clube, que tentou, sem sucesso, mudar aquela situação. "Os catalães são muito peculiares", disse Maradona depois de um jogo no Camp Nou em que alguns torcedores o acusavam de ser mercenário. "É como se eu estivesse roubando seu dinheiro."

O Barcelona foi eliminado da Recopa após o Manchester United, graças a um Bryan Robson inspirado, reverter o 2 a 0 sofrido no Camp Nou com uma vitória em Old Trafford por 3 a 0, com dois gols do meio-campista inglês. Não havia tempo suficiente para mudar a situação no Campeonato Espanhol e o Barcelona acabou na terceira posição, um ponto atrás do Real e do Athletic Club — o time de Goikoetxea sagrou-se campeão pelo segundo ano consecutivo.

A final da Copa do Rei entre Barcelona e o Athletic de Clemente se tornou um dos episódios mais vergonhosos do futebol espanhol. O jogo foi disputado no estádio Santiago Bernabéu e contou com a presença da família real espanhola. Em uma partida na qual as duas equipes desejavam desesperadamente vencer, Clemente seguia aumentando a temperatura do jogo, e afirmou para a imprensa que Maradona era "um idiota completo". Diego respondeu que ele deveria repetir aquilo na sua cara.

"Nós fomos a campo para vencê-los, destruí-los e marcar cinco gols", recorda-se Julio Alberto, lateral-esquerdo do Barcelona, confirmando que Clemente conseguira cutucar o treinador adversário. Em pouco tempo, o jogo passou a ser disputado de uma maneira que Clemente acreditava ser favorável à sua equipe: confrontos físicos e tensão, o que combinava com seu elenco, menos técnico. O Athletic foi até o limite do permitido pelas regras, quebrando o ritmo continuamente e arrancando uma vitória por 1 a 0 graças ao gol marcado por Endika.

Já no fim do jogo, Maradona entrou na área adversária e foi ao chão, pedindo um pênalti que não foi assinalado. Na sequência, houve alguns empurrões e peitadas, além de ofensas verbais, e o árbitro apitou o fim da partida. Foi quando os dois anos de provocações e frustrações, que tinham criado um barril de pólvora prestes a explodir, vieram à tona, e o gramado se transformou em um ringue de boxe com lutadores sem luvas. "Quando um companheiro está em dificuldade e você vê que ele está sendo agredido, você ou tenta acalmar as coisas, ou tenta defendê-lo", afirma Paco Clos, jogador do Barcelona naquela decisão.

"Uma parte do famoso grupo de amigos de Diego tentou entrar em campo", recorda-se Lobo Carrasco, ponta do Barcelona. "A polícia usou seus cassetetes para rechaçá-los e impedir que se juntassem aos jogadores. Ainda bem." Menotti demonstrou sua perplexidade durante a entrevista coletiva. "Nunca vi nada parecido. Se o que vimos hoje é uma partida, o futebol está acabado."

Os árbitros não mencionaram o incidente pós-jogo, mas a Federação Espanhola de Futebol impôs uma suspensão de três meses (dezoito partidas que, após recurso, passaram a ser sete) a Maradona, Clos, *Migueli*, Goikoetxea, Sarabia e De Andrés. Ninguém jamais cumpriu as sanções.

"Chegou um momento em que eu já não ia mais treinar no Barcelona, preferia ficar em casa esperando para ver se alguém me queria", disse Maradona. Gaspart, apesar de acreditar que o relacionamento se esgotara, disse a Núñez que podia resolver a situação e tentou convencer o atleta a permanecer no clube. Maradona havia cumprido apenas dois dos seis anos de contrato com a equipe, e o vice-presidente lhe ofereceu uma renovação por cinco temporadas.

"Não, não me sinto confortável", respondeu Diego.

Os jogadores do clube rival da cidade, o RCD Espanyol, passaram meses ensaiando uma peça de teatro, *La Venganza de Don Mendo*, que seria transmitida pela rede catalã TV3, como um exercício para unir o grupo e arrecadar fundos para uma instituição de caridade. Diego foi convidado a participar e, como era hábito, não hesitou em aceitar. Ele interpretou o muçulmano Ali Fafez, e aqueles dois minutos no palco foram seu último ato público como jogador do Barcelona.

Ali Fafez se apresentava para a plateia da seguinte maneira: "Cristãos, raça maldita, embora eu finja ser seu amigo, venda-lhes chinelos vermelhos e sapatos cordovan, eu os desprezo e os abomino!".

17
ADEUS, BARCELONA. OLÁ, NAPOLI

Joan Gaspart, o empresário catalão que administrava a rede de hotéis Husa e era o vice-presidente de Núñez, esteve presente, em Buenos Aires, na segunda e então bem-sucedida tentativa do Barcelona de contratar Diego Armando Maradona. Dois anos mais tarde, Gaspart precisou ir contra seus instintos e foi peça-chave na venda de Maradona para o Napoli.

"Três meses depois da lesão provocada por Goikoetxea, estávamos em Madri, na presença do rei, recebendo um prêmio concedido a Diego pelo jornal *Pueblo*", recordava-se Jorge Cyterszpiler. "Foi uma festa linda. Naquela noite, Diego me disse: 'Jorge, não aguento mais isso. Sempre que entro em campo tenho essa sensação de que alguma coisa vai acontecer comigo. Eu imploro a você: por favor, vamos embora'. Fiquei chocado porque 48 horas antes Juan Gaspart nos havia oferecido um novo contrato: o dobro do dinheiro pelo dobro do tempo, oito anos."

"Diego e Jorge estavam sentados à mesa com o rei Juan Carlos e a rainha Sofía", lembra-se Signorini. "Começaram a trazer os pratos — havia cinco talheres de cada lado — e Diego não tocou nenhum deles. Sofía, que notara aquilo, começou a comer e Diego, então, passou a imitá-la e se servir de tudo o que ela se servia. Depois, ele se virou para mim e disse: 'Só queria comer um *choripán*!'"

Maradona estava se sentindo deslocado, e a recusa do novo contrato confirmou a suspeita de Núñez de que o fim estava próximo.

Coincidentemente ou não, mais histórias negativas encheram as páginas dos diários locais. A Associação Espanhola de Jornalistas Esportivos havia organizado um amistoso em Vigo e um jornal alegou que Maradona pedira 4 milhões de pesetas (25 mil euros) para participar. *Pelusa*, em geral, não cobrava por eventos para instituições de caridade e, naquela oportunidade, também não tinha cobrado nada. "Alguém está tentando me prejudicar", disse ele ao *Mundo Deportivo*, no mês de setembro da sua segunda e derradeira temporada em Barcelona. A revista *Interviú* e o diário *Sport* publicaram, tempos depois, frases depreciativas sobre a Catalunha e as atribuíram a Maradona, que, àquela altura, estava em Nova York disputando alguns amistosos. "Eles inventaram", acredita Pepe Gutiérrez. "O *Sport* tinha uma relação íntima com a diretoria do clube, e Gaspart exercia uma influência direta porque era um dos acionistas."

O Barcelona deixou escapar que o clube estava ciente da aparente desobediência de Maradona. "Núñez havia recebido um relatório policial acerca do início da toxicodependência [de Diego]", afirma o jornalista Ramon Besa, do diário *El País*.

Havia, ainda, os famosos *Morenos*, outro indicador do clima no Barcelona FC. "Nós os chamávamos assim porque eles passavam horas sob o sol assistindo aos treinamentos", explica o jornalista Pepe Gutiérrez. "Eram pessoas mais velhas, acima dos quarenta anos, leais ao Barcelona, inclusive uma funcionária, responsável pelos banheiros, que recebia salário do clube. Eles se encontravam próximo aos escritórios e aguardavam a saída dos jornalistas para pressioná-los. Às vezes, tínhamos de sair correndo ou até receber proteção policial! Um dos *morenos* tinha um cargo importante no Banco Central Hispano. No início eles defendiam Maradona, mas o clube pagava suas viagens, o ônibus que os levava até o estádio, dava-lhes ingressos e tinha uma espécie de escritório ou depósito para seus sinalizadores e tambores. E, coincidindo com o desejo do clube de vender Maradona, passaram a persegui-lo, chegando até a chutar seu carro."

"Eu realmente nunca entendi a diretoria", explicou Diego a Alfredo Relaño, do *El País*, anos depois. "Tudo bem [o presidente] se achar a pessoa mais importante do clube, mas eu não pude deixar de sentir que ele não gostava do fato de as pessoas apreciarem meu jogo e não seu trabalho administrativo. Ele comandava um grupo enorme de jornalistas em Barcelona. Fui me sentindo cada vez mais infeliz."

A saída estava sendo preparada por Cyterszpiler, que se ocupava não apenas de planejar o futuro imediato de Diego em um novo clube, mas também de pensar em longo prazo. *El Flaco* Menotti disse, certa vez, a Maradona: "Diego, você tem de se preparar para o futuro. Você é como Jesse James, o gatilho mais rápido do Oeste, aquele que um dia entrou em um bar no Arizona e viu um quadro com uma moldura quebrada; enquanto consertava a moldura, uma pessoa veio por trás e atirou nele. A mesma coisa vai acontecer com você se não se preparar; sua arma é a bola, então se prepare para quando não tiver mais a bola".

Cyterszpiler havia fechado vários contratos publicitários, mas, ainda assim, a receita não batia com os gastos. Próximo ao Camp Nou, tinham um escritório onde empregavam um contador, uma secretária e uma cozinheira. Maradona, que já tinha a BMW que trouxera da Argentina e o Golf que o clube lhe dera, comprou uma Mercedes 500 e um Talbot Samba conversível. Diego pagava as despesas tanto daqueles que viajavam com ele para ver os jogos como também dos que vinham de Buenos Aires. Em uma das muitas viagens que fez durante sua estadia na Catalunha, Diego foi a Paris assistir a uma partida de Roland Garros ao lado de outras seis pessoas, hospedando-se no luxuoso hotel Concorde Lafayette, onde pediram que uma Mercedes com motorista ficasse à sua disposição.

Câmeras tinham sido contratadas para registrar cada movimento de Maradona, mas naquele tempo um programa ao estilo *reality show* sobre a vida de jogadores de futebol era um conceito que ainda não existia, não havendo mercado para aquele conteúdo. Os investimentos em propriedades em Buenos Aires não davam lucro nem prejuízo, enquanto outros investimentos fracassaram. A Maradona Producciones, bancando todos os gastos, estava endividada e precisava desesperadamente voltar aos trilhos.

"Eu sabia dos erros de Jorge e das dificuldades financeiras que eles estavam enfrentando, e perguntei a Diego se ele não pensava, em algum momento, em procurar ajuda de um profissional", conta o jornalista Fabián Ortiz, cuja companheira à época, Vilma, era secretária do escritório. "Ele me falou: 'Jorge é meu irmão e quem fala mal dele fala mal de mim'. E eu pensei: 'Jamais vou lhe contar coisa alguma'. Aquele era o tipo de relacionamento que eles tinham. Diego confiava cegamente em Jorge... até que deixou de confiar."

"Quando amigos e familiares enchiam a casa, ele pagava tudo", confirma Gaspart. "As passagens, a comida. Eu me lembro de um dia em que Diego me disse:'Olha, Juan, se eu for embora, que é o que eu desejo, vou alugar um apartamento pequeno. Quando esse bando disser que quer me visitar, vou dizer para ficarem em um hotel'. Uma das razões pelas quais ele teve de deixar Barcelona era o fato de que aquele pessoal o estava arruinando." O vice-presidente sempre o lembrava: "'Diego, isso não pode continuar assim, é inaceitável'. Como eu não consegui convencer Diego, falei com Jorge Cyterszpiler. 'Juan, você tem razão, mas o que quer que eu faça? Eles fazem parte da decoração'."

"Jorge fez tudo o que podia para que aquela mudança acontecesse. Era a única maneira que ele tinha de manter a coisa funcionando", relata Fabián Ortiz. "Estavam próximos da falência, afundados em dívidas, e Jorge tentava esconder aquilo de Diego enquanto fazia tudo o que estava ao seu alcance para assegurar uma transferência. Primeiro, ele entrou em contato com a Juventus, equipe que oferecia a Diego a chance de conquistar títulos." A imprensa italiana também falou sobre uma ida para a Udinese, com Zico fazendo o caminho inverso para jogar no Camp Nou. Contudo, os clubes italianos se assustaram com os valores pedidos. O Barcelona preferia vender Diego para uma equipe mais modesta como o Napoli, que, naquele tempo, lutava contra o rebaixamento.

Núñez, ofendido pelas críticas que Maradona lhe fizera, começara a elaborar um dossiê sobre seu principal jogador e a estabelecer multas por seu comportamento. "Se eu receber uma multa de 2,5 milhões de pesetas", disse Diego a seus companheiros de equipe, "eles ainda estarão me devendo meio milhão de pesetas da viagem a Bordeaux que nunca recebemos." O clube não pagou o acordado com Casaus para a disputa daqueles amistosos de pré-temporada na França.

A estratégia inicial com o Napoli começou com um pedido inocente dos italianos para que as duas equipes disputassem um amistoso de verão. "Sim, mas Maradona não pode jogar, ele está doente", respondeu o Barcelona, temendo que uma lesão pudesse atrapalhar uma transferência. Corrado Ferlaino, presidente do Napoli, ligou para Cyterszpiler. "Ele não tem nada", confirmou Jorge, que também atualizou Ferlaino acerca da situação tensa vivida pelo jogador. "E se a gente fizesse negócio?" A ideia começou a ganhar corpo na mente de Ferlaino, mas não parecia uma coisa fácil. "Num dia me diziam sim; no dia seguinte, não", lembra-se o presidente. Cyterszpiler conversou com Maradona, que pediu para seu empresário negociar o salário, caso os clubes chegassem a um acordo. A Fiorentina e a Inter de Milão também estavam de olho, mas nunca com o mesmo interesse do Napoli.

"Eles falam muito, mas talvez não tenham um centavo, vamos ver se apresentam garantias financeiras", disse Núñez a Josep María Minguella, que se envolveu no negócio e relatou o interesse do Napoli. Minguella narra a sequência da história da seguinte maneira: "Surpreendentemente, aquele 'clube pequeno' apresentou uma garantia de 10 milhões de dólares. Havia alguém poderoso por trás daquilo; o dinheiro não era de Ferlaino — ele não era exatamente um multimilionário." A garantia foi apresentada três semanas antes do fechamento da janela de transferência italiana para a contratação de jogadores estrangeiros, em 30 de junho.

"Próximo passo: quero conversar com o Núñez." O pedido de Corrado Ferlaino foi feito a Jorge Cyterszpiler por meio do diretor executivo do Napoli, Antonio Juliano, ex-jogador da seleção italiana. "Não se preocupe, vou ligar para Núñez", respondeu Jorge, que, então, procurou marcar uma reunião com Minguella em seu escritório para a manhã seguinte. "Tínhamos comprado umas barras de chocolate gigantescas, que Jorge ficou comendo porque estava muito nervoso", recorda-se Fernando García, seu secretário. "Chegou Minguella, que não estava a par da situação toda. Então, Antonio Juliano faz o telefonema. *'Ciao* Juliano, tudo bem? Bem, bem... sim, sim... Ah, Ferlaino está aqui. Que bom. Núñez também está aqui; sim, claro, vou passar para ele'. Jorge cobre o bocal do telefone e diz a Minguella: 'Você é o Núñez, converse com Ferlaino'. Minguela arregala os olhos. 'Alô, como vai presidente?'. E Ferlaino: '*Ciao*, Núñez', e a coisa segue. Eles conversaram um pouco, falaram duas ou três coisas idiotas um para o outro, e o telefone voltou para Jorge de um lado e para Juliano do outro, que prosseguiram."

Antonio Juliano e Dino Celentano, diretor do Napoli, foram a Barcelona levando consigo uma oferta de 7 milhões de dólares. Era um pouco menos do que o Barcelona havia gastado para contratar Maradona, e o clube catalão rejeitou a oferta. O prazo terminaria em duas semanas.

"Não havia multa rescisória no contrato, então o Napoli tinha de negociar", conta Gaspart. O presidente do Barcelona, que acreditava que a saída do argentino aliviaria os gastos salariais de maneira considerável, convocou uma reunião extraordinária com os diretores para que chegassem a uma decisão definitiva quanto ao futuro de Maradona. Nicolau Casaus, considerado por Diego um pai adotivo, achava que Maradona tinha de sair, que eles haviam chegado a um ponto sem volta. Todavia, Joan Gaspart foi um dos diretores que votaram contra a venda. "Então o presidente Núñez, homem muito inteligente, decidiu que eu deveria ser o responsável pela negociação com o Napoli. 'Como você não quer que ele saia, você vai ser o mais inflexível'", recorda-se Gaspart.

"Muitas das pessoas com quem já negociei me disseram", continua Gaspart, "que prefeririam se sentar em uma cadeira de dentista e ter todos os dentes arrancados do que se sentar para negociar comigo novamente. Sou um *culé hardcore*. Quando comando as negociações do clube, sou muito mais firme do que quando estou tratando dos meus próprios negócios."

"Durante aqueles dias tensos, houve uma reunião na casa de Maradona uma noite", conta Guillermo Blanco. "Diego, que havia bebido um pouco demais, estava chorando abraçado a um de seus grandes amigos da época do Argentinos, Osvaldo Dalla Buona, que jogava pelo Sabadell. Dalla Buona disse para Diego: 'Não se preocupe, se tudo isso acabar, nós vamos voltar e jogar como fazíamos nos *Cebollitas*'. Ele gostava de recriar aquele sonho impossível."

Em meados de junho, logo após a reunião da diretoria, Gaspart declarou para a imprensa que Maradona não estava à venda; daquele modo, o Barcelona retomava a dianteira nas negociações. Quando Maradona ficou sabendo, foi direto ao escritório de Núñez acompanhado de Cyterszpiler. "Não foi uma visita cortês", lembra-se Gaspart. Diego (ou uma outra pessoa, ninguém quis confirmar) chutou a porta do escritório, mas Núñez não recebeu os dois argentinos. "A secretária me disse que ele não ia me atender e fechou a porta do escritório", disse Maradona naquele dia. "Não posso respeitar um homem que não demonstra respeito por mim."

Menotti também estava deixando o Barcelona, abalado pela morte recente de sua mãe e preferindo o refúgio da família a um estilo de vida ausente. No jantar de despedida de Menotti, Maradona tentou mudar a decisão do treinador: "Diego me falou que se eu ficasse no Barcelona ele não iria para o Napoli, mas eu lhe disse que estava indo embora. Ele se mostrava muito hesitante em relação a sua saída". Embora o Napoli tivesse feito uma oferta "irrefutável", Menotti diz que a dúvida não era se Diego queria partir, mas para onde ir, e se o Napoli era o lugar certo.

A incerteza obrigou Antonio Juliano e o Napoli a desistirem e mudarem de alvo. Na manhã do sábado 30 de junho, dia do fechamento da janela, o diretor italiano se preparava para viajar a Valladolid com a intenção de contratar Hugo Sánchez, prolífico artilheiro do Atlético de Madrid que estava na cidade para disputar uma partida pela Copa de La Liga. Minguella, ainda fazendo a ponte entre o Barcelona e o Napoli, cometeu o que ele caracteriza como dois "erros" cruciais para a saída de Maradona, uma transferência que ele jamais desejou. O primeiro foi ir ao Hotel Princesa Sofia não apenas para se despedir de Antonio Juliano, mas também para lhe pedir desculpas pelo fracasso da negociação.

"Vinte minutos após minha chegada", recorda-se Minguella, "o gerente do hotel se aproxima de mim para avisar que o senhor Gaspart queria falar comigo. Ele tinha ligado para minha casa e minha esposa lhe contara onde eu estava. Peguei o telefone — esse foi o segundo erro que cometi — e ele me perguntou se o pessoal do Napoli ainda estava por ali e se as conversas podiam ser retomadas. Eu lhe disse que estavam um pouco irritados e que Juliano estava de saída naquele instante. 'Se quiser, venha com eles comer aqui em Llavaneras', município onde ficava a casa de Gaspart. Seguimos para lá imediatamente."

Diego rapidamente chegou a um acordo com o Barcelona. Como ele desejava sair, foi simples — os quatro anos restantes em seu contrato não precisariam ser pagos integralmente. As conversas com Juliano avançaram bem e o diretor do Napoli, ciente da iminência do fechamento da janela, pediu que os contratos fossem assinados.

"E então eu falei que não, que, se o presidente do Napoli quisesse Maradona, teria que vir até Barcelona", conta Joan Gaspart.

Juliano não conseguia acreditar — e tampouco Ferlaino, ao ser informado da situação. Aquela era a tarde do último dia da janela de transferência. "Seu presidente é milionário, tenho certeza de que ele tem um avião", falou Gaspart. "Ele que suba em seu avião e venha a Barcelona. Vou esperá-lo em meu escritório." As negociações não são as mesmas quando se manda um representante. O Napoli havia chegado a um acordo com Diego e achava que a situação estava resolvida. Ainda não estava.

Gaspart afirmou que encontraria Ferlaino na metade do caminho, no escritório que a Husa tinha no aeroporto.

"Quem vai pagar pelo combustível?", gritou Ferlaino, irritado, ao chegar de noite em Barcelona.

"Bom, você mesmo."

"Você me obrigou a vir."

"Mas você quer algo que eu não quero vender."

A reunião durou várias horas. Sempre que Ferlaino respirava fundo e dizia: "É tudo?", Gaspart respondia: "Não, não. Você veio em um avião privado, então não temos uma hora determinada para terminar. Não há pressa".

Já era perto de meia-noite. "Tenho de voltar a Nápoles." Por mais que Ferlaino insistisse, Gaspart sabia que ele não podia voltar para a Itália sem Diego.

Nos últimos minutos do dia 30 de junho de 1984, data-limite para a inscrição de jogadores estrangeiros na Itália, Maradona tornou-se jogador do Napoli pelo valor de 7,5 milhões de dólares — 200 mil dólares a mais do que havia custado. Gaspart conseguira fazer com que o Napoli aumentasse a primeira oferta.

"Para minha tristeza, ele está saindo", disse Núñez aos jornalistas, aparentemente resignado; porém, o presidente já havia obtido o apoio da imprensa e dos torcedores: era o melhor para o clube.

"Os jogadores sempre falam que deixam um clube por causa do presidente — é a coisa mais fácil a ser dita", explicou Josep Lluís Núñez à TV3. "Nós dissemos que, se não pagassem 1,3 bilhão de pesetas [7,5 milhões de dólares], não haveria negócio. Terry Venables, que tinha acabado de assumir o cargo de treinador do time, nos disse que qualquer jogador que não quisesse jogar pelo Barcelona deveria ser negociado."

"De repente, em vez de ir para as festas na casa de Jorge, tínhamos de arrumar as coisas e ir embora", relembra Néstor Barrone. "Comemos e bebemos um pouco juntos naquela última noite na casa em Pedralbes e, embora sem discursos, havia muita nostalgia no ar. Ninguém sabia o que ia acontecer. Muita gente apareceu, muitas pessoas que Diego, por lealdade, deixava entrar. Ele olhava para o porteiro e dizia: 'Deixa entrar, ele é amigo do Fulano e do Beltrano'. A adega de Diego tinha uma linda garrafa de champanhe e alguns *jamones* que ele havia ganhado, e eu me recordo que nós comemos presunto na piscina enquanto brindávamos, como fazem os pilotos de esportes a motor no pódio, encharcados de champanhe. Foi um momento simbólico. Sentíamos, muitos de nós, que, no fundo, ficaria uma grande ausência."

A imprensa, que havia perseguido e censurado o clã, estava extasiada. "Aqueles que ficaram em Barcelona sem Maradona... o cara do restaurante que fazia a reserva da sua mesa ia olhar para você da mesma maneira que olhava antes? O pessoal dos bares, dos lugares chiques? Não mais", pondera Néstor Barrone. "Diego partiu de manhã e nós fomos no avião seguinte, chegando a tempo de ver sua apresentação. Dois do grupo ficaram com Jorge em Nápoles e eu voltei para Barcelona. Fiz um pouco de tudo depois daquilo: fui assistente técnico da seleção olímpica do México, tive um bar na praia, restaurei móveis. Olho para aquela época e... bom, nunca achei que eu pertencia àquele mundo."

Diego marcou 38 gols em 58 partidas ao longo das duas temporadas em que jogou pelo Barcelona, conquistando três troféus: Copa do Rei, Copa de La Liga e Supercopa da Espanha. Parece pouco, considerando-se as expectativas criadas. "Surpreendentemente, Diego não é uma parte imensamente importante da história do Barcelona", conclui o jornalista Emilio Pérez de Rozas. "Hans Krankl, atacante austríaco, ou [Allan] Simonsen são eternamente valorizados pelo clube, mas Maradona não é. Dá pra acreditar nisso? Talvez seja devido a essa imagem depreciativa que se tinha a respeito de Diego e seu clã."

Alberto Pérez, dirigente do Argentinos Juniors, se encontrou com Núñez pouco depois da transferência de Maradona para o Napoli. "Você tinha razão, Alberto. Ele não se adaptou", disse-lhe Núñez.

Maradona estava a caminho de uma cidade que em pouco tempo o faria lembrar-se de Buenos Aires, e de um clube que seria construído para se adequar a ele. No avião, prestes a decolar de Barcelona, Diego concedeu o epitáfio de sua passagem pela Catalunha: "Eles me fizeram desejar partir. Alguns diretores duvidaram de Maradona e por isso estou indo embora." Ele havia se doado por inteiro ao Barcelona e ajudara o clube a ganhar dinheiro, e "por tudo isso saio de cabeça erguida". Mais tarde, Maradona admitiria que partir implicava "deixar minha casa, meus amigos, ir um pouco contra a vontade da minha mulher, que era quem havia feito daquela casa um lar... não foi fácil. Mas quando se toma uma decisão...".

Claudia Villafañe entendia a natureza complexa da despedida, bem como sua necessidade, mas estava desolada por ter de abandonar o pequeno mundo que havia criado. Sua última noite em Barcelona custou a passar: "Estou convencida de que tudo começou ali... Minha casa estava cheia de gente... foi uma festa sem fim".

"Nunca lhe perguntei sobre aquela noite, talvez por temer sua confissão", disse Claudia. "Mantive o que aconteceu enterrado por muito tempo. Sou uma pessoa introvertida... não sei se levei uma semana, um mês, um ano para realmente pensar sobre aquilo. E logo depois, em Nápoles, as dificuldades de Diego para dormir passaram a ficar cada vez mais frequentes. Àquela altura, ele já sabia que eu sabia, embora a gente não tivesse conversado sobre o assunto."

18
CORRADO FERLAINO E O STADIO SAN PAOLO

Enquanto as negociações entre Barcelona e Napoli estavam paradas, Jorge Cyterszpiler resolveu visitar a cidade de Nápoles para entendê-la e para conversar com algumas pessoas relevantes. Dino Celentano, diretor do clube italiano, sugeriu que ele deveria aproveitar sua visita de reconhecimento e se encontrar com Gennaro Montuori, notório líder da torcida organizada do Napoli. "Eu te encontraria amanhã, mas é o batizado do meu filho", disse Montuori a Jorge, que acabou convidado para a cerimônia. Em uma sala reservada, longe do evento, Jorge fez um apelo a Montuori: "Diego quer o Napoli, mas precisamos do seu apoio. Você tem que causar um alvoroço".

O plano era fazer pressão bajulando Maradona publicamente, aumentando a expectativa das pessoas e criando condições favoráveis para a transferência. Ao movimentar alguns peões, Cyterszpiler ganhou um pouco de tempo para criar uma estratégia mais elaborada. "De brincadeira, ele nos disse para jogarmos uma bomba em Barcelona", contou Montuori ao diário *El País*. "Dissemos que aquilo era algo mais da Camorra; nós éramos os torcedores organizados da paz. Maradona tinha de vir por amor."

Montuori e alguns de seus amigos se reuniram em frente à casa do presidente Corrado Ferlaino na prestigiosa Piazza dei Martiri. Carros tomaram a praça, sinalizadores foram acesos e começaram os gritos de

"Dieeeego, Dieeeeego". Maradona ficou sabendo da notícia de que um torcedor havia se acorrentado ao estádio para garantir que a transferência acontecesse, e de outros que iniciaram uma greve de fome quando surgiram rumores de que as negociações poderiam ser interrompidas.

"O Napoli não era um time grande, mas Maradona nunca soube", disse Ferlaino, que comandou o clube de 1969 a 2000, no documentário *Maradona Confidencial*, de Jovica Nonkovic. Nápoles era a terceira maior cidade da Itália em termos populacionais e o clube local, fundado em 1926, jamais conquistara um *Scudetto*. "Nós nos esquecemos de contar a Diego que tínhamos escapado do rebaixamento por um ponto na temporada anterior. Eu lhe disse apenas que os torcedores estavam esperando por ele de braços abertos, e que Nápoles seria sua segunda casa."

Enquanto as negociações se arrastavam e as semanas do mês de junho passavam rapidamente, diferentes gerações de familiares, dos avós aos netos, ficaram grudadas às telas de televisão na esperança de uma informação confiável. As conversas nas varandas, nos bares e nas ruas giravam todas em torno da possível contratação. Os *tifosi* do Napoli juntaram dinheiro para aumentar a oferta feita pelo clube. "Nossos diretores se mudaram para a Catalunha por um mês", contou Ferlaino, desta vez para o jornal *As*, de Madri. "No fim, o Barcelona nos enviou suas condições, bastante inflexíveis, por escrito, mas nós os surpreendemos e eles aceitaram. Então, mudaram de ideia e nos disseram que queriam manter Diego; porém, graças ao documento, não havia mais como voltar atrás."

A poucas horas do fechamento da janela italiana para transferências de jogadores estrangeiros, o Napoli estava redigindo o acordo que tinha feito com Diego, embora ainda não tivesse o sinal verde do Barça. Antes de partir para se encontrar com Joan Gaspart em um escritório no aeroporto El Prat, em Barcelona, Ferlaino fez uma parada em Milão, onde deixou um envelope na sede da Federação Italiana com os documentos daquela possível transferência. Assim, apenas um telefonema seria suficiente para inscrever o argentino no Campeonato Italiano. A Federação não sabia, mas o envelope estava vazio.

Na noite de 29 de junho de 1984, Joan Gaspart e Corrado Ferlaino chegaram a um acordo pela venda de Maradona do Barcelona para o Napoli pelo equivalente a 7,5 milhões de dólares. A imprensa divulgou a notícia naquela noite mesmo, embora o anúncio oficial só tenha se tornado público no dia seguinte. O presidente do clube italiano, após confirmar a transferência por telefone junto à Federação, voltou ao hotel em Barcelona onde dormiria e, uma vez ali, foi ao bar tomar um uísque com gelo. O atendente do bar puxou conversa.

"Você é napolitano?"

"Sou."

"Ah, hoje vendemos o Maradona para o Napoli por muito dinheiro. Ele está gordo; vai jogar um ano e depois não vai mais atuar."

O uísque revirou o estômago de Ferlaino. Na manhã seguinte, ele voltou a Milão e conseguiu, de alguma forma, trocar o envelope vazio por outro contendo os acordos com Maradona e com o Barcelona.

"Intelectuais me criticaram dizendo que Nápoles era uma cidade pobre e aquele, um gasto indecente, mas era meu dinheiro e eu queria gastá-lo daquela maneira", disse Ferlaino. A maior parte dos 7,5 milhões de dólares veio de adiantamentos bancários, e os pagamentos feitos ao Barcelona foram escalonados ao longo de três anos. Nápoles era, sem dúvida, uma cidade com muitos problemas: falta de emprego e a escalada da violência da Camorra, a máfia napolitana. Porém, após a chegada de Maradona, houve uma mudança notável. Para começar, a receita com a venda de ingressos cresceu drasticamente para a temporada 1984/1985, e, em um ano, segundo Ferlaino, a transferência tinha sido quitada.

Para o presidente, aquela foi, sem dúvida, uma conquista pessoal. Filho de uma família do sul da Itália e neto de um juiz assassinado pela máfia da Calábria, Corrado Ferlaino se formou engenheiro e sempre foi apaixonado por velocidade, tendo, no início da década de 1960, competido em categorias turismo pela Europa com carros próprios. Todos ficaram surpresos quando, no fim daquela mesma década, ele se tornou presidente do clube, aos 37 anos. Desde o momento de sua coroação, viveu uma relação de amor e ódio com os torcedores, uma vez que seu temperamento determinado e enérgico provocou constantes explosões. Mas ele teve coragem de romper com jogadores idolatrados como Dino Zoff e de assumir o risco de contratar estrelas caras como Giuseppe Savoldi ou Ruud Krol, peça-chave da seleção holandesa que apresentava o chamado Futebol Total.

A primeira tentativa de Ferlaino de contratar Maradona ocorreu em 1978, logo após o jogador fazer sua estreia na primeira divisão argentina. Em sua segunda tentativa, obteve sucesso, mas o crédito pela transferência junto ao Barcelona deve ser dividido entre Ferlaino, que ficou sabendo por Cyterszpiler das lamúrias de Diego na Catalunha, e a esposa de Antonio Juliano.

Juliano, lenda do Napoli e membro da diretoria do clube, estava se preparando para participar, no verão de 1984, de uma reunião para discutir as futuras estratégias no mercado de transferências. Na noite anterior, sua mulher lhe disse: "Se você está procurando o melhor jogador, você tem de comprar Maradona".

"O que vocês acham? Devo buscá-lo?", perguntou aos diretores um sorridente Juliano.

"Vá e o contrate", respondeu o presidente, que não tinha medo de tomar medidas ousadas.

Maradona chegou àquela que era a liga mais poderosa da Europa. A Juventus tinha Michel Platini e o meia-atacante polonês Zbigniew Boniek; a Inter contava com Karl-Heinz Rummenigge; a Roma tinha os brasileiros Falcão e Toninho Cerezo em seu elenco. O dinamarquês Preben Elkjaer e o alemão Hans-Peter Briegel estavam no Verona; o brasileiro Zico, na Udinese. A lista continua: a Fiorentina tinha Daniel Passarella e Sócrates; Michael Laudrup defendia a Lazio; e o Napoli tinha outro argentino campeão do mundo, Daniel Bertoni, além de dois veteranos que defenderam suas respectivas seleções, o brasileiro Dirceu e o holandês Krol. Esses dois estavam na casa dos trinta anos e deixaram o clube na época em que Maradona foi contratado, no verão europeu de 1984.

"Em Nápoles, espero paz e respeito", disse Maradona antes de deixar Barcelona. "Para mim, Nápoles era uma coisa italiana, assim como a pizza é italiana, e era isso o que eu sabia", contou ele tempos depois. No dia 4 de julho, Diego pisou pela primeira vez em um San Paolo vazio, um estádio que precisava de carinho e uma pintura. Olhar um estádio sem público pode ser uma coisa sombria, mas Diego, caminhando pela arena decadente, sentia que estava voltando às suas origens. No vestiário, ele fitou Guillermo Blanco e Jorge Cyterszpiler e disse, satisfeito: "Isto me lembra o Argentinos Juniors".

Ferlaino logo levou Diego para a vizinha ilha de Capri, onde, atracado à marina, estava seu iate. No dia seguinte, um helicóptero os trouxe de volta a Nápoles. Maradona deixou suas coisas no quarto do luxuoso Hotel Royal, onde Pepe Gutiérrez, único jornalista a voar de Barcelona com o jogador, o encontrou sentado na cama praticando seu italiano. Alguém havia escrito em um pedaço de papel: "*Napolitani, sono molto contento...*". Ele ria do próprio sotaque. Pepe passou o telefone a Diego, e de sua cama ele entrou ao vivo na rádio espanhola Antena 3.

Uma escolta formada por três carros de polícia acompanhou o veículo que conduziu Maradona pelas ruas de Nápoles para sua apresentação oficial. Mais de 70 mil ingressos tinham sido vendidos e o estádio estava praticamente lotado. Diego pediu para deixarem as crianças entrarem de graça.

Fernando Signorini também estava a caminho do estádio San Paolo, em outro carro, junto com Don Diego. À medida que avançavam pela cidade velha, as ruas ficavam cada vez mais estreitas, via-se o lixo acumulado nas calçadas e as fachadas de edifícios com as pinturas descascadas. "Em que buraco nos enfiamos; isto é pior do que Buenos Aires!", pensou, em voz alta, Don Diego. "Para onde você trouxe meu filho?"

"José Alberti, querido amigo argentino que morava havia muito tempo em Nápoles, e que estava conosco no carro, se virou para Don Diego e disse: 'Don Diego, você tem razão. Mas, se ficar um ano aqui, não vai querer sair daqui nunca mais'", recorda-se Signorini.

Já no vestiário, Diego vestiu uma calça azul clara e uma camiseta branca, da Puma. A caminho do gramado, passou por um longo túnel antes de chegar à escada, onde um raio de luz iluminava o corredor. Diante de um pequeno nicho dentro do qual havia uma *Madonnina*, uma estátua da Virgem Maria, Maradona parou — não seria a última vez que ele rezaria para ela. Prestes a sair, cercado por fotógrafos, Diego beijou Claudia, abraçou Jorge e, por fim, subiu os degraus sentindo a onda de felicidade que tomava o estádio, uma resposta à movimentação percebida dentro do túnel. Dezenas de outros fotógrafos o esperavam à beira do campo, lutando por cada pedaço de grama disponível. No meio da escadaria, Maradona parou.

"Os napolitanos são dotados de uma paixão inata", explica Néstor Barrone. "As idiossincrasias do futebol argentino são parecidas com a do napolitano. Os argentinos são uma mistura de espanhóis com napolitanos, um toque da arrogância dos franceses e algo da imponência dos ingleses. Isso tudo forma um argentino, uma mistura estranha e inebriante. Em particular, os napolitanos têm muito em comum com alguém de Buenos Aires; são espertos, barulhentos, e entusiasmados, até malucos, por futebol. Naquele dia, eles se mostravam eternamente agradecidos, uma vez que não podiam acreditar que um clube do sul [da Itália] recebera um presente que, normalmente, estava reservado aos poderosos times do norte."

Maradona estava prestes a sentir, como jamais havia ocorrido, sua capacidade de atrair uma multidão, o que fez com que suas emoções fossem levadas ao extremo. As pernas, pesadas como sacos de cimento enquanto ele subia as escadas, começaram a ficar mais leves à medida que ele sentia a expectativa de uma Nápoles à sua espera. Diego estava longe de casa, em um lugar estranho, e por isso o impacto foi mais marcante e duradouro. A cidade estava pronta para venerá-lo como seu santo, e Diego implorava por aquela devoção.

Maradona deu mais um passo e nada mais poderia pará-lo, nem mesmo um torcedor que lhe ofereceu um cachecol do clube. Quando sua silhueta surgiu no túnel, o estádio explodiu. Em pé, sobre um tapete com as cores do Napoli, ele levantou os braços.

"*Buonasera napolitani, sono molto felice di essere con voi*" ("Boa tarde, napolitanos, estou muito feliz de estar aqui com vocês"). Ele havia passado no teste e a multidão foi à loucura. Conforme o barulho da arquibancada aumentava, o estrangeiro sentia-se cada vez mais em casa.

Com um sorriso que em nenhum momento abandonou seu rosto, cercado por policiais uniformizados e à paisana, Diego se aproximou das arquibancadas e mandou beijos aos torcedores.

A entrevista coletiva ocorreu em um ginásio e contou com a presença de mais de trinta canais de televisão e o dobro de jornalistas. Maradona compartilhou a narrativa de como entendia sua vida: "Gostaria de me tornar ídolo das crianças pobres de Nápoles porque elas são como eu, quando morava em Buenos Aires".

O jornalista francês Alain Chaillou perguntou se Maradona sabia sobre os rumores de que parte de sua transferência havia sido paga pela Camorra, e Maradona fingiu não entender a pergunta. Corrado Ferlaino interrompeu a entrevista, levantando a voz para negar qualquer relação com a máfia: "Nápoles é uma cidade honesta, assim como seu povo. Exijo um pedido de desculpas". Dois funcionários do clube convidaram o jornalista a se retirar do local.

"Quando acabou, corri para o aeroporto", recorda-se Pepe Gutiérrez, "e paguei o motorista do táxi com uma foto autografada de Maradona. Ele não me cobrou pela corrida e imediatamente colocou a foto no painel." Diego também estava a caminho do aeroporto para ir a Buenos Aires, onde passaria alguns dias, e confessou a Claudia que Nápoles o havia recebido como se acreditasse que podiam ser campeões. Aqueles eram o objetivo e a aventura.

Apenas alguns dias mais tarde a revista *El Gráfico* chamou a atenção da Argentina para tamanha devoção. A manchete dizia: "Veja Maradona e morra", parafraseando a famosa frase de Goethe sobre a beleza de Nápoles.[1] Porém, não foi notícia de capa. Ninguém podia imaginar o que estava para acontecer. O que havia acontecido, no entanto, era um encontro que iria muito além do esporte.

O primeiro treino de Diego no Napoli ocorreu no pouco atraente complexo esportivo Soccavo, cujas instalações eram similares às de um clube de segunda divisão da Argentina. Ele viu o roupeiro Tommaso Starace preparando um café — "um para mim", pediu, dando início a algo que em breve, acompanhado por uma seleção musical feita por Diego, se tornaria um ritual. Muitas vezes a canção escolhida era o sucesso "Marina", de Rocco Granata, e os jogadores cantavam junto: "*Marina, Marina, Marina… ti voglio al piú presto sposar*" ("Quero me casar com você o quanto antes"). Depois, Diego se trocava e se aquecia um pouco, geralmente sozinho, até que os demais chegassem.

A chegada de Maradona coincidiu com a de outro atleta, o zagueiro Ciro Ferrara, que passaria uma década no Napoli. Desde o início, Diego "passava aquela alegria, aquela felicidade", recorda-se, hoje, Ferrara. "Nós jogávamos futebol e nos divertíamos — ele compensava o estresse da competição fazendo piadas —, e ele nos passava confiança, dizendo: 'Não se preocupe, Ciro, faça o que você tem que fazer e passe a bola para mim'." O argentino José Alberti, que havia jogado no Napoli e estava familiarizado com o clube e a cidade, ficou encarregado de cuidar de Maradona, atuando como seu guia e tradutor.

Em 19 de agosto, Maradona fez sua estreia contra o River Plate e 80 mil pessoas lotaram o San Paolo — o amistoso terminou em um empate sem gols. Porém, a temporada não atendeu às expectativas: nos

---

[1] "Ver Nápoles e depois morrer", frase escrita por Johann Wolfgang von Goethe em sua célebre obra "Viagem à Itália", publicada em 1816 e que narra a visita do autor à península italiana entre 1786 e 1788. O trecho sobre Nápoles resume o encantamento do alemão com a cidade.

primeiros quinze jogos, o time venceu apenas quatro vezes, sofrendo inclusive derrotas pesadas para Verona (3 a 1) e Torino (3 a 0).

Maradona teve de suportar a violência permitida no *Calcio*. "O futebol italiano era disputado em um ritmo diferente, mais duro", disse ele no documentário *Diego Maradona*, de Asif Kapadia. "Acelerei meu *timing* para poder jogar [na Itália]. Se eu fosse para um lado, deixando de lado minha técnica para apostar mais na velocidade, eu não seria útil. E, se usasse somente a minha técnica, também não seria o suficiente. Tive de encontrar um equilíbrio, o que não é fácil."

Ninguém conseguia oferecer soluções para a mediocridade do Napoli e seus jogadores tampouco pareciam buscá-las em Diego, que muitas vezes jogava recuado demais, aparentemente perdido em campo, com as mãos na cintura. Dúvidas surgiram na cabeça de Maradona. "Ele costumava dominar cinco bolas no primeiro tempo, oito no segundo e, daquele jeito, parecia impossível. Aquele Napoli era um time horrível", conta Signorini.

Certo dia, no carro a caminho de casa, o preparador físico se abriu com Diego: "O futebol italiano está se tornando, na minha ótica, incrivelmente chato. Todos estão preocupados em defender e, quando têm a bola, eles me fazem dar risada; e, para piorar ainda mais, o único que normalmente se diverte, você, parece ter se transformado em um jogador obediente e taticamente disciplinado".

Maradona estava irritado. "E o que você quer que eu faça? Só pego na bola quando um bispo morre. Você acha que é fácil?"

O *Profe* lhe deu um conselho: "A melhor forma de se mostrar solidário a seus companheiros é sendo egoísta. Não passe a bola para ninguém, drible todos os adversários e, no fim, passe para alguém marcar o gol. Se você não se divertir, ninguém vai se divertir. Esta cidade é linda e quero ficar muitos anos aqui".

Rino Marchesi, treinador do Napoli, não conseguia encontrar o equilíbrio necessário. "Uma reunião da equipe com Italo Allodi, diretor do Napoli, foi organizada", lembra-se Signorini. "Diante de todo o elenco, Allodi perguntou: 'Por que vocês não passam a bola para Diego?'. Um dos jogadores respondeu que era porque ele estava sempre marcado. E Allodi disse: 'Ah, se esperarmos que Maradona não esteja marcado em campo, vamos esperar a vida toda'. Naquele dia Maradona exigiu mudanças. 'Não, não. Me passe a bola mesmo assim que eu me viro'."

Diego, Claudia e aqueles presentes durante o primeiro ano em Nápoles — Cyterszpiler e, quase sempre, os pais, irmãos e amigos de Diego — moraram parte daquela temporada no melhor hotel da cidade, o Royal Continental. Um dia, Ferlaino, depois de checar a conta do hotel, ligou para Cyterszpiler: "Isto é inaceitável, Jorge". Assim, depois de voltarem de Buenos Aires, onde haviam passado o Natal, eles deixaram o Royal e se mudaram para uma casa no bairro de Posillipo, o que trouxe uma certa estabilidade. Claudia, porém, ficou um pouco mais em Buenos Aires, e Diego embarcou em um romance bastante público com Heather Parisi, dançarina e estrela da televisão que ele havia conhecido em dezembro.

Os resultados do Napoli sofreram uma reviravolta impressionante após a parada de fim de ano. E a segunda metade da temporada, na qual o time praticamente não perdeu, viu a equipe conquistar uma vitória maiúscula sobre a Lazio, 4 a 0, na primeira grande exibição do jogador argentino.

Naquele jogo, Diego se posicionou mais próximo da área adversária, onde se sentia mais importante e à vontade — chegou a marcar um gol com a mão, mas o tento foi anulado. Outro momento marcante se deu quando Maradona fez um cruzamento de bicicleta para a grande área. O primeiro gol saiu graças a seu oportunismo: após um recuo de cabeça do zagueiro, Diego se antecipou ao goleiro, dominou a bola e a mandou para o fundo das redes. O gol foi dedicado ao treinador da Lazio, Paolo Carosi, que, antes da partida, havia duvidado de seu valor. Seu segundo no jogo foi um chute espetacular de fora da área, encobrindo o goleiro, que, correndo para tentar evitar o gol, caiu dentro da meta. O terceiro do argentino saiu de uma cobrança de escanteio. Na primeira tentativa de marcar um gol olímpico, a bola não entrou; na segunda, Maradona cobrou com curva e mandou rente à primeira trave, deixando o arqueiro preso à rede tal qual um boxeador em apuros.

Maradona comemorou pulando com os pés juntos próximo à bandeirinha de escanteio. A multidão uniu-se em êxtase, como um monstro de milhares de cabeças berrando "Dieeeeego, Dieeeeego...".

Quando Maradona encontrou Signorini, disse: *"Cego*, vamos ficar aqui por muitos anos".

19
UNO DI NOI

Na primeira partida que Maradona disputou em Verona, os torcedores locais desfraldaram uma faixa que continha uma saudação irônica: "Bem-vindo à Itália", uma maneira explícita de afirmar que o sul da Itália não era considerado parte do mesmo país. Os sulistas haviam se unido por uma visão particular de mundo e pelas desgraças que enfrentaram, como o terremoto sofrido pela região em 1980, ou a falência do banco de Nápoles, que já fora uma das instituições financeiras mais ricas da Itália. Diego, que em Barcelona era o latino, um *sudaca*, passara a ser em Nápoles um *terrone* (termo que faz referência, hoje pejorativa, ao "camponês" que migrava para as cidades), desprezado pelo norte industrializado.

Maradona usou um programa de televisão, *La Domenica Sportiva*, para fazer uma objeção que nenhum jogador jamais fizera: "Há um problema de racismo no futebol italiano, mas não contra os negros, há um racismo contra os napolitanos, e isso é uma vergonha". Como se via em uma faixa no estádio San Paolo, Maradona já era *"Uno di noi"* — um de nós. O mundo, por meio de jornalistas estrangeiros que visitavam Nápoles para cobrir a passagem de Diego pelo *Calcio*, começou a notar que ele havia encontrado uma nova (e nobre) causa, conectando-se emocionalmente aos torcedores do Napoli em uma batalha entre "nós" e o resto do país.

Porém, antes de mais nada, era preciso resolver a situação futebolística. "Me prometeram um time extraordinário", afirmou Diego

Armando Maradona a este autor. "Depois de nove rodadas, somávamos um ponto. Eu tinha vergonha de ligar para casa e dizer para minha mãe: 'Perdemos de novo'. Me reuni com Ferlaino e lhe perguntei se ele não se envergonhava de ter 80 mil pessoas no estádio todo domingo para ver seu time perder... Para os clubes do norte, era uma formalidade vir a Nápoles, vencer e ir embora. E aquilo me machucava muito."

A situação não era tão ruim como dizia Diego — o Napoli tinha sete pontos, e não um apenas, após nove jogos: uma vitória e cinco empates, tendo empatado em casa com o Milan por 0 a 0. Porém, naquela primeira temporada, apesar dos catorze gols marcados por Diego, o Napoli terminou na oitava posição entre as dezesseis equipes que participavam do torneio, dez pontos atrás do campeão Verona e onze acima da zona de rebaixamento.

"Ferlaino me disse: 'Bom, escolha alguns jogadores'. E então eu falei: 'Renica, Crippa, De Napoli, Careca, aquele outro, e assim por diante...' A torcida nos apoiou; quando entrávamos em campo, ainda era possível ver os corredores de acesso [às arquibancadas], mas quando a partida começava o estádio era uma massa uniforme, sem espaços vazios, lotado. Nós jogávamos para mais de 100 mil espectadores. E não apenas contra Inter, Juve ou Milan. Contra a Cremonese também, contra o Avellino. Algumas equipes ficavam impressionadas porque disputávamos um jogo da Copa Itália em pleno calor, em plena pré-temporada, e havia 50 mil pessoas presentes."

Alessandro Renica chegou na segunda temporada de Diego no Napoli, e as demais recomendações que ele fizera foram trazidas posteriormente. Ferlaino dispensou o treinador Rino Marchesi e contratou Ottavio Bianchi. Se Maradona infundia uma mentalidade vencedora, Bianchi, de maneira obstinada, promovia ética profissional, determinação e pragmatismo ao jogo do Napoli, desejando pôr em prática uma fórmula para fazer a equipe competitiva sem "muita fantasia ou muitas jogadas de efeito", segundo suas próprias palavras.

"Se o futebol é o esporte mais bonito do mundo, é porque as qualidades individuais servem ao coletivo", explicou Bianchi ao site *Goal.com*. "Tínhamos o melhor jogador do mundo e uma geração disposta a fazer sacrifícios todos os dias." Comandar Diego, conta Bianchi, era mais fácil do que comandar alguém que achava que era Maradona. "E conheci muitos assim", complementou. Diego, por exemplo, nunca criticava um companheiro por um erro, algo muito comum atualmente.

Marco Tardelli, que passou uma década no meio-campo da Juventus, de 1975 a 1985, logo percebeu que seria difícil parar um jogador em constante evolução: "Era extenuante, pois a gente começava a pensar nele na véspera da partida e, quando finalmente o enfrentava, ele já estava em vantagem por ter lhe destruído psicologicamente. Eu joguei muitas vezes contra Maradona e fui muito duro com ele em campo, mas ele jamais reclamou, nunca disse nada".

O objetivo do Napoli na temporada 1985/1986 era melhorar e terminar na parte de cima da tabela, criando uma base sólida antes de pensar em ganhar títulos. Maradona já havia mostrado lampejos do que podia alcançar. Em um jogo histórico contra a poderosa Juventus, no dia 3 de novembro de 1985, foi assinalado um tiro livre indireto dentro da área para o Napoli, um pouco à direita do gol adversário. A barreira formada pelos jogadores da Juventus ficou a apenas cinco ou seis metros da bola, em vez dos 9,15 metros regulamentares. Eraldo Pecci e Maradona estavam próximos à bola: "Não tinha ângulo, mas Diego me disse para rolar a bola porque ele ia tentar mesmo assim. Falei que ele estava maluco".

"Não se preocupe, só me passe a bola." Pecci rolou para Maradona, que, de esquerda, mandou por cima da barreira com um efeito que fez a bola morrer no ângulo direito superior do gol, numa trajetória aparentemente impossível dada a distância da cobrança. Aquele triunfo por 1 a 0 foi a primeira vitória do Napoli sobre *La Vecchia Signora* em doze anos pela Serie A, e a razão pela qual todos na cidade acreditaram estar mais próximos do que nunca da glória. O Napoli terminaria aquela temporada na terceira colocação.

A situação esportiva de Maradona estava melhorando, mas a vida em Nápoles podia ser opressora. Durante o período em que ficou no hotel, ele se sentia um prisioneiro. Diariamente, dezenas de pessoas (ou "milhões", numa descrição exagerada tipicamente napolitana) ficavam até a uma hora da manhã do lado de fora cantando "Dieeeeego!". "As pessoas escalavam postes de rua de vinte metros de altura para conseguir um vislumbre de Diego", conta o jornalista Carlo Alvino. "Por fim, ele arrumou uma casa. Mas, quando saía, a polícia dava ordens para que o protegessem: 'Diego está indo naquela direção, vamos ficar de olho nele'.." Carros e motos o seguiam por todos os lados, as pessoas queriam vê-lo, tocá-lo, secar seu suor, qualquer coisa para estar próximo do herói.

Começaram a aparecer anúncios curiosos nos classificados dos jornais locais: "Procura-se pessoa portadora de deficiência em cadeira de rodas". O clube investigou aquilo. A área reservada para os cadeirantes era mais próxima do campo, e os portadores de deficiência tinham direito a acesso gratuito, assim como seus acompanhantes.

Maradona era a personificação de Nápoles: atrevido, pequeno, espirituoso, tortuoso, sombrio, confuso. Pela primeira vez desde Buenos Aires, Diego via crianças brincando nas ruas. Algumas praças, sempre sob os olhares de uma igreja antiquíssima, tinham campos de futebol com demarcações e traves gastas, tão cansadas de tudo aquilo quanto um avô aposentado. Campeonatos e jogos de brincadeira eram disputados a qualquer hora e, ao anoitecer, as praças ficavam tomadas por moradores da região que ali se reuniam para se divertir e beber cerveja. A cidade ainda pintaria dezenas de murais em sua homenagem.

De vez em quando, Diego escapava para um oásis de calmaria. "Minha mãe foi a babá, a cozinheira e a *mamma* napolitana de Diego por sete anos", conta Massimo Vignati, filho de Saverio Vignati, zelador do estádio San Paolo por trinta anos. "Minha mãe costumava fazer molho napolitano, o típico *pomodorino* [molho de tomate]. Diego mergulhava o pão no molho e minha mãe ralhava com ele: 'O que você está fazendo? Não é assim que se come'. Eu comprava *mortadella*, *fresella* napolitana [pão integral] para ele... Diego era como um irmão para mim. Somos em onze irmãos e ele me dizia: 'Sou o 12º'."

Guillermo Blanco cuidava dos jornalistas que vinham da Espanha, da Inglaterra, da França — o mundo estava intrigado com os últimos acontecimentos da carreira de Maradona: "Eu não tinha de lembrá-lo dos compromissos com os jornalistas, estava tudo bem, em ordem. Acho que foi um dos melhores momentos da vida de Diego".

Maradona usava as estruturas que tinha à mão para multiplicar os gestos sinceros e o espírito generoso que lhe eram naturais. Ele compreendia que, mesmo se houvesse um preço a ser pago, aquilo complementava seu papel como jogador de futebol — o jogo não acabava no apito final. "Meu pai pediu o registro dos jogadores do futebol italiano", relata Dalma em seu livro *La hija de Dios*. "Não importava o clube que defendia, se estivesse registrado como jogador profissional na Itália, o atleta receberia um cartão de boas-festas de Diego Maradona no fim do ano."

Em 1985, organizou-se um amistoso no estádio da Atalanta, em Bérgamo, e o dinheiro arrecadado seria doado a uma instituição para crianças com hemopatia (doença no sangue). Diversas figuras importantes do mundo do futebol foram convidadas: Rummenigge, Platini e o brasileiro Dirceu. Maradona não estava na lista porque havia ido aos Estados Unidos para fechar um acordo com a Coca-Cola e não se sabia ao certo se voltaria a tempo de disputar a partida.

Próximo ao dia do amistoso, vários jogadores cancelaram sua participação. Daniele Martinelli, empresário do setor de couro que conhecia Cyterszpiler, recebeu um pedido dos organizadores três dias antes do evento. "Como não havia telefone celular naquele tempo, eu liguei, primeiro para Claudia, em Nápoles, que ligou para Jorge Cyterszpiler, que, por sua vez, me ligou", conta Martinelli. Ele queria saber se Maradona poderia salvar o dia e participar do jogo, nem que fosse por alguns minutos apenas.

Diego e Jorge ainda estavam nos Estados Unidos, de onde voariam, primeiro, de Nova York para Roma, e depois, no dia do amistoso, de Roma para Nápoles. "Me dê algumas horas", disse Jorge. "Vou conversar com Diego e aviso." Passadas cinco horas, toca novamente o telefone de Martinelli. "De Roma, vamos pegar um voo para Milão — é o aeroporto mais próximo, não é? As chuteiras de Diego estão indo de Nápoles, leve-as para nós."

A participação de Diego foi anunciada horas antes do jogo. Todos sabiam que qualquer atraso na viagem colocaria em risco sua presença, mas isso não impediu que os 28 mil ingressos colocados à venda se esgotassem. O avião deixou os Estados Unidos de tarde, chegando em Roma na manhã do dia da partida. Martinelli estava esperando em um carro no aeroporto de Milão, em uma área onde era proibido estacionar. "Vim buscar Maradona", disse ele aos guardas, que fizeram vista grossa.

Dois pais de crianças enfermas que representavam a instituição também aguardavam a chegada de ambos no túnel de acesso ao gramado. As chuteiras chegaram a Bérgamo bem a tempo. Os times também estavam prontos e um deles contava com Lalo, irmão de Diego, entre os titulares. Porém, nem sinal do craque. Os organizadores ficaram preocupados, e o árbitro sugeriu que a partida fosse atrasada em trinta minutos. A multidão ficou impaciente, mas não se moveu do lugar. E então Maradona chegou. No túnel, os dois pais, aos prantos, se lançaram sobre ele para abraçá-lo, beijá-lo. Dirceu lhe disse: "O estádio está lotado por sua causa, Diego. Obrigado".

"Ele estava cansado, mas correu como se fosse o primeiro jogo do campeonato", relata Martinelli.

Há inúmeros exemplos do altruísmo de Maradona. Pietro Puzone, seu companheiro no Napoli, perguntou a Diego se ele disputaria um amistoso para arrecadar fundos que ajudariam um menino com problema no palato a realizar uma operação de emergência. O jogo seria disputado na comuna de Acerra, uma região pobre a uns vinte quilômetros do centro de Nápoles, onde Puzone havia nascido. Ferlaino, temendo que Diego se machucasse, imaginou que podia impedi-lo de jogar afirmando que seu seguro não cobriria aquela partida. Diego, então, gastou o equivalente a 20 mil dólares para fazer um seguro. Independentemente da opinião do presidente, ele jogaria.

O clube do município se chamava Acerrana e, naquele dia, seus jogadores enfrentaram uma equipe que contava com Maradona, Lalo e o próprio Puzone. O estádio havia dobrado sua capacidade para 12 mil pessoas, o gramado estava alagadiço, os times se aqueceram no estacionamento e, para evitar qualquer intervenção da federação, jogaram com doze homens de cada lado. Cerca de 5 milhões de liras foram arrecadadas. Diego marcou dois gols e o menino foi operado, com sucesso, na França. O céu e o inferno costumam tocar na existência do ser humano, e Puzone, após o fim de sua carreira futebolística, chegou a dormir na rua em Acerra, vítima de seus próprios vícios.

Pelusa havia driblado as preocupações de Ferlaino e as regras da federação, que passou a se irritar com Maradona, e ele protestava sempre que achava necessário. Diego reclamou das vantagens que os jogadores europeus tinham sobre os sul-americanos quando as seleções jogavam. Não havia um calendário internacional único naquele tempo, e os sul-americanos não tinham tempo para descansar, pois os jogos de suas seleções coincidiam com as partidas dos campeonatos europeus. A Federação Italiana, com o apoio da Uefa e da Fifa, ameaçou suspendê-lo por suas reclamações. Ferlaino, em segredo, sugeriu que o elenco do Napoli evitasse apoiar publicamente qualquer posição contestadora de Maradona.

PRIMEIRA IMAGEM 1980. Maradona com seus pais, Dalma Salvadora Franco (*Tota*) e Diego Maradona (*Chitoro*). As rochas. A devoção mútua.

SEGUNDA IMAGEM Diego idealizava seu passado e tentou, onde quer que estivesse, recriar os sentimentos que esta foto lhe inspiravam. O antigo bairro. Os laços emocionais.

Um jovem Maradona (centro) relaxando com sua família. Ele havia prometido que os levaria para a praia. Sempre foi generoso com as pessoas que faziam parte de seu círculo íntimo.

AO LADO Abril de 1978. Maradona com a camisa do Argentinos Juniors. Seu primeiro clube como profissional tinha uma história e uma filosofia que lhe eram muito caras.

ABAIXO 1979. Maradona acena para o público, sob o olhar de seu irmão Hugo, depois de uma partida do Argentinos Juniors. Os dois irmãos de Diego, Hugo e Lalo, tornaram-se jogadores profissionais, mas sem muito sucesso.

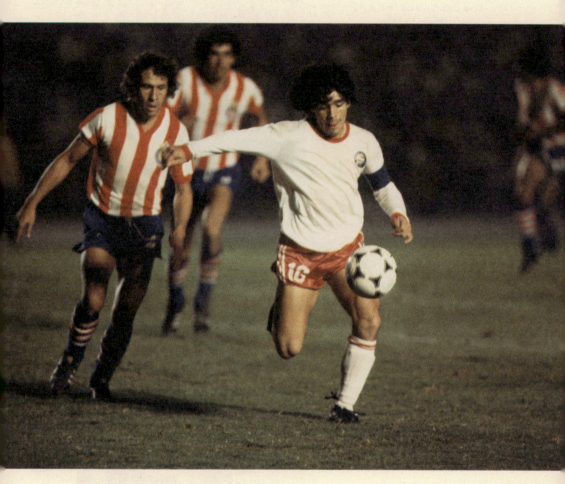

ACIMA 11 de novembro de 1980. Maradona em ação na partida entre Argentinos Juniors e Chivas Guadalajara (México). Vitória do time mexicano, 1 a 0. O clube argentino fazia excursões ao exterior com seu craque para gerar receita.

PÁGINA À DIREITA 1981-1982. Maradona no Boca Juniors, onde conquistou seu único título por clubes no futebol argentino. Uma relação especial e eterna foi criada com o Boca.

PRIMEIRA IMAGEM 1982. Maradona e o alemão Bernd Schuster. Aliados e incompreendidos.

SEGUNDA IMAGEM 2 de junho de 1986. Maradona sofre falta de Kim Young-Se, da Coreia do Sul, durante a estreia na Copa do Mundo, na Cidade do México. Onde quer que jogasse, Diego apanhava.

22 de junho de 1986. Maradona usa a "a mão de Deus" para abrir o placar contra a Inglaterra, pelas quartas de final da Copa do Mundo do México.

29 de junho de 1986. Nos ombros de Roberto Cejas, um torcedor desconhecido àquela altura, Maradona levanta a taça da Copa do Mundo.

PRIMEIRA IMAGEM 2000. Ao lado de Guillermo Cóppola, Maradona ergue seu copo durante um jantar em um restaurante argentino na Cidade do México. Maradona havia viajado ao país para assistir ao segundo confronto da semifinal da Copa Libertadores, entre Boca Juniors e América, mas se atrasou e não chegou a tempo de ver seu time.

SEGUNDA IMAGEM 22 de outubro de 1988. Maradona brincando com sua filha Dalma depois de um treino no Centro Paradiso, em Soccavo, Nápoles. O sorriso...

PRIMEIRA IMAGEM 17 de outubro de 1986. Maradona durante um treino no Centro Paradiso. Treinar não era sua praia, e por muitos anos ele treinava apenas quando se sentia física e mentalmente preparado.

SEGUNDA IMAGEM 10 de maio de 1987. Após empatar com a Fiorentina por 1 a 1, pela penúltima rodada do campeonato, o Napoli conquista seu primeiro *Scudetto*. Os doze meses anteriores foram o auge de sua felicidade — e, também, o início do fim.

PRIMEIRA IMAGEM 7 de novembro de 1989. Maradona beija Claudia Villafañe durante o casamento dos dois no Luna Park, em Buenos Aires, Argentina. Entre as mulheres de Diego, ela sempre foi a mais amada.

SEGUNDA IMAGEM 1992-1993. Maradona durante partida do Campeonato Espanhol entre Sevilla e Espanyol. Ele não estava no auge de sua forma, mas sua habilidade ainda era incomparável.

1996. A famosa comemoração de Maradona e Claudio Cannigia após o primeiro gol do Boca Juniors no clássico contra o River Plate, pelo Torneo Clausura.

PRIMEIRA IMAGEM 1999. Maradona de férias com sua família em Punta del Este, Uruguai. Diego era fotografado o tempo todo.

SEGUNDA IMAGEM Abril de 2000. Maradona fuma um charuto Cohiba enquanto navega em Havana, Cuba, durante seu programa de reabilitação para tentar superar seu vício em cocaína. A tatuagem é de Che Guevara, com quem Diego se identificava devido à sua natureza rebelde.

10 de novembro de 2001. Diego Maradona é tomado de emoção durante sua partida de despedida em La Bombonera, estádio do Boca Juniors. Nos deixou com uma frase memorável: "*La pelota no se mancha*".

PRIMEIRA IMAGEM 27 de outubro de 2005. Maradona em Cuba para gravar sua entrevista especial com Fidel Castro para La Noche del 10, seu programa semanal na TV argentina. Após quase morrer, Diego perdeu trinta quilos.

SEGUNDA IMAGEM Março de 2009. Maradona, então treinador da seleção da Argentina, conversa com Lionel Messi durante um treino em Ezeiza, Buenos Aires, antes do confronto entre Argentina e Venezuela pelas Eliminatórias da Copa do Mundo de 2010, na África do Sul. Sua capacidade como treinador não se equiparava à sua habilidade como jogador.

PRIMEIRA IMAGEM 14 de junho de 2012. Diego abraça seu pai antes do início da primeira semifinal da Copa Libertadores entre Boca Juniors e Universidad de Chile, na Bombonera. O silencioso Don Diego deixou um grande vazio ao morrer, em 2015.

SEGUNDA IMAGEM 8 de janeiro de 2021. Torcedores do Napoli acendem sinalizadores durante a inauguração do mural pintado pelo artista de rua Jorit Agoch, em Quarto, próximo a Nápoles. Na Argentina, Diego Armando Maradona é um deus muito diferente do deus que é em Nápoles.

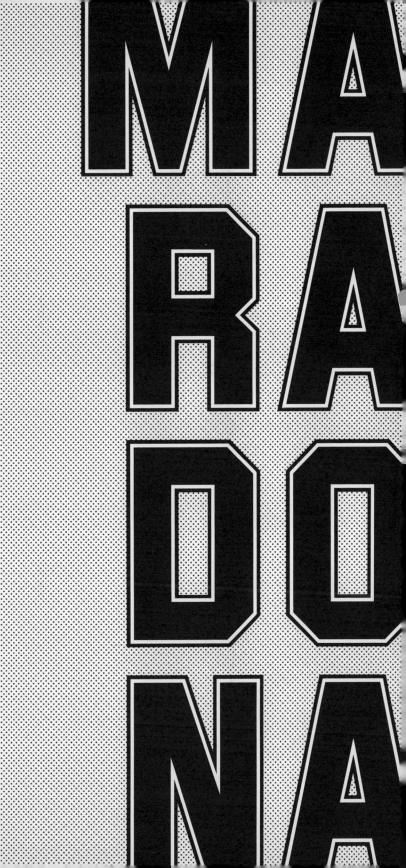

Quando Diego descobriu, ficou enfurecido e abriu mão, por um curto período, da braçadeira de capitão que o veterano Giuseppe Bruscolotti lhe passara.

Essas alternâncias repentinas de humor se tornaram mais evidentes e difíceis de ser controladas. Alguma coisa não estava bem. Por baixo do véu de felicidade descrito por Guillermo Blanco, parte intrínseca do grupo de argentinos que acompanhou Diego em seus primeiros anos em Nápoles, escondia-se uma ruptura dolorosa. Diego confessou o motivo em *Yo soy El Diego*: "Cyterszpiler tinha cuidado tão mal das finanças que não tínhamos mais nada. Sim, estávamos quebrados. Financeiramente quebrados. Quando cheguei em Nápoles eu não tinha nada, zero, e estava endividado."

Àquela altura, a relação de Diego com o dinheiro era peculiar: ele tinha seu salário e usava o dinheiro que recebia com publicidade para viver bem, comprar os carros que queria e dar à família o que, na opinião dele, merecia. "É isso que me faz feliz", disse. Porém, aquele estilo de vida era dispendioso, e Jorge Cyterszpiler nunca lhe disse "Não", ou "Não temos dinheiro para isso". Cyterszpiler protegia, zelosamente, Diego do resto do mundo, enquanto deliberadamente evitava aceitar conselhos de pessoas mais experientes sobre os negócios.

"Quando o seriado *Super Máquina* estava no ar, Diego disse: 'Quero um carro desses'. Era um Pontiac Firebird", conta Fernando García, secretário de Cyterszpiler. "Jorge o comprou nos Estados Unidos, e o traslado de barco custou mais do que o carro. As despesas aumentavam, mas Jorge nunca disse não. Era mais uma relação de amor do que uma [relação] entre empresário e jogador. Ele pegava dinheiro emprestado para manter os hábitos de Maradona."

Cyterszpiler se empolgou e se meteu em negócios demasiadamente grandes, bem como em outros que ele não sabia como explorar adequadamente. Em meados da década de 1980, o contrato internacional de Maradona com a Coca-Cola valia 100 mil dólares por ano, o mesmo valor que uma empresa de doces pagaria por uma campanha nacional. Quando Jorge recebeu uma oferta de 40 milhões de pesetas (à época, mais de 200 mil de dólares) por um comercial de *donuts* na Espanha, ele a recusou, dando-se conta apenas mais tarde de que o preço estava muito acima do valor de mercado. Diego só ficou sabendo disso tudo tempos depois.

Cyterszpiler investiu, segundo se dizia, meio milhão de dólares em uma casa de bingo no Paraguai, que deveria ser a primeira de uma rede. "O mundo das apostas era dominado por determinadas máfias que estavam ligadas ao poder político do Paraguai, comandado pelo ditador e mafioso Alfredo Stroesnner", explica Fabián Ortiz. "E ele se meteu em uma situação muito delicada, sendo feito refém e tendo de telefonar para Josep María Minguella para que ele mexesse seus pauzinhos e o tirasse dali. Ligou aos prantos, muito assustado, achando que iam matá-lo. A quantidade de dinheiro que deixou para trás foi absurda."

À medida que outras pessoas passaram a alertar Diego da falta de tino comercial de seu amigo, desenvolveu-se entre eles uma atmosfera de desconfiança, seguida de algumas discordâncias e de um desgaste, aparentemente, inevitável. "O relacionamento termina porque Jorge entende que Diego já está em outro mundo e porque ele, de certo modo, se sente culpado por aquilo", contou Guillermo Blanco. "Não é que Jorge quisesse ser maior do que Diego pegando mais dinheiro para si. O que aconteceu foi que a vida de Diego deixou de ser aquela vida fechada de Fiorito, ou do Boca, ou do Barcelona, já era uma coisa muito mais complexa, e Jorge não sabia como fazer parte daquilo."

A essa altura, no caos de Nápoles, Maradona havia encontrado a companhia perfeita: o grande hedonista Guillermo Cóppola. Embora se conhecessem da época do Boca, a relação se estreitou próximo ao fim das Eliminatórias para a Copa do Mundo de 1986, que seria disputada no México.

Uma fagulha estava prestes a se tornar um incêndio e explodir o relacionamento dos dois amigos de infância. Cyterszpiler pagou várias dívidas com o valor (1 milhão de dólares) que havia recebido de comissão pela transferência de Maradona para o Napoli. Quando Maradona lhe perguntou para onde o dinheiro tinha ido, Jorge enumerou os buracos que tivera de cobrir. "Ah, então você me roubou", disse Diego.

"Eu roubei você?", respondeu Jorge. Foi a gota d'água, pensou Cyterszpiler. Depois de resolver algumas coisas, Jorge comunicou a Diego que estava se demitindo. "Você acha que eu roubei você, certo? Então estou lhe dando toda a parte que me cabe." Jorge partiu para o México com apenas trezentos dólares no bolso.

"Eu voltei para Buenos Aires", conta Fernando García. "Jorge, que tinha alguns apartamentos na cidade, me disse para ir procurar um lugar para morarmos. Ele ficou três meses no México hospedado na casa de Eduardo Cremasco, ex-jogador do Estudiantes, até voltar para Buenos Aires para viver o luto da separação de Diego."

"Vou lhe dizer uma coisa que nunca disse antes", relata Blanco, emocionado. "Diego não era mais o mesmo e não olhava mais para Jorge da mesma maneira. A vida estava levando Diego por outros caminhos. Jorge, que não tinha dinheiro além das comissões de seu trabalho com ele, passou a ser, para *Pelusa*, 'o coxo', 'o gordo'. Por sua vez, o novo empresário de Diego, Cóppola, era um playboy do *jetset*, alguém que havia deixado mais de trezentos clientes para representar apenas Maradona. A partir de então, Diego teve os melhores carros, as mulheres mais desejadas e acesso a todos os lugares que quis. Uma parte dele estava a caminho do fim que Diego viria a ter."

Com o encerramento das atividades da Maradona Producciones, o câmera Juan Carlos Laburu resolveu ficar em Nápoles, abriu uma pizzaria e segue lá até hoje, onde vive bem. Embora seu antigo império estivesse desmoronando, Diego admitiu que havia duas coisas das quais não podia prescindir: o realismo de Fernando Signorini e o estilo aglutinador de Claudia. Todo o resto seria novo.

"Ele falhou comigo durante um momento difícil e me disseram para processá-lo, mas nunca quis", disse Maradona a respeito de Cyterszpiler, aquele garoto esperto que tinha previsto o futuro de Diego antes do próprio jogador. Estabeleceu-se um pacto de não agressão e uma cláusula velada de confidencialidade, embora Maradona tenha quebrado o acordo em seu livro ao falar sobre sua insolvência em Nápoles. Cyterszpiler nunca explicou publicamente o que provocou o desentendimento entre os dois.

"No primeiro dia de sua nova parceria profissional com Cóppola, Diego chegou em casa às seis ou sete da manhã", complementa Blanco. "Uma história totalmente nova estava prestes a começar."

20
GUILLERMO CÓPPOLA

Durante a ruptura com Cyterszpiler, Diego, à procura de um empresário experiente, buscou a ajuda de Josep María Minguella, chegando a lhe pedir que se mudasse para a Itália com ele para auxiliá-lo nesse período de transição. "Posso ajudá-lo, mas não vou para Nápoles", foi a resposta. Contudo, Minguella fez alguns favores a Maradona: vendeu a casa de Pedralbes e depositou 100 mil dólares de seu próprio bolso em um fundo de emergência numa conta em nome do craque, caso ele novamente se visse em apuros.

"Em seu segundo ano na Itália, ele [Diego] me levou para jantar em um restaurante espetacular de Nápoles, próximo a uma falésia", recorda-se Minguella. "E me falou: 'Diga ao presidente que, se ele me der a mesma casa que eu tinha, eu volto para Barcelona'. Contei a Núñez, mas Núñez já não estava mais interessado."

A busca por um empresário continuava. Carlos Randazzo, ex-jogador do Boca e do River Plate, se encontrou com Maradona em Buenos Aires e desempenhou um papel importante na escolha do novo representante de Diego, como ele contou ao jornalista Diego Borinsky, da revista *El Gráfico*: "Um dia, [Diego] me disse: 'Por que você nunca me falou que Jorge [Cyterszpiler] estava me afanando?' E respondi: 'Acho que Jorge nunca roubou você'. Jorge jogava dinheiro fora, às vezes gastava de maneira não muito inteligente, mas ele não o roubaria. E complementei: 'Chame Guillermo Cóppola, você o conhece, parecem ter se dado bem, ele é um cara simpático e competente'".

Diego pediu um favor para Randazzo: "Leve esse *folder* e diga para ele começar por aqui". Era uma casa em Esquina, província de Corrientes, no norte da Argentina. Cóppola deveria "movimentá-la" de alguma maneira. E foi assim que a história de Cóppola como empresário de Diego teve início. Nas palavras do próprio empresário:

Foi mais ou menos naquela época que alguém me disse que Diego queria falar comigo, que ele estava interessado em saber como eu era, como me comportava. Organizou-se uma reunião em seu quarto no complexo esportivo de Ezeiza, onde a seleção argentina treina. Ele estava tímido e me disse que tinha algumas poucas coisas que desejava que eu supervisionasse. Jorge Cyterszpiler ainda estava trabalhando com ele, e eu lhe disse que em nenhuma hipótese me envolveria em uma situação não resolvida. "Não, não, isso sou eu que vou resolver." Tudo bem. Quando ele finalmente me pediu exclusividade, aquela era uma decisão importante para mim, mas Diego era Diego e, no dia seguinte, me demiti do banco em que trabalhava, deixei para trás vários outros jogadores que representava e fui para Nápoles. Eu tinha dois assentos na tribuna de honra do estádio San Paolo e havia sempre um quarto reservado para mim no hotel Paradiso. Do meu quarto se podia ver o Monte Vesúvio, o golfo, o porto. Era perfeito. Mas andar pelas ruas era praticamente impossível e, por isso, sempre saía de motocicleta. De manhã, fazia os serviços bancários, cuidava das nossas coisas pessoais, ia ver os treinos de Diego. Um dia a bola foi para fora do campo e eu a dominei e a chutei de volta. Diego falou: "Guillermo, a bola, não toque na bola. Eu não chego na sua mesa e mexo nos seus papéis". Quantas risadas! Se Diego não estivesse treinando de tarde, nós geralmente almoçávamos na ilha de Capri; se estivesse, eu almoçava no restaurante Sacristia, onde tinha uma mesa permanente, como os chefes da Camorra.

Milão, hotel Principi di Savoia, cerimônia de premiação do Oscar do esporte [Oscar Mondiale dello Sport], março de 1987. O vencedor anterior passava o cetro ao novo rei. Estavam lá [Alain] Prost, que o passou a [Ayrton] Senna; [Björn] Borg coroou [Boris] Becker; e Pelé a Maradona. Tínhamos de chegar às 18h53 para uma sessão de fotos com os dois antes de subirmos ao palco. Estávamos no oitavo andar; Pelé, no nono. Às 18h45 eu digo: "Dieguito, como você está?".

E Diego me responde: "Esse cara, o Pelé, não dormi a noite inteira por causa dele. Você não sabe, mas ele me magoou uma vez, as coisas que ele disse sobre mim em 1986, tenho certeza de que fez de propósito, esse lixo...".

E eu falo: "Bom, hoje ele está te entregando o Oscar, idiota. Olha, vamos descer em cinco minutos".

"Tudo bem." Fiquei com a impressão de que teríamos problemas. Então eu desço e depois subo novamente. "Dieguito, você está pronto? O Pelé já está descendo..."

"Ah, ele não desceu ainda?"

"Não, está a caminho."

"Enquanto ele não descer, eu não desço."

Então vou para o nono andar, pego Pelé e falo: "Olha, temos que descer".

"Quando Diego descer, eu desço."

Volto para o oitavo andar. "Dieguito, acabei de falar com ele e já estão descendo."

"Bom, quando descerem, eu desço." Naquele momento eu queria dizer: "Vão todos para o inferno — Pelé, Maradona, o Oscar".

Falei: "Diego, estamos cinco minutos atrasados. Tem cem pessoas no programa e nós somos os únicos atrasados". E nada.

Ligo [para Pelé] e digo ao irmão dele: "Você entra no elevador, desce e nós esperamos [no andar de baixo] e descemos os quatro ao mesmo tempo". Estamos os quatro no mesmo elevador. Sete ou oito minutos atrasados. Bom... Fotos, imprensa, todos ao nosso redor. Pelé, fila um. Nós, fila dois.

"E por que ele está na fila um?", pergunta Diego.

"Porque ele tem de subir antes de você para te entregar o prêmio, seu idiota."

O prêmio é anunciado. Diego o recebe de Pelé. Maradona fala: "Estou orgulhoso, grato e feliz por receber este prêmio, mas o futebol só tem um rei, e este rei é Pelé". E devolve o Oscar.

"Diego, que caralho você está fazendo?", penso comigo. Pelé não sabia o que fazer. Ele teve de devolver o prêmio para Diego novamente! Diego é ovacionado.

Quando se senta, ele [Maradona] se vira para mim e fala: "Assim que recebi o Oscar vi que tinha meu nome gravado. Ele ia ficar com o prêmio? Ele não tinha como ficar com o prêmio".

*

A presença de Diego era solicitada em todos os lugares. Em 1987, numa festa da Cruz Vermelha, estariam presentes os mais glamourosos de Monte Carlo, o príncipe Rainier III, de Mônaco, Caroline e seu marido. Muita gente, e o príncipe Alberto, que estava na nossa mesa, em determinado momento se levanta e diz: "Vocês fiquem aí, eu tenho alguns compromissos amanhã".

Ficamos Diego e eu com outras duas ou três mulheres. Diego me fala: "Peça a conta para que a gente deixe uma boa impressão". Estávamos hospedados no Hôtel de Paris Monte-Carlo, 4.500 dólares a diária; [a conta chega] E então Diego diz: "Por que você pediu?".

"Por que eu pedi? Você me disse para pedir a conta." Tínhamos apenas quinhentos dólares na carteira e não era suficiente para pagar tudo. Só um instante... Havia um carro à nossa espera, embora o palácio ficasse a apenas três minutos do hotel. Vamos fazer o seguinte: vou até o hotel e trago o dinheiro. Quando voltei, as meninas ainda estavam lá. Cinco mil, sendo quinhentos de gorjeta! Foi o que tivemos de pagar. Tudo bem.

Anos depois, Punta del Este, noite pesada, Diego e eu passamos a noite toda fora. Havíamos alugado uma casa em Punta Piedras e estávamos voltando de uma casa noturna, caminhando pela praia em direção à casa, Diego olha para cima e me diz: "Olha, uma festa. Vamos". Eram cinco horas da manhã! Estava rolando um churrasco e quem estava lá? O príncipe Alberto. Diego, não sei por quê, estava com uma cenoura de plástico pendurada no pescoço. Subimos para o churrasco, festa com modelos, empresários... Diego encontra o príncipe Alberto e lhe diz: "Não saio daqui enquanto você não me pagar os 5 mil que me deve".

"Cinco mil?"

"É, 5 mil." Diego falou com ele em um italiano perfeito. "Naquele dia você nos deixou para trás." No fim, ele acabou nos dando o dinheiro. Acho que mais de dez anos depois!

21
CARLOS SALVADOR BILARDO

A ditadura argentina tinha deixado uma dívida calamitosa, tanto espiritual quanto econômica, simbolizada pelos mais de setenta dias da Guerra das Malvinas, após a invasão argentina em abril de 1982. Porém, em dezembro de 1983, Raúl Alfonsín tornou-se o primeiro presidente da República Argentina eleito democraticamente depois dos sete anos de governo cívico-militar. Alfonsín começou a reconstruir o país como uma democracia moderna e, ao longo dos cinco anos e seis meses subsequentes, comandou uma nação na qual, especialmente no início de sua gestão, florescia o otimismo. As flores delicadas e brilhantes da democracia deram origem a uma sensação, por todo o país, de que ações pacíficas e determinadas poderiam resolver os problemas sociais e econômicos. Um programa de alfabetização em massa foi implementado e a censura, suprimida, enquanto se tentava reconciliar poder e cidadania.

Contudo, Alfonsín se viu em uma situação terrível: o país devia 43 bilhões de dólares ao Fundo Monetário Internacional (FMI), sete vezes mais do que antes do golpe militar de 1976. A situação dos desaparecidos seguia como uma ferida aberta que estava longe de cicatrizar. Durante a campanha, Alfonsín havia prometido que crimes cometidos pela junta militar não ficariam impunes.

Cada nova ação da emergente democracia servia apenas para acentuar as visões polarizadas acerca de seu futuro. Líderes políticos, sociais e culturais traçaram linhas imaginárias entre si. Discussões se espalhavam rapidamente, terminando em demagogia populista e dividindo os argentinos, tal qual os Andes. Talvez esse seja o estado natural de um país que gosta de debates longos e inconclusivos. Quem é o melhor cantor de tango, Carlos Gardel ou Julio Sosa? Você é Boca ou River? Na literatura, quem é maior, Jorge Luis Borges ou Julio Cortázar? Avidamente, Maradona simplificou o mundo a seu redor em contornos igualmente claros: ou se estava a seu lado, ou contra ele. Não havia meio-termo.

Após o fracasso na Copa do Mundo de 1982, o presidente da AFA, Julio Grondona, pressionado pela prestigiosa revista semanal *El Gráfico*, perdeu a confiança em um desgastado César Luis Menotti, e, sentindo a brisa fresca que soprava pelas ruas da Argentina, aproveitou o momento da iminente eleição nacional para substitui-lo, no fim de 1982, por Carlos Bilardo, fazendo surgir na alma da seleção nacional uma dicotomia bastante argentina. No início da década de 1970, Menotti havia transformado o Huracán em uma equipe que apresentava um jogo coletivo e atraente, o que acabou por lhe render o convite para assumir a seleção nacional. Segundo ele, o futebol tinha também um "lado de lá" onde estavam os treinadores formados e influenciados pelo *catenaccio* italiano, uma mentalidade defensivista e avessa a riscos. "Um dos poucos caras do *lado de lá* com quem eu jamais tomaria um café é Bilardo", afirmou Menotti. A discussão ideológica sobre futebol entre seus fiéis seguidores perdura até hoje.

"O maior treinador que já tive foi Menotti", disse Diego Maradona a Borinsky, em entrevista publicada na *El Gráfico*. "Taticamente, Bilardo é dez vezes melhor do que Menotti, mas ele demandava muito tempo dos jogadores para fazer com que o entendessem. *El Flaco* fracionava as coisas e explicava tudo de uma maneira simples e envolvente, e rapidamente se entendia o que ele queria." Na seleção nacional, Menotti montou um time tendo Maradona como solista. Bilardo resolveu montar uma equipe sob o comando absoluto de seu camisa 10.

Pouco depois de assumir a função de olho no Mundial de 1986, o novo treinador viajou a Barcelona para conversar com Diego. "Você vai jogar aqui, eles vão marcar você, você vai atuar aqui e aqui." Ciente do volume considerável de informação que havia transmitido, Bilardo desculpou-se: "Sei que você não entendeu nada, mas com o tempo vai ver que é fácil. E vou lhe dizer uma coisa: você vai ser o capitão do time". Após a decepção na Copa do Mundo de 1982, o técnico tinha de fazer sua equipe renascer das cinzas como uma fênix, e, para produzir a necessária fagulha, resolveu marretar uma bigorna. "Tirar a braçadeira de Passarella não foi fácil. Puta que pariu, era um campeão do mundo", explicou Bilardo na *El Gráfico*. "Mas vi Diego como o líder ideal." Maradona estaria acima de todos os demais. De certo modo, apostava-se tudo em um único número — o desempenho da equipe dependeria sobretudo da contribuição individual de Maradona.

O primeiro jogo da Argentina sob o comando de Bilardo foi um amistoso contra o Chile, em maio de 1983, e a seleção mostrou os primeiros sinais de seu pragmatismo e rigor extremados. Dizem que os meio-campistas eram proibidos de comemorar os gols para não se cansarem — Bilardo não era um treinador comum.

"Um dia ele ligou para [Oscar] Ruggeri e lhe pediu para que fosse até sua casa com uniforme de jogo", contou Claudio Caniggia, companheiro de Ruggeri na seleção, para a revista *Jot Down*. "Bilardo o fez ir até uma praça em frente à sua casa, onde alguns meninos estavam jogando bola. No gol estava um menino de nove anos. 'Pode chutar!', gritou Bilardo. 'Mas é só um menino, Carlos... não posso', respondeu Ruggeri. 'Chute!', insistiu o treinador. Bilardo queria ver se ele [Ruggeri] estava recuperado de uma lesão."

Bilardo gravava os treinos, algo pouco comum naquele tempo. "Ele me fez assistir a um vídeo em que eu aparecia com as mãos na cintura", recorda-se Caniggia, "e me disse que não devia ficar daquele jeito porque passava a impressão de estar cansado... Se mexia no meu cabelo, ele dizia que eu estava desconcentrado." Toda conversa individual com os jogadores contava com duas testemunhas para que, depois, ninguém pudesse distorcer as palavras do treinador.

Maradona se dedicou plenamente à seleção e pediu aos companheiros que fizessem o mesmo. Como o calendário de clubes e o de seleções não era necessariamente sincronizado e as federações não marcavam as partidas de suas equipes nacionais com antecedência, era comum que jogos das Eliminatórias, como aqueles para a Copa do Mundo de 1986, ocorressem no meio dos campeonatos, e que os clubes europeus se opusessem às viagens de seus jogadores latino-americanos. Parar Diego, porém, era impossível.

Em 1985, a Federação Italiana de Futebol o lembrou de que ele estava proibido de viajar e ameaçou suspendê-lo. "Nem o presidente [da Itália, Sandro] Pertini pode me impedir de viajar, porque não pode evitar que os aviões decolem de Roma", disse. "Maradona desafia a liga", estampou a *Gazzetta dello Sport*. Ele acabou disputando cinco partidas em quinze dias: três com o Napoli e duas com a seleção da Argentina, e de maneira intercalada.

"O voo da Aerolíneas Argentinas saía, como sempre, às dez horas da noite. O jogo com a Juventus deve ter acabado às sete da noite e eu tinha que percorrer 250 quilômetros de Nápoles até o aeroporto de Fiumicino [em Roma]... e com todo o tráfego de domingo contra nós", contou Maradona em sua autobiografia. O empate sem gols com a Juve foi apenas a primeira parada da maratona. Alguns dias depois, ele se apresentou à seleção e participou de um amistoso contra o Paraguai, em Buenos Aires, que terminou 1 a 1. Após a partida, Maradona retornou à Itália e chegou a Nápoles "na hora da janta, então comi alguma coisa e fui dormir. Acho que acordei um minuto antes do início do jogo". O adversário era a Udinese e Diego marcou dois gols no empate em 2 a 2 — um com a mão. O camisa 10 do Napoli e da Albiceleste tornou a empreender o trajeto Itália-Argentina para outro compromisso com a equipe nacional, um amistoso contra o Chile, também em Buenos Aires. Terminado o confronto (vitória por 2 a 0), voou de volta para Roma, seguiu para Nápoles e, no seu quinto jogo em duas semanas, teve atuação de destaque no triunfo por 1 a 0 dos napolitanos sobre a Fiorentina.

Para afastar a equipe do antigo regime e criar um novo, Bilardo quis estreitar os laços com os clubes argentinos, dando oportunidades para seus jogadores em partidas a serem disputadas predominantemente na América do Sul. Ele já sabia o que Diego tinha a oferecer e, para garantir que não desperdiçaria energia à toa, apesar dos protestos de sua estrela, deixou-o de fora por um longo e incomum período — quase três anos —, enquanto estabelecia o 4-4-2 como base da equipe para melhor aproveitar o potencial de seu principal jogador. O 3-5-2, que virou uma marca pessoal de Bilardo, só foi usado mais adiante no ciclo. Contudo, uma coisa atrapalhava a implementação das novas diretrizes: o treinador falava tão rápido que os jogadores, às vezes, tinham dificuldade para entender suas instruções. "Para alguns, era grego", foi o que disse o zagueiro campeão do mundo José Luis *Tata* Brown.

Independentemente das palavras, as exigências eram as maiores possíveis. "Você sabe o que era treinar com Bilardo? E em dois turnos?", contou o lateral Julio Olarticoechea para a *El Gráfico*. "Eu chegava em casa exausto, física e mentalmente...Vídeos e mais vídeos."

Um Maradona revigorado voltou a ser chamado em meados de 1985, mas dentro e fora de campo estava armado o cenário para um conflito inevitável. Os veteranos gladiadores campeões mundiais de Menotti contra os iniciantes, a nova geração, aqueles que interpretavam o jogo de outra maneira.

Naturalmente, o ex-capitão Passarella, que tinha um bom relacionamento com os poderosos e defendia o respeito contínuo às regras e à hierarquia, mostrou-se cauteloso. E acreditava que Maradona corria muitos riscos desnecessários valendo-se de qualquer recurso para abordar árbitros e rivais, em reclamações estridentes. Porém, no fundo, a verdade era que a filosofia futebolística de Maradona não o representava. Diego, por sua vez, sentia-se à vontade em qualquer confronto com o poder institucional, valendo-se da autoridade a ele conferida como capitão. O rebelde com a braçadeira.

No jogo de estreia da Argentina nas Eliminatórias para a Copa do Mundo de 1986, contra a Venezuela, não foi possível esconder os problemas do elenco. Na chegada a Caracas, Bilardo disse a seu capitão que estava pensando em escalar *Tata* Brown na zaga. Um irritado Passarella ameaçou fazer um escândalo, mas se conteve. Passarella acabou marcando o segundo gol da vitória por 3 a 2 — os outros dois gols foram assinalados por Maradona — e ainda viria a ter um papel fundamental na última e crucial partida das Eliminatórias, contra o Peru.

A campanha de classificação para o Mundial foi caótica, e a equipe confirmou sua vaga apenas dez minutos antes do fim do último jogo. Os argentinos perdiam em casa para o Peru por 2 a 1 e, após a zaga peruana ter afastado um cruzamento vindo do escanteio, a bola foi novamente levantada na área. Passarella, que ainda estava no ataque, ignorando as instruções de Bilardo pedindo que voltasse para a defesa, dominou a bola no peito, passou por um marcador na direita da grande área e chutou cruzado para o gol. A bola pegou na trave e Ricardo Gareca a empurrou para as redes, empatando a partida e garantindo a liderança do grupo e a classificação para a Copa do Mundo.

Havia muitas dúvidas sobre o funcionamento da equipe. O jornal *Clarín* duvidara de Bilardo desde o início e continuou a duvidar após a vaga assegurada para o México, assim como parte da torcida, que não via o espírito do futebol argentino no estilo da seleção. O próprio Passarella reconheceu: "Se não melhorarmos, não vamos muito longe na Copa do Mundo". Não eram críticas inocentes.

"A imprensa é poderosa, capaz de derrubar presidentes, como não me derrubaria?", admitia o treinador. Na verdade, o governo, seguindo instruções do presidente Alfonsín, tentou tirar Bilardo antes do torneio do México. Um garçom que conhecia o técnico ouviu o nome de Bilardo ser mencionado em uma mesa composta por políticos e, junto com um colega, decifrou a conversa: estavam planejando a demissão do comandante da Albiceleste. A informação foi passada a Bilardo, que a revelou para Grondona. O presidente da AFA o apoiou.

Após a partida contra o Peru, Maradona, sofrendo com dores no joelho direito devido a uma ruptura na cartilagem e o consequente acúmulo de líquido, que ele tinha de extrair periodicamente, teve de disputar as últimas rodadas do Campeonato Italiano pelo Napoli. Porém, aos olhos de Carlos Bilardo, isso jamais colocou sua liderança em dúvida.

A revista *El Gráfico* organizou um ensaio fotográfico com Passarella e Maradona, ambos sorridentes e usando *sombreros* mexicanos, mas mal dava para esconder a tensão entre os dois. A divisão do time também era bastante clara: do lado de Bilardo estavam Pumpido, Brown, Ruggeri, Garré, Giusti, Burruchaga e Maradona; os seguidores de Menotti eram Valdano, Passarella, Borghi e Tapia. Batista e Olarticoechea eram *menottistas* no início, mas depois mudaram de lado.

Fernando Signorini disse a Diego como ele achava que a liderança do grupo e sua dinâmica tensa poderiam se desenrolar em um torneio a ser disputado na altitude e sob temperaturas elevadas, o que reduziria a eficácia de marcações individuais mais firmes. "Esta é sua Copa do Mundo", disse. "Bem, sua ou do Platini." Alguma pimenta precisava ser adicionada para fazer Diego reagir.

Signorini, incentivado por Diego, leu, ouviu e conversou com fisiologistas, biomecânicos e traumatologistas para poder aprimorar seus conhecimentos e estar ao lado de Maradona durante a Copa do Mundo como seu preparador físico particular. Durante uma reunião, ele encheu um fisiologista de perguntas. "Não pergunte tantas coisas", repreendeu Diego. "Você não vê que o médico vai achar que você não sabe nada?" Naquele momento, Signorini percebeu que, para Maradona, as perguntas eram sinal de fraqueza, algo que ele não se permitia.

Descobriu-se que o camisa 10 era, atleticamente, tal qual um gato. "Ele era capaz de períodos de intensidade muito alta, mas de curta duração", explica Signorini. "Depois, precisava de um bom período de descanso para recuperar sua energia; não podia simplesmente ficar correndo para todo lado, tinha de escolher os momentos. Assim, intensificamos esse tipo de treinamento, com muita potência, de um lado a outro, trabalhando todos os músculos de uma maneira integrada. Durante os exercícios eu costumava desafiá-lo e, num dia, estávamos encarando a França; no outro, a Alemanha."

Internamente, uma crença de que o impossível podia acontecer estava sendo fomentada dentro do grupo, embora ainda houvesse uma situação a ser resolvida: sua harmonia. Será que um inevitável confronto ajudaria?

"Houve inúmeras reuniões", contou Bilardo ao diário *La Nación*. "Na Colômbia e também no México. Algumas vezes, um treinador tem de provocar os jogadores. Não se pode deixar que se reúnam sem que você saiba. Se eles convocaram uma reunião, não se pode deixá-los sozinhos por mais de quinze, vinte minutos. Nesse tempo, coisas são ditas; e é preciso ter bons informantes, caso contrário passam por cima de você."

"Fomos jogar em Barranquilla, na Colômbia", relata Jorge Valdano. "Na noite anterior ao jogo houve uma reunião que esclareceu muitas coisas, coisas que precisávamos abordar e dizer cara a cara."

Aquele confronto foi uma das disputas mais importantes da história do futebol argentino. "A reunião em Barranquilla foi terrível, muito dura, mas fazê-la foi uma atitude inteligente", disse Jorge Burruchaga ao *La Nación*. "Estávamos a ponto de nos matar. Nunca mais vivi uma situação como aquela. Mas foi positivo para nós, todos tivemos de falar."

Após um tumultuado encontro, as duas correntes que estavam dividindo o elenco decidiram "ser inteligentes" e, por um mês, trabalhar para o bem comum. "Temos de sair de lá campeões mundiais e depois a gente vê o que faz", disse Maradona a seus companheiros.

Contudo, embora tenha estabelecido o tom do relacionamento entre eles, aquele era um tratado de paz bastante frágil. Na verdade, ainda precisava ser esclarecido quem sairia vitorioso na briga entre Maradona e Passarella, e isso foi resolvido na Cidade do México.

A seleção da Argentina se concentrou no complexo do América, na capital do país. Em uma determinada ocasião, Passarella entrou no quarto de Maradona sem bater e cobrou o camisa 10 por sua postura, que o *Kaiser* julgava ser pouco profissional, insinuando que Maradona tinha um problema com drogas. Pouco tempo depois, Diego chegou quinze minutos atrasado para uma reunião e Passarella o repreendeu, insistindo que um capitão jamais deveria se atrasar e indicando que, embora Diego não tivesse abandonado outros comportamentos repugnantes, a falta de pontualidade não deveria ser tolerada. Maradona enfrentou Passarella diante de todos, como explica *Pelusa* em sua autobiografia.

"Terminou? Agora, vamos falar de você", disse Maradona, pegando o touro pelo chifre. "Está certo, é verdade que uso cocaína. Mas deixa eu te falar uma coisa: naquela ocasião eu não estava cheirando nada, e você está acusando outros meninos que não têm nada a ver com isso. Você é um cagueta!"

Havia uma conta telefônica no valor de 2 mil dólares pela qual ninguém se responsabilizava e Diego revelou que o número chamado era o da casa de Passarella na Itália. "Você é um merda", gritou Valdano para o antigo capitão. Uma fronteira havia sido, definitivamente, cruzada.

"Três dias antes da primeira partida [do Mundial], Bilardo organizou um amistoso contra o time juvenil do América do México, e no primeiro tempo já perdíamos por 3 a 0", recorda-se Jorge Valdano. "No segundo, Bilardo foi o árbitro e conseguimos empatar, mas a sensação de insegurança era palpável." Era difícil acreditar na capacidade de aquele grupo ir longe no Mundial, mas ao menos parecia que o problema hierárquico tinha sido resolvido.

Para Fernando Signorini, uma dúvida persistia e, por isso, ele foi até o pequeno quarto que Maradona e Pedro Pasculli dividiam. O número 10 da Argentina estava na cama, debaixo das cobertas, lendo uma revista com a televisão ligada.

"*Profe*, como você está?", disse Pasculli. Signorini piscou para ele. Maradona não disse nada nem tirou os olhos da revista.

"Estou ótimo, Pedro! Sabe que notei..." Signorini baixou a voz e Diego começou a prestar atenção. "Notei que a imprensa está dizendo que vai ser uma Copa do Mundo medíocre. Não vai ter uma estrela."

"Por que você não me deixa ler em paz?", gritou Maradona.

"Tá bom. Até mais tarde!" E Signorini saiu do quarto.

Naquela semana, Bilardo tinha marcado algumas entrevistas coletivas. Dias depois, Signorini desceu para tomar café da manhã com o elenco e viu alguns jornais espalhados sobre a mesa e, entre eles, um jornal mexicano que trazia a seguinte manchete: "Maradona abre fogo: 'Esta vai ser minha Copa do Mundo'".

22
MÉXICO-1986: AS SUPERSTIÇÕES

"Você é a soma genética do melhor do futebol argentino, e talvez do mundo. Se você se concentrar e acreditar em si mesmo, o milagre da conquista da Copa do Mundo pode virar realidade." Fernando Signorini disse isso a Maradona várias vezes, de diferentes maneiras, nos últimos dias antes do início do torneio.

"Ele era o representante dos miseráveis, dos meninos cuja única diversão era o gol marcado por Diego no domingo", explica o *Profe*. "Não se tratava apenas de jogar futebol, não, não, e ele tinha consciência e gostava disso." Outros podem se esquivar de tamanha responsabilidade, mas aquele jovem de 25 anos nem se prestava a pedir informações sobre como chegar ao Monte Olimpo para enfrentar os deuses — talvez sem saber, havia passado a vida toda se preparando para aquela competição.

Desde a infância somos elogiados por sermos obedientes, e assim, quando crianças, acreditamos que as pessoas só vão nos reconhecer — e, de fato, nos querer — se formos complacentes. Em suma: fazemos o que nos mandam. No entanto, à medida que crescemos e descobrimos pelo que realmente ansiamos, aprendemos que aqueles que obedecem acabam por chegar aos lugares desejados por seus chefes; já aqueles que desobedecem seguirão seus próprios caminhos, estabelecerão seus próprios limites e tomarão a direção que bem desejarem. Maradona aprendeu muito cedo a dizer não. Ele tinha quinze anos quando se tornou não apenas chefe de família, mas dono de seu destino, e sua luta e sobrevivência dependiam de sua natureza desobediente.

A cultura latina, com sua forte influência judaico-cristã, baseia-se na força da comunidade e da partilha, um ditame moral contrário às exigências da sobrevivência humana: sobrevive melhor aquele que é egoísta e rebelde em prol de sua própria causa. E foi exatamente assim que Maradona evoluiu, lidando com as inesperadas complicações de seu sucesso contínuo. Aqueles que triunfam afirmam ser inevitável lidar com algum tipo de prejuízo pessoal, passando a ser um desafio não se sentir isolado uma vez atingido o topo. Não há vacina para o sucesso, não existe uma estratégia para as mudanças vividas e se está constantemente sob os olhares das outras pessoas: pais, amigos, fãs e jornalistas. Não é mais possível agir como antes, as ações são anestesiadas e condicionadas pelas expectativas dos observadores.

Pode-se não desejar mudar, pode-se acreditar que é possível voltar para suas origens com um simples gesto, mas isso é lutar contra a verdade de que a mudança é inevitável. Fama e sucesso trazem tanto vantagens quanto desvantagens, e ambas as coisas devem ser aceitas e toleradas, impossibilitando a negação da presença de uma ou de outra, tendo em vista que fazem parte da formação do indivíduo. Maradona, dono de uma personalidade rebelde, egoísta e precocemente madura, aprendeu a lidar com o fato de que seu crescimento se dava diante de todos, sendo cobiçado pelos olhos invejosos do mundo. Dentro de campo e nos vestiários, ele sabia o que era e o que não era bom para si, quem o ajudava e quem não. No fundo, tinha noção de que alguma coisa não estava totalmente certa, mas não conseguia apontar o quê.

Na Copa do Mundo do México, Diego se sentia na plenitude de sua condição física, aliada a uma mentalidade de campeão, apesar do avanço insidioso de seu vício. A Argentina aguardava um redentor havia décadas, e esse desejo nacional é fundamental para compreender o que aconteceu durante o torneio e a partir de então. "Precisamos de mitos, precisamos de pessoas que possamos idealizar, capazes de fazer o que não podemos, que possam transformar nossos sonhos em realidade", complementa Signorini. "Depois, podemos destruí-las."

"Quatro meses antes da Copa do Mundo, disputamos uma partida contra a França de Platini e perdemos por 2 a 0 — nunca tinha visto

Diego jogar tão mal", contou Jorge Valdano durante uma conversa com o jornalista Ezequiel Fernández Moores, em 2013, parte de uma série de depoimentos intitulada *Fútbol Pasión*. "Diego estava fazendo uma espécie de pré-temporada com Fernando Signorini... mas naquele dia fiquei preocupado."

"Antes daquela Copa do Mundo, Maradona era um jogador excelente, mas ainda não era o pai da pátria argentina", completou Fernández Moores. "Porém, no México, Diego falava com trezentos jornalistas, em pé e sozinho, atrás de uma cerca, respondendo como se fosse Barack Obama."

O grupo, montado ao redor das necessidades de Maradona, não tinha dúvidas acerca do caminho rumo à vitória. O zagueiro Julio *Vasco* Olarticoechea relatou, à época, o temor dos jogadores: "Eu me levantava para ir ao banheiro e tentava fazer o menor barulho possível, pensando: 'Espero que ele não acorde, porque pode ser que não volte a dormir e, se ele jogar mal amanhã, a culpa vai ser minha'".

Olhando em retrospectiva, aquele Mundial contava com uma infraestrutura precária e recursos básicos, quase insuficientes, para as delegações. Contudo, os argentinos souberam tirar proveito desse ambiente mais amador, semelhante ao dos bairros dos clubes de seu país. Até o ônibus que levava o time para jogos e treinamentos, antigo e amarelo, um pouco apertado e ultrapassado, combinava perfeitamente com esse clima de nostalgia.

A Argentina foi a primeira seleção a usar os novos alojamentos do América do México, localizados próximo ao estádio Azteca. Havia um telefone público e uma televisão na sala de jantar, em cuja mesa ficava uma seleção de jornais mexicanos e a edição da semana da revista *El Gráfico*. "Nós que tivemos de instalar os abajures porque nem todos os quartos estavam terminados", contou Maradona, que recebia da AFA a mesma quantia que os demais: 25 dólares por dia.

A cem metros, aproximadamente, do alojamento dos jogadores havia sido construído um galpão, transformado em quatro habitações, onde um grupo de quatro atletas se hospedaria em condições ainda mais precárias. "Quando você concorda em ir para o galpão", admite Valdano, "você está dizendo, na verdade, que está disposto a fazer qualquer coisa, a viver em condições ruins, a fazer coisas em campo que não gostaria. Aquela necessidade de dividir tudo, acredito eu, favoreceu o grupo, que se tornou cada vez mais homogêneo. É o maior milagre de transformação que vivi em minha carreira esportiva."

"Tinha uma coisa, não sei como dizer... era tudo muito amador", conta Diego em seu livro *Mi Mundial, mi verdad*. Embora fosse divertido, os jogadores também reclamaram, inclusive dos uniformes. Na foto oficial da equipe antes do início da Copa do Mundo, membros da comissão técnica e até Bilardo estão usando marcas diferentes de uniforme.

As condições, em geral, eram desafiadoras para os atletas: níveis elevados de poluição a 2 mil metros de altitude aliados a partidas disputadas ao meio-dia sob temperaturas subtropicais, além da utilização de uma nova bola sintética difícil de ser controlada, ainda mais em estádios de baixa qualidade e com gramados secos e esburacados.

Houve protestos contra a estrutura geral do evento, especialmente com relação ao horário dos jogos. Maradona e Valdano foram os que mais contestaram a situação. "Era junho, estava incrivelmente quente e as partidas eram disputadas ao meio-dia", conta Valdano. "Era um atentado ao espetáculo. Nós dissemos aquilo de maneira inocente, não imaginávamos que provocaria uma reação tão violenta da Fifa."

Qualquer dúvida que os jogadores pudessem ter sobre seu papel na ordem hierárquica do futebol se esvaiu: o presidente da Fifa, João Havelange, disse para os jogadores se calarem e jogarem futebol. "Eu não queria acabar com o negócio das transmissões de televisão, aquilo era com eles", explicou Diego. "O que estava pedindo era que nos consultassem, consultassem os jogadores, os verdadeiros donos do espetáculo, porque sem os atletas eles não são nada." Era o primeiro confronto entre a estrela e a Fifa. "Nós defendíamos o bem do esporte; eles defendiam o bem dos negócios", relata Valdano.

A vida era monótona nas instalações do América do México. "Nas Copas do Mundo, quase não se tem que treinar", contou Bilardo para a revista *El Gráfico*. "Os rapazes chegam cansados depois da temporada com seus times. Nós os preparamos para a primeira partida e depois cuidamos deles. Eu 'simulava' sessões de treinamento — se não fizer algum tipo de treino os jornalistas acabam com você." Tendo pouca coisa a fazer, Maradona, para aborrecimento de Nery Pumpido e dos demais goleiros, passava até uma hora praticando finalizações.

O time tomava mate sempre na mesma hora. Na cultura argentina, mate e superstição são partes integrantes de qualquer grupo.

As rotinas que antecedem a partida aparentemente influenciam forças invisíveis, dando segurança aos jogadores em um esporte no qual sorte, coincidências e acidentes são relevantes. "Nós tínhamos um milhão de rotinas diferentes", contou *Tata* Brown para Diego Borinsky, da *El Gráfico*. E, à medida que a partida de estreia contra a Coreia do Sul se aproximava, os rituais supersticiosos foram se acumulando.

O elenco fez um churrasco na véspera do jogo com carne trazida de Buenos Aires por dois pilotos da Aerolíneas Argentinas. O lateral Néstor Clausen tinha comprado uma câmera e, naquele dia, começou a usá-la para gravar *Vasco* Olarticoechea entrevistando as pessoas como se fosse um jornalista. Às cinco horas, Bilardo ligou para sua mulher em Buenos Aires. Alguns membros do elenco foram a um shopping center, comeram hambúrgueres e foram pegos pelo médico do time, dr. Raúl Madero, que os repreendeu: "Vocês são uns irresponsáveis". Quando o médico contou aquilo para Bilardo, o treinador disse: "Está tudo bem, Raúl".

O dia da estreia finalmente chegara. No café da manhã, Brown encontrou Bilardo: "Olá, *Bron* (forma como o técnico chamava o zagueiro), como você está?".

"Bem", respondeu o defensor.

O treinador seguiu seu caminho, mas, de repente, parou: "Ah, *Bron*, você vai jogar hoje, viu?". Ninguém havia dito a Brown que Passarella não estava em condições.

O que tinha acontecido com o antigo capitão e campeão do mundo? O diagnóstico era claro, a origem do problema nem tanto. Havia anos que Passarella e seus amigos vinham dizendo que existia uma conspiração do comando e do elenco para tirá-lo do time antes do início daquela Copa do Mundo, mas jamais apresentaram qualquer prova.

Assim que a seleção chegou ao México, o dr. Madero orientou os atletas a não beberem água da torneira, nem mesmo usá-la para escovar os dentes porque podia conter bactérias nocivas devido ao terremoto que, no ano anterior, devastara a capital do país. Todas as precauções foram tomadas — os garçons abriam as garrafas no momento em que as traziam para a mesa, a água para o mate era fervida. Porém, uma semana antes do início do torneio, Passarella se sentiu mal e teve diarreia, sofrendo do que se chama de "mal de Montezuma". Mesmo após tomar comprimidos de carvão vegetal e remédios, ele seguia com dificuldades para voltar a se sentir bem.

"Passarella fumava e bebia uísque de noite e achava que as pedras de gelo não lhe fariam mal", disse o dr. Madero para a revista *El Gráfico*. Dois dias antes do jogo contra a Coreia do Sul, Passarella treinou normalmente e foi anunciado como titular. No dia seguinte, sofreu uma recaída e teve de ser hospitalizado, desfalcando a Argentina nas duas primeiras partidas. O jogador perdeu sete quilos.

No dia 2 de junho de 1986, a caminho do estádio Olímpico, cada atleta se sentou onde quis naquele ônibus caindo aos pedaços. O meia Carlos Tapia fez a barba logo após chegar ao estádio. Era mais um dia de calor sufocante. Com algumas chuteiras, uma camisa e meias, Maradona desenhou a imagem de um corpo no gramado no qual ninguém podia pisar.

Terminadas as massagens, o telefone público do vestiário tocou e Brown atendeu. Do outro lado da linha, silêncio. Diego se aproximou do zagueiro, enquanto este estava amarrando suas chuteiras, e disse: "Vamos, vamos que, se você jogar bem, eu vou jogar bem. Vamos lá, você é o melhor, nós vamos acabar com esses filhos da puta".

Maradona foi o primeiro a entrar em campo, saltitando. O coração de Brown estava saindo pela boca. Carlos Salvador Bilardo deu a Burruchaga, o último atleta a entrar em campo, um tapa nas costas. O treinador gritou novamente: "Vamos com tudo, hein!", e foi se sentar sozinho em uma das extremidades do banco de reservas. Os suplentes e os membros da comissão técnica se sentaram onde quiseram. O meio-campista Ricardo Giusti enterrou uma bala (doce) no centro do gramado.

Na fase de grupos, a Argentina enfrentou a Coreia do Sul, e, na sequência, Itália e Bulgária. Duas seleções passavam para o mata-mata. Desde o primeiro minuto do confronto com os sul-coreanos, o plano de jogo estava claro: trocar passes sem pressa no meio de campo e depois, como grande solução, dar a bola para Maradona. Bilardo havia apresentado ao elenco inúmeros vídeos mostrando como a Coreia do Sul atuava; no entanto, dentro do gramado, segundo vários jogadores, eles não conseguiam distinguir seus rivais uns dos outros. Diego sofreu dez faltas, algumas violentas, mas o árbitro espanhol Victoriano Sánchez Arminio mostrou apenas dois cartões amarelos durante o jogo, provocando reclamações de Diego após o fim da partida.

Dois gols de Valdano e um de Ruggeri, todos com passes de Maradona, mostraram a superioridade da Argentina na vitória por 3 a 1.

Os dois pontos foram muito comemorados. "Não tínhamos certeza de que venceríamos a Coreia do Sul", disse Valdano para Diego Borinsky, da *El Gráfico*. "Na verdade, gritei quase tanto no primeiro gol quanto no gol da final da Copa — foi um alívio tremendo."

O atacante teve uma discussão com Diego durante a partida. "Depois de marcar dois gols, continuei pedindo a bola, como era meu costume. Por longos períodos eu ficava desmarcado e gritava para quem quer que estivesse com a bola saber onde eu estava. Em um momento, Diego me falou:'Você quer todas as bolas', ou algo assim. Nós, jogadores, temos a coisa do machão, da briga. Ficamos uns dez dias sem nos falar."

"Como vocês fizeram as pazes?", perguntou Diego Borinsky.

"Maradona sempre ficava na dele. Eu tive de ir até seu quarto."

A partida seguinte da Argentina foi contra a Itália, no estádio Cuauhtémoc, na cidade de Puebla, a duas horas de onde a seleção estava hospedada. Na véspera do jogo, foi feito um churrasco. Uma vez mais os pilotos da Aerolíneas Argentinas se encarregaram de trazer a carne. Tomou-se mate no mesmo horário. A esposa de Bilardo atendeu o telefone em Buenos Aires às cinco horas, sete no horário do México. Olarticoechea fez suas entrevistas. Os fugitivos comeram hambúrguer no shopping novamente.

No ônibus que levou a delegação ao estádio, todos se sentaram nos mesmos lugares. Carlos Tapia fez a barba no vestiário, embora não precisasse. Maradona desenhou seu homenzinho invisível no gramado. O telefone do vestiário tocou. Brown disse "Alô". Silêncio. "Ah, quer saber?, vai pra puta que o pariu", e desligou.

Maradona adentrou o gramado saltitando e antes de todo mundo. Bilardo foi o primeiro a chegar ao banco de reservas e os jogadores se sentaram nos mesmos lugares em que haviam se sentado na partida contra a Coreia do Sul. Ricardo Giusti dirigiu-se ao centro do campo, onde deixou sua bala.

Diego esperava ser marcado homem a homem, e foi — o meio-campista Salvatore Bagni foi sua sombra. Poucos minutos após o início da partida, a Itália abriu o placar graças a uma cobrança de pênalti convertida por Altobelli. A Argentina diminuiu o ritmo do jogo, acelerando apenas no último terço do gramado, quando Maradona driblava ou tentava um passe. Com pouco mais de meia hora de partida, Valdano recebeu passe na entrada da área e lançou, com um toque de primeira, para o lado esquerdo da grande área, pelo alto. Diego ganhou na corrida de seu marcador, observou a bola quicar de maneira convidativa à sua frente e então, quase sem ângulo, a mandou para as redes. Gol!

O goleiro Giovanni Galli ficou parado, aparentemente incapaz de prever uma finalização tão sutil. "Tempos depois, Giovanni defendeu o Napoli e eu lhe perguntei sobre aquele gol", contou Signorini. "Ele me disse: 'Quando Diego pulou para chutar a bola, achei que ele ia chutar forte, soltar uma bomba, e aí eu...'. Giovanni ficou firme para defender a pancada, mas como o chute foi muito fraco, quando tentou se recuperar, não conseguiu, e foi obrigado a ver a bola passando por ele."

"Seu amigo teria sido um ótimo piloto de aviões de guerra", disse o dr. Dal Monte para Fernando Signorini meses depois, quando estudavam a biomecânica de Maradona, impressionados por um atributo que aquele gol mostrou: a visão periférica do jogador, parecida com uma câmera grande angular.

O jogo em si foi maçante, com poucas chances. "O público, composto em sua maioria de mexicanos ou de pessoas que não torciam para nenhuma das duas seleções, gritava: 'Joguem! Joguem! Joguem!'", recorda-se o jornalista Sergio Levinsky, presente no estádio. "A Argentina tocava a bola: Ruggeri para Brown, Brown para Ruggeri, Ruggeri para Brown, Cuciuffo para Brown." O placar nunca esteve ameaçado de sair do 1 a 1, resultado final.

As coisas estavam indo bem, e Carlos Bilardo era, agora, o guru da seita, como disse certa vez Ricardo Giusti, e de uma seita que estava a caminho da santidade. Ninguém pediu para trocar o ônibus deteriorado. Na véspera da partida contra a Bulgária teve churrasco. Bilardo, pontualmente, fez sua ligação. Tapia se barbeou novamente no estádio Olímpico. No vestiário, o telefone não tocou. Os jogadores olharam para Bilardo. Nada. Bilardo disse: "Bom, vamos lá, vamos aquecer". E então o telefone tocou. Brown correu para atender. Ninguém na linha.

"Os búlgaros nos olhavam com medo, principalmente no túnel antes de entrarmos no gramado, quando começamos a brincar com *Tata* Brown e alguns outros", disse Maradona em sua autobiografia. "O que eu fiz? Montei em suas costas de cavalinho e comecei a gritar como um gorila, depois desci e passei a bater no peito. De repente, todos nós estávamos gritando uns com os outros como malucos. 'Vamos, caralho!' Os búlgaros nos olhavam como se tivéssemos saído do inferno."

A seleção da Bulgária ofereceu pouca resistência e foi facilmente batida por 2 a 0, gols de Valdano e Burruchaga, uma vitória que levou a Argentina à liderança do grupo. Nas oitavas de final, o Uruguai seria o adversário, um clássico do Rio da Prata que não acontecia em Copas do Mundo havia 56 anos, quando os dois países disputaram a final do primeiro Mundial, em 1930; naquele jogo, a vitória tinha sido da Celeste.

As circunstâncias forçaram algumas mudanças conforme o torneio avançava. Brown seguia como titular no lugar de Passarella, que ainda lutava para se recuperar; devido ao acúmulo de cartões amarelos, o zagueiro Oscar Garré teve de ser substituído, e o escolhido por Bilardo foi Olarticoechea. O meio-campista Héctor Enrique não figurava entre os onze titulares, mas suas atuações nos treinos fizeram com que ganhasse uma vaga no time. Reuniões para deixar tudo às claras seguiam acontecendo, tratando de assuntos espinhosos; porém, à medida que a confiança da equipe aumentava com os bons resultados, elas foram ficando, de algum modo, mais tranquilas. "É uma dessas transformações que ocorrem em um grupo, quase milagrosamente, no espaço de um mês, a purificação de um ambiente, e que se devem às vitórias", explica Jorge Valdano. "Chegamos à fase final da competição como uma equipe de verdade."

Antes da partida contra o Uruguai, o pessoal do hambúrguer comeu hambúrguer e o resto fez churrasco; um telefonema foi dado e outro recebido; uma bala foi colocada no centro do gramado... "Os rituais me incomodavam", admite, hoje, Valdano, um homem mais inclinado às leituras do que a se deixar seduzir pela sorte. "Respeito muito os [rituais] pessoais, mas os coletivos me incomodam. No fim do campeonato, tínhamos tantos que parecia uma peça de teatro encenada milhares de vezes."

Maradona falou em ganhar o *clásico* contra o vizinho em "honra à nossa pátria". A Argentina conhecia muito bem seu rival, e as duas seleções tinham características parecidas: sólidas na defesa e adeptas de um estilo de jogo prático. Diego fez um jogo espetacular, movimentando-se livremente pelo gramado, apresentando-se o tempo todo; se caía pelas pontas, o jogo passava por ele. O camisa 10 voltava para recuperar a posse de bola e tentava criar jogadas em situações aparentemente impossíveis. Foi sua melhor partida pela equipe nacional até então, "mas não será melhor do que a próxima", disse Pedro Pasculli, autor do único gol do jogo, na entrevista após a vitória. A Argentina, que merecia ter vencido por mais do que apenas 1 a 0, estava classificada para as quartas de final, quando enfrentaria a Inglaterra. Em quatro partidas no México, Maradona já tinha dado quatro assistências e marcado um gol.

Antes do confronto com a Bulgária, Passarella, que voltara a treinar, sofreu uma lesão muscular, sua primeira em dez anos. O dr. Madero afirmou que o lendário zagueiro tinha intensificado demais seus treinamentos sem sua permissão, uma versão diametralmente oposta àquela dada pelo jogador, que dizia ter sido obrigado a se esforçar mais que o devido nos treinos. Seja como for, Passarella deixou a seleção, foi viajar com sua família e Maradona não o perdoou. Em seu livro, Diego escreveu: "Em 1986, estávamos dando a vida enquanto ele tomava sol em Acapulco".

Passarella apareceu no estádio para assistir à vitória sobre o Uruguai e declarou à imprensa que estaria apto para as quartas de final. Na véspera da partida contra a Inglaterra, sentiu-se mal novamente e acabou no hospital com uma úlcera no cólon, perdendo peso e tomando soro. Quase ninguém o visitou. Maradona não foi vê-lo.

Nas instalações do América do México, os treinamentos seguiam leves. "Não faça nada, fique sentado ou vá nadar", dizia Bilardo aos jogadores. O calor os obrigou a passar muitas horas na piscina. Seis dias separaram os jogos contra Uruguai e Inglaterra. "Você sabe o que é passar seis dias enrolando, coçando o saco?", disse Ricardo Giusti, que decidiu treinar sozinho para combater o tédio, a Andrés Burgo, no livro *El Partido*. "Bilardo sabia que tinha gente que não dormia muito e, de noite, ficava circulando com uma bandeja de sanduichinhos."

Antes da partida contra a Inglaterra, Néstor Clausen e *Vasco* Olarticoechea filmaram algumas mulheres costurando e, no vídeo, pode-se ouvir Burruchaga dizendo: "É a véspera da partida, são seis horas da tarde, e essas mulheres ainda estão terminando nossas camisas. Se formos campeões mundiais, vão ter de erguer uma estátua para todos. Um dia antes de um grande jogo e sequer temos os números colocados em nossas camisas!".

A Argentina teria de usar seu uniforme reserva, a camisa azul escura que já havia usado diante do Uruguai. Bilardo disse para um funcionário da AFA, Rubén Moschella, que desejava um tipo diferente de camisa porque o calor, com o acúmulo de suor, a deixava pesada e insuportável. "Bilardo queria nos mostrar como fazer uma camisa de gola V mais leve e fresca, e então começou a fazer uns cortes terríveis com uma tesoura", lembra-se Moschella. "Liguei para o representante da Le Coq Sportif e ele me disse que, infelizmente, não tinha nenhuma camisa de gola V azul, e que não conseguiria confeccioná-las em tão pouco tempo. Desesperado, decidi sair procurando por toda a Cidade do México." O roupeiro Rubén *Tito* Benrós o acompanhou. "Corremos de um lado a outro da cidade com uma mochila."

A dupla encontrou duas opções, uma similar à camisa reserva já existente e outra em um tom de azul mais brilhante. "Não, não, esta não!", disse Bilardo ao ver a segunda opção. Faltavam 48 horas para a partida contra a Inglaterra. "Foi aí que Diego entrou em cena", conta Moschella, "dizendo: 'Que camiseta bonita essa aí, Carlos', apontando para a azul mais brilhante. 'Com ela vamos vencer a Inglaterra'. Carlos olha para ela, eu cruzo os dedos, e ele diz: 'Tudo bem, vamos com esta mesmo'."

A questão do escudo e dos números ainda precisava ser resolvida. O filho do presidente do América do México conhecia uma loja que vendia tecidos usados para a confecção dos números. "Eles tinham apenas três cores: azul, vermelho e amarelo, e nenhuma delas nos servia", recordou-se o roupeiro Tito. "De repente, apareceu um tecido cinza, prateado, e resolvemos tentar com ele." Era de futebol americano. Outro membro do América do México tinha o escudo antigo da federação argentina. E ali, em uma fábrica improvisada, o roupeiro e alguns funcionários do América bordaram os números e os escudos nas novas camisas durante as 24 horas que antecederam o confronto com a Inglaterra.

No dia seguinte, a Argentina disputou uma partida que até hoje ainda não acabou.

23
INGLATERRA × ARGENTINA: PRIMEIRO TEMPO

Em 1986, a primavera democrática argentina liderada pelo presidente Raúl Alfonsín trouxe esperança às ruas, fazendo com que a seleção, de peito estufado, enfrentasse o mundo com orgulho e confiança. "É só futebol, ponto final", disse Maradona para as câmeras quando perguntado sobre a partida contra a Inglaterra, embora não fosse o que ele pensava. Quatro anos antes, a Guerra das Malvinas resultara na morte em combate de 649 argentinos e 255 britânicos, quase todos com menos de vinte anos de idade. Mais de 2.400 pessoas ficaram feridas. As associações de veteranos de guerra afirmam que entre trezentos e quinhentos ex-soldados, dos dois lados, se suicidaram nos anos seguintes.

A seleção nacional havia sido usada e enganada em 1982 pelas autoridades, mas, em 1986, a situação era bem mais clara. Diferentemente do que alegara a ditadura, era evidente que a derrota no conflito não podia ser posta na conta dos Estados Unidos, na linha de argumentação da junta militar de que os americanos não tinham dado a ajuda prometida. Ronald Reagan, então presidente norte-americano, leal a seu aliado europeu histórico, exigira que a Argentina buscasse uma solução diplomática. Sem o apoio dos Estados Unidos, o exército argentino, mal equipado e mal preparado, teve pouca chance de vitória. Ao voltar para casa, os soldados viram que a junta se asseguraria de que suas histórias, seus rostos e seus futuros fossem trancados em uma caixa, com a chave jogada ao mar. Agora, os detalhes começavam a emergir.

"Me lembro bem de 1982", escreveu Maradona em sua autobiografia, duas décadas mais tarde. "Quando chegamos à Espanha, vimos todas aqueles garotos argentinos destroçados pela Guerra das Malvinas, uma carnificina de pernas e braços, enquanto os militares filhos da puta nos diziam que estávamos ganhando a guerra."

Depois do conflito, construiu-se uma narrativa de rivalidade entre os dois países que foi transportada para o futebol, muitas vezes descrito em termos bélicos. "No meu tempo de jogador já existia rivalidade com os ingleses", disse Carlos Bilardo ao diário *El País*, em 2006. "Na escola, nos ensinavam sobre as invasões britânicas [1806-1807] e sobre o que aconteceu quando eles desfilaram pelas ruas — jogamos óleo fervendo neles."

Durante a partida entre Inglaterra e Paraguai, pelas oitavas de final, alguns torcedores ingleses cantaram: "Que venham os argentinos, queremos outra guerra". "Nós nos afastamos da confusão que os [torcedores] argentinos queriam provocar, porque por eles entraríamos todos em campo com metralhadoras nas mãos", contou Diego.

O atacante inglês Gary Lineker explica que ele e seus companheiros de time não estavam alheios ao significado mais amplo da partida. "Era um jogo gigantesco, quartas de final da Copa do Mundo! Mas, sim, parecia estar em outro nível. Eu me lembro de que as perguntas nas coletivas eram sempre mais incisivas do que o normal."

Alguns ex-soldados argentinos mandaram telegramas para a seleção instando os jogadores a recriar o desempenho dos mísseis Exocet que afundaram o destroier britânico HMS *Sheffield*. Seis dos atletas da seleção da Argentina que atuaram contra a Inglaterra haviam nascido em 1962, ano de nascimento dos recrutas escolhidos por sorteio para lutar na Guerra das Malvinas — entre eles esteve Omar De Felippe, ex-jogador que hoje trabalha como técnico.

"Todos nós declaramos, antes da partida, que o futebol não tinha nada a ver com a Guerra das Malvinas... Papo furado!", afirmou Maradona. "Mas optamos por nos manter distantes, serenos."

A Inglaterra, embora tivesse um goleador como Gary Lineker, um líder no meio de campo como Bryan Robson e um poderoso zagueiro como Terry Butcher, havia perdido a partida de estreia para Portugal e empatado com a seleção do Marrocos, jogos vistos como fáceis. Duas vitórias por 3 a 0 na sequência, contra Polônia e Paraguai, respectivamente, reacenderam o otimismo, com a ajuda dos cinco gols marcados por Lineker até aquela altura do Mundial.

O técnico Bobby Robson procurou usar a mesma estratégia dos jogadores de Bilardo com a imprensa e, quando perguntado sobre a ameaça argentina e a "dimensão extra" do jogo, o treinador inglês repetiu, enfático: "Não perca tempo com este tipo de pergunta. Não me pergunte nada sobre a situação diplomática ou política. Estamos aqui para jogar futebol".

"Ele sempre foi uma pessoa comedida", explica Gary Lineker ao avaliar a partida. "Àquela altura, a coisa mais importante era nossa condição física. Tínhamos disputado a fase de grupos em Monterrey, no horário mais quente do dia, sob 43 graus! Em alguns momentos achei que ia morrer. E depois fomos para a Cidade do México [jogar contra o Paraguai e, na sequência, contra a Argentina], onde, de repente, estávamos na altitude. Pensei: 'Como é que eu vou sobreviver?'"

Os ingleses tinham deixado de realizar treinamentos puxados, e Robson entendia que sua função era criar um clima tranquilo e enfatizar os pontos positivos. Eles estavam prestes a enfrentar o homem que era, segundo Lineker, "de longe, o melhor jogador da época. Zico, Careca, Butragueño eram bons jogadores, mas Maradona estava em outro patamar. Nós, jogadores, o admirávamos".

"Conversávamos entre nós sobre Diego", explica Lineker. "Como vamos lidar com Maradona? Ele se movimenta muito. Sempre atuamos no 4-4-2, e em todos os momentos que ele pegava a bola a pessoa mais próxima a ele o marcava." Terry Fenwick, um zagueiro prático e dono do recorde de cartões amarelos em uma Copa do Mundo (três em 1986), foi escolhido para sair como titular, mas nunca houve a intenção de marcar Maradona individualmente — os jogadores ingleses achavam que essa tática não combinava com sua equipe. Fora isso, a escalação não trazia surpresas, com o ponta-esquerda John Barnes no banco de reservas.

A Argentina tinha acabado de vencer o Uruguai pelo placar de 1 a 0, gol marcado por Pedro Pasculli, naquela que foi a melhor atuação do time na Copa. Um dia antes da partida contra a Inglaterra, Bilardo pediu que Maradona saísse de seu quarto — ele queria conversar em particular com Pedro Pasculli. Bilardo ia colocá-lo na reserva; mais tarde, Diego consolou Pedro, que estava aos prantos. *Negro* Enrique e *Vasco* Olarticoechea entraram na equipe, este fazendo sua estreia no lugar de Oscar Garré, suspenso. Bilardo adotou uma formação nova, o 3-5-2. Maradona e Valdano atuariam como atacantes e voltariam para buscar combinações com os companheiros de meio de campo.

Era o primeiro jogo da Argentina no estádio Azteca, a cinco minutos de onde a seleção estava concentrada, e seria o quarto duelo disputado sob o intenso calor do meio-dia. O ônibus estava programado para sair às 9h30 da manhã, mas os jogadores se apresentaram meia hora mais cedo, com uma pontualidade quase militar.

Já no estádio, os argentinos fizeram seus rituais; os ingleses, os deles. "Eu tinha o hábito de tomar um banho quente antes dos jogos", conta Gary Lineker. "Apesar do calor, fiz isso no México também, em uma pequena piscina. Apenas a enchi e fiquei ali um tempo, me alongando e fazendo alguns exercícios. Só para me soltar. Depois, fui me aquecer. Durante o aquecimento, nunca chutava a bola na direção da meta, evitando gastar um dos meus gols!"

Em uma sala próxima aos vestiários, alguns jogadores se cumprimentaram. Osvaldo Ardiles conversou rapidamente com Glenn Hoddle, seu companheiro no Tottenham, e Maradona apareceu para cumprimentá-lo. Cerca de 45 minutos antes do jogo, Bobby Robson conversou com Fenwick sobre o camisa 10 da Argentina: "Não se preocupe, Terry, ele é baixo, gordo e só tem o pé esquerdo".

"No vestiário, fizemos o que normalmente fazíamos", relata Maradona em *Mi Mundial, mi verdad*. "Só falamos sobre a partida que íamos disputar; tínhamos perdido uma guerra, sim, mas não era nossa culpa ou dos rapazes que íamos enfrentar." Quase 115 mil torcedores lotaram o estádio, mas, no túnel, Maradona só ouvia o ruído das chuteiras no solo metálico. Ninguém dizia nada.

Então, de repente, ouviu-se a voz de Diego na fila dos atletas argentinos, ao lado da dos ingleses: "Vamos, vamos, estes filhos da puta... vamos, eles mataram nossos vizinhos, nossos parentes, estes filhos da...".

O gramado estava em condição ruim, raízes pareciam brotar em campo. Durante o aquecimento, os dois times notaram que seria preciso pisar firme para conseguir correr, exigindo um esforço extra.

O calor era sufocante, algo menos prejudicial para os sul-americanos do que para os europeus, assim como a altitude. A seleção argentina estava hospedada na Cidade do México (a 2 mil metros de altura, em comparação com os cerca de 540 metros de Monterrey) e já tinha jogado duas partidas na capital do país, o que os ajudara a se aclimatar.

"Aí a gente se posiciona no centro do gramado e toca o hino nacional", recordou-se *Tata* Brown, emocionado. "E estou dizendo a verdade: era como se eu estivesse com uma faca entre os dentes. Queria ver se conseguia me vingar vencendo uma partida. Deixei para trás minha vida normal. E todos pensamos a mesma coisa. Nunca falamos sobre o problema das Malvinas, mas todos nos transformamos."

Maradona jogou o primeiro tempo mais centralizado, caindo um pouco para a esquerda. Esteve do lado direito apenas uma ou outra vez, onde, no segundo tempo, ele criaria mais problemas. Durante aqueles primeiros 45 minutos, Diego deu duas arrancadas que poderiam ter aberto a defesa adversária em um confronto que estava equilibrado. Decorridos oito minutos, Maradona pegou a bola do lado direito, deixou para trás dois marcadores ingleses e, quando se dirigia para a entrada da grande área, Fenwick o derrubou, o que lhe rendeu um cartão amarelo. O árbitro tunisiano Ali Bennaceur estava demarcando território, cortando pela raiz qualquer tentativa de jogarem sujo com Maradona. "Para mim, foi um problema", lembra-se Fenwick. "Tive de conviver com o risco de ser expulso."

A marcação individual sofrida por Diego na Copa do Mundo de 1982 não se repetiu no México, exceção feita à partida contra a Itália. No jogo contra a Inglaterra, os adversários precisavam estar atentos às suas arrancadas, uma vez que, desde o apito inicial, ele se movimentava com bastante liberdade entre os jogadores ingleses, que o marcavam duro, mas sem violência. Maradona estava afiado como sempre e, com apenas um ou dois toques, obtinha uma vantagem preciosa sobre os rivais, que tinham de recorrer a faltas porque chegavam meio segundo atrasados.

A seleção da Argentina tinha a posse de bola, mas a partida era jogada em um ritmo arrastado, lento. A linha de três zagueiros com Ruggeri, Cucciuffo e *Tata* Brown, este atuando como líbero, mostrava-se sólida. Giusti e Olarticoechea cuidavam das laterais, e Maradona seguia voltando para tentar criar chances, mas sem arriscar passes que pudessem deixar sua equipe exposta.

Intervalo.

"O gramado não está nos ajudando", pensou Maradona. Terry Butcher tampouco estava satisfeito: "O primeiro tempo foi horrível. Nenhuma das equipes realmente jogou". Gary Lineker mal participou do jogo. O árbitro tunisiano pegou a bola e se dirigiu ao túnel que levava aos vestiários sorrindo para seus bandeirinhas, principalmente para o búlgaro Bogdan Dotchev, com quem se comunicava por meio de olhares e gestos. Eles já tinham atuado juntos na partida entre Paraguai e Bélgica, pela fase de grupos, mas com as funções invertidas. O sorriso do tunisiano Bennaceur para o búlgaro era, também, de alívio: o jogo estava controlado e eles não tinham deixado muita coisa passar. Houve um lance em que Butcher deu um tranco, sem bola, em Maradona, na entrada da área, mas Bennaceur disse ao zagueiro inglês que considerou o lance acidental.

No caminho para os vestiários, Bennaceur foi escoltado por funcionários da Fifa. Sempre havia alguém da entidade acompanhando os árbitros desde que chegavam ao México, incluindo o trajeto entre os hotéis e os estádios. Antes de se trancar com os bandeirinhas, o chefe de segurança do Azteca conversou, por meio de um intérprete, com Bennaceur: "Quando chegar a hora de encerrar a partida, faça perto do meio de campo, próximo ao túnel. Tenho 25 agentes à disposição só para você".

O árbitro fechou a porta de seu vestiário ao mesmo tempo que os ingleses fecharam a que dava acesso ao seu. "Estamos indo bem — mais do mesmo. Oportunidades vão aparecer..." Lineker se lembra de ouvir essas frases de Bobby Robson e de alguns dos outros jogadores, embora ele, normalmente, se desligasse do mundo durante os intervalos das partidas. Após o intervalo, o time se preparou para sair e ouviu-se o grito de guerra: "CAGED TIGERS!" [Tigres enjaulados!]. Era Terry Butcher. "Aquilo me assustou!", conta Lineker, dando risada.

No vestiário da seleção da Argentina, Maradona pediu que se esforçassem mais: "'Vamos, pessoal, não vamos recuar. Nada de recuar!' Eu sentia que estávamos especulando um pouco, e não estava gostando nada daquilo... E Bilardo, nada; não disse uma só palavra. Ou talvez tenha feito um comentário breve: 'Diego tem razão'".

24
INGLATERRA × ARGENTINA: SEGUNDO TEMPO

Seis arrancadas de Maradona com a bola definiram a partida. Duas tinham ocorrido no primeiro tempo; as outras quatro marcariam sua carreira para sempre. Na primeira etapa, Diego ficou rondando pela esquerda; porém, seguindo sua intuição, que lhe dizia que do lado direito do ataque argentino haveria mais espaço, ele, depois do intervalo, movimentou-se basicamente por aquela região do campo.

Cinco minutos do segundo tempo. A Argentina recupera a bola e a conduz da direita para a esquerda do campo até que ela chega a Olarticoechea, que a passa para Maradona. O camisa 10 parte com a bola em diagonal, em direção ao centro, congestionado pelos meio-campistas ingleses, livrando-se, quase na altura da meia-lua, de uma entrada não muito firme de um marcador. O gol está à sua frente, mas o caminho até ele está tomado, e seus companheiros de equipe, todos marcados.

Burruchaga corre em diagonal da direita para a esquerda à frente do camisa 10, movimentação que ele repetiu em três das seis arrancadas de Maradona ao longo da partida, funcionando como isca para abrir a defesa. Diego acelera, deixando um marcador para trás e driblando outros dois ingleses. Ainda com a bola nos pés, ele busca uma camisa azul, alguém com quem tabelar, alguém para fazer uma jogada que, no momento, não parece possível. Shilton observa o lance se desenvolver e dá um passo à frente.

Burruchaga e Olarticoechea, à esquerda de Diego, estão livres. Maradona se encaminha para o lado direito e dá um passe curto para Jorge Valdano, na entrada da meia-lua. A mensagem é clara: ele quer a bola de volta. Uma boa devolução o deixará cara a cara com o goleiro. Shilton vê Maradona correndo em direção à área e identifica a intenção de Diego.

Valdano não consegue dominar a bola, que sobe um pouco. Terry Butcher, zagueiro inglês, diminui o passo esperando que Hodge, logo atrás de Valdano na cobertura, alivie o perigo. Mas Hodge se estica e desvia a bola para trás, com a parte de fora do pé esquerdo — naquele tempo ainda era permitido recuar a bola para o goleiro e, segundo ele, sua intenção era recuar para Shilton. O toque funciona e a bola sobe, o que, em tese, facilitaria para o arqueiro inglês.

Shilton não percebe que é um recuo, não antevê a jogada, perdendo meio segundo na corrida para pegá-la no alto, o que se mostraria fatal. Ainda assim, pensa que será o primeiro a chegar nela para agarrá-la com tranquilidade. Maradona, por impulso, salta, e o faz antes de Shilton. Hodge se surpreende ao ver Maradona indo em direção ao goleiro: "O que ele está fazendo ali?", pergunta-se.

"Jamais vou alcançá-la. Por favor, caia, caia", diz Diego para si mesmo. Então ele tem uma ideia: "E se...".

Com um metro e sessenta e cinco centímetros de altura, Maradona não tem outra alternativa senão saltar na direção da bola e esticar o braço para ter vantagem. Ele está no ar, suas pernas musculosas o ajudaram a subir e ele as encolhe, como um sapo, para ganhar mais altura, seu tronco está esticado. O argentino não sabe se chegará antes de Shilton, mas arrisca. "Se me pegarem, me pegaram", pensa. O goleiro ainda está em vantagem e também começa a saltar, com o braço direito erguido.

Shilton, olhando a bola, acredita que Maradona vai para a jogada com mais ímpeto e que se chocará com o argentino. Por isso, muda de ideia e resolve socá-la, garantindo que chegará primeiro. Ele só precisa afastá-la. Peter Reid dá as costas e ignora a jogada porque acha que a situação está sob controle. A bola é de Shilton.

No ar, Maradona ajeita seu corpo como se fosse cabecear. Seu punho aparece. Enquanto se estica, Shilton fecha os olhos. O árbitro Bennaceur vê a mão de Shilton, que parece encobrir a mão de Diego, e o que está prestes a acontecer é praticamente impossível de ser visto da posição em que o árbitro se encontra. "Se eu fizer só isso...", pensa Maradona. Seu objetivo não pode ser atingido dentro das regras e ele opta pela transgressão. Maradona soca a bola. Shilton já não a vê mais, e ela toma a direção do gol.

Bobby Robson viu o braço de Diego dobrado e seu punho acertando a bola. Steve Hodge está a menos de cinco metros do lance, assiste à bola indo às redes e pensa: "Jesus, será que fiz besteira?".

Valdano não consegue acreditar que Maradona tenha cabeceado a bola. Glenn Hoddle vê o toque de mão e se vira para o árbitro, convencido de que Bennaceur vai marcar falta.

A bola quica uma vez antes de entrar lentamente no meio do gol vazio. Assim que aterrissa, Maradona dá um pulo com os dois braços levantados e, ao mesmo tempo, olha rapidamente para o árbitro. Na sequência, começa a correr na direção da linha lateral, para longe da cena do crime. "Goooool! Gooooool argentino! Diegol! Diego Armando Maradona", grita Víctor Hugo Morales na Radio Argentina.

Hodge está surpreso com o fato de a bola ter entrado tão lentamente. Uma cabeçada teria dado mais força à finalização; sem saber exatamente o que aconteceu, ele vê Shilton reclamando. O bandeirinha, o búlgaro Bogdan Dotchev, observa o árbitro validar o gol. Naquele tempo, as regras diziam que os assistentes só podiam interferir nesse tipo de lance caso o árbitro pedisse. Bennaceur não hesitou, mas enquanto está se dirigindo ao círculo central, em meio aos protestos dos jogadores ingleses, ele olha para Dotchev, que tinha uma visão melhor do que a sua. Seus olhares se cruzam por um segundo. Bennaceur confia plenamente em seu auxiliar. O árbitro não muda de opinião nem altera sua decisão. O gol é validado.

Maradona corre para a lateral, olhando furtivamente para Bennaceur, que está caminhando para o meio de campo. O bandeirinha Dotchev também se dirige ao centro do gramado, de cabeça baixa. Terry Fenwick, o zagueiro mais próximo a Maradona durante a jogada, protesta veementemente, assim como Shilton, a seu lado — o goleiro está convencido da irregularidade pela reação de seu companheiro. Gary Lineker observa as movimentações de Shilton, Butcher e Fenwick, que correram na direção do árbitro, e acha que alguma coisa aconteceu. "De mão", pensa. Bobby Robson segue olhando para Maradona pulando e comemorando sem acreditar no que está vendo.

Todos os presentes no banco de reservas viram o toque de mão e pediram a marcação da falta.

"Para mim, ele pulou e fez o gol com a mão", continua narrando Víctor Hugo Morales para os ouvintes argentinos, "mandando a bola por cima de Shilton. O bandeirinha não viu, o árbitro deu uma olhadinha, enquanto os ingleses seguem protestando, com razão, de todas as formas."

Checho Batista lentamente se aproxima de Maradona, como se pensasse que o gol não seria validado. "Mas você fez com a mão!", diz. "Cala a boca, idiota, e me abraça!", grita Diego. Se seus companheiros de equipe duvidarem da validade do gol, o árbitro pode anulá-lo. Ele manda que se aproximem, mas apenas Valdando e Burruchaga obedecem, e nenhum deles olha para trás para evitar que Bennaceur veja suas caras desconfiadas.

José Luis Barrios, jornalista da revista *El Gráfico*, olha para baixo e escreve: "Diego, gol de mão, anulado". A seu lado, um jornalista o cutuca com força — o cutucão ficaria doendo por três dias. "O gol foi validado!"

"Ele deu o gol", diz Glenn Hoddle, com o estômago em ebulição — ele sabe que o árbitro não mudará de ideia. Bilardo olha para sua defesa para se assegurar de que os jogadores estão em suas posições caso o lance seja anulado e os ingleses contra-ataquem.

Pela primeira vez na história, as pessoas em casa podem ver *replays* na televisão por vários ângulos e quase todas chegam a mesma conclusão.

"O gol foi com a mão, grito com toda a minha alma, mas preciso dizer o que eu acho", continua a narração de Víctor Hugo Morales. "A Argentina está vencendo por 1 a 0, e que Deus me perdoe pelo que vou dizer agora: contra a Inglaterra, 1 a 0, com um gol de mão... O que vocês querem que eu diga?"

Maradona quer apressar o reinício do jogo, mas acha tempo para olhar em direção às tribunas onde estão Don Diego e *Coco*, seu sogro, e lhes mandar uma mensagem com o braço erguido e o punho fechado — os dois respondem com o mesmo gesto.

Fenwick tenta conversar com o árbitro, que não fala inglês. Lineker olha para o bandeirinha, convencido de que o búlgaro, com cara de culpado, viu tudo o que aconteceu e não teve coragem de dizer ao juiz. Shilton percebe que não tem mais volta; ele se sente enganado, traído.

Víctor Hugo pergunta a Ricardo Scioscia, seu comentarista, se o gol foi de mão. "Não, Víctor Hugo, foi de cabeça."

Lineker tenta uma última vez: "*Referee, it was handball*" ["Juiz, foi com a mão"]. Bennaceur responde: "*Please play!*" ["Continue o jogo, por favor"]. Os ingleses aceitam o veredito, suas reclamações foram bem menos veementes do que teriam sido as dos argentinos caso a situação fosse inversa. Resignados, sem nada que pudessem fazer, esquecendo-se de que pressionar o árbitro poderia lhes render alguma vantagem mais adiante, os comandados de Bobby Robson reiniciam a partida apenas 35 segundos após o gol.

Víctor Hugo Morales, depois de alguns minutos de aflição, vê repetições suficientes em um monitor a seu lado e vai se acalmando. "Nós mentimos para nós mesmos dizendo que não deveríamos misturar futebol, patriotismo e política", recorda-se, hoje, o jornalista uruguaio. Em 1986, o narrador fez o papel de um argentino vitorioso. "Naquele dia, a Argentina estava prestes a vencer a partida, desta vez atuando em condições de igualdade." A história do segundo gol de Maradona daria a Víctor Hugo fama internacional. Mesmo assim, a frase da qual sente mais orgulho é "O que vocês querem que eu diga?", apesar das conotações políticas. "Foi a espontaneidade daquele momento", afirma.

"É como roubar de um ladrão, é como seu eu tivesse batido a carteira de um ladrão", repetiu Diego inúmeras vezes depois daquele jogo. "Tenho cem anos de perdão."

"Se você olhar o lance por trás do gol", diz Gleen Hoddle assistindo à partida para um documentário da ITV, *The Hand of God: 30 Year On* [A Mão de Deus: trinta anos depois], "ele já fez aquilo antes porque... olhe para a cabeça. Não olhe para o braço, olhe para a cabeça. Ele movimenta a cabeça."

Valdano dá mais informações sobre essa suposição: "Nos treinos nós batíamos escanteios, e uma vez Maradona marcou um gol incrível de cabeça; então, vi alguém dando risada e perguntei: 'Do que você está rindo?'. 'O gol foi com a mão!'. Ele pulava e fazia o mesmo movimento com a mão e com a cabeça. Eu estava do outro lado e não consegui ver a destreza. Ele treinava tudo".

Maradona marcou muitos gols de mão. Certa vez, no mesmo Parque Saavedra onde realizou sua primeira peneira, seus adversários viram e reclamaram com o árbitro, que mesmo assim validou o gol.

"Você quer pegar a bola e sua mão vai sozinha", disse *Pelusa* em mais de uma ocasião. Quando defendia o Argentinos Juniors, outro árbitro anulou um gol de mão marcado contra o Vélez e o aconselhou a não fazer mais aquilo. Diego agradeceu o conselho, mas disse que não podia prometer nada. Ele gostava de imaginar aquele árbitro comemorando seu primeiro gol contra a Inglaterra, na Copa do Mundo do México.

"Vou contar um para você que foi contra o Zico", disse Maradona a este autor em uma entrevista que fiz com ele em Amã, na Jordânia. "Estamos nos acréscimos, eu junto ao primeiro pau. Tenho um metro e sessenta e cinco e não ganho de ninguém pelo alto, estou cercado por pessoas que têm um metro e noventa. Dois zagueiros da Udinese sobem para afastar a bola, que sobra para mim e eu *tum!* [gesticula com a mão], mando para o gol. Gol. O árbitro... Gol. Zico chega perto de mim e diz: 'Diego, por favor, você sabe que foi com a mão, nós precisamos desses pontos'. 'Nós também', respondo. E ele: 'Por favor, confesse, senão você não é honesto'. E então eu digo: 'Sou Diego Desonesto Maradona, muito prazer'. Claro que depende de o bandeirinha ver ou não ver."

Esse instinto de sobrevivência é a *viveza criolla*, uma inteligência aguçada dos *criollos* que foi mitificada no clássico literário *Martín Fierro* (1872), de José Hernández. Martín Fierro é um *gaucho* dos pampas cuja sobrevivência em sua fazenda depende da resistência à polícia, ao exército e ao Estado, que querem recrutá-lo para a guerra, mas ele se recusa, foge de casa e perde tudo. Mais tarde, Fierro encontra o *gaucho* Vizcacha, um ladrão cínico, que lhe ensina que enganar, ludibriar e armar ciladas são formas de se obter aquilo que se deseja.

Essa divertida *viveza criolla* provoca imitações, trazendo benefícios a curto prazo. Pequenas infrações são parte intrínseca do futebol latino, consideradas indispensáveis porque, supostamente, ajudam a vencer. Jogar a bola para o alto e para longe após uma falta para ganhar tempo e organizar a defesa, avançar alguns metros na barreira, reivindicar todos os laterais, fingir e outras tantas artimanhas são consideradas atitudes "inocentes".

Contudo, esses gestos trazem consigo efeitos antissociais. Trapacear turva o respeito pelos outros, quebra o contrato social e as regras dos sistemas comuns, fazendo com que dentro e fora dos gramados a autoridade fique comprometida e a desconfiança permeie tudo e todos. O ladrão acha que todos pensam como ele, criando, assim, um mundo elaborado e doentio habitado por pessoas profundamente desconfiadas e adeptas do engano e da duplicidade.

"Gostaria de ver os ingleses, ou europeus em geral, tendo o futebol como única fonte de alegria", justifica Víctor Hugo, que vê as coisas de outra maneira. "Gostaria de vê-los vivendo uma vida difícil como a dos latino-americanos, com suas origens incrivelmente humildes como são as de todos os jogadores e quase todos os torcedores, pessoas que não tiveram muitas oportunidades. Quando se tem meia oportunidade, a gente quer agarrá-la. Isso cria uma pressão enorme para vencer e não decepcionar, e explica muita coisa."

De volta ao estádio Azteca. Com seu gol, Maradona cresceu vários centímetros. A Inglaterra está pressionada e um sentimento de injustiça, que os acompanha até hoje, se apodera de Shilton e dos jogadores ingleses.

Nove minutos do segundo tempo, apenas três minutos e meio depois do primeiro gol, com a bola na intermediária da Argentina, Glenn Hoddle tenta um passe curto e é interceptado por Cuciuffo. Batista comete falta no meio-campista inglês, mas Bennaceur não vê.

Cuciuffo passa para Enrique, que dá a bola para Maradona, uma bola difícil de ser dominada. Diego está de costas para o gol da Inglaterra, em seu próprio campo, e perdê-la pode comprometer a defesa da seleção argentina, que está saindo para o ataque. O atacante Peter Beardsley e o meio-campista Peter Reid estão próximos.

Na cabine de transmissão, Víctor Hugo narra o lance: "Toca para Diego. Aí está Maradona; marcado por dois. Maradona pisa na bola".

Diego dribla Beardsley, depois traz a bola para junto de si com a sola da chuteira, afastando-se de Reid, que fica a dois metros do camisa 10; o argentino faz um giro e, com um terceiro toque, dispara para o gol inglês.

"Arranca pela direita o gênio do futebol mundial", prossegue Víctor Hugo.

Steve Hodge, vendo que Butcher e Fenwick estão na região para onde a arrancada de Diego o conduz, na ponta direita, acredita que as coisas estão sob controle e que Maradona ainda está longe de uma posição perigosa.

Peter Reid acompanha Maradona, embora esteja sempre dois metros atrás dele. Bennaceur também segue a jogada, olhando para Diego.

Depois do primeiro gol, ele não quer perder nada. Apesar da temperatura superior a quarenta graus, o árbitro, que praticou atletismo por muitos anos na Tunísia, sente-se bem fisicamente. A Fifa havia designado um preparador físico polonês, especialista em treinamentos na altitude, para condicionar os árbitros para o torneio.

O meio de campo inglês está aberto e Maradona, na direita do ataque, atinge velocidade de cruzeiro. Reid, ainda em seu encalço, faz a cobertura para o caso de Diego resolver parar ou passar a bola. Terry Butcher vê Reid à sua direita e abre espaço, convidando Maradona a correr em direção à linha lateral. Sua movimentação é muito óbvia e muito precipitada. Maradona, com uma finta simples e um leve toque na bola, sai pelo lado direito de Butcher, que está com a perna esticada, e em direção ao centro vai se aproximando ainda mais da exposta área inglesa. O camisa 10 acelera a corrida e chega a poucos metros da entrada da área.

Burruchaga cogita cruzar, uma vez mais, a frente de Diego para arrastar consigo um defensor, mas vê que Maradona está apertado e que não há mais espaço para avançar pela direita. O atacante acompanha a jogada, oferecendo-se até o fim do lance caso Diego busque um passe para ele. Que pena que Burruchaga não tinha uma câmera para gravar o que ele via daquele que era, sem dúvida, o melhor lugar do estádio.

Butcher segue no encalço, correndo atrás de Maradona, que está prestes a invadir a área. Diego sente o marcador próximo, mas, enquanto resolve os problemas mais iminentes à sua frente, sabe que sua aceleração lhe deu um segundo de vantagem.

Maradona não é muito veloz e, para que seus dribles rápidos e incisivos sejam bem-sucedidos, precisa de movimentação, giros e fintas — é assim que ele supera seus oponentes.

Bennaceur gosta do que está vendo. "Muitas coisas estavam acontecendo e fiquei feliz por não ter interferido anteriormente", explicou, anos mais tarde.

Fenwick, pendurado com cartão e marcando Valdano, resolve abandonar seu adversário e saltar na direção de Maradona. O zagueiro inglês, tentando bloquear o camisa 10 argentino, precisa decidir se faz ou não a falta. A única maneira de parar Diego é obstruí-lo, o que certamente lhe renderia um segundo amarelo que o tiraria da partida. Fenwick estica um braço, que apenas resvala na barriga de Maradona.

O craque segue com sua arrancada. Nada nem ninguém vai detê-lo a essa velocidade e potência. Ele se sente indestrutível.

Bennaceur viu o contato de Fenwick. "*Advantage, advantage*" ["Vantagem, vantagem"], grita, dando sequência à jogada.

Lineker olha tudo desde o outro lado do campo, indo da incredulidade à admiração. "Neste campo, neste gramado...", é o único pensamento que lhe passa pela cabeça.

Maradona, já dentro da área, vê Burruchaga e Valdano à sua esquerda, livres, pedindo a bola e em condições de recebê-la, mas independentemente do que ele tenha dito a Valdano depois, no vestiário, não ia passar a bola para nenhum deles. "Nem a pau que vou passar!", pensa. Valdano, perplexo, segue a jogada e, a essa altura, já é tão torcedor quanto companheiro de equipe. Esse lance é a soma do talento de Maradona: o domínio da bola, os dribles, as mudanças de direção e o ritmo. Ele olha de relance para Valdano. Falta passar apenas pelo goleiro Peter Shilton.

O lateral-direito Gary Stevens deixa Valdano sozinho e parte para cobrir o lado direito de Shilton, na entrada da pequena área. A insignificância da sua decisão é reforçada pela próxima finta de Maradona. Alguns poucos eleitos são abençoados com uma velocidade de raciocínio que lhes oferece dezenas de opções para superar os obstáculos encontrados quando partem em direção ao gol. Diego pensa em colocar a bola na segunda trave, mas, rapidamente, descarta essa opção. Há mais chance de marcar se optar por outro caminho.

Seis anos antes, Maradona estivera em uma situação parecida contra a Inglaterra em Wembley e, ali, tentou tocar a bola no canto do goleiro Ray Clemence, mas o chute saiu por pouco. Hugo, o *Turco*, que devia ter uns sete anos à época, falou para o irmão mais velho depois do jogo: "Você tinha de ter fintado para fora e entrado com bola e tudo". Maradona respondeu: "Seu filho da puta! É muito fácil quando se está vendo pela televisão!".

Shilton dispara em direção a Maradona sem perceber que Gary Stevens está à sua direita. Diego calcula todas as possibilidades e faz sua escolha. Não é preciso cortar para a esquerda para driblar o goleiro, basta apenas conduzir a bola adiante. Com um toque sutil na bola, Shilton foi deixado para trás. "Eu senti pena dos defensores", confessaria, tempos depois, Bennaceur.

Terry Butcher pensou milhares de vezes sobre o que deveria ter feito — poderia ter derrubado Maradona antes, fora da grande área. Àquela altura, porém, estando bem atrás de Diego, faz o que pode, e só há uma opção: ele se atira ao chão e estica a perna esquerda para tentar tirar a bola ou derrubar o jogador. Ou as duas coisas.

Após passar por Shilton, Maradona está se preparando para marcar o gol, que pode ser feito até com seu pé direito. Ele sente o contato de Butcher, que, sem conseguir ver a bola, sabe que ao dar o carrinho corre o risco de marcar um gol contra. O defensor acerta o tornozelo direito de Maradona — a dor será sentida mais tarde — e o árbitro está com o apito na boca. É pênalti, mas Bennaceur não apita. A bola rola diante do pé esquerdo de Maradona, que toca para o fundo do gol.

"Gênio! Gênio! Gênio! Ta-ta-ta-ta-ta-ta! Gooooollll! Gooooollll! Quero chorar! Deus do céu, viva o futebol! Golaaaaaço! Diegooool! Maradona! É para chorar, me perdoem! Maradona, em uma arrancada memorável, na [maior] jogada de todos os tempos... *Barrilete* [pipa] cósmico... De que planeta você veio? Para deixar tantos ingleses pelo caminho, para que o país seja um punho apertado gritando pela Argentina?"

Barrilete?

Tinham se passado dez segundos desde o momento em que Maradona recebera a bola de Enrique.

Maradona corre em direção à bandeirinha de escanteio, comandando a insana comemoração no estádio Azteca. Ele nunca planejava as celebrações, deixando a paixão tomar conta da situação, buscando sempre ser o mais autêntico possível no gramado. E, a seus olhos, todo gol merecia a mesma emoção que se dedicaria ao último gol da vida. Mas, claro, aquele merecia um pouco mais. Diego abraça Salvatore Carmando, seu massagista no Napoli e na seleção, e o resto do time se aproxima.

"Argentina dois, Inglaterra zero. Diegol, Diegol, Diego Armando Maradona! Obrigado, Deus, pelo futebol, por Maradona, por estas lágrimas, por este... Argentina dois, Inglaterra zero", diz Víctor Hugo, ainda extasiado com o gol narrado.

O narrador uruguaio explica o uso de *barrilete*. "Menotti havia dito que Diego era um pequeno *barrilete*, que significa pipa, mas também descreve alguém baixo e atarracado, que era o que ele queria dizer, e usei essa expressão muitas vezes em partidas do Campeonato

[Argentino]. Quase sempre que Diego fazia uma jogada, eu dizia, brincando: 'Aí está o pequeno *barrilete*'."

"Ah, tem que ser dito, isso foi espetacular", narra Barry Davies, na BBC. "Não tem discussão sobre esse gol. É pura genialidade." Martin Tyler, da ITV, imediatamente diz que é um dos maiores gols da história das Copas do Mundo.

Diego percorreu quase 55 metros em dez segundos, um desempenho atlético sofrível. Usain Bolt correu o dobro dessa distância em menos tempo. "Se pusermos em uma mesma linha os cinco ingleses que ele driblou e os fizermos correr cinquenta metros, Diego chega em último", afirma Fernando Signorini. "Mas, no futebol, a velocidade é freio, astúcia, giro, não é velocidade atlética."

Maradona definiu como "o gol dos sonhos. Sempre sonhamos em marcar o melhor gol da história. E, em uma Copa do Mundo, incrível".

"É o dono do mundo, e enquanto ele corria soube de imediato que tinha passado para o lado de lá, para o lado onde estão aqueles que conhecem o gosto da glória. Nós o adoramos e o invejamos em igual medida porque ele havia feito o que todos, dormindo ou acordados, tínhamos sonhado fazer", escreveu Jorge Valdano no *El País*.

Valdano, que estava livre pelo meio, confessa que ficou um pouco chateado por não ter recebido a bola, e disse a si mesmo que Diego podia "comemorar e gritar sozinho", depois chutou a bola para longe. Resignado, porém, foi abraçar seu companheiro de equipe. Maradona estava se ajoelhando e Valdano queria levantá-lo "para abraçá-lo como um igual". Não deu certo. Na verdade, Valdano pensou que eles jamais voltariam a ser iguais aos olhos de quem quer que fosse.

Momentaneamente, Lineker acredita que a partida acabou. Então outro pensamento lhe vem à mente: "Meu Deus! Que gol! Eu deveria aplaudir. E ele o marcou contra jogadores desse nível...".

John Barnes entra no lugar de Trevor Steven aos 29 minutos da segunda etapa para dar mais profundidade ao time. Atuando pela esquerda, Barnes muda o jogo com seus dribles e cruzamentos. A dez minutos do fim, partindo da entrada da grande área em direção à linha de fundo, dribla dois adversários e faz um cruzamento perfeito para Lineker, que cabeceia para marcar seu sexto gol no torneio, o suficiente para lhe render a artilharia da Copa do Mundo. A partida, agora, está 2 a 1.

A seleção argentina leva um minuto para reiniciar o jogo e, em seguida, parte imediatamente para o ataque. Diego, que tinha dominado a bola na intermediária da Inglaterra e disparado, livrando-se de três marcadores com um giro sobre a bola, tabela com Tapia e coloca o companheiro em boa posição dentro da grande área; após dividir com um zagueiro, Tapia solta uma bomba de perna direita que acerta a trave de Shilton.

Quando o jogo está se encaminhando para o fim, acontece um lance que poderia ter mudado a história de Diego Armando Maradona, John Barnes, Gary Lineker, Bobby Robson, Steve Hodges e Terry Butcher; na verdade, de todos aqueles que estavam em campo. Um momento que mostra como as histórias de heróis e vilões são erguidas sobre areia. Nem todos se recordam desse grãozinho específico, embora seja tão importante quanto os demais.

A três minutos do fim, um dos jogadores que tinham entrado durante o jogo, o ponta Chris Waddle, perde a bola e Maradona parte pela esquerda. O camisa 10 da Argentina arranca, mas muito lentamente, o que permite que Hodge recupere a bola com um carrinho lateral, e a passe para Hoddle, que entrega para Beardsley. O jogador do Liverpool enfia a bola para John Barnes, aberto na ponta esquerda. Enrique o acompanha na marcação, mas Barnes parte para cima, dribla-o com facilidade e, mais uma vez, cruza da linha de fundo com precisão.

A bola flutua paralela à linha do gol, por cima de um Pumpido já batido. Lineker entra no segundo pau. Olarticoechea se recorda do primeiro gol e de que Barnes fizera o cruzamento na primeira oportunidade, e por instinto procura por Lineker. Onde ele está?

Lineker está prestes a cabecear para o gol, a dois metros da linha, acreditando que vai colocar a bola para dentro.

"Ah, aí está ele", pensa Olarticoechea, correndo em direção ao atacante, que faz o movimento para cabecear com segurança, quase embaixo da trave. É gol, não?

Mas, de repente, Olarticoechea surge entre a bola e o gol. Mesmo sem ter seguido a trajetória do cruzamento, ele se atira nela tentando cortar o ataque e cobrir o espaço, enquanto, na verdade, reza por um pequeno milagre.

Lineker cabeceia a bola em direção à meta. Os narradores britânicos Barry Davies e Martin Tyler gritam gol. Olarticoechea, no ar, faz um curto — porém suficiente — movimento com a cabeça, que toca a bola, mas ele não sabe se ela entrou ou não. Os dois jogadores acabam dentro do gol, confusos e sem entender o que se passou. Lineker bate o joelho na trave. A bola, de alguma maneira, sai para escanteio.

"Eu teria vivido amargurado para o resto da vida", afirma Olarticoechea ao imaginar a possibilidade do gol contra.

Bennaceur sorri. Em 2018, ele admitiu para a BBC que "teria gostado de um empate e da incerteza da prorrogação" entre a Argentina de Maradona e uma Inglaterra que estava jogando melhor. De qualquer forma, sentia-se privilegiado por ter feito parte daquele espetáculo.

O árbitro, após ter dado um minuto de acréscimo, apita o fim do jogo; imediatamente, as câmeras de televisão, os torcedores, os jogadores e a comissão técnica cercam Diego Armando Maradona.

25
INGLATERRA × ARGENTINA: TERCEIRO TEMPO

Após dar entrevista para a rede de televisão inglesa ITV, Steve Hodge, frente a frente com Maradona no túnel que dá acesso aos vestiários, cutuca Diego e aponta para sua camisa. Podemos trocar? Hodge lhe entrega a sua, número 18, em troca da 10 azul brilhante. Mais tarde, o inglês declarou que não teria feito isso se soubesse que o gol havia sido feito com a mão. Shilton e seus colegas afirmaram, inúmeras vezes, que jamais teriam pedido a camisa do argentino.

Negro Enrique e Maradona encontram-se na sala do exame antidoping. "Estão todos te parabenizando, mas fui eu quem te passou a bola!", brinca Enrique. "Deixei você com uma avenida!" Terry Butcher, que também está no antidoping, olha para Diego e aponta para a cabeça, depois para a mão de Maradona, e pergunta, em inglês: "Foi do quê?".

"Maradona indica a própria mão", relata Butcher, surpreso, para a imprensa. "Foi, provavelmente, a melhor coisa que ele fez, porque eu o teria matado se tivesse negado."

Maradona foi coberto por uma avalanche de beijos ao entrar no vestiário argentino, beijos de amor e admiração. Todos queriam tocar o gênio, agradecer-lhe e reverenciá-lo.

Jorge Valdano admite que, à época, não esperava que o jogo gerasse o fervoroso clamor que gerou. Talvez ninguém esperasse. Hoje, a Argentina, invariavelmente, faz referência àquele jogo buscando reafirmar sua importância na história do mundo, diferente daquele lugar que o país geralmente ocupa, tomado por dúvidas em relação às lideranças políticas e por constantes crises financeiras. Além disso, olhando para aqueles gols, os dois parecem representar a Argentina, amplificando a importância de Maradona.

"Nós somos daquele jeito", conta Valdando no documentário *1986: La historia detrás de la Copa*, de Christian Rémoli. "O *potrero* [que além de ser usado para descrever um terreno batido onde se joga bola também descreve um indivíduo oportunista, esperto, personagem admirado na cultura argentina] não aplaude a honestidade, aplaude ousadia e malandragem, aplaude aquele que sabe tirar vantagem, burlar as regras; e também aplaude o virtuosismo, aplaude aqueles que ousam fazer as coisas de outra maneira. Diego contemplou tudo isso com aqueles dois gols."

As pessoas que buscavam heróis, como diz Signorini, agora, com Maradona, tinham "pano para manga".

No chuveiro, Maradona disse a Valdano e a Burruchaga que, na construção de seu gol, depois de ter deixado Reid para trás, percebeu duas camisas azuis correndo a seu lado. "Mas, Jorge, você estava à minha frente e, ao contrário do Burru, estava pedindo a bola. Na minha cabeça, você estava ajudando atraindo a atenção dos defensores." Valdano, enfurecido, desligou seu chuveiro e, também, o de Maradona.

"Ei, para, para, para." Valdano estava impaciente.

Diego lhe agradecia por ter corrido em uma linha paralela porque, assim, Fenwick teve de marcá-lo em vez de partir para cima de Maradona. "Por isso fiquei com a bola nos pés, para fazer com que ele hesitasse. Ele tinha de pensar: 'Vai passar a bola ou vai ficar seguir com ela?'."

Não era bem o papel de isca que incomodava Valdano. Tinha outra coisa. "Vai se foder, você está me humilhando. Não é possível que tenha visto isso tudo, não é possível."

Claro que viu. Maradona viu tudo e estava pronto para qualquer decisão que o defensor tomasse. Fenwick, na sequência, abandonou Valdano e não conseguiu derrubar Diego, mas, se tivesse conseguido, Maradona estava pronto para dar a bola para seu companheiro desmarcado, deixando-o cara a cara com Shilton. Ao mesmo tempo, Diego tinha confiança de que não precisaria passar a bola para ninguém, ciente de que estava fazendo o gol dos sonhos. "A quantidade de ideias processadas e descartadas naqueles dez segundos...", escreveu Valdano no diário *El País*. Há algo de milagroso quando todas as decisões tomadas em um espaço de tempo tão curto são corretas.

Abatido, Gary Lineker caminhara em direção ao túnel, rumo ao vestiário; sua seleção tinha perdido, mas chegara tão perto de reverter a situação. Lineker escutou gritos raivosos em direção ao árbitro, ao bandeirinha e, sim, a Diego, por causa do primeiro gol. "Eu não fiquei com raiva, apenas frustrado", disse o atacante inglês a este autor. E dolorido — ele havia lesionado o ligamento medial ao bater contra a trave naquela última chance, algo que, provavelmente, o teria impedido de atuar em uma eventual semifinal.

Anos depois, Maradona se encontrou com Lineker em um programa da BBC, um encontro que Diego relata em sua autobiografia. "A primeira coisa que ele me perguntou foi: 'Você fez com sua mão ou com a mão de Deus?'. Eu me recordo que ele disse que, na Inglaterra, uma jogada como aquela é considerada trapaça, e a pessoa que a faz, um trapaceiro. Eu disse que para mim era uma malandragem, e que a pessoa que tinha feito era um malandro. Tivemos uma boa conversa, de jogador para jogador."

Um dos roupeiros da Argentina levou algumas camisas da seleção para dar aos jogadores ingleses caso quisessem trocar os uniformes. O meio-campista Ray Wilkins, que praticamente nunca falava palavrão, ficou possesso. O roupeiro saiu imediatamente. "Muitos torcedores ingleses jamais vão perdoar Maradona pelo que ele fez", diz, hoje, Chris Waddle. "Mas, se Gary Lineker tivesse feito o mesmo do outro lado, ainda estaria sendo aclamado como herói."

No documentário *1986: La historia detrás de la Copa*, o jornalista Ezequiel Fernández Moores pergunta: "O mergulho de Michael Owen na França, em 1998, por exemplo. Dizemos aqui na Argentina que Owen representa os piratas, a vilania inglesa, a ganância de Francis Drake e companhia? Não, não dizemos isso. Consideramos a malandragem uma parte natural do futebol. O futebol é um jogo de malandros. Se alguém não entende isso, não entende esse esporte".

Shilton acredita que qualquer outro jogador teria se desculpado pelo gol de mão e, por isso, o goleiro recusou o pedido de Diego Maradona para aparecer a seu lado em um programa de televisão.

Tempos depois, foi Maradona quem se recusou a encontrar Shilton — Diego rejeitou a única condição imposta para o encontro: desculpar-se de verdade. "Nos procuraram várias vezes para deixarmos isso para trás", admitiu Peter Shilton, à época. "Mas ele não quer se desculpar, e eu não vou cumprimentá-lo nem falar com ele. Sempre digo que é o melhor jogador da história, mas não o respeito como esportista e jamais o respeitarei."

"Ganhei um processo contra um jornal inglês que escreveu uma matéria intitulada 'Maradona, o arrependido', uma coisa que jamais passou pela minha cabeça", escreveu Diego em sua autobiografia. "Nem quando aconteceu, nem trinta anos depois, nem quando der meu último suspiro antes de morrer. Shilton ficou bravo e disse: 'Não vou convidar Maradona para meu jogo de despedida'. Quem quer participar de uma partida de despedida de um goleiro?", debochou o argentino.

Steve Hodge entrou no vestiário da Inglaterra com a camisa de Maradona nas mãos. "Para ser sincero, eu queria ter pegado a camisa", fala Lineker. Ninguém disse nada para Hodge, que a colocou em sua mochila. A camisa ficou dezesseis anos no sótão de sua casa, em Nottingham, imbuída do DNA de Maradona — nunca foi lavada. Quando Hodge descobriu que uma camisa de Pelé da Copa do Mundo de 1970 havia sido leiloada por 157 mil libras, tentou fazer um seguro para a camisa de Maradona, mas ninguém topou porque não se sabia o valor da peça. Então, Hodge a entregou para o hoje extinto Museu do Futebol de Preston. Posteriormente, foi cedida ao National Football Museum, de Manchester, e ficou exposta ao lado da camisa usada por Franz Beckenbauer na Copa do Mundo de 1974, em uma seção que o museu chamou de "Steve Hodge Collection". Em maio de 2022, um ano e meio após a morte de Diego, a peça foi arrematada em um leilão por 7,1 milhões de libras (cerca de 44 milhões de reais).

Don Diego, presente no estádio Azteca, não tinha chorado na estreia de seu filho pelo Argentinos Juniors; porém, na partida contra a Inglaterra, alguma coisa fez as comportas se abrirem. "Filho, você marcou um gol realmente espetacular hoje", disse, ainda no estádio. Aquele pode ter sido um raro momento de elogio vindo do pai, mas não seria o último. Até então, Don Diego havia se mantido calado vendo Maradona conquistar o mundo. Muitas outras pessoas o parabenizavam, mas sua função era apenas dar apoio e dedicar-se integralmente ao garoto. Agora, à medida que envelhecia, sentia-se mais tranquilo para demonstrar empolgação diante do talento de seu filho. Dez anos após a vitória sobre a Inglaterra, Maradona explicou para a revista *El Gráfico* como aquela aprovação paternal pública o fizera perceber o simbolismo do que tinha acontecido.

O jogo terminou com vitória argentina, mas, ao menos na imprensa, a disputa ganhou ares de prorrogação. No vestiário, Bilardo perguntou a Diego sobre o gol controverso: "Não, Carlos, não foi com a mão". E o treinador acreditou nele. Quando perguntado pelos jornalistas, a resposta de Bilardo foi taxativa: "Não! Por que seria com a mão?". Para Bobby Robson, não havia dúvidas: "Maradona marcou com a mão, não marcou? Não marcou?". Sua pergunta retórica exalava frustração.

Maradona, banho tomado, foi enfático ao comentar seu primeiro gol: "Juro pela minha vida: pulei com Shilton, mas a bola pegou na minha cabeça. Dá para ver o punho do goleiro e por isso a confusão. Mas foi de cabeça, não há dúvida. Estou até com um galo na testa". Depois, quando perguntado sobre aquelas palavras, Maradona dava risada — não queria que os árbitros se voltassem contra ele nas partidas seguintes, dizia. Além disso, não é fácil admitir uma trapaça. O primeiro a falar na mão de Deus não foi Diego, mas Néstor Ferrero, editor argentino da agência de notícias italiana Ansa, que comentou: "Bom, deve ter sido a mão de Deus, então". E Maradona respondeu: "Deve ter sido".

Muito anos depois, Diego explicou o lance de outra maneira, cristalizando o momento em lenda: "Estava pensando em todas os garotos que morreram [na Guerra das Malvinas], todas eles, e foi então que percebi que a mão de Deus me fez marcar. Não que eu fosse Deus ou que minha mão fosse a de Deus, mas foi a mão de Deus, pensando em todos os jovens assassinados nas Malvinas, que marcou aquele gol". É assim que ele narra em seu livro. Agora, procure imaginá-lo dizendo as mesmas palavras se a Inglaterra tivesse vencido a partida. Não funciona, funciona? (Aliás, no dia seguinte apenas o jornal argentino *Crónica* relatou que o primeiro gol tinha sido marcado com "*La mano de Dios*").

O futebol, cujo propósito é entreter, mostrava que, simbolicamente, em algumas partes do mundo, uma vitória pode, de alguma maneira, compensar a derrota em uma guerra. A repercussão de um jogo pode ser gigantesca, como disse certa vez Jorge Valdano: "Como experiência, vai além de um mero esporte social; implica sentimentos de adesão e de identidade partilhada, e até desempenha o papel de intermediário entre pais e filhos, uma coisa cada vez mais difícil de se encontrar em outros lugares".

No hotel, o árbitro e seus assistentes continuaram a discutir a partida. Ali Bennaceur chamou o intérprete da Fifa para que pudesse conversar com seu assistente búlgaro. "Você tem certeza de que não foi mão do Maradona?", perguntou. A resposta de Bogdan Dotchev não deixou margem para dúvida, segundo o próprio Bennaceur: "Disse que não, que estava convencido de que o gol tinha sido inteiramente legal". Quando o tunisiano viu o gol pela televisão pouco depois, percebeu que havia um problema. Dois dias mais tarde, Dotchev mudou sua narrativa, contando a um membro da comissão de arbitragem que vira a mão de Maradona, mas que não anulara o gol porque o árbitro já o tinha validado.

A atuação de Bennaceur lhe rendeu nota 9,5 de seu supervisor. "Os ingleses elogiaram minha atuação, mas também disseram que 'o búlgaro deveria ser dispensado [risos]'", contou para a *El Gráfico* anos mais tarde. Na verdade, a partida foi usada como estudo de caso em escolas de arbitragem — o tunisiano havia seguido, à risca, as ordens recebidas nos treinamentos pré-Copa do Mundo. Porém, nenhum dos árbitros voltou a atuar em jogos naquela, ou em qualquer outra, Copa do Mundo.

Passados 29 anos, Maradona e Bennaceur se encontraram novamente, na Tunísia, aproveitando que Maradona tinha viajado ao país para um evento publicitário. Bennaceur o convidou para uma refeição tipicamente tunisiana em sua casa e Maradona, acompanhado de um tradutor, o surpreendeu ao chegar adiantado e lhe oferecer uma camisa da Argentina, autografada: "Para Ali, meu eterno amigo".

Maradona passou algumas horas conversando animadamente com o árbitro aposentado sobre aquele dia na Cidade do México. Na saída, Bennaceur lhe deu uma foto que estava pendurada em sua sala de jantar e na qual era possível ver os dois capitães, Maradona e Shilton, posando juntos antes do início da partida.

Signorini, no estádio, achou que o gol tinha sido de cabeça. Quando viu o *replay* na televisão e descobriu que as casas de apostas inglesas estavam pagando de acordo com o resultado final 1 a 1, foi falar com Diego.

"Foi um gol desonesto, um gol de merda", disse Signorini. "Trapacear é uma merda tanto no esporte quanto na vida."

"Ah, esquece! Escute, bati a carteira deles, só isso."

"É? E se Lineker tivesse marcado aquele gol? Se você quisesse, poderia ter dito que tinha sido com a mão e depois marcado outro. Tem totais condições de fazer isso e muito mais. Você precisa trapacear para vencer?"

Ainda que aceitemos que a mão foi algo espontâneo, o que veio depois não foi. Desde os primeiros momentos da comemoração de Maradona, teve início uma enormidade de histórias e justificativas paralelas. "Ele se vira e para quem está olhando? Para o árbitro", conta Signorini em entrevista a este autor, em Buenos Aires. "Se tivesse interrompido sua corrida, retornado e dito que havia sido com a mão, isso teria poupado muito trabalho de professores, treinadores, filósofos e preparadores físicos em todo o mundo. 'Maradona se nega a trapacear.' Isso teria sido muito melhor, mesmo que a Argentina perdesse."

Signorini protesta contra o papel da malandragem na cultura latina: "Deve ser erradicada. É contra isso que devemos lutar. Eu a desprezo porque é uma fraqueza de caráter. O esporte tem de servir para outra coisa. Quando Diego decidiu fazer as coisas corretamente, ninguém foi capaz de se equiparar a ele; quando resolveu fazê-las mal, foi a mesma coisa [risos]".

Sozinho, Maradona também pensou sobre a trapaça, mas, como complementa Signorini, "ele tinha seus motivos para não decepcionar seu público". Admitir uma fraqueza naquele momento no estádio Azteca — olhando o mundo de cima, vendo que todos aplaudiam sua genialidade, no momento em que sua mágica se unia à nossa submissão — poderia prejudicar a ideia que lhe ocorrera, a ideia de que Maradona e o futebol são a mesma coisa, e de que, assim como o esporte, Diego é eterno.

Quem se atreveria a impedir aquela jornada fascinante?

26
A GLÓRIA MUNDIALISTA

"Nenhum deles gosta de futebol", disse Maradona para Valdano ao término de um treino durante a Copa do Mundo de 1986, fazendo referência aos jornalistas que esperavam para conversar com algum representante da seleção. Diego fez uma aposta para confirmar suas suspeitas: chutou uma bola com sua precisão habitual a alguns metros do grupo de jornalistas; se a devolvessem com os pés, Valdano ganharia a aposta. Um repórter agarrou a bola com as mãos e a jogou de volta como se arremessasse um lateral. "Coitado, ficou com vergonha de chutar porque você está aqui, Diego", comentou Valdano, tentando justificar. Em um artigo publicado no diário *El País*, o atacante acrescentou: "Diego, como sempre, tinha uma resposta na ponta da língua: 'Se eu estiver em uma festa na casa do presidente trajando um terno e uma bola enlameada vier na minha direção, eu a domino no peito e a devolvo, como Deus manda'". Francis Cornejo, treinador dos *Cebollitas*, teria gostado de ouvir aquela descrição, prevista por ele anos antes.

Durante a Copa do Mundo do México, Maradona demonstrou uma grande arrogância, daquelas que se vê na rua, misturada com poderes de intimidação extraordinários e capacidade de realizar dezenas de coisas que somente ele poderia executar com regularidade e eficácia naquele torneio. Toques de calcanhar (inclusive com a bola no ar), canetas, dribles em espaços curtos, em espaços congestionados, correndo com a bola em áreas abertas, tabelas (incluindo passes de peito), cruzamentos, lançamentos longos e precisos, de cinquenta metros, no pé dos companheiros, passes curtos, variações de velocidade e direção, roubadas de bola, marcação, cobrança precisa de faltas, chapéus, giros, chutes e assistências. Maradona flutuava pelos gramados demonstrando seu talento e sua superioridade, um solista com total domínio da bola, atuando em uma equipe perfeitamente calibrada que, segundo Valdano, no fim, "tinha todos os parafusos perfeitamente ajustados" e um plano de jogo claro.

Na semifinal, a Argentina enfrentou a Bélgica, surpresa do torneio, que havia eliminado a Espanha nos pênaltis. A equipe belga contava com o maestro meio-campista Enzo Scifo e o goleiro Jean-Marie Pfaff, estrela do time. A seleção da Argentina manteve os onze atletas da partida contra a Inglaterra, bem como o mesmo sistema de jogo, 3-5-2, que não seria mais abandonado no Mundial, outro momento de inspiração de Bilardo — três zagueiros, dois alas (Olarticoechea na esquerda e Héctor Enrique na direita), dois meio-campistas de contenção (Ricardo Giusti e Sergio Batista, próximos aos zagueiros), e Jorge Burruchaga, que atuava perto dos dois atacantes, Maradona e Valdano.

A vitória sobre a Inglaterra fez os argentinos se sentirem indestrutíveis e à vontade para realizar suas jogadas, e, desde o primeiro minuto, o time passou a correr mais riscos. Diego comandava o ataque, valendo-se de seu arsenal de recursos; porém, passados 45 minutos, aquilo não havia sido suficiente para tirar o zero do placar. Na verdade, quando a bola não estava com sua principal estrela, a Argentina era apenas uma sombra de si mesma. Maradona começou o segundo tempo decidido a fazer com que sua influência tivesse um peso ainda maior, e o que aconteceu a partir de então está entre aquelas seletas passagens da história das Copas do Mundo.

Cinco minutos depois do reinício do jogo, Jorge Burruchaga pegou a bola e resolveu surpreender a defesa belga. Nas partidas anteriores, Burruchaga atuara como um complemento de Maradona, o que fez crescer o entendimento e o relacionamento dos dois durante o torneio. Burruchaga, jogador rápido e inteligente que atacava bem os espaços, era dono de passes precisos que faziam dele o parceiro ideal para tabelas. Desta vez, caindo pela meia direita do campo, ele deu um passe certeiro, em profundidade, para *Pelusa*, uma bola que veio quicando convidativamente e pegou os belgas desprevenidos. Diego disparou à frente dos dois defensores que faziam a cobertura em direção ao goleiro Jean-Marie Pfaff, que deixara sua meta. De primeira, Maradona usou o lado de fora de seu pé esquerdo para encobrir o goleiro e abrir o placar.

Sempre que tomava uma decisão, Diego demonstrava uma precisão cirúrgica, independentemente de onde estivesse no gramado. Toda vez que a bola chegava a seus pés, o público prendia a respiração. O que o pequeno gênio faria? O que tinha visto, antecipado, que nós não víramos? Fique de olho nele ou vai perder alguma coisa.

Maradona dominou a bola a uns quarenta metros do gol da Bélgica, numa região central. A defesa, inexplicavelmente, havia se afastado e Diego arrancou, tirando três defensores da jogada. O último adversário, assim como o inglês Butcher, lhe ofereceu passagem pelo lado direito, mas Maradona aplicou um drible de corpo e foi para a esquerda, ficando cara a cara com o gol. Antes que o goleiro pudesse decidir se saía ou ficava na meta, o camisa 10 chutou a bola com a parte interna de seu pé esquerdo para fazer seu segundo na partida — a bola passou zunindo a orelha de um Pfaff perplexo. Em doze minutos Maradona havia resolvido a semifinal, que terminou 2 a 0.

Segundo Valdano, Maradona, no segundo tempo, levou ao ápice sua força, exercendo uma "influência napoleônica" nos eventos do jogo, talvez na maior demonstração da capacidade que um jogador pode ter para comandar uma narrativa na história das Copas do Mundo. "Naquele jogo fui decisivo, me superei", escreveu o camisa 10 em seu livro a respeito do torneio do México. Diego tocou 98 vezes na bola, seu recorde na competição, na qual já havia marcado cinco dos onze gols de sua equipe.

A Argentina chegava à sua terceira final de Copa do Mundo, a segunda em um intervalo de oito anos. No dia 29 de junho, a seleção enfrentaria a Alemanha Ocidental, que perdera a decisão de 1982 para a Itália. Era um confronto apropriado envolvendo duas equipes que definiam uma era. Maradona e companhia estavam onde mereciam estar.

"Veja o vídeo que gravamos na véspera da final com a câmera que tínhamos comprado", diz Burruchaga para o documentário *La historia detrás de la Copa*. "Estávamos a menos de catorze horas de disputar a final da Copa do Mundo e não tínhamos muita consciência daquilo. É preciso se lembrar de que naquele tempo não havia celular, nós telefonávamos para as pessoas de orelhões. Não tínhamos noção do que íamos viver ou do que nos aguardava, e é por isso que todas as nossas falas eram calmas e naturais."

O mundo ainda não sabia, mas, com o passar do tempo, perceberia que Maradona exibia naquele Mundial uma das atuações mais completas já vistas em um esporte coletivo.

Dia da final da Copa do Mundo. Começa o ritual — tudo tinha de estar em ordem antes e depois da chegada ao estádio. Bilardo incentiva os rituais de boa sorte para assegurar, como repete constantemente, que "a bola saísse caso batesse na nossa trave". O treinador pediu um pouco de pasta de dente a Valdano. Maradona tomou banho, fez a barba e se reuniu com Valdano. Depois do almoço, Bilardo deu sua preleção de vinte minutos, conversou com o mesmo Valdano sobre o zagueiro alemão Hans-Peter Briegel, que era uma locomotiva. O auxiliar técnico Pachamé foi o último a embarcar no ônibus. Como sempre, Echevarría, preparador físico, perguntou se todos estavam presentes e sentados nos lugares habituais.

Dentro do ônibus, era preciso que três músicas fossem tocadas na íntegra antes da chegada ao estádio Azteca, que era vizinho da concentração da seleção argentina. A *playlist* continha "Total Eclipse of the Heart", de Bonnie Tyler, "Eye of the Tiger", da banda Survivor (tema do filme *Rocky III*) e "Gigante Chiquito", de Sergio Denis. O trajeto estava tranquilo e pediram ao motorista para diminuir a velocidade, de modo que tivessem tempo de escutar as três músicas inteiras.

Coube ao grande Lothar Matthäus a incumbência de marcar Maradona, o que ele fez com enorme sucesso na primeira etapa. Parado várias vezes com falta, o argentino pouco apareceu. No minuto 23 de partida, a Argentina teve uma falta a seu favor próximo à linha de fundo, pela direita do ataque, e Matthäus recebeu cartão amarelo. Burruchaga se apresenta para cobrar e coloca a bola na cabeça de *Tata* Brown, que abre o placar.

Brown, que chegara à Copa tendo disputado poucos jogos com a camisa do Deportivo Español, era um jogador muito contestado, mas foi bancado por Bilardo, que recebeu sua recompensa — Brown não havia ido ao Mundial para passear, como todos diziam. Alguns minutos depois de marcar, o zagueiro lesionou o ombro e, ao ser atendido, disse ao médico que o mataria caso fosse substituído. Brown, então, fez um buraco em sua camisa, enfiou o dedo por dentro e apoiou ali o braço, pendurado como em uma tipoia, para aliviar a dor que evidentemente sentiu ao longo do restante da partida.

A Argentina recuou, esperando as investidas da Alemanha. Maradona atuou mais recuado, repetindo a função que exercia no Napoli, o que desorientou os marcadores adversários e abriu espaço para as infiltrações de Burruchaga e Valdano.

Diego havia aprendido que cada setor do campo exige um estilo de jogo diferente, algo que provocou a seguinte declaração de César Luis Menotti, à época: "Fiquei surpreso porque eu o vi sendo generoso, pensando. Ele não estava procurando driblar seu marcador ou fazer a jogada individual. No centro do campo ele tocava de primeira e, com frequência, dava uma assistência, atuando com a humildade dos grandes".

Dez minutos após o início do segundo tempo, a seleção alemã bateu uma falta pela ponta levantando a bola na área argentina, mas o ataque não deu em nada; a equipe de Bilardo, então, saiu rapidamente no contra-ataque e a jogada foi finalizada com elegância por Valdano, que bateu colocado na saída de Schumacher. Com 2 a 0 no placar, a final parecia estar nas mãos da Argentina. Contudo, depois de uma cobrança de escanteio, a Alemanha descontou com Karl-Heinz Rummenigge. O empate veio aos 36 do segundo tempo, quando Rudy Völler cabeceou a bola de dentro da pequena área após a cobrança de outro escanteio. Bilardo, que havia trabalhado bastante as jogadas de bola parada, não acreditava no que estava vendo.

Após o gol adversário, Olarticoechea deu um bico na bola, já dentro da meta de Pumpido. Para ele, o empate era injusto porque sua equipe vinha controlando a partida até então. "Se você falar com todos os meus companheiros de time, vai ver que ninguém acreditava que íamos perder, e eu pensava a mesma coisa", afirmou, anos depois, para o jornalista Diego Borinsky.

Restavam menos de dez minutos do tempo regulamentar.

Aos quarenta minutos da segunda etapa, após a bola quicar em um grande círculo congestionado, Maradona a cabeceou para sua direita buscando uma tabela, recebendo-a de volta como era sua intenção. Dois adversários se aproximavam para fechar os espaços e pressionar o camisa 10. Burruchaga, então, observou que Hans-Peter Briegel estava em seu próprio campo e arriscou uma corrida na diagonal pela direita do ataque argentino. Enquanto isso acontecia, Maradona deixou que a bola quicasse duas vezes à sua frente, ajeitou o corpo e fez um passe perfeito, de esquerda, para Burruchaga, que havia disparado. Briegel, a locomotiva, bombeou todos os seus pistões, mas não conseguiu chegar a tempo de impedir o quarto toque de Burruchaga na bola, um chute rasteiro para o gol, no canto.

"Ele me deu o melhor passe da minha carreira, de uma forma que só ele consegue. Tirei força sabe-se lá de onde para correr aqueles últimos metros", conta o atacante.

Foi a partida mais discreta do camisa 10 na Copa do Mundo, mas sua tomada de decisão em um momento crucial deu à Argentina o título mundial. Aquela foi sua quinta assistência, o que, somado aos cinco gols que marcou, significa que ele participou de dez dos catorze tentos marcados pela equipe no torneio. Maradona, sozinho, também registrou metade dos chutes a gol da Argentina.

"Agora eu acredito", disse Burruchaga para Valdano, enquanto voltava para o campo de defesa. Passaram-se mais cinco minutos de tensão e então soou o apito final — a Argentina, uma vez mais, era campeã do mundo.

Maradona se ajoelhou. Com a invasão do gramado, Diego não era capaz de se lembrar quem tinha abraçado; em algum momento abraçou Bilardo — na verdade, abraçou todos que lhe abriram os braços. Era uma resposta a todos os insultos, a todas as injúrias recebidas — vitória servida como o prato frio da vingança. "Entrei no gramado", conta Signorini, "e ele me abraçou forte e disse: 'Olha só pra todos estes filhos da puta'." A vitória traçou uma linha entre aqueles que estavam ao seu lado e os que estavam contra ele. Pelé, por exemplo, dissera que era a última chance de Maradona mostrar que era o melhor do mundo, que outros (Platini, Zico, Rummenigge) estavam à sua frente. Naquele instante, Maradona se lembrou de Pelé.

O presidente da Fifa, João Havelange, passou o troféu da Copa do Mundo para o presidente do México, Miguel de la Madrid, para que ele o entregasse a Maradona, capitão da seleção argentina. Diego, com um sorriso sarcástico estampado no rosto, apertou a mão de Havelange protocolarmente e sem olhar nos olhos do dirigente. "Não me interessava quem me entregasse [a taça], só me interessava que estavam me entregando. Segurei como se segura uma criança. Primeiro a levantei, depois a apertei, assim, junto ao peito. Sim, como um filho", escreveu Maradona em seu livro. Conrado Storani, representante do governo argentino, tentou falar com Diego, mas foi ignorado pelo astro.

Enquanto ele voltava para o gramado com o troféu nas mãos, um torcedor colocou Maradona nos ombros. "Achei que eles me passariam de um para o outro por cima de suas cabeças", disse Diego. "Fiquei diante deste rapaz grande e olhei para ele como se dissesse: 'Me levanta'. Ele colocou a cabeça no meio das minhas pernas e lá fui eu." Juntos, sem saber, os dois compuseram uma das fotos mais emblemáticas da vida de Diego.

O jogador se lembra de guiar o torcedor ali de seu trono, cutucando-o com o calcanhar para indicar aonde queria ir. Diego só ficou sabendo quem era aquele torcedor três décadas depois, quando Roberto Cejas, o dono dos ombros que carregaram o campeão do mundo, foi convidado a participar do programa de Maradona durante a Copa do Mundo de 2014, *De Zurda*, no qual lhe contou que viajara ao México com amigos e sem ingressos.

De volta ao vestiário, todos pulavam, se beijavam, se abraçavam e cantavam. E Bilardo isolado a um canto, contorcido, um poeta torturado incapaz de enfrentar as imperfeições de seus versos. A Alemanha havia marcado dois gols de bola parada, algo que ele não conseguia suportar. "Estava me dizendo: 'Não, não, de modo algum', e os jogadores falavam: 'Carlos, somos campeões do mundo'. E eu respondi: 'Mas... como eles puderam marcar dois gols como aqueles?'."

Em Nápoles, todos estavam ou diante da televisão, ou assistindo ao jogo em um dos telões instalados pela cidade. Tudo que Diego fez, cada gol, assistência ou drible foi comemorado no estilo napolitano. Ao apito final, a cidade se tornou um enclave argentino, inundada por bandeiras, celebrando uma vitória que considerava sua.

Os campeões queriam se prestar uma última homenagem. Anos mais tarde, Diego Maradona a descreveu para a revista *El Gráfico*: "Quando chegamos às instalações do América do México, nossa casa, um lugar de brigas, rituais, discussões e desafios, todos os jogadores deram-se as mãos e iniciamos uma volta olímpica pelo campo de treinamento; as luzes não estavam acesas. Todos juntos, unidos, como um. Me arrepio só de lembrar. Foi uma comemoração íntima".

Hoje, Jorge Valdano admite que eles nunca mais encontraram uma maneira de celebrar aquele título, jamais o comemoraram juntos novamente. "Ele está certo, é verdade", admitiu Olarticoechea para Diego Borinsky. "Parte da culpa é dos diretores, que nunca organizaram nada, mas, de novo, nenhum de nós pensou em dizer: 'Ei, vamos fazer alguma coisa, todos juntos'. Nos faltava a atitude correta." Para a Argentina, a Copa do Mundo no México foi efêmera, um alinhamento único de estrelas e atitudes.

Desde aquela comemoração privativa no gramado escuro, essa coroada geração de futebolistas brigou mais do que qualquer outra coisa. Comentários difamatórios feitos a distância foram ignorados para, mais tarde, serem inflamados e ampliados, extenuando as relações. Diego, muito tempo depois, chamou três companheiros seus (Giusti, Olarticoechea e Burruchaga) de "grandes veados".

O grupo voou naquela mesma noite da Cidade do México para Buenos Aires em um avião de carreira. Os diretores da federação, na primeira classe; o elenco, na classe econômica. Maradona pediu que todos cantassem uma música contra os *"panqueques"* (aqueles que fogem de situações difíceis), em referência aos jornalistas que tinham criticado os jogadores e agora celebravam a conquista.

Revistas e jornais por todo o mundo estamparam Maradona em suas capas, incluindo aqueles que normalmente ignoravam futebol. *L'Équipe*, *Guerin Sportivo*, *Time*, *Paris Match* apresentaram fotos do gênio diminuto. E mais: suplementos especiais, camisetas, bandeiras e *merchandising* de todos os tipos foram produzidos para dar conta da enorme demanda.

Maradona criara uma obra-prima no maior palco do mundo, e o mundo criou um mito do tamanho de sua obra. Todos tinham seu herói contemporâneo. Heróis nos protegem de nossos medos mais básicos e nos dão um senso de esperança, satisfazendo o ímpeto irracional da sociedade de transformar mortais em imortais.

"Ele se tornou um herói imediatamente", contou Valdano. "Poderia ter voltado para a Argentina em um cavalo branco, como San Martín ['o pai da pátria']. As pessoas o teriam aplaudido, aclamado, não apenas como jogador de futebol, mas como político ou militar ou uma referência social. Ele transcendeu seu papel de futebolista."

Um relacionamento de sucesso entre um ídolo e aqueles que nele projetam seus desejos depende da aceitação do ser venerado, que deve cumprir seu papel continuamente, atendendo às expectativas criadas sobre si, uma vez que, caso a súplica não seja atendida, a idolatria logo se converterá em hostilidade. É sobre esse fio da navalha que caminham nossos ícones.

"Quando pisei na sacada da Casa Rosada com a Copa do Mundo nas mãos, me senti como Juan Domingo Péron quando ele se dirigia ao povo", explicou Diego. Nunca mais Maradona esteve tão feliz como ali, e tampouco se sentiu tanto em harmonia com o que estava fazendo.

Além disso, naquele momento, Diego Armando Maradona apreciou, mais do que nunca, o que estava se tornando.

PARTE 4
DIEGO ARMANDO MARADONA

27
CRISTIANA SINAGRA E O PRIMEIRO *SCUDETTO*

Em Nápoles, Maradona voltou às suas raízes, sendo, uma vez mais, o menino do bairro, forjado no calçamento sujo de ruas estreitas impregnadas pela atmosfera oceânica, em harmonia com o barulho constante da cidade. No início daquele período, sua família ficava ao seu lado por longas temporadas; Claudia também, o que o ajudou a criar uma espécie de lar. Porém, em dezembro de 1985, cansada da bagunça e do descaso de Diego, Claudia voltou para Buenos Aires. Foi durante esse momento de impasse que Diego conheceu Cristiana Sinagra, irmã da namorada de Lalo.

Enquanto o amor seguia seu curso instável, outras verdades permaneceram constantes em Nápoles. Qualquer vitória sobre um rival rico do norte, por exemplo, era comemorada por todo o sul da Itália. O desejo por uma causa alimentava Diego, que prontamente se convidava a entrar no coração das pessoas "para sempre e sem necessidade de cirurgia", como descreveu certa vez Guillermo Blanco. À medida que punha fim à ordem reinante no Campeonato Italiano, Maradona tornava-se uma espécie de líder populista.

A cientista política María Esperanza Casullo descreveu esse tipo de líder em seu livro, *¿Por qué funciona el populismo?*: "Eles falam de si mesmos, de suas infâncias, seus valores, suas famílias, enredam o público, o privado e o biográfico de mil e uma maneiras. O vínculo representacional entre seguidores e líder fundamenta-se na lealdade que, por sua própria força, transforma-o em um símbolo". As pessoas seguem o líder e ele, destemidamente, vem resgatá-las. O Napoli e Diego se entendiam perfeitamente e, nesse casamento, Diego sentia que estava jogando pela honra, como fizera nos *Cebollitas*.

No gramado, Maradona aprendia a escapar de uma porção de estratégias defensivas, ao mesmo tempo que evitava os duros golpes dos zagueiros italianos, além de estar treinando muito, o que alterou seu biotipo. Diego havia chegado do Barcelona com severas restrições de movimentação no tornozelo esquerdo, mexendo-o apenas lateralmente e mal conseguindo girá-lo. Como essa situação não melhoraria, aprendeu novas maneiras de apoiar o pé graças a movimentos da perna e do quadril, uma solução demorada, complicada e penosa que exigia muitas horas de estudo e treinamento com Fernando Signorini, bem como vários sacrifícios.

Maradona sempre jogou, mas nem sempre em condições ideais, seu corpo frequentemente maltratado pelo excesso de analgésicos para que pudesse entrar em campo. "Perfurações que me faziam chorar. Uma agulha de dez centímetros era enfiada junto à minha virilha", escreveu em *Yo soy El Diego*. Bianchi, treinador do Napoli, aos poucos passou a aceitar o fato de que Diego, além dos exercícios específicos que tinha de fazer, treinaria com bola apenas três vezes por semana.

Nápoles recebeu um campeão do mundo satisfeito, um homem que havia encontrado seu lugar, um Diego que gostava de conduzir um Napoli combalido para a batalha, para estádios onde torcedores adversários desfraldavam faixas implorando a um vulcão ativo sua destruição. "Vesúvio — pega eles", via-se nas arquibancadas rivais. Gianni Agnelli, presidente da Juventus, se vangloriava, de forma arrogante, por ter se negado a assinar com Maradona porque "não eram pobres a ponto de ter de sonhar com ele", quando, na verdade, tentara a contratação em diversos momentos. Isso talvez explique por que, após o gol de falta que derrotou a poderosa Juventus, Maradona declarou: "Represento uma parte da Itália que não conta para nada".

"Depois da Copa do Mundo tudo ficou maior", explicou Guillermo Cóppola no documentário sobre sua vida com Diego, *El representante de Dios*. "Viajávamos em aviões particulares, recebíamos telefonemas de juízes, políticos, jogadores, atores e atrizes de cabaré. As pessoas abriam casas noturnas para nós. Fomos muito ao restaurante La Finestrella, que nos oferecia mesas exclusivas onde jantavam Eros Ramazzoti, Franco Califano, Zucchero, Pepino di Capri [cantores italianos famosos]."

Após o sucesso da Argentina no Mundial, o Napoli vendeu 40 mil ingressos para a temporada, e o presidente Ferlaino se surpreendeu com a atitude de sua estrela. "Pensei: 'Ele vai me pedir para dobrar seu salário'. Em vez disso, Maradona voltou e disse apenas: 'Sou de novo jogador do Napoli'. E eu respondi: 'Quero te dar um presente. O que você quer?'. Sua resposta foi: 'O que você quiser, presidente'. Dei uma Ferrari para ele."

Aonde quer que Diego fosse, estava sempre cercado de pessoas, todo tipo de gente. Equipes rivais levavam Diego para jantar e depois passavam a noite juntos em uma casa noturna. Carros se enfileiravam em sua garagem, Porsches e Lamborghinis cujas velocidades eram inúteis em uma cidade com centenas de semáforos. "Tenho permissão para furar o sinal vermelho", disse a Jon Smith, empresário inglês que, por um tempo, cuidou dos negócios do craque.

Cada gesto de Diego parecia ter grande valor. Guillermo Blanco e Signorini estavam em um carro atrás dele certa vez, quando um outro carro, perto de onde estavam, capotou. Maradona correu para ajudar os passageiros atordoados. Quando um deles reconheceu Diego, gritou seu nome. "Imediatamente todos despertaram, como se tivessem ressuscitado", conta Blanco.

Porém, o que o Napoli precisava era conquistar seu primeiro título e, após o terceiro lugar na temporada anterior, a espera de sessenta anos parecia perto do fim. O zagueiro Ciro Ferrara e o volante Salvatore Bagni já tinham sido contratados em 1984 para fortalecer o sistema defensivo; além deles, chegaram o meia da seleção italiana Fernando De Napoli e os atacantes Andrea Carnevale e Bruno Giordano, que tinham a incumbência de concluir as jogadas de Diego.

O time começou vencendo o Brescia, fora de casa, por 1 a 0, graças a um gol de Maradona no primeiro tempo. A expectativa foi às alturas. Mas na segunda rodada...

Em setembro de 1986, na véspera da partida contra a Udinese, Diego estava treinando em Soccavo, centro de treinamento do Napoli. Por volta das duas horas da tarde, Carlos D'Aquila, o primeiro jogador de basquete argentino a atuar na Europa, ligou para Fernando Signorini:

"Enrico Tuccillo está na minha casa. Ele é advogado de Cristiana Sinagra e quer conversar com Diego". A RAI, canal de televisão italiano, estava prestes a colocar no ar uma entrevista com uma jovem mulher. Tuccillo queria saber se Maradona confirmava a paternidade da criança que sua cliente, Cristiana, acabara de ter. Entre dezembro e abril daquele ano, Cristiana e Maradona haviam tido um relacionamento. "Espere", disse Signorini, surpreso. "Vou chamar um táxi."

O carro pegou Maradona e o levou, ao lado de Signorini, até a casa de Carlos D'Aquila, onde os aguardavam o jogador de basquete, sua esposa e o advogado Tuccillo. Diego estava incrédulo, confuso, sentindo-se desmembrado.

"Diego, você é um campeão no futebol e na vida...", começou a dizer Tuccillo.

Signorini, vendo que o advogado estava, como dizem na Argentina, *enroscando la víbora* [girando a faca na ferida], olhou para Maradona. Diego diminuía de tamanho, de cabeça baixa, adotando a linguagem corporal de um derrotado. O advogado prosseguiu com seu discurso.

"Um jornal está prestes a mostrar uma entrevista com Cristiana na qual ela conta tudo. Se você aceitar que é o pai da criança e chegarmos a um acordo, se você se comprometer a cuidar dele, nada irá ao ar."

Não foi uma reunião demorada. Ao sair da casa, Diego, perdido, buscou Signorini com o olhar.

"O que eu faço?", perguntu o astro.

Claramente, Maradona não aceitaria nada que não fizesse parte do roteiro que, orgulhoso, escrevia para si mesmo, muito menos algo que ele considerava um equívoco. Quando ficou sabendo da gravidez de Cristiana, Diego pediu que ela fizesse um aborto.

"Antes de mais nada, vá para casa", aconselhou Signorini. "A entrevista está para começar, e Claudia está lá."

Do quarto 509 da clínica Sanatrix, em Nápoles, Sinagra, uma mulher de 22 anos, apresentada mais tarde como "contadora desempregada" pelos jornais, disse a Massimo Milone, repórter da RAI, que o bebê que ela acabara de ter naquela mesma manhã era fruto de seu relacionamento com o jogador argentino. A criança atenderia pelo nome de Diego Armando Maradona Jr.

Em estado de choque, Maradona e Claudia assistiram juntos, em casa, ao noticiário. Diego buscou o apoio de seu pessoal, e telefonou para Guillermo Cóppola pedindo para que ele voltasse de Buenos Aires. O Napoli colocou seus advogados à disposição. A própria cidade ficou pasma.

No dia seguinte, a história ganhou a capa do diário *Corriere della Sera*. Enrico Tuccillo explicou: "Os napolitanos vão entender, estou certo de que darão mais valor a um bebê do que à sua idolatria, à vida do que a um toque de calcanhar, por mais elegante que seja. As pessoas estarão do nosso lado, porque para nós as crianças vêm em primeiro lugar". Tuccillo afirmou que o relacionamento tinha durado quatro meses, e que eles não estavam interessados em explorar Maradona financeiramente — queriam apenas que o jogador assumisse sua responsabilidade.

Maradona teve uma atuação tenebrosa na partida contra a Udinese, que terminou empatada em 1 a 1. Alguns torcedores o repreenderam, empunhando bonecas e segurando uma faixa onde se lia: "Maradona, vá cuidar do bebê". Após a partida, Diego só falaria sobre o jogo: "Tudo que eu tenho para dizer será dito diante de um juiz, e será aquilo que minha consciência e minha verdade ditarem". Cóppola pousou na Itália tendo dezenas de jornalistas à sua espera. "A RAI pode dizer adeus a Diego para sempre. Ele não vai falar com eles novamente", disse. Surgiram vários rumores de que Maradona estava planejando deixar o clube.

A revista *Gente* publicou uma matéria afirmando que a RAI teria pagado 8 mil dólares para Cristiana. Seu pai, o cabeleireiro Alfredo Sinagra, certificou-se de que nenhuma foto de seu neto no hospital fosse tirada. Um torcedor do Napoli estava na porta da clínica e alertou Alfredo: "Se encontrá-la [Cristiana, sua filha], diga que se Maradona sair do Napoli ela vai ter de se ver comigo". Dezenas de torcedores ligaram para o hospital para insultar e ameaçar a nova mãe. O prefeito de Nápoles condenou a família Sinagra por ter feito tamanho escândalo a respeito do incidente e por não ter levado em conta "todas as consequências negativas que ele poderia provocar. Porém, tenho certeza de que Maradona não vai se cansar de Nápoles tão rapidamente".

A imprensa tomou partido. A mulher, como sempre no caso de Maradona, bem como em tantas outras histórias desde então, foi vista ora como figura secundária, ora como culpada. Ninguém, muito menos uma mulher, poderia enfrentar o melhor jogador do mundo, o maior ativo do futebol italiano. Jornalistas próximos ao jogador sabiam do relacionamento havia meses, mas tinham se calado ou fingido não saber.

Três dias depois, no escritório de um advogado civil, houve uma reunião que contou com a presença do advogado de Maradona, Vincenzo Siniscalchi, da irmã de Diego, María, e do cunhado Gabriel *Morsa* Espósito, além de Claudia, Cóppola, Signorini e do próprio Diego. Logo de cara, seu advogado afirmou que era "uma ótima ideia" questionar quem era o pai, como queria Maradona. "*A questa ragazza la sputanamo per tutta la Italia* ["Vamos cuspir no nome dessa moça por toda a Itália"], falou Siniscalchi. Ele estava pronto para salvar Diego, qualquer que fosse a verdade. O advogado civil, cujo nome não está nos registros, tentou convencer o grupo a mudar de ideia: "No meio de tudo isso existe uma criatura inocente, e a verdade é uma só". Signorini jamais esqueceu daquelas palavras.

O jornalista Bruno Passarelli foi o primeiro a conseguir uma declaração de Maradona, publicada na revista El Gráfico sob a seguinte manchete: "O relato de um homem angustiado". "Fico pensando se esse é o preço que tenho de pagar por todos aqueles momentos de alegria no México. Não entendo como essa moça pode ter feito algo assim, usar Maradona para se promover. Alguém capaz de uma coisa dessas, de tamanha extorsão diabólica, só pode ser doente, muito doente. Podem me chamar de mulherengo, de imprestável ou o que for, mas não quero que inventem uma criança para mim."

Em 1º de outubro, no mesmo dia em que o Napoli foi eliminado da Copa da Uefa pelo Toulouse, nos pênaltis, o bebê foi registrado como Diego Armando. Maradona perdeu sua cobrança. "É o pior momento da minha vida", disse, depois, aos repórteres. "Estou doente, me sinto mal, mal. Qualquer pessoa que me odeie certamente está desfrutando disso. Quem me ama não precisa se preocupar porque, no fim, vou vencer, por mais difícil que seja a luta."

Alfredo Sinagra pediu "compreensão e humanidade. Estamos lutando para que, no futuro, a criança não possa nos repreender dizendo que não fizemos nada por ela". Cristiana — a dita vilã "pueril" e "mentirosa", segundo a imprensa — conversou, três meses depois do nascimento de seu filho, com a edição italiana da revista Gente. "No início, não gostava de Diego, mas me apaixonei... Ele sentiu a mesma coisa... Dedicava todos os seus gols para mim." Ela admitiu ter recebido ameaças de morte e afirmou estar trancada em casa com seu bebê, enclausurada como uma prisioneira. Seguia sonhando que Diego ligaria para ela, como costumava fazer, logo depois de acordar ou imediatamente após os treinos. Disse que não conseguia acreditar que um homem tão gentil e generoso pudesse mudar tanto.

O nascimento de Diego Jr. é um ponto de inflexão fundamental na história de Maradona, que nunca suspeitou que uma mulher, sempre presa ao papel outorgado por ele, pudesse deixá-lo de joelhos. O argentino não estava preparado para uma mudança de rota que contradissesse seu senso de realidade. A partir de então, a empáfia desvaneceu, seus olhos perderam o brilho, seu humor mudou, e ele passou a ser descuidado com seus assuntos pessoais.

E a cocaína deixou de ser apenas uma distração.

"Você precisa de pessoas que querem ajudá-lo, não daquelas que não têm qualquer intenção de fazer isso", disse Fernando Signorini para Diego.

"Não, não se preocupe, é só de vez em quando, dou conta disso, está sob controle..."

"Ele tinha fraturado o tornozelo, mas estava se recuperando. O problema era como lutar contra a cocaína, que estava nublando sua realidade, e ele sabia disso", conta Signorini.

Cristiana Sinagra nunca aceitou o dinheiro oferecido para que fizesse um aborto, se calasse ou para não reconhecer a paternidade de Diego Jr. E quanto a Claudia? A namorada de muitos anos de Maradona, grávida da primeira filha do casal, Dalma, passou a transmissão da entrevista de Cristiana em silêncio e balançando a cabeça. Diego negou tudo, e ela acreditou. Muito tempo depois, quando Claudia ficou ciente daquilo que de fato tinha ocorrido, ela, repetidas vezes, insistiu para que Diego reconhecesse seu filho, caso isso lhe fosse pedido novamente. Em abril de 1987, Dalma nasceu; dois anos depois, foi a vez de Giannina. As recém-chegadas minaram ainda mais o equilíbrio de Maradona, que, cada vez mais, deixava de ser o centro do mundo de sua mulher.

Em 1992, após ele ter se recusado por três vezes a fazer um teste de DNA, a justiça italiana ordenou que Diego deveria ceder seu sobrenome ao menino, além de dar o equivalente a 3 mil dólares mensais para Cristiana. Mesmo assim ele continuou negando tudo... por trinta anos. Suas únicas filhas, repetia, eram "Dalma e Gianinna, porque tinham sido concebidas com amor". Mais ou menos naquela época, um amigo em comum colocou Claudia em contato com Cristiana, por telefone, para que falassem sobre a pensão alimentícia de Diego Jr.

Em abril de 1996, Claudia descobriu que Maradona havia tido uma quarta criança, a menina Jana, fruto de seu relacionamento com Valeria Sabalain, garçonete que ele conhecera em um restaurante. Diego, uma vez mais, negou tudo. As infidelidades eram mais do que numerosas, mas Claudia se contentava com o fato de que ele sempre voltava para casa. Então, um dia, em 1998, Diego não voltou; foi para Cuba, onde se apaixonou por Adonay Frutos, depois por Judith, e mais tarde por Eileen. Nesse período, teve outros três filhos com duas mulheres diferentes. Mais tarde, teria ainda relacionamentos com Verónica Ojeda e com Rocío Oliva. Até o fim de sua vida, reconheceu cinco filhos de quatro mulheres distintas — Diego Fernando, filho de Verónica Ojeda é o quinto —, havendo, ainda, outros seis pedidos de comprovação de paternidade que tramitaram na Justiça. No fim das contas, Maradona passou a vida toda sem dar explicações, vivendo eternamente livre e segundo suas próprias regras, isto é, de maneira irresponsável.

Em maio de 2003, Diego Jr., que à época jogava nas equipes de base do Napoli, viajou 150 quilômetros com o intuito de encontrar o pai pela primeira vez, em um torneio de golfe beneficente no complexo do Fiuggi Hotel. Depois de pedir para os seguranças o deixarem analisar a grama, dizendo que estava prestes a começar suas aulas de golfe, ele conseguiu entrar. Usando um boné e óculos escuros, ele, ao se deparar com Maradona, balcuciou: "Sou seu filho, Diego". O jogador argentino, porém, procurando se afastar, foi se sentar no carrinho de golfe mais próximo. "Esta é a última vez que você vai ter de me ver", gritou Diego Jr. O carrinho parou. Os dois conversaram por cerca de quarenta minutos. Diego Jr. o ouviu dizer: "Sei que você é meu filho". O abraço final, em meio a lágrimas, durou anos para o filho — três, na verdade, tempo que se passou até que Maradona o abraçasse novamente, desta vez em Buenos Aires. Diego ficou sabendo que seu filho apareceria em um programa de televisão e entrou em contato com ele, e a história dos dois foi contada no ar. Foi assim que Giannina, assistindo ao programa em casa, ouviu a bomba — e disse que teria gostado se o pai lhe tivesse telefonado para dizer: "Olha, filha, eu menti para você ao longo de todos esses anos".

Em julho de 2017, num prestigioso restaurante de Nápoles, Cristiana Sinagra e seu filho Diego Jr. dividiram a mesa com Maradona. Cristiana disse a Diego que o havia perdoado, que ambos sempre souberam da verdade. Diego admitiu que amava o filho. Quando Diego Jr. anunciou, anos depois, que estava prestes a se tornar pai, Maradona usou o Instagram para declarar: "Vou curtir meu neto como não fiz com Diego".

Devido às turbulências em sua vida privada, a temporada 1986/1987 começou meio caótica para o craque. O elenco do Napoli decidiu apoiar sua estrela. Guiseppe Bruscolotti, capitão do time, concedeu a braçadeira ao argentino, deixando Maradona tocado a ponto de chorar. "Obrigado, Peppe, você me deu uma coisa da qual jamais esquecerei... Como capitão, vou conquistar o título", disse.

Maradona pediu que os portões do clube fossem abertos mais vezes para os torcedores durante os treinamentos, querendo reforçar o vínculo com a torcida; além disso, como porta-voz do time, concordou em participar semanalmente das entrevistas coletivas. Em campo, o técnico Ottavio Bianchi montou um esquema compacto que girava em torno de Maradona, permitindo que ele colocasse sua magia em prática. Gradualmente, os resultados foram melhorando — houve, inclusive, uma vitória por 3 a 1 sobre a Juventus, no Stadio Comunale de Turim. Uma contundente carta de intenções. Naquele novembro de 1986, Diego já havia recuperado a garra e a força após Cristiana ter anunciado o nascimento de seu filho na televisão.

As viagens de Maradona a Buenos Aires para ver Dalma, sua filha recém-nascida, coincidiram com a perda de cinco pontos no último terço do campeonato. Dentro do clube, algumas pessoas dirigiram suas reclamações a Diego. A quatro rodadas do fim da Serie A, o Napoli enfrentou, em casa, o Milan de Silvio Berlusconi. Era a primeira vez do futuro presidente da Itália à frente da agremiação. A vitória por 2 a 1, gol de Diego, significava que o destino da taça estava nas mãos do Napoli, que tinha a Juventus de Platini no seu encalço. Diego marcara apenas dez gols, mas havia deixado de disputar somente uma partida. Após um empate por 1 a 1 contra o Como, fora de casa, a festa foi preparada para a penúltima rodada, jogo em casa contra a Fiorentina — um empate selaria a conquista.

Naquele fim de semana, sacadas foram decoradas com bandeiras, bonecos gigantes vestindo as cores do Napoli tomaram as ruas, os hotéis ficaram cheios e todos usaram a camisa azul do clube. Aparelhos de TV foram dispostos em pontos estratégicos, bares e lojas. De noite, entoava-se nas ruas a canção "*O mamma mamma mamma / Sai perché mi batte il corazón? / Ho visto Maradona / Ho visto Maradona / Eh mammà, innamorato son*" ("Oh, mãe, mãe, mãe / Sabe por que bate meu coração? / Eu vi o Maradona / Eu vi o Maradona / E, mamãe, apaixonado estou"). Um circo bem napolitano estava armado na cidade. No dia da partida, as arquibancadas do estádio San Paolo, enfeitadas com emblemas e bandeiras, estavam tomadas por 90 mil torcedores. Don Diego não podia perder, nem Hugo, e tampouco Lalo.

"Quando penso naquele dia", recorda-se Ciro Ferrara, companheiro de equipe de Maradona, "nosso ônibus chegando ao estádio... Não pudemos passar pelas ruas por onde normalmente passávamos, nem com a ajuda dos policiais. Carros estavam parados um ao lado do outro, em fila dupla, tripla. Crianças e adultos em cima deles para ver Diego. Uma loucura total." Salvatore Carmando, massagista do clube, tem uma memória vívida daquele dia: "Mulheres, jovens e não tão jovens, com os seios de fora, pintados de azul, tendo o símbolo do Napoli no peito, diziam: 'Olha pra gente, Maradona, obrigado pelo que você fez por nós'".

O Napoli marcou primeiro, a Fiorentina empatou, e o 1 a 1 rendeu o ponto que faltava ao clube, desencadeando o que Maradona descreveu como "a maior festa que já presenciei na vida!". No dia 10 de maio de 1987, seis décadas depois de sua fundação, o Napoli ocupou o topo da tabela sem poder mais ser alcançado. A torcida, cujo sonho havia sido realizado, invadiu o campo e deu início ao primeiro de muitos dias de comemoração. Maradona participou da festa da única maneira que sabia: chorando, gritando e abraçando as pessoas, caminhando pelo gramado, partilhando daquela alegria, braços levantados. "Aqui é a minha casa", repetia.

No vestiário, jogadores nus pulavam como possuídos, cantando: "*Ho visto Maradona, eh mammà, innamorato son*". Maradona, sem camisa, mas ainda com a braçadeira de capitão, juntou-se ao grupo. "Criamos este Napoli do nada!", gritou, enquanto os outros começavam a cantar outra música.

Um milhão de pessoas, cobertas de azul, invadiram as ruas tomadas de uma felicidade comum e de uma camaradagem, sem que se registrasse um só incidente grave. No dia seguinte, muitos não foram trabalhar; as escolas abriram, mas a presença dos alunos não era obrigatória. Alguém pichou no muro do cemitério Poggioreale: "*Voi non sapete che cosa vi siete persi*" ("Vocês não sabem o que perderam!"). Faixas penduradas pela cidade declaravam "*Scusa il ritardo*" ("Desculpa a demora"), ou *"I figli del sole strappano lo scudetto ai figli del freddo"* ("Os filhos do sol [do sul ensolarado] tiraram o *Scudetto* dos filhos do [norte] frio").

As primeiras páginas dos jornais nacionais finalmente falaram bem de Nápoles, e com justiça. A cidade havia mudado para sempre. Contrariando todas as probabilidades e as previsões sombrias, o herói esportivo completara sua aventura. Nápoles mostrou o dedo para aqueles que diziam: "Vocês não são capazes de administrar nada, não têm uma mentalidade industrial". O que era considerado defeito foi transformado em virtude. Maradona confirmou, ainda que de modo efêmero e graças ao futebol, que o sul e o norte eram iguais. Naquela cidade extasiada, Diego Armando Maradona poderia ser, fazer ou dizer o que quisesse.

Houve tempo para mais alegria. No dia 7 de junho, o time bateu a Atalanta por 3 a 0 na primeira partida da final da Copa Itália. Seis dias depois, venceu novamente, 1 a 0, fora de casa, assegurando uma bela vitória no placar agregado. Assim, o Napoli se tornou o primeiro time do sul a conquistar o *double*, campeonato e copa, e apenas o terceiro da história do futebol italiano.

Em seu livro *Maradona al desnudo*, o jornalista Bruno Passarelli, então correspondente da revista *El Gráfico* na Itália, fez a seguinte observação sobre a temporada de sucesso do Napoli: "Por causa da euforia, poucos perceberam que a forma de Maradona durante o ano esteve longe daquela que havia impressionado todos na Copa do Mundo do México, em 1986".

Após passar alguns dias com sua família em um hotel em Granada, na Espanha, Maradona recebeu um convite inesperado. O governo cubano o convidou a passar as férias na cidade praiana de Varadero; depois, haveria um encontro em Havana com o Comandante Fidel Castro. Eles foram, mas não viram nem sinal de Fidel. Dois dias antes de voltarem à Itália, um emissário comunicou a Diego: "O Comandante está solicitando sua presença". A família esperou pacientemente o líder cubano em uma das residências oficiais. Surpreendentemente, próximo da meia-noite, um ônibus os conduziu até a Plaza de La Revolución. Já do lado de dentro da austera residência do governo, foram recepcionados pela imponente e sorridente figura de Fidel. Foi um encontro cativante, de cinco horas de duração. "Existe um segredo para converter pênaltis?", perguntou Fidel. "Antes de chutar, eu olho para o goleiro", confessou Diego. O Comandante anotou no seu caderno.

Quando o sol estava nascendo, Fidel se despediu e deu seu boné para Diego. "O ônibus estava partindo", recorda-se Fernando Signorini, que estava presente. "Fidel se aproximou da janela, parecendo preocupado, e perguntou novamente: 'Então, antes de bater o pênalti, devo olhar para o goleiro, certo?', como se fosse o conselho mais importante que tinha recebido em muito tempo."

28
EM NÁPOLES POR INTEIRO

Antes da conquista do primeiro *Scudetto*, Diego quis celebrar o aniversário de sua irmã María com a família e, para tanto, uma operação logística cinematográfica foi montada sob a direção de Guillermo Cóppola. Um simpático dono de restaurante foi informado de um horário de chegada bastante inconveniente, e lhe foi pedido que encerrasse o serviço regular do local às dez horas da noite. Cerca de dez e meia, as persianas do restaurante foram fechadas e todas as luzes apagadas. A família Maradona, por volta de onze horas, adentraria um oásis de calmaria. "Não se pode ir a nenhum lugar com este meu filho", ouviu-se Doña Tota dizer, uma vez mais.

  Depois do título, o ritmo ficou mais frenético. "A cidade estava fora de controle", recorda-se Cóppola. "As pessoas estavam obcecadas, loucas por Diego. Todos morriam de vontade de estar perto dele. Todos."

  Na década de 1980, o futebol entrou em uma nova fase, com as Copas do Mundo gozando de um orçamento cada vez maior e de uma audiência muito mais ampla. Diego Armando Maradona surgiu como a primeira estrela mundial dessa nova era. Suas origens, seu sucesso e sua habilidade mágica fascinavam ainda mais porque ele havia convidado todo mundo a partilhar sua vida — mais de quinhentas horas de vídeos (em casa, de pijamas, brincando com suas filhas, em restaurantes, treinando, caminhando, cantando, na cama, em festas) foram, por exemplo, usadas como base para o premiado documentário *Diego Maradona*, de Asif Kapadia.

Os sociólogos Fernando Segura e Sergio Levinsky estudaram o crescimento do futebol e listaram suas muitas formas: o futebol pode ser uma "causa social plena" (Ignacio Ramonet), "um resumo da condição humana" (François Brune), e "revelador de todas as paixões" (Christian Bromberger); pode ser a "glória dos trapaceiros", "um esporte singular" (Phillipe Baudillon), e "uma religião secular" (Manuel Vázquez Montalbán). Há quem se pergunte se é "um esporte ou um ritual" (Marc Augé).

Maradona desfilou por todas essas definições.

"Antes das partidas, todos os jogadores dos times adversários vinham lhe pedir para trocar de camisa no fim do jogo", recorda-se Dalma em seu livro. "Ele dizia sim para todo mundo. Às vezes, fazia disso uma estratégia, prometendo sua camisa aos jogadores mais valentes das equipes adversárias, conversando com eles e fazendo com que o seguissem pelo campo, deixando assim seus companheiros livres de marcação!"

"Uma vez estávamos viajando de avião, sentados no fundo, discretamente", conta Guillermo Blanco. "De repente, enfrentamos uma turbulência e o avião começou a chacoalhar como se fosse se despedaçar. Os passageiros estavam a ponto de entrar em pânico quando alguém se levantou e gritou: 'Não se preocupem, amigos, nada pode nos acontecer, Deus está viajando neste avião!'. Os passageiros bateram palmas, virando a cabeça em direção a Maradona."

Nápoles se perdeu em Maradona da mesma maneira que seus marinheiros sucumbiram à fundadora da cidade mitológica, a sereia Partenope. A estatura semidivina de Diego estava se tornando algo descrito por Signorini como "um afeto asfixiante, pegajoso".

Uma enfermeira que colhera o sangue de Maradona levou um tubo com o plasma do jogador para a catedral da cidade, local em que estão as relíquias de San Gennaro, padroeiro da cidade, e onde, três vezes por ano, milhares de pessoas se aglomeram para observar o milagre da liquefação do sangue seco do santo, e o depositou ao lado do relicário de San Gennaro para ver se aconteceria a mesma coisa.

Maradona ia para os treinamentos em Soccavo sob o olhar atento de três policiais em motocicletas, que também o acompanhavam durante as concentrações no Hotel Royal e nas partidas no estádio San Paolo. Nesses trajetos, dezenas de Vespas se juntavam à escolta, venerando cada momento de Maradona em público. Claudia não tinha outra opção a não ser comprar as roupas escolhidas por seu homem enquanto ele ficava escondido no carro. Outra alternativa era convidar estilistas e alfaiates a irem até sua casa.

Enquanto isso, Cóppola notou que tudo aquilo podia dar retorno comercial: por um programa na RAI eram cobrados 250 mil dólares por mês; a Hitoshi assinou um contrato de 5 milhões de dólares para lançar uma linha esportiva com o nome de Maradona; além disso, foram comercializados artigos escolares, alfajores, refrigerantes e muitas outras coisas.

Aos 27 anos, Maradona embarcara em uma viagem pela fama guiando um carro descontrolado e, para lidar com aquela situação, criara uma rotina: no domingo, disputava uma partida e, a partir dali, consumia cocaína, curtindo a vida noturna até quarta-feira de manhã; então, até sábado à noite, fazia a "limpeza", tirando tudo de seu corpo pelo suor para jogar uma vez mais antes de retornar ao parque de diversões. Evidentemente, a droga não era consumida para aprimorar seu jogo.

Um dia, Signorini, cansado das desculpas sobre tornozelos e pés doloridos e alimentação duvidosa, foi buscar Maradona, que lhe disse que não queria ir treinar.

"De novo?", respondeu Signorini. "O que você quer que eu diga desta vez?"

"Diga que não pude dormir porque Dalma estava..."

"Não, não, não", interrompeu o *Profe*. "Não seja filho da puta! Deixe a Dalma fora disso!"

"Não grite comigo. Já briguei com meu pai e não sei o motivo. Não vou brigar com você."

"Sabe por que você não vai brigar comigo? Porque, na sua atual condição, o tapa que vou dar em você vai transformá-lo em um acrobata" — uma expressão roubada da sagacidade e do léxico inventivo de Maradona. "Vá tomar banho e saímos em seguida."

Dois minutos mais tarde, aparecia outro homem diante de Signorini, pronto para treinar. Essa cena se repetiu dezenas de vezes; porém, uma vez no gramado, os problemas desapareciam. Longe do campo de treinamento, o homem que tinha o mundo a seus pés era forçado a se comportar adequadamente e, segundo Signorini, "buscava uma forma artificial de atender àquelas expectativas".

Como Maradona caiu tão rapidamente no ciclo sem fim de recompensas e punições das drogas? O jogador contou tudo para a jornalista Gabriela Cociffi, da revista *Gente*, anos mais tarde, em uma série de entrevistas e conversas. Não é uma leitura fácil testemunhar Diego explicando como é viver em um aquário metafórico e ser o peixe que se esquece de respirar.

Maradona admitiu ter consumido cocaína pela primeira vez em 1982. Em outras entrevistas, afirma que o início se deu dois anos mais tarde, aos 24 anos, na Espanha. Contudo, quando fez 24 anos ele já estava no Napoli. Em seu livro, Diego repete que começou a consumir drogas em Barcelona; no documentário de Asif Kapadia, cita uma discoteca.

Mesmo assim, tudo indica que sua primeira aventura com as drogas se deu na festa de despedida em sua casa de Barcelona, na noite em que assinou com o Napoli. Claudia e Fernando Signorini foram buscá-lo no aeroporto El Prat, onde o contrato havia sido assinado no último instante, e voltaram juntos para a casa de Pedralbes para comemorar. Com a festa a todo vapor, quase todas as vinte pessoas presentes pularam na piscina, que estava rosa depois de várias garrafas de champanhe terem sido esvaziadas ali. Signorini, que não conhecia a maior parte das pessoas ali, foi para casa — não era seu tipo de festa —, e a celebração seguiu até altas horas.

Diego jamais deu um nome diante das câmeras, mas contou que a cocaína havia sido oferecida a ele. Claudia sempre pareceu acreditar que seu ex-marido consumira a droga naquela última noite catalã. Em março de 2019, Maradona assinou e enviou à Amazon um documento com catorze pontos que deveriam ser abordados em uma série que conta a sua história, *Sueño Bendito*, lançada mundialmente em 2021. Em um desses pontos, ele afirma que quem o teria apresentado às drogas foi seu ex-sogro, Roque Nicolás Villafañe, *Coco*, pai de Claudia. Segundo Dalma, filha do casal, Diego disse a Claudia nunca ter concordado em contar essa versão da história.

Maradona se sentia vivo. Na primeira vez foi uma onda de choque, um desejo de "tomar o mundo de assalto. E nas experiências seguintes, a sensação era parecida. Tudo era tão lindo, tão claro, e tão engraçado", disse ele. Sempre que cheirava cocaína, Maradona ganhava um campeonato ou uma copa — então, o que mais importava? Depois da euforia vinha a solidão, o medo e as dúvidas em doses cavalares. Para sair desse estado, era preciso redescobrir a sensação de estar vivo, outra vez, e mais outra.

O craque argentino passou a ser uma espécie de fantasma dos banheiros, frequentando-os não apenas em sua própria casa, mas também em restaurantes e bares — até na audiência privada com o papa João Paulo II, concedida ao Napoli em 1985. Normalmente a luz ficava apagada e, no escuro, Diego cheirava um pouco. O temor de que sua esposa ou Dalma o flagrassem o levou a colocar trancas nas portas dos banheiros de casa. Certo dia, às quatro horas da manhã, Dalma bateu na porta.

"Papai, posso entrar?"

Maradona ainda não havia cheirado, mas estava prestes a fazê-lo, e não queria responder. Ele jogou a cocaína na privada e deu descarga.

"Claro, querida, claro!"

Ele abriu a porta e colocou a menina no colo.

"O que está acontecendo, papai? Por que você está aqui? Não consegue dormir?"

"Não, amor, não consigo dormir."

Diego, que se perguntava por que havia começado com aquilo, simplesmente cheirou mais tarde, embora sua euforia inicial estivesse diminuindo com o passar do tempo. "Não há mais alegria, não há mais diversão, mais nada. Pelo contrário, depois vem o choro, a angústia e a ansiedade", contou para Gabriela Cociffi. A solução era dormir e esquecer de tudo na manhã seguinte. Ele não mencionou seu vício para ninguém porque achava que as pessoas iriam abandoná-lo, que não o entenderiam; além disso, admitia que não podia falar de drogas com seu pai — era apenas trabalho e futebol.

Maradona também mentia para aqueles que descobriam seu problema. "Consigo me controlar", afirmava, sem ter muita certeza de que conseguia. Fernando Signorini chegou a lhe dizer que ele não precisava de um preparador físico porque não era mais um jogador, e completou aconselhando-o a procurar pessoas que soubessem como ajudá-lo a superar o vício. "Mas não, ele sempre dizia que podia vencer aquilo", recorda-se Signorini. Para intensificar os efeitos da cocaína e prolongar a euforia, Maradona consumia álcool, uma combinação que pode ser fatal: o prejuízo para o coração e o fígado tende a ser maior do que quando essas substâncias são consumidas individualmente.

Mais tarde, Diego se abriu com os amigos: um deles era seu fornecedor; o outro, Guillermo Cóppola, também usuário e seu companheiro na jornada rumo ao lado obscuro da vida. Maradona procurou um psicólogo que o aconselhou a parar de ver Cóppola, mas Diego sabia que isso não resolveria coisa alguma, visto que Cóppola era um parceiro prestativo e necessário.

"Se ele pedisse rã, mexilhão e [vinho] Provençal no meio do deserto, eu tinha de conseguir", explica Cóppola. A dupla frequentava Posillipo e outros clubes noturnos, chegando nas primeiras horas da madrugada. Em seus quartos de hotel — normalmente se hospedavam no hotel Paradiso — solicitavam a companhia de mulheres, e com os primeiros sons da manhã davam a noite por encerrada.

Claudia Villafañe se cansou das garotas predadoras que, em pares ou trios, surgiam diante da casa da família à espera de um gesto de Diego — aquele caos constante testava sua integridade. Quando notou que alguma coisa não estava bem, ela até se aproximou de Diego, mas foi rechaçada: "O que está se passando com você? Por que você faz isso? Por que se tranca sozinho? Por que não dorme?". Às duas horas da manhã, surgiam pessoas em sua casa para deixar encomendas. Claudia persistiu: "Por que Fulano e Ciclano vêm aqui, por que aparece Beltrano?". Maradona encontrou inúmeras razões para se drogar, entre elas uma verdadeira e poderosa: o nascimento de Dalma o deixara deslocado e ele sentia que Claudia não lhe dava atenção suficiente.

Em algumas ocasiões, Diego se trancava no quarto e, por horas, não abria a porta para Claudia nem para ninguém. Sozinho, ficava introspectivo e pensava em seu antigo bairro, em seu pai, em sua mãe, em quem ele realmente era e no que havia se tornado. Maradona queria resgatar crenças, valores e o estilo de vida idealizados de sua infância; contudo, essas reflexões, muitas vezes, eram acompanhadas por mais cocaína, como se estivesse chorando a morte de um país perdido.

Às vezes, Claudia o deixava sozinho o dia todo. Em outros momentos, batia na porta, apenas para que ele soubesse que ela estava ali. Porém, ela o amava e não queria abandoná-lo. Maradona implorava para que as meninas ficassem fora daquilo, apesar de algo do gênero jamais ter passado pela cabeça de Claudia. Por que passaria?

"Diego, o que está acontecendo com você?", perguntava a esposa. "Conversamos amanhã", era, em geral, a resposta, e o amanhã apresentava um Diego distante, impulsivo e, algumas vezes, violento. Claudia ficava aos prantos, e quem tinha de lidar com o mau humor de Maradona eram as filhas, primeiro Dalma, depois Giannina — não havia como escapar de todo aquele drama.

De vez em quando, Diego se mantinha "limpo" por um ou dois meses, coincidindo, muitas vezes, com a reta final da temporada, quando era preciso conquistar pontos. Claudia, por sua vez, ficava tensa quando o marido era convidado para uma festa; já Maradona não queria que dissessem que sua esposa não o deixava ir e, por isso, vez ou outra, fugia. Claudia não podia mantê-lo preso — tudo o que podia fazer era deixá-lo por conta própria ou fazer cara de poucos amigos para aquelas pessoas que não queriam o bem do marido. Era uma situação muito complicada.

Claudia nunca proibiu Diego de fazer qualquer coisa, e ele tampouco pediu permissão para o que quer que fosse, cabendo a ela lidar com aquela suposta liberdade que incessantemente o levava de volta ao seu inferno particular, e, por fim, a se trancar em algum cômodo da casa. Passado algum tempo, "ia até esse cômodo e lá estava ele, deitado, no escuro; ele se sentia bastante envergonhado quando eu o via naquele estado", contou Claudia para a revista *Gente*.

"Eu me aproximava dele, deixando as luzes apagadas para que Diego não se sentisse envergonhado, e me sentava na cama, apertava sua mão, e lhe perguntava: 'Como você chegou a este ponto, meu Deus do céu, Diego? Tem de haver alguma coisa dentro de você que o trouxe até aqui, você precisa olhar para dentro de si'." Foram necessários muitos anos para que Maradona admitisse a raiz do problema, admitisse que a cocaína — e a vida noturna que vinha no pacote e tanto o encantava, atraindo para si ainda mais atenção — era o antídoto para sua insegurança.

Maradona disse várias vezes que as drogas sempre estiveram presentes no futebol, algo que os outros só admitiam após parar de jogar, mas ele nunca usou cocaína para aprimorar seu jogo: é uma droga que nubla a percepção e constrói muros impossíveis de serem escalados. "Houve muitas vezes em que, depois de ter cheirado uma carreira, eu tentava dominar uma bola e não conseguia", disse Diego a este autor. "Imagina o jogador que eu teria sido se não tivesse usado drogas?", especulava, muitas vezes.

"Tudo o que ele passou foi desmedido, assim como as soluções que buscou", afirma Jorge Valdano. "Nós aceleramos o crescimento do mito e, assim, da doença; juntos, criamos a doença, mas só um sofreu com ela."

"Eu era um viciado em drogas, eu sou um viciado, e serei um viciado para sempre aos olhos do mundo", proclamou Maradona na entrevista para Gabriela Cociffi, em 1996. "Isso porque um viciado em drogas nunca é perdoado. O viciado é discriminado, o viciado é um filho da puta. Pais não o querem, e tampouco a sociedade. O viciado em drogas não é querido por ninguém. E, se você é famoso, a punição vem em dobro. Dizem que querem ajudá-lo e depois o espancam. Um viciado em drogas deve ser visto como uma vítima, uma pessoa doente. Estenda a ele sua mão, mas não exponha toda sua fraqueza e seu sofrimento."

Em seu livro *Vivir en los medios: Maradona off the record*, Lalo Zanoni revelou que Dalma guardou, por muitos anos, duas cópias daquela esclarecedora entrevista para a revista *Gente* em seu criado-mudo porque queria ler aquele texto para a irmã Giannina quando ela tivesse idade para entender, algo que, mais adiante, acabou por fazer. Um dia, em 2002, Giannina se deitou na cama com a mãe e leram a entrevista juntas; então, a jovem lhe pediu que contasse, detalhadamente, como havia sido tudo aquilo.

Segundo o sociólogo argentino Juan José Sebreli, Maradona se via como um militante de esquerda, um contestador do poder, um rebelde com e sem causa; contudo, a droga de sua escolha ia contra essa imagem: "A cocaína é uma droga usada por executivos, [suas] ações, os acessos, as brigas, o comportamento agressivo eram atitudes típicas de uma criança mimada, de um homem rico e extravagante, ou de um jovem que faz o que quer porque tem dinheiro e porque ninguém vai se opor". Porém, aquela, evidentemente, era a droga escolhida por seu círculo de amigos endinheirados e privilegiados.

As aventuras de Maradona em Nápoles eram secretamente registradas, algo do qual ele sempre suspeitou. Antonino Restino seguiu Diego por dezoito meses, começando em janeiro de 1988, e contou em detalhes aquele período em seu livro de 2019, *La espía de Dios*. O presidente do Napoli, Corrado Ferlaino, e o diretor Luciano Moggi, que deram tal incumbência a Restino, mostravam-se satisfeitos em ouvir seus relatos e saber o que estava acontecendo, mas nunca sinalizaram intenção de fazer alguma coisa a respeito do vício do jogador. Surpreendentemente, Ferlaino ficou bravo apenas quando soube que

Maradona treinava sozinho com Signorini, longe do grupo, algo que, à época, não era comum.

Ao término do período do argentino no Napoli, o relacionamento entre os dois — "um amor amargo", segundo a definição do presidente — estava rompido. Ferlaino, que àquela altura admitia que outros jovens jogadores também estavam se drogando, revelou ao jornal *Il Mattino*, em 2003, como Diego passava no exame antidoping: "De domingo à noite até quarta-feira, Diego era livre para fazer o que quisesse. Na quinta, tinha de estar limpo".

Não era só isso. Moggi e Salvatore Carmando, massagista abraçado por Diego depois do gol espetacular marcado contra a Inglaterra, apareciam com um pequeno frasco contendo a urina de outra pessoa, que era trocada com a do exame de Diego. Após o Napoli conquistar o primeiro *Scudetto*, esses acobertamentos se tornaram mais frequentes.

A noite era o palco e o refúgio de Maradona. Os lugares chiques que ele e Cóppola frequentavam também contavam com a presença de membros da Camorra, o grupo criminoso sobre o qual Diego havia sido perguntado em sua primeira entrevista coletiva no clube, em 1984.

A Camorra era a alma que comandava a cidade, e o contato com o grupo, inevitável. "Em Nápoles, o limiar entre uma vida boa e uma vida ruim é bastante tênue", afirma Rino Cesarano, jornalista do *Corriere dello Sport*. "A pessoa vai a um bar tomar um café e há uma grande chance de encontrar um deles. Caso não tenha força de vontade, corre o risco de se perder, principalmente se você for alguém importante."

Os mafiosos estavam presentes na cidade desde o século XVII, e o grupo usava a violência para controlar áreas que o Estado abandonara havia décadas. Nápoles, esquecida pelo resto da Itália, estava em declínio, especialmente depois do terremoto de 6,9 graus de magnitude que atingiu a vizinha Iripina, em 1980, deixando mais de 2 mil mortos, quase 8 mil feridos e 250 mil pessoas desabrigadas, e era um terreno fértil para a economia alternativa. Em meados daquela década, uma guerra por território entre trinta clãs, que resultava, anualmente, na morte de centenas de pessoas, acabou por retirar o poder que a família Cutolo tinha sobre Nápoles. A família Giuliano, um clã mais empreendedor que ganhava dinheiro controlando obras públicas, contrabandeando tabaco e traficando drogas, assumiu o posto.

O futebol, graças ao dinheiro da televisão, estava se modernizando, e o novo clã dominante se apoderou do lucrativo mercado de apostas clandestinas (*totonero*), concorrendo com as casas de aposta oficiais (*totocalcio*), em um negócio que rendia ao grupo 70 milhões de euros por ano. A Camorra, sempre de olho em qualquer oportunidade de negócio, se aproximou do Napoli — e o clube, por sua vez, da Camorra. "Ferlaino ganhou dinheiro graças ao mercado imobiliário, dominado pelos camorristas, fazendo construções sem permissão, prática também da Camorra. A máfia o ameaçou sobrevoando o estádio San Paolo com um de seus aviões e, além disso, matou seu tio, sinais claros de que ambos faziam parte do mesmo mundo", contou Maurizio Valenzi, ex-prefeito de Nápoles.

A família Giuliano comandava todos os negócios existentes dentro ou nos arredores do estádio, desde produtos piratas até a venda de ingressos, algo que Jorge Cyterszpiler descobriu em sua primeira visita à cidade, antes da transferência de Maradona. No documentário de Asif Kapadia, o jogador alega nunca ter se importado com o fato de os napolitanos viverem às custas de sua imagem. As vitórias do time fomentaram o mercado informal, fazendo dobrar a confecção de bandeiras, camisas e demais produtos, feitos em oficinas de costura ilegais.

Para a Camorra, não foi difícil ter acesso ao vestiário do Napoli, graças a métodos testados e aprovados: festas, prostitutas de luxo, dinheiro e cocaína. Sua luxuosa sede, localizada no bairro humilde de Forcella, era visitada pela direção e pelos jogadores do clube.

Francesco Maglione, advogado que fazia parte do clã de Giuliano, disse ao diário *El País*: "Maradona, assim que chegou, perguntou quem era a pessoa mais poderosa da cidade. Não estava falando do prefeito, mas do *capo* da máfia". Claro que os Giuliano também quiseram conhecer Maradona. "Por serem a Camorra, por serem quem eram, Cyterszpiler e Diego tinham de conhecê-los; por outro lado, os membros do clã pensaram: 'Vamos convidar Maradona porque ele é Maradona!'", conta Fernando García, assistente de Cyterszpiler.

Carmine Giuliano, figura importante do clã e torcedor do Napoli, entrou em contato com Gennaro *Palummella* Montuori, líder da torcida organizada do clube e amigo de Diego, e convidou o jogador para ir até a casa em Forcella. Há fotos do encontro nas quais se pode ver Maradona em uma banheira em forma de concha, entre

Carmine e seu irmão Guglielmo Giuliano, uma imagem guardada pela polícia por anos.

Diego se sentia menos asfixiado na cidade ao lado dos Giuliano, chamando o início daquela relação de "época de ouro". Uma vez por semana, o jogador ou inaugurava um bar ou uma casa noturna comandada por um membro da Camorra, ou participava de um casamento de alguém da família, no qual ganhava um relógio de ouro.

Naquele período havia uma coisa que incomodava Maradona: não poder dar às suas filhas a educação que desejava devido a essa existência atribulada em uma Nápoles que, a seus olhos, representava muitos perigos às crianças. Um dia, Diego disse a Carmine que havia lido em *La Gazzetta dello Sport* que, se não retornasse a Nápoles depois da Copa América de 1987, uma possibilidade real, a máfia se vingaria contra suas filhas. Carmine lhe disse: "Fique tranquilo, ninguém vai encostar em Dalma e Giannina. É a minha palavra e a palavra de toda a família Giuliano".

Como nos filmes, Diego havia chegado ao momento "seu problema é meu problema", e, quando você confia na Camorra, você se torna sua propriedade. Maradona era mais próximo de Carmine — jogavam futebol juntos — e o camorrista logo se tornou seu principal fornecedor de drogas.

Com o tempo, Diego descobriria o alcance da máfia. Certa vez, disseram-lhe para não deixar seu hotel, ou, conforme as palavras usadas, que aproveitasse seu jantar com calma. No dia seguinte, o jogador ficou sabendo que, naquela noite, ocorrera uma briga, uma batalha sangrenta com mortos. "Não me envolvo com pessoas ruins", respondia o argentino, de modo confuso, quando era perguntado sobre o assunto à época. "Não sei quem é bom ou quem é ruim, não saio por aí pedindo o documento de identidade ou o passaporte das pessoas com quem tiro fotos. Eles me pediram [para tirar umas fotos] e depois as fotos apareceram nos jornais e se constatou que eram da Camorra, mas eu não sabia disso. Eu nunca, jamais, pedi qualquer coisa à Camorra."

O relacionamento prosperou, assim como a confiança do grupo nos negócios. Luigi Giuliano, sobrinho de Carmine, tornou-se, anos depois, informante da polícia, e confessou que o resultado de algumas partidas era arranjado. Diego lembrou de uma derrota para o Milan, na temporada 1987/1988, quando, depois da partida, visivelmente chateado, declarou: "Nunca que, em uma única corrida, um Fiat 500 vai conseguir ganhar de uma Ferrari". Quase todos em Nápoles, bem como os napolitanos em todo o mundo, tinham apostado uma fortuna, por meio do sistema de aposta não oficial *totonero*, na conquista do título pelo Napoli — a conquista do *Scudetto* podia ter levado a família à falência. Os resultados negativos do time na reta final a salvaram.

Ninguém podia provar nada, mas, naquela temporada, um dos carros de Maradona foi destruído, e as casas de alguns jogadores, assaltadas. Na década de 1990, Pietro Pugliesi, um mafioso arrependido, contou detalhes sobre a suposta combinação de resultados perante um juiz; ainda assim, Ciro Ferrara, companheiro de Diego, sempre que perguntado sobre o assunto, dá uma resposta enfática: "É uma alegação idiota que não merece ser comentada".

No fim das contas, Maradona vivia em uma jaula de ouro. Bernad Tapie, o controverso proprietário do Olympique de Marseille, pediu várias vezes ao jogador para deixar o Napoli. Uma oferta que, a partir de 1988, se tornou bem mais atraente. Michel Hidalgo, diretor de futebol do Olympique, e o empresário Michel Basilevitch jantaram com Diego no restaurante La Sacristia, onde praticamente convenceram o argentino a mudar de ares. Quando Diego já havia deixado o local, um senhor se aproximou da mesa e, com um gesto delicado, mostrou uma arma e disse aos dois que eles não eram bem-vindos na cidade, e que Maradona não era negociável. O Real Madrid, presidido por Ramón Mendoza, também tentou contratá-lo, e ouviu a mesma mensagem da Camorra. Maradona chegou ainda a um acordo com o Milan de Berlusconi que, devido à pressão pública, teve de ser desfeito.

Maradona ter sobrevivido em Nápoles foi um milagre.

"Um dia, a caminho do treino, tivemos de parar em um semáforo, e logo as pessoas ao redor viram quem estava no carro e se aproximaram, alguns colando os narizes contra o vidro. Diego ficou angustiado e deu um murro que quebrou a janela", conta Signorini.

Do lado de fora da casa de Diego, na Via Scipione Capece, número 5, sempre havia alguém vagando e, de tempos em tempos, o jogador saía para cumprimentar quem estivesse ali; porém, vez ou outra, quem surgia era Dalma, irritada, gritando para que fossem embora.

Fernando García conta que "um dia Maradona foi ao dentista em Pozzuoli, uma cidadezinha perto de Nápoles, e as pessoas o viram entrando, e então cerca de 7 mil pessoas, era a sensação que tínhamos, se aglomeraram em volta da clínica do dentista. Era como se toda Pozzuoli estivesse naquele quarteirão. A polícia apareceu e teve de passar por cima das pessoas, obrigando Diego a sair pela porta dos fundos do prédio".

Maradona tornou-se, no sentido positivo do termo, um autêntico *scugnizzo* (malandro) napolitano, alguém que, levando as regras até o limite, fazia o bem para os outros. Ele conversava diretamente com os torcedores e com o líder da organizada, *Palummella* — Diego foi padrinho de sua filha —, festejando, bebendo e dançando com os torcedores, muitas vezes em cima de mesas. O filho do líder da organizada recebeu o nome Diego Armando, assim como outras centenas de crianças napolitanas nascidas entre 1986 e 1990 foram batizadas Diego.

Maradona se cercou de pessoas da classe operária, os únicos com quem se sentia completamente à vontade. Saverio Vignati foi zelador do estádio San Paolo por três décadas e sua mulher, Lucia Rispoli, trabalhou como cozinheira e governanta na casa de Maradona em Nápoles. "Ela costumava fazer comida napolitana para ele", recorda-se Saverio. "Macarrão com batata e queijo provolone, e uma enorme quantidade de salada de fruta. Antes dos jogos, sempre lhe servia um sanduíche de mortadela." Às vezes, Maradona chegava sem avisar, incógnito, à casa de Vignati, no humilde bairro de Secondigliano, para um jantar napolitano. A filha de Saverio e Lucia foi babá das duas filhas do jogador.

"Nápoles pode ser belíssima, mas tem muitos problemas", explicou Maradona, certa vez. "E eu simplesmente não entendo essa coisa de 'Maradona é mais do que minha mãe', ou 'mais do que Deus'. Os napolitanos podiam ter uma cidade muito melhor se a arrumassem um pouco. Mas os napolitanos são como são, e Maradona não vai chegar ali, vindo de um lugar a 20 mil quilômetros de distância, para corrigir esses problemas. Tudo que tenho de fazer é aceitar as coisas como são e, de domingo a domingo, dar às pessoas o máximo de felicidade possível."

29
DO SEGUNDO *SCUDETTO* À COPA DE 1990

Durante as comemorações do título italiano, caixões onde se liam coisas como "Maio de 1987, o dia em que a outra Itália foi derrotada" e "O nascimento de um novo império" foram reduzidos a cinzas. Uma nova era estava começando para o Napoli e, na verdade, para Maradona. A energia potencial de sua vida foi transformada em um frenesi cinético, uma rocha rolando da encosta, orbitando as extremidades do amor e do ódio, da generosidade e do narcisismo, polvilhados com cocaína em quantidade generosa. O que ele ou qualquer outra pessoa não sabia era que já havíamos, provavelmente, testemunhado seu melhor futebol.

Em 1987, a imprensa inglesa publicou uma reportagem dizendo que o Leeds United, favorito a subir para a então primeira divisão inglesa, estava interessado na contratação de Maradona. "O diretor-executivo do clube, Bill Fotherby, se encontrou comigo para um almoço", conta Jon Smith, empresário de Maradona no Reino Unido naquela época, em seu livro *The Deal*:

> *"Você acha que ele se transferiria para o Leeds?", perguntou Fotherby.*
> *Fiquei surpreso. "Mmm... provavelmente não. Para começar, o clima não é tão bom quanto em Nápoles."*
> *"Sim, mas e se pagássemos muito dinheiro? E arrumássemos uma casa, com despesas liberadas, esse tipo de coisa, será que aí ele toparia?"*

"Não sei dizer. Talvez." E não pensei mais naquilo. Mas, a partir de então, eles [fontes de dentro do Leeds United] começaram a vazar histórias para a imprensa de como Maradona estava considerando se transferir para o Leeds.

O Tottenham ofereceu 15 milhões de dólares para assinar com Diego, o Milan também tentou, e essas revelações da imprensa não eram acidentais — Maradona tinha mais dois anos de contrato com o Napoli e Guillermo Cóppola estava ocupado negociando um novo vínculo com o clube.

Silvio Berlusconi tinha comprado o Milan em 1986, e o treinador Arrigo Sacchi herdara um time que contava com Ruud Gullit e Marco van Basten. Durante uma partida entre Milan e Napoli, Cóppola foi convidado a ir ao camarote de Berlusconi e sugeriu que conversassem sobre Diego. Uma semana depois, o empresário argentino chegou a um acordo com dois assistentes de Berlusconi, mas ainda era preciso convencer o Napoli.

"E você?", perguntou Berlusconi a Cóppola. "Você, amigo de Diego, é mais importante do que Maradona. Você conhece Milão? Do que você gosta em Milão? Da Piazza San Babila, por exemplo? Vamos dar um apartamento para você na Piazza San Babila no valor de até 1 milhão de dólares. De que carros você gosta? Escolha um de até 250 mil dólares. Você se veste bem — que tal 50 mil dólares por mês para roupas? Satisfeito? Um assento na tribuna de honra do estádio, mulheres, fama..." Cóppola não precisava ouvir mais nada para se convencer; Maradona também não. O Milan dobraria o valor do contrato com o Napoli, e Diego achava que uma mudança de ares o ajudaria a recomeçar, a abandonar os vícios.

Claudia não tinha tanta certeza disso: "Não temos de sair daqui". Ela acreditava que quem tinha de mudar era Diego, e que isso não aconteceria, necessariamente, mudando de cidade.

Na manhã seguinte à reunião com o Milan, havia quatro vezes mais jornalistas se acotovelando no centro de treinamento do Napoli em Soccavo do que o habitual. O Canal 5, rede de televisão italiana de propriedade de Berlusconi, anunciara o acordo do Milan com Maradona.

"O que está acontecendo?", foi a pergunta feita a Diego, sentado ao lado de Guillermo Cóppola, na entrevista coletiva que o jogador convocara.

"Guillermo foi resolver um contrato pessoal. Tenho de explicar o que faço fora de Nápoles? Queria que me desejassem no Milan. A verdade é que o sr. Berlusconi está interessado em fechar um contrato comigo para um livro sobre meus anos em Nápoles." Pressionado, Maradona se esquivava como ninguém, desarmando, tranquilamente, uma possível bomba. Contudo, o rastilho de pólvora forçou o Napoli a agir e um novo vínculo, válido até 1993, foi assinado, tornando Maradona o dono do maior contrato da história do futebol até então — 12 milhões de dólares por ano.

A temporada 1987/1988 acabara de começar quando uma outra notícia surpreendeu a imprensa italiana: Maradona estava lesionado, um problema muscular, e durante vinte dias não se viu o jogador. Ao retornar, no fim de setembro, ele estava mais magro, havia cortado o cabelo e parecia um novo homem — desintoxicado.

Para aquela temporada, o Napoli montou o ataque mais temido da Serie A: Maradona, Bruno Giordano e o brasileiro Careca, uma das estrelas da Copa do Mundo de 1986. O trio foi batizado com as duas primeiras letras do nome de cada um: Ma-Gi-Ca. Careca foi para o Napoli por causa de Diego. "Na época, havia uma oferta do Real Madrid, mas escolhi o Napoli porque meu sonho era jogar com Maradona." Juntos, os três marcaram 36 gols, contando todas as competições.

Enquanto o Napoli fazia um início de campeonato estrondoso, o Milan patinava, e a Juventus — sem Platini, mas com o atacante Ian Rush, ex-Liverpool — apresentava pouca consistência.

Faltando cinco rodadas para o término da liga, o Napoli liderava com quatro pontos de vantagem, tendo sofrido apenas duas derrotas. Na época, a vitória valia dois pontos, e a conquista do *Scudetto* parecia garantida. Como já mencionado, a Camorra temia falir caso o Napoli confirmasse o título, pelas milhares de apostas clandestinas feitas no atual campeão, e o que se seguiu foi uma estranha sequência de resultados: das cinco partidas restantes, a equipe napolitana empatou uma e perdeu quatro, incluindo uma derrota crucial para o Milan, na antepenúltima rodada, que ajudou o clube de Milão a ficar com o título.

"Nunca imaginei que seria acusado; estava pronto para deixar o Napoli caso as pessoas achassem que havia algum jogador que tinha se vendido", escreveu Maradona, anos depois, em sua autobiografia. Com quinze gols, o argentino foi o artilheiro da equipe naquela Serie A e jamais acreditou naquela versão popular: "Não aceito [a acusação] hoje. E não aceitava naquela época, e foi por isso que fiquei em Nápoles depois do fim do campeonato; eu queria dar a cara a tapa". Ninguém jamais conseguiu provar qualquer ato ilícito.

A campanha, que havia começado com um trabalho de desintoxicação, acabou com um daqueles paradoxos a respeito dos quais Maradona preferia não pensar muito: no verão de 1988, ele esteve ao lado de Pelé na partida de despedida de Michel Platini, e tirou uma foto ao lado do francês, ambos trajando uma camiseta de uma campanha contra as drogas.

O presidente Ferlaino resolveu renovar o elenco e estendeu o contrato de Bianchi, embora o relacionamento entre o treinador e Maradona estivesse começando a se desgastar, com o jogador se ausentando cada vez mais dos treinamentos. Diego viu a permanência de Bianchi como uma afronta e uma nova oportunidade para enfrentar a autoridade por meio da imprensa. Durante aquele período, Ferlaino precisou se conter por diversas vezes.

A temporada seguinte, 1988/1989, podia muito bem ter sido a última de Maradona com as cores do Napoli, que apresentou um desempenho consistente lutando pelo título em todas as frentes que disputou e obtendo uma conquista inédita para o clube. Desde o início, o time disputou a ponta do Campeonato Italiano com a Inter — reforçada com as contratações de Andreas Brehme e Lothar Matthäus — e chegou à final da Copa Itália, perdendo o título para a Sampdoria. Mas seria a Copa da Uefa o torneio que daria alegria ao Napoli, a primeira conquista europeia de sua história.

Maradona começava a sofrer com as lesões. Antes do primeiro jogo da semifinal da Copa da Uefa, em casa, contra o Bayern de Munique, Diego teve de ser atendido pelo dr. Rubén Dario Oliva, médico da seleção da Argentina; embora tenha jogado no sacrifício, o Napoli venceu por 2 a 0 e Maradona deu passe para os dois gols, um de Careca e outro de Carnevale. Pela Serie A, Diego foi poupado do confronto contra o Milan e atuou apenas alguns minutos contra a Fiorentina, partida que antecedeu ao confronto de volta diante do Bayern, na Alemanha.

O sucesso *Live is Life*, da banda Opus, soava estrondoso nos alto-falantes do estádio Olímpico de Munique. Enquanto o resto da equipe seguia sua rotina de treinamento, Maradona, chuteiras desamarradas, incorporou a canção a seu aquecimento, controlando a bola com os pés, as coxas, os ombros, a cabeça. Em meio às embaixadinhas, Diego saltitava e dançava. Sabendo que era o centro das atenções e esperando intimidar os adversários, o camisa 10 se divertia, dando à posteridade um dos momentos mais icônicos do futebol da década de 1980. A emissora de televisão alemã ZDF não estava ao vivo durante os doze minutos de aquecimento de Diego, mas o produtor belga Frank Raes, percebendo o valor do momento, pediu uma cópia da filmagem, que hoje pode ser facilmente vista no YouTube.

O jogo terminou empatado em 2 a 2, e o 4 a 2 no placar agregado levou o Napoli à sua primeira final europeia. Diego criou as jogadas dos dois gols; no primeiro, roubou a bola do zagueiro e rolou para Careca marcar; no segundo, em uma jogada de contra-ataque, deixou o atacante brasileiro livre para sacramentar a classificação da equipe.

De volta a Nápoles, Maradona comemorou o triunfo no restaurante La Stagnata, a alegria contagiando as ruas onde convidados dançavam e cantavam sob a regência de Diego. "Quem você pensa que é? O dono de Nápoles?", gritou uma senhora de sua sacada, irritada com o barulho. A resposta de Maradona foi cantar a música que os torcedores entoavam para ele no estádio San Paolo: "Eu sou... Maradooo, Maradooo". A senhora rapidamente abandonou o mau humor, mandou beijos para Diego e se juntou à cantoria e aos aplausos. "Não sei se deveriam me amar tanto", disse, depois, Diego para seus amigos.

Bernard Tapie, presidente do Olympique de Marseille, sabia da insatisfação da estrela e retomou seu interesse no melhor jogador do mundo; Diego correspondeu. Um dos diretores do clube viajou a Nápoles e Maradona, uma vez mais pronto para partir, pediu paz de espírito: "Uma casa, o mar e uma piscina", disse para o diretor depois de ter prometido, na terceira pessoa, que o próprio Diego tentaria convencer Corrado Ferlaino a deixá-lo sair. O Olympique ofereceu o dobro do novo salário anual de 12 milhões de dólares de Maradona, segurança particular e uma casa na região mais exclusiva da cidade, na costa do Mediterrâneo.

Ferlaino, que, apesar de tudo, desejava a permanência do jogador por mais tempo, pediu ajuda à Uefa e à Federação Italiana para aliviar a pressão sobre si, sabendo ter um trunfo: naquele tempo, os jogadores não podiam mudar de clube sem o consentimento do atual empregador. Entretanto, para que Maradona desse tudo de si em campo, Ferlaino escondeu sua verdadeira intenção, o que fez com que o jogador argentino acreditasse na palavra do presidente de que o deixaria ir. Com o intuito de se resguardar caso Diego conseguisse o que desejava, o clube passou a controlar a narrativa acerca de uma possível saída de sua estrela e, para tanto, valeu-se do jornal napolitano do qual Ferlaino era acionista, *Il Matino*, que passou a publicar críticas constantes ao estilo de vida devasso do jogador, especulando que as lesões no quadril e nas costas tinham sido provocadas por seus excessos.

No entanto, Maradona também tinha seu microfone e sua plataforma, a rede de televisão napolitana Canal 10, que, por dois anos, o recebeu em um programa chamado Superstar Sport 10. Foi ali que Diego anunciou a gravidez de Claudia e informou que ela desejava ter a criança na Argentina. E foi também no mesmo programa que manifestou seu sonho de retornar ao Boca, caso o quisessem e ele pudesse "conquistar um lugar". Contudo, o Boca não tinha como pagar salários europeus e Ferlaino, valendo-se da carta que tinha na manga, não permitiria que Maradona fosse a lugar algum.

A primeira partida da final da Copa da Uefa contra o Stuttgart foi disputada em Nápoles. Maradona, que estava um pouco acima do peso, uma vez que seus treinamentos continuavam a ocorrer com uma frequência irregular, bateu faltas e escanteios, distribuiu passes para seus companheiros e, no geral, procurou comandar as jogadas sem correr demais. Os alemães saíram na frente graças a uma falha do goleiro Giuliani: após um chute forte de Gaudino, porém de longe, o goleiro do Napoli tentou encaixar a bola, mas acabou vendo-a morrer no fundo do gol. E, assim, os visitantes foram para o intervalo com a vantagem mínima no placar.

No segundo tempo, Maradona, na grande área do Stuttgart, controlou a bola com o peito e a chutou contra a mão do zagueiro Schäfer; o árbitro marcou pênalti e o capitão do Napoli converteu a cobrança, deslocando o goleiro Immel. A três minutos do fim, a bola sobrou do lado direito da área do Stuttgart para Maradona, que, com um leve toque, deixou seu marcador no chão, foi à linha de fundo e cruzou com seu pé direito, o "ruim", para Careca. Após se enrolar um pouco para dominar a bola, o brasileiro conseguiu finalizar de dentro da pequena área para fazer 2 a 1 e dar a vitória ao Napoli.

Quatro dias depois, os napolitanos enfrentaram o Bologna pelo Campeonato Italiano. Vinte e quatro horas antes do início da partida, alegou-se que Maradona estava, uma vez mais, machucado — o problema, desta vez, era nas costas. No dia do jogo, Diego declarou que estava bem, e que viajaria para Bologna em um avião particular. Ferlaino, porém, o proibiu de viajar. Mas Maradona precisava deixar as coisas claras e usou seu programa no Canal 10 para contar a verdade sobre a lesão: "Se o presidente não acredita em mim, mas acredita na imprensa, não posso seguir aqui". O argentino estava apostando alto: como assim o presidente não deixava o melhor jogador da história do clube atuar?

Na véspera da segunda partida da final da Copa da Uefa, Maradona estava em um hotel em Stuttgart, enquanto Claudia entrava em trabalho de parto em Buenos Aires, dando à luz a segunda filha do casal, Giannina Dinorah.

O jogo de volta no Neckarstadion foi repleto de reviravoltas. O Napoli abriu o placar com uma arrancada estabanada de Alemão; depois, Jürgen Klinsmann, que não tinha disputado a primeira partida, empatou de cabeça. Quando o primeiro tempo se aproximava do fim, Maradona bateu um escanteio e a bola, rebatida pela defesa, voltou na sua direção; o argentino, então, a cabeceou de volta para a área e Ciro Ferrara chutou de primeira, cara a cara com o goleiro, fazendo o segundo gol do Napoli. O terceiro gol da equipe italiana saiu aos dezessete minutos do segundo tempo em um contra-ataque puxado por Maradona, que, após ter recebido a bola livre de marcação, não demorou — por sua falta de velocidade — a ser alcançado pelo defensor. Maradona diminuiu o passo e esperou para dar um passe perfeito para Careca, que dominou a bola e, na saída do goleiro, a mandou para as redes, encobrindo o arqueiro. Dois erros defensivos — um gol contra tenebroso de Fernando De Napoli, seguido por um recuo de bola ainda mais absurdo interceptado pela cabeçada do atacante Olaf Schmäler, do Stuttgart, no minuto final — deixaram o placar em um tenso 3 a 3. Logo na sequência do empate alemão, o árbitro apitou o final e, com o resultado agregado de 5 a 4 em favor do Napoli, Diego conquistou o único título europeu de sua carreira.

Durante as comemorações, Ferlaino sussurrou no ouvido de Maradona notícias pouco agradáveis: alguns dias a mais de descanso do que seus companheiros, mas nada de transferência. "Até 1993 estamos juntos, certo?" Diego não acreditava no que estava ouvindo. "Não é hora de falar sobre isso, presidente", foi a resposta de Maradona. Porém, Ferlaino insistiu, agora diante da imprensa: "Maradona vai ficar em Nápoles enquanto eu quiser que ele fique em Nápoles". As portas estavam sendo fechadas pelo "carcereiro", uma descrição que o ex-presidente do Napoli usa para se referir a si mesmo.

O generoso contrato de seis anos assinado por Diego em 1987 estava se tornando aquela jaula dourada. Maradona tinha dificuldade para aceitar o caminho que sua vida esportiva estava tomando, mas havia pouca coisa que pudesse fazer, a não ser... Careca e Diego passaram a criticar publicamente as estratégias defensivas adotadas por Ottavio Bianchi, e Ferlaino, que queria acabar com qualquer insurreição, usou o treinador como escudo contra a ira de Maradona. As tentativas quase diárias de Bianchi de estancar o fluxo de controvérsias provocado por seus melhores jogadores resultaram, por fim, na demissão do técnico — quase toda grande crise produz ao menos uma vítima. O substituto de Bianchi foi Albertino Bigon, mais diplomático, e sua intenção era clara: manter o astro feliz. Enquanto isso, a imprensa continuava detalhando os mais recentes lapsos noturnos napolitanos de Diego.

Não haveria transferência para o Olympique de Marseille nem para o Boca. "A gente só consegue vê-lo em fotografias, e nem elas estão ao nosso alcance", admitiu o presidente do clube argentino, Antonio Alegre. O futebol parecia perder o brilho para Diego, e os treinamentos, até então vistos como diversão, se transformaram em trabalho. Estava ficando cada vez mais difícil tirá-lo da cama. De noite, Claudia passava horas sentada junto à porta do banheiro oferecendo ajuda em silêncio, enquanto Diego, entrincheirado em sua cela escura, construída por ele mesmo, chorava e cheirava mais cocaína.

"Sim, ele estava cercado de bons jogadores, mas não nos esqueçamos de que Maradona produziu trinta por cento do que poderia ter produzido", disse Claudio Caniggia, companheiro de seleção argentina, para a revista *Jot Down*. "Ele treinava quando queria, e nós sabíamos o que estava se passando. Era o melhor da história, não havia dúvida, mas nunca pudemos ver seu talento por inteiro."

As conquistas autodestrutivas desse herói mostravam, mais e mais, sua percepção bipolar da vida, que o levava a alturas celestiais apenas para fazê-lo descer ao submundo infernal do desespero. Sua família estava quase sempre na Argentina. De vez em quando, ele se juntava aos familiares, às vezes com o consentimento do clube, muitas outras sem, e sua sensação de isolamento aumentava. "Por mais que você se cerque de pessoas, está sozinho", contou Fernando Signorini para o jornalista argentino Jorge Lanata, no programa de TV *Malditos*. "Certa vez ele [Diego] disse: 'Fui chutado até aqui, me colocaram no topo da montanha, mas ninguém me disse o que fazer ou como fazer'. Às vezes, era possível ver uma espécie de tristeza e de desencanto no rosto dele."

As lesões tiraram Diego das três partidas seguintes, e um cálculo biliar o impediu de jogar contra o Ascoli. No último compromisso em casa da temporada, contra o Pisa, Maradona pediu para ser substituído aos dezessete minutos do primeiro tempo, sentindo uma distensão muscular. Os torcedores o vaiaram, ofenderam Cóppola, Claudia, até Dalma, e todos os que estavam na tribuna de honra. Maradona não entrou em campo na última rodada contra o Como, vitória por 1 a 0 — o Napoli terminou a temporada na segunda colocação, onze pontos atrás da campeã Inter.

No dia 16 de agosto de 1989, quando as férias de Maradona em Buenos Aires estavam chegando ao fim e ele era aguardado em Nápoles, Cóppola enviou um fax ao clube informando que Diego daria entrada na clínica Villa Eden, na cidade alpina de Merano, na Itália, para se desintoxicar e se apresentaria dali a doze dias, em 28 de agosto, para dar início aos treinamentos da pré-temporada. Ferlaino não aceitou aquela decisão. Diego então foi pescar com seu pai em Esquina, dando ordens explícitas a Cóppola para não ser incomodado — por ninguém. As passagens foram canceladas. O Napoli ameaçou rescindir seu contrato, não permitir que ele defendesse nenhuma outra equipe e até recusar sua liberação para jogar a Copa do Mundo de 1990. Os torcedores, encorajados por notícias raivosas publicadas pela imprensa criticando o argentino, sentiam que cada anúncio era como uma nova facada nas costas.

Como, naquele verão de 1989, muitos acreditavam que Maradona não tinha intenção de voltar ao Napoli, os jornais locais publicaram ameaças de torcedores e enquetes que sempre colocavam a culpa no jogador. No dia 23 de agosto, Cóppola emitiu um comunicado à imprensa explicando por que Diego e seu *staff* não desejavam retornar a

Nápoles. Em *Yo soy El Diego*, Maradona conta que ali "demos detalhes dos ataques que vínhamos sofrendo: uma bola de aço que tinha sido atirada contra o para-brisa do meu carro; roubos que nunca foram investigados, como [o ocorrido] no dia em que levaram a Bola de Ouro de 1986 da minha casa. Estávamos contando para o mundo que havia uma conspiração contra minha família".

A cidade foi acusada de ser cúmplice do suposto terror que Diego vivia, e a Camorra não gostou muito daquela afronta. Diante do mundo, o megafone de Maradona declarava, novamente, que Nápoles era uma cidade criminosa. De repente, fotos de Diego com líderes da Camorra, tiradas nos primeiros anos do jogador em Nápoles, apareceram na imprensa. Eles parecem ser inimigos?, perguntavam, de maneira provocativa, os jornais. "Verão da farsa", foi o epíteto dado pela *Gazzetta dello Sport*.

A imprensa reagiu como era a norma na época. A revolta de um jogador era uma coisa incomum, e os clubes, em geral, controlavam as declarações dos atletas sem que ninguém procurasse saber quem estava com a razão. Tentando tirar proveito daquilo tudo, o Olympique de Marseille apresentou uma oferta lucrativa para seduzir o Napoli e Maradona, e que foi, outra vez, rechaçada pelo clube.

O Campeonato Italiano teve início no dia 27 de agosto de 1989, sem Diego, que ainda estava pescando com seu pai. No dia 2 de setembro, *Pelusa* se dirigiu ao aeroporto de Ezeiza, em Buenos Aires, mas se recusou a embarcar porque não tinha uma passagem de primeira classe. Naquela manhã, prometeu que voltaria à Itália no dia seguinte para resolver quaisquer pendências com o clube. À tarde, anunciou que desejava largar o futebol. Em meio a isso, numa delegacia de polícia em Nápoles, um membro da família Giuliano denunciou Maradona por uso de cocaína.

No dia 4 de setembro, um Maradona mais plácido pousou no aeroporto de Fiumicino, próximo a Roma, e pediu para se encontrar com Ferlaino. O presidente diminuiu os privilégios do jogador, incluindo a escolha do dia em que treinaria, e quatro dias mais tarde Diego estava de volta ao elenco. O argentino fez um trabalho extra com Signorini no período da tarde para retomar sua forma, perdeu peso e parou de consumir cocaína, tendo sua atitude positiva elogiada pelos jornais. Quando adentrou o gramado do estádio San Paolo no segundo tempo do quinto jogo da temporada, no qual sua equipe perdia para a

Fiorentina por 2 a 0, Diego foi aplaudido por uma torcida aliviada e feliz. O futebol, agradecido, também tirou o chapéu para seu retorno. A desvantagem de dois gols se converteu em uma vitória por 3 a 2 graças a uma atuação exuberante de Maradona, que chegou a perder um pênalti. Esses picos extraordinários de retorno à boa forma definiriam o restante de sua carreira.

Duas semanas mais tarde, o Napoli bateu o Milan de Arrigo Sacchi por 3 a 0 — os dois primeiros gols foram marcados por Carnevale em jogadas construídas por Diego, e o terceiro, anotado pelo próprio *Pelusa*, que ficou cara a cara com o goleiro, ameaçou o chute para, então, encobrir o arqueiro, que ficou estatelado no chão depois de ter sido enganado pela finta de Diego. O Napoli era líder da Serie A.

Após o nascimento da segunda filha, Diego sentiu que havia um assunto importante pendente em sua vida. Anos antes, quando ainda moravam em Buenos Aires, Maradona havia pedido Claudia em casamento. Eles estavam sentados em um carro estacionado atrás do prédio da Escuela de Mecánica de la Armada (Esma), tendo nas mãos apenas uma garrafa de cidra. "Isto é tudo o que eu tenho, meu amor", disse Diego, tirando da mochila primeiro a cidra e, em seguida, o anel de noivado.

O casamento teve de esperar. No dia 7 de novembro do tempestuoso ano de 1989, dois dias após mais uma vitória do Napoli pelo Campeonato Italiano, Diego e Claudia celebraram o casamento mais luxuoso do qual Buenos Aires se recorda.

Além de familiares e amigos, jogadores dos *Cebollitas* e de Argentinos Juniors, Boca e Napoli, atletas argentinos que disputavam o Campeonato Italiano, diretores e figuras do mundo do entretenimento, muitas outras pessoas estavam entre os convidados. Cerca de 250 delas viajaram em um avião particular da Itália para uma cerimônia que contou com mais de mil presentes — outros tantos não puderam comparecer. Fidel Castro não pôde ir por questões que envolviam protocolo e segurança. Jorge Cyterszpiler não foi convidado. O ex-meio-campista Massimo Mauro descreveu, recentemente, para o *Corriere dello Sport,* a inesquecível celebração: "Diego transformou o evento em uma festa para seus amigos. Ele queria deixá-los felizes, fazer com que se sentissem em casa. Quando cheguei, uma loira de olhos azuis abriu a porta do hotel e me disse:'Estou à sua disposição por três dias'".

A noiva e o noivo passaram, primeiro, no cartório, e depois de serem declarados marido e mulher pelo juiz de paz, foram para o hotel se trocar. Algumas horas mais tarde, Maradona adentrou a Basílica do Santíssimo Sacramento de braço dado com Doña Tota — Claudia Villafañe foi acompanhada por seu pai, *Coco*.

O casal partiu em um Dodge Phantom conversível, modelo 1937, para a recepção no Luna Park, tendo Giorgio, porteiro da casa noturna New York City, como motorista.

Eram três horas da manhã quando o casal subiu ao palco para cortar o bolo ao qual estavam amarradas uma centena de fitas brancas, uma para cada mulher solteira presente na festa, e nas quais se escondiam anéis de ouro — exceção feita a uma única fita na qual estava pendurado um anel de diamante, e que foi puxada por Cali, a mais jovem das cinco irmãs de Diego. As festividades se estenderam até as oito da manhã, e o casal foi escoltado em uma Mercedes-Benz — uma segunda Mercedes foi usada como chamariz para confundir a imprensa. O casal passou a lua de mel em Capri com as duas filhas e um grupo de amigos, tudo comandado pelo organizador do evento, Cóppola.

A Argentina estava em meio a uma crise financeira, atormentada pelo desemprego e por uma inflação alta. Maradona não havia empobrecido o país, mas seria o melhor momento para tamanha ostentação? Ações comerciais de marketing ousadas realizadas antes e depois da cerimônia, como a venda das fotos e dos direitos de transmissão pela televisão, foram usadas para pagar a maior parte do evento, o que não impediu as críticas. Maradona, porém, tinha uma resposta para seus detratores: "Eles temem criticar os que estão no poder e, por isso, preferem atacar jogadores de futebol", disse. "Se concentram na minha festa, mas não falam nada de outros eventos econômicos que destruíram o país".

Em Nápoles, a equipe local seguia sendo a espinha dorsal da vida social da cidade. Um torcedor gritou para Maradona, enquanto este dirigia pelas ruas napolitanas: *Ti amo più chi ai miei figli* ["Amo mais você do que aos meus filhos"]. No entanto, nem todo mundo estava feliz. Careca se lembra de que aquela foi uma temporada de altos e baixos, de confrontos com a imprensa e com torcedores. "Eles queriam que ganhássemos sempre, e às vezes isso não é possível", explica o atacante brasileiro. "Mas éramos um grupo muito equilibrado." O Milan e o Napoli lutaram pelo título até a última rodada.

Anos depois, Ferlaino explicou para a ESPN como cuidou de todos os "detalhes" durante a campanha de 1989/1990. "A partida entre Verona e Milan era importante. Eu tinha uma boa relação com o homem responsável por escalar os árbitros, [Cesare] Gussoni, e havia um árbitro, [Tulio] Lanese, que era muito amigo do Milan, seu apelido era 'o milanês'. Nós, por outro lado, éramos mais próximos de Rosario Lo Bello." A corrida pela taça estava chegando a seus momentos cruciais e, por isso, cada detalhe era decisivo. Na penúltima rodada, o Milan foi a Verona e o amigo de Ferlaino, Lo Bello, foi escalado para ser o árbitro da partida, que teve de tudo: confrontos verbais, ira e três cartões vermelhos para o time de Arrigo Sacchi, que perdeu por 2 a 1, levando o segundo gol aos 44 do segundo tempo. O Napoli, por sua vez, venceu o Bologna por 4 a 2, fora de casa, com um gol de Diego, o 16º do jogador na temporada, artilheiro da equipe. O clube estava com uma mão no seu segundo *Scudetto*.

O último jogo do Napoli no torneio foi disputado contra a Lazio em um estádio San Paolo barulhento e tomado por centenas de bandeiras tremulando ao vento, canto atrás de canto sendo entoado por torcedores cegos diante da fumaça dos sinalizadores. Os donos da casa entraram em campo com seus filhos, liderados por Diego e Claudia, que traziam nos braços Dalma e Giannina. A vitória garantiria o título. Passados apenas sete minutos, Maradona cobrou uma falta de pé esquerdo e o zagueiro Marco Baroni subiu bem de cabeça para fazer o único gol do jogo.

Ao soar do apito final, o gramado foi tomado por uma multidão de jornalistas, torcedores, funcionários do clube, todos chorando, sorrindo e se abraçando. Homens, mulheres e crianças de todas as idades compartilhavam sua alegria com os jogadores. Signorini entrou em campo com Dalma nos ombros.

No vestiário, seguiu-se uma comemoração desenfreada e genuína, diretores e câmeras de televisão vivendo juntos aquele momento em meio a sorrisos e aplausos. Teve, claro, muita cantoria — "*Ho visto Maradona / Ho visto Maradona...*"

Diego, desfilando diante das câmeras, pegou um microfone e improvisou uma entrevista com o presidente do Napoli. "Você está feliz?", perguntou. Quando Ferlaino respondeu que eles podiam ter vencido os dois campeonatos anteriores, Diego retrucou de maneira espirituosa:

"*Mamma mia*, temos que deixar os outros ganharem para que a coisa não fique sem graça. Você é um grande presidente". Então lhe deu as costas e voltou para a festa com o grupo.

Em meados da década de 1990, juízes napolitanos que investigavam o tráfico de drogas interrogaram Massimo Crippa, jogador italiano, que detalhou como foi a festa do elenco pela conquista do título, realizada em um barco capitaneado por Cóppola e ancorado diante do Vesúvio. Quando um *jet ski* apareceu para entregar dois pacotes, Crippa disse aos juízes que Cóppola gritou: "A cocaína chegou!".

O Quartieri Spagnoli, bairro central da cidade de Nápoles composto por residências humildes, era o lar de trombadinhas, contrabandistas e outros criminosos. Seus moradores são despretensiosos e modestos, mas, também, vítimas de suas privações. À medida que se desenrolava o verão de 1990, começou a ser desenhado, em uma de suas praças, um mural decorativo em homenagem a Maradona, uma pintura de três pavimentos de Diego com outras fotos e desenhos recriando seus anos no Napoli e a conquista da Copa do Mundo de 1986.

Dizem que Maradona, sozinho, dirigiu uma noite até a praça e passou cinco minutos olhando para si mesmo diante daquele enorme espelho.

30
ITÁLIA-1990

"Um dia, em Nápoles, Bilardo tocou a campainha da minha casa às nove horas da noite", contou Maradona à rede de televisão argentina TyC Sports, falando sobre seus anos no Napoli. Naquele dia, a equipe havia vencido o Como e, enquanto Diego bebia com companheiros do time, Claudia apareceu para dizer que o treinador da seleção estava no andar inferior da casa. "Todos ficaram pálidos, alertas, e, na ponta dos pés, como crianças travessas, foram para o meu quarto", explicou Maradona com um sorriso atrevido. Um a um os jogadores foram embora, evitando a presença do treinador. "Bilardo me falou: 'Não vou levar Caniggia para a Copa do Mundo'. Eu respondi: 'Tudo bem, você acabou de perder dois atacantes'. E, ajeitando gravata, todo nervoso, ele completou: 'Ele não está se cuidando'. Aí eu retruquei: 'Deixa de ser idiota!'."

A Argentina defenderia o título da Copa do Mundo na Itália novamente sob o comando de Carlos Bilardo, o mesmo treinador da Copa do México. Caniggia, no fim, foi convocado para uma equipe que não havia sido renovada e se fiava mais em sua história do que em sua capacidade técnica. A Albiceleste vencera apenas sete das 34 partidas que disputara desde 1986, e nem a imprensa do país a colocava entre as favoritas. O que o time tinha era a certeza absoluta da liderança de Maradona, algo que podia afetar seus companheiros e adversários, além dos árbitros.

Maradona deixou de usar cocaína por um tempo e entrou em forma. O Mundial de 1990 lhe oferecia a chance de seguir sendo aclamado como o melhor, jogando bem as sete partidas possíveis. Sua maior preocupação era seu delicado e muito examinado tornozelo esquerdo, que, durante o Campeonato Italiano, tinha inchado e ficado do tamanho de uma bola de tênis. Ele mal podia colocar as chuteiras para treinar, e passava o dia de chinelos, em uma tentativa de proteger aquele que era provavelmente o tornozelo mais fotografado do mundo. Rubén Moschella, que fazia parte da comissão de Bilardo, contou a Lalo Zanoni, no livro *Vivir en los medios*: *Maradona off the record*, que noventa por cento do elenco estava no departamento médico antes do início do torneio. O tornozelo de Diego estava sempre inchado e, nas vésperas das partidas, recebia tratamento de frio-calor. Também tratava o local com uma espécie de pasta parecida com alcatrão, além de medicação. Porém, logo que o jogo começava, inchava novamente.

Guillermo Blanco também contou a Zanoni que, quando Diego defendia o Napoli, teve de voltar a Barcelona para retirar os pinos do tornozelo; porém, a cabeça de um dos pinos se quebrou e não foi possível removê-la — e ali ficou desde então. Antes da estreia da Argentina pelo grupo B, diante de Camarões, ele ainda perdeu a unha do dedão direito.

Maradona nunca esteve na condição física ideal, mas deixou claro que jogaria todos os minutos, e se mostrou ainda igualmente arrojado nas disputas ocorridas durante as entrevistas coletivas. Para aqueles que o seguiam de perto, não era novidade que seu mundo estava se tornando cada vez mais preto no branco: ou se estava do seu lado, ou contra ele. "Prefiro ser antipático a me calar", disse. Diego defendia suas verdades, algumas das quais, duas décadas depois, pareceram mais premonições.

João Havelange, presidente da Fifa entre 1974 e 1998, havia herdado uma instituição quase amadora e a transformara em uma bem-organizada multinacional, embora as coisas, muitas vezes, fossem feitas ou desfeitas por capricho e às escondidas. Ao longo do caminho, ele e outros membros proeminentes da Fifa enriqueceram graças a subornos que chegavam à casa dos milhões, mantendo relações estreitas com ditaduras como a da Argentina e lhes concedendo tratamento especial. Havelange era o vilão perfeito e o alvo justificável para o teatro tempestuoso de Maradona.

Ignorando o bom relacionamento entre a federação de seu país e a Fifa, Diego via fantasmas em todos os cantos e alegou que o sorteio da Copa do Mundo havia sido uma farsa que prejudicara a Argentina. A entidade que comanda o futebol mundial ameaçou puni-lo, e ele acabou se desculpando pela última vez. Alguns dias antes do pontapé inicial contra Camarões, em Milão, o argentino voltou a desferir ataques, desta vez para proteger todos os jogadores, que, frequentemente, tinham de jogar sob temperaturas extremamente altas. "Por que devemos disputar uma partida às três horas da tarde sob um calor de setenta graus? Somos nós que estamos ali. Deem duas chuteiras para Havelange, deem um calção para [Sepp] Blatter [secretário-geral da Fifa]. Vocês sabem que seria ridículo ver os dois lá, no campo." Curiosamente, durante toda a competição, a Argentina não teve de atuar às três horas da tarde, o horário mais temido.

Impotente na estreia, a Argentina perdeu de 1 a 0 para Camarões, tomando o gol na segunda etapa de uma equipe que estava com dez jogadores e terminaria o jogo com nove. Os tambores da coragem ressoaram para apoiar a causa da Argentina, um país que se alimenta de drama — talvez seja por isso que os argentinos falam sobre essa Copa do Mundo tanto quanto da conquistada em 1986.

"No dia seguinte, quando fomos almoçar, olhei os rostos de cada um", contou Carlos Bilardo para Diego Borinsky, da revista *El Gráfico*. "Eu tinha lido um livro sobre um alemão que, depois de perder uma batalha, foi cortar o cabelo e se arrumar, colocar uma roupa elegante. Fiz a mesma coisa — perfume, tudo. Fui com Diego [para a entrevista coletiva] e passamos diante de todo mundo, cumprimentando, perguntando como estavam e assim por diante, até chegarmos ao centro. Mais tarde, Maradona me disse: 'Foi a primeira vez na minha vida que ninguém me parou'. 'É isso mesmo, estavam todos olhando para mim'."

Bilardo chamou toda a responsabilidade para si. A escalação para a partida seguinte, contra a União Soviética, que também tinha perdido o primeiro jogo (para a Romênia), estava tomada por incertezas e contava com cinco caras novas. O goleiro Pumpido se machucou logo no início do jogo e seu substituto, Sergio Goycochea, que mais tarde teria um papel fundamental no torneio, fez sua estreia em Copas do Mundo. O confronto foi importante por dois motivos cruciais: no primeiro tempo, quando estava 0 a 0, após uma cobrança de escanteio, um jogador soviético cabeceou a bola violentamente em direção ao gol argentino. Maradona, com um movimento deliberado, impediu com o braço que a bola entrasse. O árbitro, a poucos metros do lance, ignorou as reclamações soviéticas de que o toque havia sido claramente com a mão. No fim, a Argentina acabou vencendo o jogo por 2 a 0, e uma vez mais com a intervenção da "mão divina"; porém, talvez para não arruinar a original, ninguém fala muito sobre essa versão da Mão de Deus.

O empate por 1 a 1 com a Romênia no terceiro e último jogo da fase de grupos deixou a Argentina como a melhor terceira colocada, dando à seleção a chance de se juntar, nas oitavas de final, aos dois primeiros de cada um dos seis grupos que compunham o Mundial. O adversário seria o Brasil, uma seleção que contava com Taffarel, Careca, Valdo, Dunga e Alemão (Romário e Bebeto estavam no banco), e que havia sido campeã de seu grupo. "Maradona atuava com vinte por cento de sua forma, mas desistir nunca lhe passou pela cabeça", escreveu Aldo Proietto, em *El Gráfico*. O camisa 10 mal conseguia apoiar o tornozelo esquerdo no chão. "Me dê, doutor", pediu *Pelusa*, antes da partida em Turim, ao médico, que então lhe passou a seringa com anti-inflamatórios para que o próprio Maradona a aplicasse. Poucos minutos após o início do jogo, Alemão, amigo de Maradona, já havia dado alguns pontapés de boas-vindas naquele famoso tornozelo esquerdo.

Os brasileiros dominaram a partida, disputada sob um intenso calor de fim de tarde. Perto do fim da primeira etapa, uma entrada dura de Ricardo Rocha fez o meio-campista argentino Pedro Troglio precisar de atendimento. A equipe médica entrou em campo trazendo consigo garrafas d'água com rótulos diferentes daquelas usadas pelos argentinos. O lateral-esquerdo Branco, depois de tomar água de uma garrafa que lhe foi entregue pelo fisioterapeuta da seleção argentina, Miguel Di Lorenzo, começou a se sentir nauseado, tonto, um possível efeito colateral provocado pelo calor intenso; ou, possivelmente, resultado das instruções de Bilardo para que Di Lorenzo misturasse o sonífero Rohypnol na água.

"Alguns dos nossos jogadores foram beber água e Julio Olarticoechea quase bebeu um pouco. Eu gritei: 'Não, *Vasco*! Não!'", contou Maradona para o TyC Sports, anos mais tarde. O argentino queria que o meio-campista brasileiro Valdo bebesse a água batizada. "Eu disse ao Valdo: 'Vai lá, Valdo, bebe, está calor'. Mas Branco bebeu tudo e, depois, se arrastava nas cobranças de falta, a visão turva. Alguém tinha colocado tranquilizante na garrafa d'água e tudo deu errado para eles!", relatou, durante o programa, um Maradona sorridente. A Fifa não abriu investigação, apesar dos protestos da Confederação Brasileira de Futebol. Uma vez mais, o imaginário coletivo argentino, auxiliado pela explicação descarada de Maradona acerca dos eventos, transformava o que era trapaça em uma atitude de exaltação a seus *criollos* espertos.

Aos 34 minutos do segundo tempo, Diego pegou a bola no círculo central, ainda em seu campo, tendo como companheiro à sua frente apenas Caniggia, e, depois de ter driblado um brasileiro, deu início a uma de suas arrancadas características. "Todos vieram em cima de mim", recordou-se Maradona naquele mesmo programa de televisão. "Continuei driblando e só conseguia ver Caniggia, então arrisquei um passe com o pé direito, que saiu perfeito; acho que foi o melhor passe da minha vida." Caniggia driblou o goleiro e marcou. Antes de sua equipe ser eliminada por aquele único gol, houve tempo ainda para o capitão brasileiro Ricardo Gomes ser expulso por causa de uma falta tática.

Nas quartas de final, um empate enfadonho, sem gols, contra a Iugoslávia, levou a partida para a prorrogação. Como o tempo extra também terminou sem gols, a classificação para a semifinal foi decidida nos pênaltis — pela Argentina, Maradona e Troglio perderam suas cobranças; Goycochea, porém, defendeu duas das três desperdiçadas pela Iugoslávia — o espetacular Dragan Stojković acertou a trave — e os campeões do mundo avançaram.

A semifinal colocou frente a frente Argentina e Itália, em partida a ser disputada em Nápoles, cidade onde Maradona ainda atuava. O diário *La Gazzetta dello Sport* estampou em sua manchete: "Maradona é o diabo".

"O melhor jogador do mundo se tornou o mais odiado", escreveu Lalo Zanoni no site de notícias argentino *Infobae*. "Para mim, esse é o jogo-chave da carreira de Maradona. Não é o mais importante, não é o mais exuberante (sua nota foi 7 ou 8), tampouco o mais famoso, mas é o jogo em que ele usou sua inteligência e todo seu potencial extracampo. Sendo o animal midiático que era, conseguiu, alguns dias antes da partida, dividir a Itália."

E foram estas as palavras que ele falou para seus companheiros de equipe — "hoje, vou dividir a Itália" — ao ficar sabendo que a seleção italiana seria a próxima adversária da Argentina. Depois, em público, fez um apelo ao povo napolitano. "Depois de tanto racismo, só agora [os italianos] se lembram prontamente de que Nápoles faz parte da Itália. Por 364 dias do ano eles falam dos sulistas, dos *terroni*, daquele fedor, daquele povo mau-caráter e perdido. Ataques infames", disse Maradona em um artigo do *Corriere dello Sport* intitulado "Nápoles me ama".

"Suas declarações à imprensa pegaram o público e nosso time desprevenidos", admitiu o atacante italiano Aldo Serena, reserva naquele jogo. "A torcida não estava como nas quartas de final, em Roma; estava dividida."

"No dia em que a Argentina enfrentou a Itália, eu estava em um banco no fundo do ônibus a caminho do estádio San Paolo", recorda-se Signorini. "Olhei para trás e, a uns quinze metros, vinham as motos da polícia; na frente delas, tinha uma moto Enduro com um guidão enorme — era Carmine Giuliano." A relação de Diego com a Camorra havia mudado desde o momento em que Diego e Cóppola deram a entender que camorristas estavam por trás dos incidentes que tinham deixado suas vidas mais difíceis. No entanto, Carmine queria estar perto dos acontecimentos.

O jogo foi disputado em um clima tenso, com Maradona sendo constantemente insultado e vaiado. A Argentina seguia sua estratégia defensiva, esperando, essencialmente, que Maradona e Caniggia fizessem algum truque de mágica. A Itália marcou primeiro, aos dezessete minutos de jogo, com Salvatore *Totò* Schilacci, que seria o artilheiro e o melhor jogador do torneio. Algumas das entradas dos jogadores das duas equipes passaram do limite permitido pelas regras, sendo muitas vezes desleais.

A Argentina empatou o confronto no segundo tempo graças a uma cabeçada de Caniggia, depois de um cruzamento da esquerda. Na prorrogação, Ricardo Giusti foi expulso após receber o segundo cartão amarelo, mas mesmo com dez homens a equipe de Bilardo se segurou e levou a decisão para os pênaltis. Maradona, que teve uma atuação bastante discreta durante a partida, estava ente os primeiros quatro cobradores argentinos, e todos converteram (além de Diego, Serrizuela, Burruchaga e Olarticoechea). Goycochea defendeu as duas últimas cobranças italianas (de Donadoni e Serena), dando à sua equipe a vitória por 4 a 3. A Itália estava fora da Copa do Mundo disputada em seus domínios. Naquela noite, em Nápoles, as ruas foram tomadas por uma mistura de insultos, "*Maradona, figlio di putana*", e alguns cantos reticentes de *"Maradoooo"*.

Ainda com três anos de contrato para jogar na Itália, Maradona, após ter invocado um emotivo confronto nacional que logo se transformaria em vingança, declarou: "Não quero ser [visto como] inimigo, peço que me entendam". Ao ser perguntado pelo jornalista Diego Borinsky sobre o que havia lhe dado mais prazer, vencer a Inglaterra em 1986 ou eliminar a Itália em 1990, Maradona não pensou muito antes de responder: "A Itália, por todo o contexto envolvido", ainda que a maior parte desse contexto tenha sido incrivelmente negativa.

O jogo contra a Itália serviu para ratificar seu status de melhor jogador do planeta, aquele que aparece quando é preciso, nas partidas cruciais. Foi, também, o início do fim, sua despedida, segundo Lalo Zanoni, que escreveu que Maradona o fez "de maneira grandiosa, à sua maneira, eliminando a Itália sob o olhar incrédulo dos chefes da Fifa que viam de seus camarotes aquele pequeno moreno saído do nada, de Villa Fiorito, reescrever a história".

Uma vez mais o adversário na final seria a Alemanha, desta vez em Roma.

Maradona e muitos outros deram suas versões sobre o que se passou na sequência do Mundial, denunciando a Fifa e alegando que a instituição havia tramado para impedir a conquista argentina. Havelange, Blatter e Julio Grondona, presidente da AFA, estavam todos envolvidos, líderes — afirmava Maradona — de uma organização corrupta.

Para Diego, tudo ficou evidente na véspera da final, após o treino da Argentina no estádio Olímpico de Roma. Enquanto ele tomava banho, Grondona se aproximou, e o que se passou é descrito por Maradona da seguinte maneira em uma de suas autobiografias:

"Está terminado, Diego. Chegamos à final"

"Quê? O que você está dizendo, Julio?"

"É isso; fizemos o que podíamos. Veja aonde chegamos. E você está exausto. Está feito."

"O caralho! Temos uma final amanhã e queremos vencer. Não me diga que você vendeu a final?"

★

Anos mais tarde, Maradona deu mais detalhes daquele evento para Borinsky: "Foi tudo armado. A gente tinha fodido o [Antonio] Matarrese [membro do comitê organizador da Copa do Mundo] e a Itália. A final estava combinada para ser Itália e Alemanha. O negócio todo estava montado e fodemos os organizadores da Copa do Mundo em 180 milhões de dólares, tínhamos destruído as bandeiras da Fifa, seu megafone, fodido com as comemorações, com os direitos de televisão. Provocado um desastre. E, claro, tínhamos de pagar".

A final simbolizou a ruptura definitiva entre um Maradona irado, que lutava contra o mundo, e o futebol italiano. E marcou, também, o rompimento entre o jogador e os mandachuvas do esporte. Além disso, o relacionamento de Diego com o público também estava prestes a mudar para sempre, com Maradona passando de um jogador extraordinário, redentor e vencedor, a um mito indestrutível, defensor incansável das causas justas. Se a partida contra a Inglaterra colocou seu nome na história, a Copa do Mundo de 1990 lhe concedeu o status de lenda — o eterno líder napoleônico.

A decisão disputada na capital italiana viu uma sólida seleção da Alemanha diante de uma Argentina dizimada: Caniggia, Giusti e Olarticoechea estavam fora da equipe titular. Maradona, além de seus problemas na unha do dedão e no tornozelo, tinha uma lesão muscular. Quando o hino argentino começou a tocar, os torcedores alemães e italianos o vaiaram. Diego, cheio de ódio, esperou a câmera focar em seu rosto para soltar dois inconfundíveis "*hijos de puta*", sua resposta repleta de indignação.

Na hora do sorteio dos campos, o árbitro Edgardo Codesal — uruguaio de nascimento, mas naturalizado mexicano — se dirigiu a Maradona: "Diego, vá com calma, não perca a cabeça, mostre o tipo de jogador que você é. Você tem noventa minutos para mostrar isso, e deixe de lado essa raiva". Mas a cólera estava enraizada. "Não, não. Estes filhos da puta...", rosnou Maradona. Codesal, recordando aquele dia em uma entrevista para o programa de rádio uruguaio *Tirando Paredes*, contou ter dito a Maradona: "Você não quer entender que ao menos eu tenho uma certa simpatia por você? Se acalme. Vamos jogar a moeda e deixar que aconteça o que Deus quiser".

Depois de um primeiro tempo sem graça, a segunda etapa não se mostrou muito melhor, até que aos vinte minutos Pedro Monzón — que havia entrado no intervalo no lugar de Oscar Ruggeri — deu um carrinho violento em Jürgen Klinsmann, levando as solas da chuteira na canela do alemão, já com a bola longe do lance, e recebeu cartão vermelho direto, o primeiro jogador a ser expulso em uma final de Copa do Mundo. "E então, ali, Maradona se aproxima de mim e diz: 'Já sabíamos que seríamos roubados. A Fifa mandou você aqui para roubar a Copa do Mundo das nossas mãos, para não ganharmos'. Eu tinha motivo para expulsá-lo!", conta Codesal.

A cinco minutos do fim da partida, Rudi Völler correu para dentro da área argentina depois de um lançamento em profundidade de Lothar Matthäus. O argentino Roberto Sensini estava marcando Völler, mas ficou um pouco para trás do atacante após sua arrancada. O árbitro corria em direção à área quando o zagueiro, de maneira estabanada, tentou alcançar a bola com seu pé direito, chocando-se com o atacante. O estranho posicionamento inicial de Sensini provocou uma confusão de braços e pernas, levando os dois jogadores a cair no gramado. A Argentina, que reclamara a marcação de um pênalti havia poucos minutos, tinha concedido uma penalidade máxima. Anos depois, Andreas Brehme e Matthäus admitiriam, em entrevistas, que o contato não havia sido suficiente para provocar a falta.

O árbitro se dirigiu a um Maradona indignado: "Escuta, isto é uma final de Copa do Mundo, você é o melhor jogador do mundo, se acalme e jogue futebol". As reclamações de Diego poderiam facilmente ter lhe rendido o cartão vermelho, principalmente porque era a segunda vez que ele era repreendido severamente. "Ele marca o pênalti e, mais tarde, ganha uma vaga como chefe da arbitragem no México", escreveu Maradona em seu livro *Mi Mundial, mi verdad*. Trinta anos depois, Codesal, na rádio uruguaia, respondeu: "Ele é uma das piores pessoas que já conheci na vida".

Brehme converteu o pênalti, mandando a bola no canto direito baixo de Goycochea, que não pôde repetir o heroísmo das fases anteriores. Monzón não manteve por muito tempo a distinção de ser o único atleta a ser expulso em uma final de Copa do Mundo, uma vez que o atacante Gustavo Dezotti também foi expulso, recebendo cartão vermelho direto após agarrar Jürgen Kohler pelo pescoço e o jogar no chão, juntando-se, assim, a Monzón no longo caminho do túnel que levava até os vestiários. Maradona, por suas recorrentes reclamações, foi, por fim, punido com um cartão amarelo.

Quando o árbitro encerrou a partida, Diego, aos prantos, repetiu seu mantra: "*Hijos de puta, hijos de puta*". Sua revolta não seria mais silenciosa nem diplomática; não haveria mais negociações nem sigilo. Após receber a medalha de prata, ele ignorou Havelange, um gesto público e rancoroso. "Eu esperava que esta conspiração não fosse tão poderosa, mas...", disse ele para a imprensa na sequência. A partir de então, a Fifa era uma "máfia".

Maradona chorou a noite toda. "Sentia que havíamos sido tratados de maneira injusta, e que Havelange nos fizera pagar", explicou à *El Gráfico*. "Somos de origens diferentes e um relacionamento é impossível, independentemente de quanto ele diga que me ama como a um filho." As acusações contra os comandantes do futebol passaram a ser frequentes. "Eu chamaria o site de João Havelange de *ladrón.com*", disse, irritado. "Tem que jogar uma bomba na AFA e começar do zero."

Quando criança, Maradona nunca aceitava ser derrotado; adulto, seguia testando os limites, sempre alegando injustiças, reais ou imaginárias. "Ele defendia sua condição de classe, enfrentava os opressores e as perversidades", afirma Signorini. Naquela final, um personagem nasceu e foi batizado, brotando de dentro do próprio Maradona, mas também "daquela parte da imprensa ou do sistema que o explorava, que o usava".

"A imprensa continuou a pressionar Diego, fechando o cerco à sua volta, e ele passou a se precaver cada vez mais, o que tornava suas declarações mais e mais contundentes", conta, hoje, seu antigo preparador físico. "Não eram declarações planejadas, mas vindas de uma cultura ancestral, talvez de seus avós ou de Don Diego. Maradona era implacável com o poder, que era implacável com ele."

O poder reage contra aqueles que o desafiam ou se rebelam, sempre pronto a destruir qualquer tipo de oposição. "Por ter saído de Villa Fiorito eu não posso me manifestar?", perguntou Diego em *Yo soy El Diego*. "Sou a voz daqueles que não têm voz... Tive de brigar com o papa. Discuti com ele porque fui ao Vaticano, vi o teto de ouro e, depois, ouvi o papa dizendo que a igreja se preocupa com as crianças pobres. Bom, venda o teto. Faça alguma coisa! Para que serve o Banco Ambrosiano? Para vender drogas e contrabandear armas?"

"Tentaram me comprar várias vezes", disse Diego em seu outro livro, *Mi Mundial mi verdad*. "[Em 1993] Me deram uma medalha de melhor jogador da história e, em seguida, me trancaram em um cômodo com Havelange, Blatter também estava presente, e me falaram: "Dieguito, queremos que você faça parte da família Fifa." Maradona rejeitou a proposta e, em 1995, tentou criar a Associação Internacional de Futebolistas Profissionais, um sindicato global dos jogadores ("não podemos nos manter passivos diante de tudo o que está acontecendo", disse aos jornalistas). O argentino se reuniu com alguns jogadores em Paris, incluindo Eric Cantona, mas jamais conseguiu angariar apoio suficiente. Para Diego, "a fábrica está se saindo cada vez melhor porque seus trabalhadores aceitam tudo".

Diego era fascinado pelo poder, e foi por isso que se tornou, após inúmeras declarações e brigas, um poder em si mesmo.

31
O FIM NO NAPOLI

A rede de televisão francesa Tele Monte Carlo (TMC) viajou a Nápoles para entrevistar Maradona no início da temporada 1990/1991. Diego queria que a gravação ocorresse com as luzes apagadas, e, em italiano, disse: "Falaram tanto ao longo desta semana sobre meu lado escuro que não podemos deixar de apresentá-lo aos telespectadores da Tele Monte Carlo. Este é meu lado escuro. Vejo vocês em breve". Sua vida de contrastes era tão pública que fazia parte das próprias piadas de Diego, e, enquanto ele estivesse rindo de si mesmo, podia ignorar sua decadência, que se aproximava com rapidez.

Em 1990, Maradona era um viciado em drogas sem controle sobre seu comportamento, alguém que virava as costas para soluções em potencial e buscava novos inimigos. A cocaína e o ciático não lhe permitiam passar um dia sem dores ou desejos urgentes. Ele não encontrou alento na conquista do Campeonato Italiano ou no vice-campeonato mundial, e a vitória por 5 a 1 sobre a Juventus, pela Supercopa Italiana, tampouco lhe deu a mentalidade positiva de que precisava para retomar seu relacionamento com o clube.

Passado o Mundial, toda viagem de Buenos Aires para Nápoles era uma tortura para Maradona, que não queria mais, e talvez não conseguisse, voltar a jogar futebol em bom nível. As coisas também já não eram mais as mesmas para aqueles que estavam à sua volta: "Um dia fui de moto ao banco e alguém jogou uma pedra em mim", recorda-se

Guillermo Cóppola, assustado com o rumo que as coisas tomavam. Não eram apenas torcedores reagindo às novas notícias sobre a vontade que Diego tinha de ir embora, mas uma coisa mais sombria, pensou Cóppola.

Maradona era processado por cancelar gravações de peças de marketing na última hora e ignorar obrigações comerciais. Precisando de uma proteção que acreditava não lhe estar sendo oferecida por seu empresário, a relação de ambos ficou cada vez mais desgastada, e uma ruptura se tornou iminente. Pouco depois da final do Mundial, no aniversário de Cóppola — e ele jamais se esqueceria daquilo —, os dois se separaram.

O empresário também precisava de tempo e espaço para enfrentar seus próprios demônios, abandonando, naquele mesmo ano, a cocaína. Maradona, procurando um mecanismo de apoio diferente daquele oferecido por seu agora ex-empresário, contratou Marcos Franchi, formado em administração de empresas e assistente de Cóppola. Franchi fez o que precisava ser feito: trabalhou. Ele usou doses de realidade para tentar salvar um barco que estava afundando rapidamente. "Você não pode ser jogador levando a vida de um ex-jogador", disse a Diego.

Em novembro de 1990, o Napoli viajou a Moscou para enfrentar, debaixo de neve, o Spartak, no estádio Central Lênin, depois rebatizado Luzhniki, pelas oitavas de final da Copa dos Campeões da Europa. Maradona, embora estivesse empolgado com sua primeira viagem à União Soviética, não apareceu no aeroporto, e o clube pediu para que Ciro Ferrara e dois outros companheiros fossem buscá-lo em casa. "Ele está dormindo", disse-lhes Claudia. Na verdade, Diego estava trancado em seu quarto, escondido sob os lençóis e se recusando a conversar com quem quer que fosse.

"Muitas pessoas nos criticaram porque, de alguma forma, fomos cúmplices daquela situação", explicou Ferrara para um documentário da ESPN. "Eu era muito jovem, não tinha personalidade para enfrentar Maradona e dizer: 'Que caralho você está fazendo?'." O elenco o esperou por duas horas e meia no aeroporto, mas, no fim, partiu sem o argentino.

Luciano Moggi, diretor-geral do Napoli, advertiu que aquele comportamento foi o início do fim. "Foi um dia crucial no relacionamento entre Maradona e o Napoli", disse Ferlaino, confirmando que o clube estava prestes a abandonar sua estrela. "Ele é empregado do clube, não o contrário."

No dia seguinte, Maradona, afirmando estar viajando como torcedor e não como jogador, pagou 30 mil dólares para alugar um avião privado e se deslocar até Moscou junto com Claudia e seu novo empresário. "Eles não falaram que vão me punir e que não posso jogar?", disse o jogador. Ao chegar, Maradona foi à Praça Vermelha, onde, a princípio, a polícia soviética proibiu sua entrada. No fim, após ser reconhecido, fez um *tour* privado pelo mausoléu de Lênin. Mesmo tendo chegado ao hotel onde a equipe estava hospedada às três da manhã, Diego pediu para Moggi deixá-lo jogar.

Decorridos mais de sessenta minutos de partida, Maradona entrou em campo no lugar de Gianfranco Zola, mas o jogo seguiu 0 a 0 até o fim da prorrogação, e o Napoli acabou eliminado nos pênaltis, 5 a 3, naquela que viria a ser a última apresentação de Maradona pelo clube italiano em uma competição europeia.

Em dezembro de 1990, Luciano Moggi pediu que Antonio Matarrese, presidente da Federação Italiana de Futebol (Federcalcio), o ajudasse com a situação de Maradona. O camisa 10 não estava treinando, e Moggi temia que ele não retornasse à Itália depois de passar as férias de fim de ano na Argentina. O comitê de competição da Federcalcio multou Maradona em 70 mil dólares por suas faltas, e o Napoli abriu um processo contra o jogador, alegando que seu comportamento errante estava prejudicando a imagem do clube.

Franchi declarou que seu cliente deixaria a elite do futebol em julho de 1991, no máximo, e que uma volta ao Boca estava "muito próxima". Embora Maradona ainda tivesse dois anos e meio de vínculo com o Napoli, o empresário afirmou que "não dava mais para Diego" e ofereceu pagar o restante do contrato. Maradona voltou à Itália no início de 1991, e logo descobriu que estava pisando em um terreno pantanoso.

Moggi e Ferlaino tinham decidido que precisavam se livrar de Diego antes que ele prejudicasse demais o prestígio do clube, e não eram os únicos que desejavam mostrar a porta da rua para o jogador. A Camorra não havia perdoado Maradona por ter, publicamente, falado mal da cidade e desprezado o que, anteriormente, havia apreciado com tanto gosto.

Eram tempos difíceis para a máfia napolitana. Desde o início da Operação China, em novembro de 1990, na qual os Carabinieri investigavam as ligações da Camorra com o tráfico de drogas, o Estado vinha fungando em seu cangote. A predileção de Maradona por prostitutas o atraíra para a teia de atividades ilegais do grupo, e, como os policiais tinham grampeado as prostitutas, conversas que incriminavam o jogador foram gravadas. Em uma delas, Diego pede "duas mulheres"; em outra, uma voz não identificada admite estar enviando ao jogador mulheres e *roba*, gíria das ruas para cocaína.

Os portões de seu inferno pessoal se abriram ainda mais para Maradona. Jornais enchiam suas páginas com declarações de diversas figuras dos lugares noturnos mais insalubres da cidade, e cinco prostitutas declararam que o argentino havia lhes dado cocaína antes de terem relações sexuais. A imprensa o condenou, sem julgamento, por todas as acusações. A histeria não afetou apenas Diego, mas também sua família.

No dia 17 de fevereiro de 1991, Maradona se apresentou a um juiz sob a acusação de "uso e distribuição de cocaína". Antes, porém, conversou com a imprensa — "Jamais estive tão tranquilo" — e afirmou que estava se apresentando voluntariamente, aconselhado por sua esposa e suas filhas. Contou ainda que sua família também lhe tinha sugerido "largar o futebol e voltar para minha terra natal". O depoimento de Maradona durou três horas. Seus advogados recomendaram que ele confessasse as aventuras sexuais, sobre as quais Diego deu inúmeros detalhes, mas que negasse a acusação de uso e distribuição de cocaína, que poderia acarretar em uma pena de oito a vinte anos de prisão. O argentino acabou fichado, mas sua sentença — catorze anos de prisão e multa de 4 milhões de liras por posse de cocaína — foi suspensa sem que ele precisasse cumpri-la.

A avaliação de Maradona era clara e sucinta: havia sido uma *vendetta* — da Fifa, que se sentia ameaçada por suas acusações; da Federação Italiana de Futebol, que estava tornando seus controles antidopagem mais rígidos, devido à Copa do Mundo; do Napoli, que não mais escondia seus excessos; da Camorra, que não precisava mais de seu anjo caído; dos veículos de comunicação de Silvio Berlusconi, que publicavam e transmitiam suas desgraças. A proteção até então oferecida por aqueles mesmos veículos de comunicação, aqueles mesmos juízes e aquele mesmo clube tinha, simplesmente, desaparecido.

"Já existia uma campanha por parte dos poderosos, o Napoli, no caso, para se livrar daquela laranja que não dava mais suco", explicou Fernando Signorini para Jorge Lanata no programa de televisão

Malditos. "O mundo inteiro sabia que Diego usava drogas. Não apenas o Napoli, mas as autoridades do mundo do futebol. Mas ele ainda atuava, enchia estádios, era útil. Quando o problema, seu problema, aquela coisa toda que aconteceu com ele por causa do vício, quando isso passou a ser intolerável, eles o descartaram como uma bituca de cigarro. Não era mais útil."

Mesmo diante dos grandes ídolos, é relativamente fácil manipular a opinião pública. O diário *La Repubblica*, por exemplo, publicou uma enquete mostrando que Maradona era a pessoa mais odiada da Itália, mais do que Saddam Hussein, o ditador repressor iraquiano. O país presenciava um assassinato de reputação.

Pouco tempo depois de o caso ter ido parar na Justiça, a barulheira diminuiu, mas já se havia dado curso a uma campanha difamatória. Maradona continuou treinando no Napoli, embora ele e o clube já tivessem decidido seguir caminhos diferentes. Uma semana antes da partida contra o Bari, disputada em 17 de março de 1991, Ferlaino avisou Maradona que se ele parasse de cheirar cocaína antes de quinta-feira, dia 14, a substância não apareceria no exame antidoping. Maradona já não controlava mais as datas e os horários, e tampouco se importava com isso: "Eu não consumi nada".

"Você está em condições de jogar?", perguntou Moggi antes da partida.

"Está tudo bem", respondeu o jogador.

Terminado o confronto contra o Bari, o presidente da Federação Italiana, Luciano Nizzola, ligou para Ferlaino dizendo: "Deu positivo". Segundo a versão do Napoli, Ferlaino perguntou o que poderia ser feito. "Agora, nada", foi a resposta. Diego estava em casa quando ficou sabendo e começou a tremer e chorar; depois, ligou para seu advogado, Vincenzo Siniscalchi. Quando seu representante legal chegou, Maradona dormia profundamente sob um cobertor. "Perdemos tudo, me perdoe", disse, ao acordar. Contudo, aquele sentimento de culpa não durou muito tempo, e logo ele começou a listar as traições e decepções que tinha sofrido por parte daqueles que, no passado, o chamavam de amigo.

Maradona tinha sido pego? Ou era um grito por socorro? "Testei positivo quase de propósito — sim, de propósito. Eu queria [que acontecesse]", admitiu, anos depois, para o jornalista Daniel Arcucci.

"O exame ter dado positivo naquele momento me salvou", contou para Gabriela Cociffi, da revista *Gente*, anos mais tarde. "Não me droguei [no jogo contra o Bari], me droguei antes, mas sabia que seria pego em algum momento. Eu estava testando os limites. As drogas estavam em todos os lugares e, basicamente, me eram oferecidas de bandeja."

"A culpa foi minha, não vou culpar ninguém", explicou Maradona para Diego Borinsky, quase duas décadas mais tarde de ter sido pego naquele exame. "Agora, deixa eu esclarecer uma coisa: todos aqueles que dizem que não usaram drogas comigo, digo a você que estavam, sim, usando. Não vou dar os nomes porque não sou policial nem dedo-duro, mas, se alguém disser alguma coisa, vou responder." Como era frequente no caso de Maradona, a culpa tinha de ser compartilhada.

Em abril de 1991, apesar das dúvidas levantadas pelo eminente médico Manfred Donicke, especialista em exames antidoping, sobre o armazenamento e o transporte dos tubos de ensaio — dúvidas ignoradas pelas autoridades —, a Comissão Disciplinar do Campeonato Italiano suspendeu Maradona por quinze meses, uma punição válida para todas as competições da Fifa. "Depois do meu doping, [Claudio] Caniggia também foi pego e punido, mas depois disso... mais ninguém", explicou Diego no documentário de Emir Kusturica. "No futebol italiano, ninguém tomava sequer paracetamol, exceto Maradona e Caniggia."

Em *Mi Mundial, mi verdad*, escrito mais de uma década após a punição, Maradona faz uma observação moderna e precisa sobre o absurdo de se punir viciados em drogas, explicando que nas ruas um viciado é tratado, não punido. Em outras palavras, se não serve para o futebol, serve, ao menos, para seguir em frente com sua vida — caso não seja possível recuperar o jogador de futebol, é preciso recuperar o ser humano.

Diego Maradona, apesar de ter sido meia, era até 2017 o maior goleador do Napoli, com 115 gols em 259 partidas.[1] O homem que havia levado uma mentalidade vencedora para o clube — dois Campeonatos

---

[1] Em dezembro de 2017, o eslovaco Marek Hamsik marcou o seu 116º gol com a camisa do Napoli, quebrando o recorde de Maradona. Hamsik anotaria, no total, 121 gols pelo clube em 520 jogos. Posteriormente, em junho de 2020, o belga Dries Mertens marcou seu gol de número 122 pelo Napoli, ultrapassando Hamsik. Maior artilheiro da história do clube, Mertens anotou um total de 148 gols em 397 partidas.

Italianos, uma Copa Itália, uma Supercopa e uma Copa da Uefa — estava prestes a deixá-lo pela porta dos fundos. O Napoli, por sua vez, terminou a temporada 1990/1991 na oitava colocação e, repentinamente, a partir da saída de Maradona, deixou de ser competitivo, tendo não apenas sido rebaixado para a Serie B duas vezes, como também decretado falência — vindo a ser recuperado em 2007 por Aurelio de Laurentiis, membro da famosa família de produtores cinematográficos.

Na noite de 31 de março de 1991, amigos e jornalistas próximos a Diego foram chamados à casa do jogador em Posillipo, onde ele os recebeu na porta vestindo um abrigo e pantufas de cachorros. Maradona queria se despedir. Ali, o jornalista italiano Vittorio de Asmundis lhe perguntou, sem rodeios, os motivos ocultos e verdadeiros de sua partida.

"Você está fugindo feito um ladrão."

"Eles estão me obrigando a fugir."

"Quem? Ferlaino? [O vice-presidente do Napoli, Gianni] Punzo? E quem está por trás deles? [O presidente da Ferrari, Luca di] Montezemolo? [O presidente da Federação Italiana, Antonio] Matarrese? [O responsável pela escolha dos árbitros da Serie A, Paolo] Casarin?"

Em sua autobiografia, Maradona acusou Ferlaino e Matarrese de serem os responsáveis pelos acontecimentos: "Eles me fizeram pagar porque eu era estrangeiro e porque tinha impedido que a Itália chegasse à final da Copa do Mundo". O argentino deixou o país tendo quatro processos judiciais em curso: o "caso" Sinagra; acusações feitas pelo informante Pietro Pugliese, ex-camorrista envolvido com o tráfico de drogas; denúncias do Napoli por quebra de contrato; e o caso ainda não resolvido das prostitutas e da cocaína.

Ao entrar no carro que o levaria ao aeroporto, Diego deixou no ar suas palavras de despedida: "Eu não fujo". Contudo, sem uma partida no estádio San Paolo para permitir o luto pelo fim de uma era, parecia, de fato, que era isso que Diego estava fazendo, uma situação muito distante daquela recepção extasiada que tinha recebido de milhares de torcedores apenas sete verões antes.

Nem todos chegaram a tempo de abraçar Maradona e dele se despedir. A família Vignati, da qual fazia parte a mãe e cozinheira napolitana que havia adotado Diego, encontrou a porta fechada. Porém, o jogador deixara instruções claras a respeito do que fazer com suas coisas — deveriam ser repartidas entre os que haviam trabalhado para ele, como explicou Sergio Levinsky para o *Infobae*. "O Honda 750 para Ignacio; o coala para Ciro, o eletricista; um carro para Felice; o Seat Ibiza era para Gianni; um Rolex para Federico; e tudo o que estava na cozinha para Lucia..."

Os napolitanos se sentiram traídos por aquele "jogador maldito" que os havia abandonado. Ele era ótimo como futebolista, mas um fracasso como ser humano, segundo o que se dizia nas ruas. Foram necessários muitos anos de frustações políticas e esportivas para que Maradona retomasse sua posição de cidadão honorário na cidade. Atualmente, "Vi Maradona jogar" é um adesivo comum encontrado em carros e motocicletas de Nápoles, e a imagem do jogador argentino decora muros em bairros que seguem sendo negligenciados.

Fernando Signorini e Marcos Franchi já estavam planejando os próximos passos, apesar de Maradona alegar que a situação e seu vício estavam sob controle. Queriam que ele visse três especialistas: um psiquiatra, um psicólogo e um clínico. Especialistas em vício ridicularizaram a escolha, dizendo que era "como dar uma bala de menta para um paciente com câncer", recomendando, na verdade, tratamento de choque. Signorini e Franchi tentaram fazer com que Diego aceitasse se internar em um centro de reabilitação em Colorado Springs, onde a estrela de cinema Elizabeth Taylor havia se tratado, mas ele recusou, preferindo ir para casa e ficar com a família. Por fim, psicólogos o convenceram a ir para Buenos Aires e se isolar um pouco do mundo, o que acabou por mergulhá-lo em um estado de depressão, e a continuar usando cocaína.

"Me lembro que, quando ele começou o tratamento em Buenos Aires, em abril de 1991, no seu apartamento na Avenida Libertador, Claudia me telefonou", conta Signorini. "Eu tinha ficado em Nápoles para resolver tudo para Diego — carro, roupas, móveis, joias. Tinha de juntar tudo em contêineres e, dependendo do que Claudia me dissesse, jogar coisas foras, dar outras para os ajudantes ou enviá-las para a Argentina. Claudia me contou que o terapeuta queria me ver porque Diego vinha falando muito sobre mim."

Signorini se dirigiu ao apartamento de Maradona em Buenos Aires, onde o dr. Julio Villena Aragón comandava o tratamento. O médico pediu para o preparador físico falar sobre Maradona na frente do jogador. "Todos os viciados querem que você seja, como eles dizem, um deles", relata Signorini. "Naquele dia, com o dr. Arágon, Diego havia dito que tinha medo de mim, mas não era um medo físico, ele temia que eu não respondesse aos seus chamados. Na verdade, o tempo todo ele estava me testando, e eu sabia. Ele precisava de alguém firme, alguém em quem pudesse confiar, alguém que ele não pudesse dobrar." O preparador físico de Maradona precisava ser uma espécie de figura paterna.

Um mês depois de voltar a Buenos Aires, Maradona, junto com outras duas pessoas, foi preso por volta das três horas da tarde em um apartamento na rua Franklin, no bairro de Caballito, acusado de portar 115 gramas de cocaína. A apreensão era parte de uma operação "secreta" de vigilância que, de alguma maneira, atraiu a atenção de repórteres, os quais apareceram com câmeras e microfones na entrada do edifício na hora da prisão.

"É mentira que me encontraram com drogas, é mentira", disse Diego para Gabriela Cociffi. "Não percebi que estavam invadindo o apartamento. Estava dormindo tão pesado que tiveram de puxar minhas pernas para que eu acordasse. Ao acordar, gritei: 'Claudia!', porque não sabia onde estava. Também tinha tomado comprimidos para dormir, isso eu confesso. Eu estava mal."

Maradona adentrou o departamento antidrogas da Polícia Federal, onde ficou detido por mais de 24 horas, chorando. Após pagar 20 mil dólares de fiança, foi libertado e voltou para casa deixando transparecer em seu rosto duas olheiras escuras e uma barba por fazer.

32
SEVILLA FC

Segundo o acordo que Marcos Franchi obteve com a Justiça argentina, Diego não seria fichado por posse e uso de cocaína, mas teria de se apresentar às autoridades regularmente para ser avaliado. Embora não tenha dado sequência ao processo, a juíza Amelia Berraz ordenou que ele começasse um tratamento em uma clínica de reabilitação. Durante nove anos, Maradona ansiou por sua terra natal, por relaxar com seus familiares. Porém, ao chegar em seu país, um verdadeiro pesadelo passou a acompanhar cada um de seus passos.

"Na Argentina existe, há muito tempo, uma conspiração movimentando as coisas nos bastidores", disse Maradona ao jornalista Gonzalo Bonadeo, em sua primeira entrevista após ser solto. "E, agora, o alvo é Maradona. Todos estão preocupados com Maradona, mas não querem saber como está Diego. O que eu fiz foi errado, mas, comparado ao que está se passando neste país, não é nada." Uma mistura caótica de assuntos orientava suas ideias.

"Talvez, por causa da pressão e do estresse, eu tenha esquecido de me amar", contou Maradona à emissora italiana RAI. "No fim, na Itália, eu era como Ayrton Senna dirigindo um carro de Fórmula 1. Agora, ando tranquilamente com minha família em um Fiat 500. Minha vida vai ser muito diferente sem o futebol profissional, mas ainda não decidi o que farei a seguir. Mas, se você me perguntar hoje, diria que não voltarei aos gramados."

O melhor jogador do mundo estava no meio de seu 15º mês de suspensão, algo que nos dias de hoje soa bizarro. Foi como se um criminoso tivesse sido capturado, quando, na verdade, quem estava sendo punido era um viciado em drogas. Terminada a punição, em 1º de julho de 1992, o Napoli exigiu sua volta para os treinamentos de pré-temporada. Na verdade, o clube desejava receber uma proposta por um jogador que ainda tinha um ano de contrato. Maradona esnobou uma volta à Itália, o país "responsável por tudo que aconteceu comigo", sonhando em assinar com um clube que lhe permitisse jogar e se preparar para a Copa do Mundo de 1994. Marcos Franchi pediu, então, uma ajuda ao empresário catalão Josep María Minguella.

Minguella avisou Corrado Ferlaino, presidente do Napoli, que Maradona não valia nada porque não estava atuando. Ainda assim, "farei você ganhar algum dinheiro", caso um preço acessível seja oferecido, disse o catalão. Ferlaino impôs uma condição: Maradona não deveria ir para outro clube italiano.

No verão de 1992, Carlos Bilardo foi contratado para treinar o Sevilla, da Espanha, e Minguella lhe telefonou. "Mas nós não temos um peso [em caixa]", respondeu o técnico argentino. "Sugeri a disputa de amistosos para pagar tanto o Napoli quanto o jogador", contou Minguella a este autor.

Bilardo, após aceitar que Maradona treinaria apenas três vezes por semana, condição imposta pelo atleta, fez sua parte para que o acordo saísse. Durante a pré-temporada, o treinador afirmou: "Se Diego não vier, faço minha mala e volto para Buenos Aires". José María Del Nido, advogado e futuro presidente do Sevilla, negociou os detalhes do contrato de Maradona; hoje, ele admite que aquele foi um dos negócios mais complicados de sua carreira, com os pagamentos sendo feitos em empresas estrangeiras e criando um emaranhado de questões legais.

"Quando parecia que Maradona seria contratado, Bilardo conversou com o time no hotel onde estávamos hospedados", explica Juan Carlos Unzué, goleiro do Sevilla na época. "Havia um quadro na parede e o treinador, após dividi-lo em dois, apontou para a parte de cima e falou: 'Estamos aqui, o time e a comissão técnica. Do outro lado está Diego. Ele vai por um caminho próprio, com regras e horários diferentes. É algo excepcional, mas tenho certeza de que ele não vai falhar com vocês, não vai decepcioná-los'." A reação foi a esperada.

"Estávamos todos vivendo uma espécie de sonho, uma lenda estava chegando", contou *Monchi*, que era o reserva de Unzué. Os líderes do grupo, Manolo Jiménez, Rafa Paz e Juan Carlos Unzué, concordaram em ceder a braçadeira ao recém-chegado.

As negociações se arrastaram por 86 dias e ainda não estavam terminadas quando Maradona, prestes a fazer 32 anos, viajou para Sevilha para forçar um desfecho. Antes de entrar no avião em Buenos Aires, fez o sinal da cruz e, já dentro da aeronave, repetiu o gesto. Durante a viagem, Diego quase não dormiu, passando a noite conversando com seu *staff* — Don Diego, Claudia, Ana María Elía, mãe de Claudia, Carlos Navedo, seu psicólogo, Marcos Franchi, seu empresário, e um grupo de jornalistas espanhóis e argentinos. Maradona estava voltando ao futebol e seu entusiasmo era contagiante — ele queria construir outra equipe vencedora. Ao chegar, Franchi anunciou aos jornalistas reunidos no aeroporto que Maradona pretendia começar a treinar com o Sevilla no dia seguinte, segunda-feira, 14 de setembro de 1992. Apesar de ainda ter contrato com o Napoli, foi exatamente isso que Maradona fez.

"Quando ele chegou, estávamos todos em um hotel nos arredores de Sevilha", recorda-se Unzué. "Jamais vou me esquecer. Todo mundo estava em uma sala enorme e ele simplesmente apareceu, cabelos compridos, um pouco acima do peso, mas... era o Maradona, caralho. O treinador [Bilardo] queria tirá-lo da Argentina e colocá-lo novamente no ambiente do futebol, no vestiário, para que pudesse se recuperar e se encontrar novamente."

A Fifa, que desejava ver o jogador em campo na Copa do Mundo de 1994, nos Estados Unidos, para deixar o torneio mais atraente, pressionou os dois clubes para que chegassem a um acordo. No dia 22 de setembro, na Comissão do Estatuto do Jogador da Fifa, em Zurique, os valores do negócio foram intensamente discutidos pelos presidentes dos clubes — Ferlaino, do Napoli, e Luis Cuervas, do Sevilla.

Enquanto a questão das cifras era resolvida, Maradona foi procurar uma casa. As horas foram se passando, o dia se alongava e nada de se chegar a uma decisão final. Diego, seguido por uma porção de jornalistas internacionais, foi treinar em uma academia e, periodicamente, perguntava: "Já sabemos de alguma coisa?". Em privado, Maradona afirmava que se aposentaria caso não pudesse jogar pelo Sevilla. Depois de treinar, sentou-se para comer com seus familiares no hotel. Eram quase três horas da tarde quando Franchi recebeu o aguardado telefonema.

Os italianos receberiam um total de 750 milhões de pesetas (7,9 milhões de dólares) por Maradona, com o Sevilla pagando uma entrada no valor de 300 milhões de pesetas e, depois, outros quatro pagamentos, sem juros, a cada seis meses. Minguella vendeu os direitos de transmissão dos amistosos para diversos canais de televisão, incluindo o Telecinco, da Espanha, que pertencia a Silvio Berlusconi, dono do Milan, e que, curiosamente, passou a ser o maior patrocinador da transferência. Se tudo desse certo, o Sevilla não gastaria muito. Na verdade, segundo Minguella, seria uma transferência praticamente sem custo para o clube.

Em um hotel no centro de Sevilha, mais de 150 jornalistas do mundo todo participaram da cerimônia de apresentação do novo reforço, que, de maneira efusiva, afirmou: "Voltar aos gramados é como voltar a caminhar". O jogador ainda agradeceu Ferlaino por ter lhe dado sua liberdade e falou que os dois deveriam se encontrar um dia para relembrar o que tinham vivido, um encontro que nunca aconteceu.

A estreia de Maradona pela equipe andaluz foi contra o Bayern de Munique, e sua primeira partida oficial teve como adversário a mesma equipe que ele tinha enfrentado na despedida do Barcelona, o Athletic Bilbao. Assim como vinha fazendo havia alguns meses, o argentino seguiu se esforçando nos treinamentos, e quando Fernando Signorini, o homem que melhor conhecia os limites de Diego, chegou em novembro, conseguiu deixar seu pupilo um pouco mais em forma. "Ele estava tentando treinar duro, [mas também] testando outras coisas que não tinham a ver com o futebol", explicou Signorini ao programa esportivo *Informe Robinson*, do Canal+. "Notei que estar no olho do furacão ainda era algo muito estressante para ele."

O Sevilla disputou amistosos na Argentina — dois deles contra o Boca —, na Suíça e na Turquia, onde 3 mil pessoas foram acompanhar a chegada do avião do clube. Os novos companheiros estavam descobrindo o magnetismo da mais nova estrela do time. Enquanto os atletas voltavam ao hotel para descansar, Maradona tinha de comparecer a encontros com autoridades e receber homenagens e prêmios. O único lugar aonde não podia ir, algo que a Telecinco desejava, era a Itália: Maradona devia 4 milhões de dólares ao fisco, que ansiava por aquele pagamento.

Diego passou um tempo morando no hotel Andalusi Park antes de se estabelecer no bairro Simón Verde, onde alugou a casa do principal toureiro sevilhano, Juan Antonio Ruiz Román, mais conhecido como *Espartaco*. A casa, ampla e de cores brilhantes, era adornada com *memorabilia* de touradas, cabeças de touros e pôsteres, além de ter áreas externas espaçosas. "Impressionante", escreveu Maradona em sua autobiografia. "O presente que mais agradeci foi a paz que os andaluzes me deram."

Muitas pessoas passaram algum tempo morando naquela casa: sua esposa e as duas filhas, seus pais, os sogros e Marcos Franchi, além dos funcionários — empregadas, motoristas e um casal que administrava a casa. Foi ali que aconteceu a festa do 32º aniversário de Maradona, que contou com uma surpresa: a cantora argentina Fabiana Cantillo, vinda de Miami, anunciou a chegada do craque cantando no jardim. "Era como se Diego tivesse visto Madonna", conta *Monchi*. "Ele teve de trocar várias vezes de camisa porque estava encharcado de suor por ter dançado e cantado tanto."

O jornalista Enrique Romero descreveu aquele oásis de tranquilidade na revista *El Gráfico*, em maio de 1993. "Ele está mudado, é outra pessoa; Diego Armando Maradona está irreconhecível. Está calmo. Ele treina, joga, sai pouco de casa, se diverte com suas filhas, chega em casa sempre antes das dez da noite. Um milagre? 'Sevilha é mágica', explica Diego. Sua família, seus colegas, os moradores locais e seu psicólogo promoveram esse milagre."

"Diego tornou-se amável; era gentil e tratava todos nós da mesma maneira, do roupeiro aos jogadores mais veteranos", conta Juan Carlos Unzué. "Estava sempre cuidando dos companheiros, defendendo-os dos diretores e encabeçando as exigências do elenco. Ele não pedia as coisas para si, mas para o grupo. Durante seus primeiros dias no Andalusi Park, deixava seus carros esportivos com os companheiros para que experimentassem dirigi-los na estrada de Huelva."

O elenco, assim como havia ocorrido com o grupo do Argentinos Juniors muitos anos antes, estava encantado com as viagens pelo mundo. Porém, quando Maradona descobriu que eles não recebiam pelas partidas amistosas, exigiu que cada um ganhasse 10 mil dólares por jogo. "No campeonato, a maior parte das viagens não era feita em aviões privados, como hoje em dia", explica Unzué. "Muitas vezes nos hospedávamos na cidade onde disputaríamos a partida e, em geral, dávamos umas escapadas, mas Diego não podia. Às vezes nos reuníamos em um quarto, todos os dezesseis, e ele falava de suas experiências e nos dizia: 'Estou compartilhando isso tudo com vocês porque gosto de vocês e não quero que cometam os mesmos erros que eu cometi'."

Um inexperiente Diego Simeone olhava para Maradona com admiração, enquanto o croata Davor Šuker, outra estrela em ascensão, aprendia com o argentino. "Davor", disse-lhe Diego, "não olhe para trás, apenas corra que eu vou lhe passar a bola." O atacante Nacho Conte disse: "Eu recebia passes e pensava 'O que vou fazer? Eu sequer esperava receber a bola'". Em campo, Maradona ganhava segundos extras graças ao entendimento que tinha da trajetória descrita pela bola, bem como pelo domínio que tinha sobre ela. E ele precisava daquele tempo, uma vez que tinha perdido sua velocidade.

"Não dava para tentar adivinhar nada, até o último momento não se sabia onde ele ia chutar a bola", afirma o goleiro Unzué. *Monchi* complementa: "Ele tinha um pé pequeno, seu chute era limpo, a bola se mexia muito e caía muito rapidamente. Um goleiro tem de usar sua intuição, mas a técnica de Maradona era a mesma, independentemente de qual parte da bola ele chutasse".

Maradona mandava trazer roupas de Gianni Versace de Milão e as dava de presente para seus companheiros. "Fomos até Barcelona jogar contra o Espanyol e saímos para caminhar de manhã por Las Ramblas", recorda-se *Monchi*. "Eu estava usando um Rolex falso que tinha comprado em Ibiza. 'Por que você não compra um verdadeiro?', ele me perguntou. 'Cara, eu não ganho tanto assim, sabe?'. Quatro meses depois, ele me convidou para jantar em sua casa e me deu uma sacola com um relógio Cartier!"

Com Maradona na equipe, o Sevilla vendeu 38 mil ingressos para a temporada, um recorde. Jornais esportivos nacionais vendiam mais cópias com ele na capa do que estampando qualquer outro jogador do Barcelona ou do Real. "Era tão difícil para Maradona", conta Unzué. "Eu me lembro de haver cinquenta câmeras de televisão no centro de treinamento e 3 mil pessoas apenas para vê-lo treinar! E o Sevilla estava nos noticiários do mundo todo." Ao término dos treinamentos, dezenas de crianças queriam autógrafos. "Tínhamos de esperá-lo uma eternidade quando queríamos sair para almoçar juntos", recorda-se Unzué. "Em Sevilha, algumas pessoas são um pouco atrevidas. Certa vez, alguém tocou seu cabelo, uma coisa que ele não suportava. Ele se virou, irritado: 'O que você está fazendo?'. E aquela foi a única imagem que mostraram nos jornais."

"Ele passava muito tempo trancado em casa, e quando precisava sair ia para Málaga ou Jerez", disse Pepe Prieto, seu companheiro de time, para o site *A la contra*. "A cada três semanas, o grupo de jogadores se reunia para jantar e ele sempre aparecia. Um restaurante era fechado para nós." Diego falou para Signorini que "se sentia como mais um cigano", vendo-se refletido — marginalizado, punido, festeiro — naquele grupo étnico que vivia em alguns dos bairros da cidade.

"Você sonha em chegar ao topo, em ser o melhor do mundo, mas há um preço, e vimos isso com Diego Armando", explicou Rafa Paz, meio-campista daquela equipe, ao ESPN.com. "É preciso uma força mental incrível para lidar com isso. Nós tentamos ajudar, e até tínhamos umas estratégias para conseguir, mas ele tinha tendências que não conseguia controlar."

Para tratar seu tornozelo debilitado, Maradona ainda fazia uso de esteroides, anti-inflamatórios e analgésicos, permitidos naquele tempo. "Em geral, faziam uma infiltração se a gente estivesse com dor", relata Unzué. "Não sabíamos o que nos davam; ele tinha de tomar infiltração de domingo a domingo. Éramos de uma geração na qual era proibido reclamar. Tiravam a dor, mas não pensávamos sobre a origem daquela dor."

Em uma partida do Campeonato Espanhol contra o Sporting Gijón, Diego fez gol e se destacou. Projetos de curto prazo o empolgavam. Antes de uma partida em casa, perto do Natal, contra o Real Madrid, no estádio Ramón Sánchez Pizjuán, ele perdeu cinco quilos. Foi sua grande exibição com a camisa do Sevilla: vitória por 2 a 0, iluminada por vários de seus passes maravilhosos, sua marca registrada. "Aquele foi o primeiro jogo em que ele se atreveu a enfrentar os rivais", recorda-se Unzué. "Até então, era 'me passe a bola e eu a distribuo'. Ele não estava em uma condição física favorável." Antes do fim de 1992, Maradona deu a entender que renovaria seu contrato com o clube andaluz.

O corpo de Diego seguia dolorido, dos joelhos às costas, e o argentino, que passava bastante tempo se recuperando na maca, perdia muitas vezes os treinamentos matutinos. Poucos jornalistas compareciam ao complexo esportivo. Maradona ainda tinha de viajar para a

Argentina para cumprir seu acordo judicial de reabilitação e, depois de uma dessas viagens — após aquela partida contra o Real — sua presença passou a ser ainda menos constante. Bilardo, porém, acredita que seu declínio tenha ocorrido antes. "Acho que ele 'caiu' quando começou a sentir dores na lombar", disse, anos depois, para a rede ABC. "Aqueles quinze, vinte dias em que esteve parado por causa disso... ele teve dificuldade para voltar."

As expectativas não estavam sendo atendidas, e houve um momento que pode ser visto como divisor de águas: a derrota por 2 a 0 para o Logroñés, em 21 de ferreiro de 1993. Maradona e Diego Simeone tinham sido convocados pela seleção argentina para dois amistosos que coincidiam com a partida diante do Logroñés. Contra a vontade do clube, e sob protestos raivosos de Cuervas e Del Nido, que não queriam deixá-lo ir, Diego alugou um avião para viajar à Argentina depois do jogo pela liga espanhola. A partir daquele momento, seus problemas nas costas se tornaram mais frequentes, sua motivação minguou e, voltando a ganhar peso, ele passou a buscar de qualquer maneira uma desculpa para faltar a mais treinos e até aos jogos.

O Sevilla abriu um processo disciplinar contra os dois argentinos, e ainda assim pagou a Maradona o valor de 1,35 milhão de dólares que lhe correspondia pelo mês de fevereiro. Entretanto, o clube entendeu que o ciclo do astro já havia se encerrado e começou a procurar maneiras de evitar pagar a quarta (e última) parcela de seu salário, que venceria em maio. À imprensa, os diretores disseram que o fracasso do negócio custaria ao Sevilla mais de 200 milhões de pesetas, uma vez que os amistosos para angariar fundos eram cada vez menos frequentes.

"A sensação era de que o clube tinha decidido que Maradona não representava o futuro, e que seu período tinha chegado ao fim", contou Pepe Prieto ao *site A la contra*. "Do ponto de vista econômico, era um custo muito alto, e eles tentaram renegociar e mudar as condições do contrato, o que fez Maradona sentir que o clube não confiava nele, e isso deteriorou o relacionamento."

Em uma partida contra o Cádiz, Diego ouviu o banco adversário o insultando algumas vezes durante o jogo e, após o apito final, reagiu, precisando ser contido por policiais. A Federação Espanhola o suspendeu por dois jogos, e o jogador disse à imprensa que havia máfia também fora da Itália.

O Sevilla contratou uma agência para investigar a vida particular do jogador, montando um dossiê para futuras batalhas jurídicas. Os funcionários estavam cientes da vigilância. "Eles eram desleixados", contou Pepe Prieto. "O detetive o perseguia em uma *scooter* e Maradona tinha um Porsche."

Naquela época, Manuel Aguilar, jornalista que cobria exclusivamente a passagem de Diego pelo clube, deu o seguinte depoimento ao *site A la contra*: "Del Nido mostrou uma pasta a Maradona na qual havia uma fita de vídeo e disse ao jogador que ele tinha de abdicar de parte do dinheiro que o Sevilla lhe devia; caso contrário, o conteúdo da fita seria divulgado". O jornalista José Manuel García relatou algo semelhante: "O Sevilla chantageou Maradona usando detetives e documentos para não pagar o 1,5 milhão de dólares que lhe devia". Já se sabia que Maradona usava cocaína, e abrir mão de mais de 1 milhão de dólares, ou qualquer que fosse o valor, indica que havia ali algo bastante constrangedor para o argentino. O que o detetive tinha descoberto? O que havia na fita? Ou teria sido tudo um blefe perfeito?

No fim de maio, o canal Telecinco também quis romper seu vínculo com Maradona, que inúmeras vezes havia quebrado o contrato com a rede de televisão ao não comparecer ao seu programa, o que reduziria drasticamente as receitas do Sevilla.

"Quando enfrentava uma grande crise, ele se enclausurava e dormia", admite Pepe Prieto, "usando ansiolíticos para ficar o mais relaxado possível. E, ao acordar, ia treinar. Um dia, foi parado pela polícia por excesso de velocidade." Em maio, após o local das atividades ter sido mudado do complexo de treinos para o estádio Pizjuán, Maradona dirigiu seu Porsche a 120 quilômetros por hora pelo centro de Sevilha.

No dia 23 do mesmo mês, o Santiago Bernabéu, em Madri, se encheu para ver Maradona, que, segundo os jornais do dia seguinte, teve uma atuação "apagada" e "lastimável". Pouco menos de um mês depois, chegaria ao fim a aventura de Diego no Sevilla. Na penúltima partida do Campeonato Espanhol, contra o Burgos em casa, e após ter tomado uma injeção de analgésico no intervalo para poder voltar a campo, ele foi substituído por Bilardo aos sete minutos do segundo tempo, dando lugar a Pineda. Saindo de campo, Maradona, que havia jogado sua braçadeira de capitão longe e não cumprimentara o substituto, gritou "*¡La puta que te parió!*" para o treinador, que o ignorou. Diego foi direto para o vestiário.

Naquela noite, após ter visto a reação de seu atleta pela televisão, Bilardo foi direto à casa de Maradona, mas o jogador partira para Madri. Na segunda-feira, dia 14, a diretoria do clube informou à imprensa que considerava rescindir o contrato do argentino por causa de seu estilo de vida, tendo como base o dossiê de seu detetive.

O treinador, preocupado, mal dormiu até a volta de Diego à equipe, três dias depois. No vestiário, Maradona se desculpou com Pineda. De tarde, um Bilardo arrependido visitou Maradona em sua casa. "Enfiei três enormes agulhas para poder continuar e você me substituiu mesmo assim", disse Maradona, conforme relata em seu livro *Yo soy El Diego*. "Então, [Bilardo] se aproximou e me empurrou, e aí eu perdi a cabeça e dei um murro nele. *Tum!* Joguei ele no chão, e ele caiu, estatelado. E quando eu ia acertá-lo novamente... não consegui, não consegui. Claudia apareceu, Marcos apareceu, e eles o levantaram."

O Sevilla terminou o campeonato na sétima posição e não se qualificou para competições europeias. O contrato de Maradona foi rompido por não conformidade, e os torcedores, insatisfeitos por não terem visto suas expectativas atendidas, foram convencidos a ficar do lado do clube. Maradona tinha disputado 29 partidas oficiais, marcando, ao todo, oito gols. Levaria mais de um ano para que os dois lados chegassem a um acordo financeiro. O Sevilla retirou o pedido de indenização por danos, e o jogador abdicou da última parcela do seu salário.

Na tarde de 23 de junho de 1993, Diego Armando Maradona deixou Sevilha, dez quilos acima do peso e usando óculos escuros para esconder o desânimo que seus olhos não conseguiam disfarçar. Ele sabia, de maneira irremediável, que não estava mais em condições de jogar na elite do futebol.

33
NEWELL'S E O CAMINHO PARA SUA ÚLTIMA COPA

Jorge *El Indio* Solari, o treinador do Newell's Old Boys, mudou de repente os treinamentos da equipe para as seis da tarde, algo diferente do habitual; depois, começou a viajar com frequência a Buenos Aires, que fica a cerca de três horas de Rosario. Os jogadores mais experientes perceberam que alguma coisa estava acontecendo e exigiram uma explicação.

"Pessoal, o que vocês acham de contratarmos Maradona?", perguntou Solari. Depois de ter deixado o Sevilla dois meses antes, Diego estava ouvindo ofertas. "Maradona no Newell's? Impossível!" A pessoa expressando em voz alta sua descrença era o zagueiro central titular da equipe, Mauricio Pochettino.

"Pode ser uma possibilidade", respondeu *El Indio*. "O que vocês acham?"

"Ficaríamos muito empolgados!"

A ideia de contratar Diego havia ocorrido primeiro a Ricardo *El Gringo* Giusti, ex-companheiro do astro no Mundial de 1986 que trabalhava como empresário, enquanto ele assistia a uma partida do Newell's: "Eles precisam de um reforço, e eu conheço a pessoa certa".

Graças a viagens a Buenos Aires e a intermináveis conversas entre Diego, Solari e Giusti, a proposta se tornou simplesmente irresistível.

Àquela altura, ao lado do empresário Marcos Franchi e de Claudia, Maradona viu a seleção argentina ser massacrada pela Colômbia dos grandes Carlos Valderrama e Faustino Asprilla: derrota por 5 a 0, no Monumental de Núñez, em Buenos Aires, a nove meses do início da Copa do Mundo de 1994, nos Estados Unidos. O resultado provocou um clamor dos torcedores pela volta de Diego à equipe nacional. Pouco tempo depois, o jogador recebeu um telefonema de Julio Grondona, presidente da AFA.

A Argentina havia sobrevivido à ausência de sua grande estrela, conquistando a Copa América de 1991 e a de 1993, sob o comando de Alfio Basile e com as novas estrelas Gabriel Batistuta e Diego Simeone; contudo, classificar-se para o Mundial tinha se tornado um martírio.

Franchi se recorda de Grondona lhe dizendo: "Precisamos dele, ele tem de voltar, tem de entrar em forma, de qualquer jeito. Se ele precisar de ajuda...".

Uma semana depois, Diego aceitou a oferta do Newell's. Seu salário seria quarenta por cento mais alto do que o maior salário do time, e ele receberia uma porcentagem das receitas obtidas com amistosos, principalmente os lucrativos, ao término da temporada. Maradona pediu mais uma coisa: um presente para o resto do elenco, cujos bônus foram dobrados.

Sete dias mais tarde, reuniu-se com Basile, técnico da seleção argentina, em Ezeiza, e sua volta à equipe nacional foi anunciada.

Diego queria ver, sentir e ouvir um estádio lotado novamente.

El Gringo Giusti passou o telefone de Diego para alguns dos outros jogadores do Newell's, incluindo Pochettino: "Devo ligar para ele? Como me dirijo a ele? Diego? Maradona? Ou o quê?". Ele estava prestes a ligar para a pessoa que, no seu primeiro apartamento em Rosario, em um pôster pendurado à cabeceira de sua cama, controlava noite após noite a mesma bola enquanto velava o sono do garoto.

"Oi, Diego, é Mauricio Pochettino, eu vou ser seu colega de equipe."

"*Poche*! Como vai, *Poche*? Fico muito feliz com sua ligação, logo estarei aí..." Pochettino, estupefato, não foi capaz de encadear uma frase.

Na chegada, o aeroporto estava tomado. Centenas de torcedores tinham se dirigido até ali para ver Diego, Claudia, Don Diego, Giannina e Dalma. No dia 9 de setembro, o contrato foi assinado; na segunda-feira, 13, diante de 40 mil pessoas, Maradona foi apresentado oficialmente. Viu-se até uma estranha bandeira do Rosario Central, em um gesto inesperado de respeito por parte dos torcedores rivais. Os jogadores olhavam uns para os outros, fascinados pela aura de Diego. "Como assim, Maradona aqui com a gente?!"

O Newell's não tinha uma academia e, por isso, o clube usava uma localizada na rua Mendoza, próximo de suas dependências. Diego era diligente nos treinamentos, trabalhando duro pela manhã em busca de fortalecimento muscular; de tarde, juntava-se ao elenco, e muitas vezes assistia aos jogos na TV com a equipe. Certa vez, um jogador tentou um chute bastante ambicioso e Pochettino gritou: "Olha para aquele cara, ele acha que é Maradona!". Mauricio, percebendo o que havia acabado de dizer, virou-se rapidamente para ver a reação de Diego, que caiu na gargalhada.

Sua estreia pelo Newell's ocorreu em um amistoso contra o Emelec, do Equador. O estádio Coloso Del Parque (que hoje se chama Marcelo Bielsa) estava abarrotado, e havia ali um espectador especial: ninguém menos do que Lionel Messi, então com seis anos, que foi inclusive convidado a fazer (e fez) embaixadinhas no gramado. Maradona marcou um gol com o pé direito, comemorado como se fosse o primeiro ou o último de sua carreira. Amigos e torcedores de todas as idades entraram em campo, e os fotógrafos correram no seu encalço. Terminado o jogo, muitos jogadores pediram sua camisa, mas ela já estava prometida para Fidel Castro.

Quando não estava com o time, Maradona mal tinha vida social, e isso, ao mesmo tempo que o tranquilizava, também o deixava apreensivo — não estar cercado de pessoas era uma coisa intimidante, e era frequente Diego puxar conversa com desconhecidos no bar do hotel onde se hospedava.

Um dia, no centro de treinamento, Carlos Haro, que trabalhava na bilheteria do clube, foi ao banheiro do vestiário e o encontrou tomando banho com a cabeça levantada e os olhos fechados. Diego percebeu sua presença.

"O que foi, *gordo*?"

"Nada, Diego. Como você se sente aí, sozinho, sem ninguém incomodando?"

"Eu viveria feliz para sempre debaixo deste chuveiro."

Aquela eterna batalha...

★

Pela primeira vez em dois anos e sete meses, Diego voltou a ser convocado para a seleção argentina, agora para disputar a repescagem da Copa do Mundo contra a Austrália, uma chance de reviver o sucesso ou de somar um fracasso retumbante.

Os organizadores do Mundial de 1994 tinham usado celebridades (Bill Clinton, Rod Stewart, Stevie Wonder, Faye Dunaway) para atrair a atenção dos torcedores de futebol nos Estados Unidos, mas, ainda assim, uma pesquisa apontava que noventa por cento da população não sabiam que a Copa do Mundo seria sediada por seu país. Em um esporte tão "exótico", apenas a figura de Diego era reconhecível. Os principais patrocinadores da Fifa precisavam dele.

Sob o comando de Maradona, a seleção conquistou a classificação para a Copa (empate em 1 a 1 na ida, em Sidney, e vitória por 1 a 0 na volta, em Buenos Aires). Vale ressaltar que não houve exame antidoping nos confrontos da repescagem. Julio Zamora, atleta que era frequentemente convocado por Alfio Basile e havia ficado fora da disputa contra a Austrália, recebeu um telefonema de Diego: "Acabei de receber um cheque da AFA pela classificação para a Copa do Mundo. Metade disso aqui é seu".

Embora tivesse conseguido evitar as lesões, vinha sendo cada vez mais difícil para Diego se recuperar depois de esforços físicos. Suas pernas não respondiam da maneira como desejava, e ele estava havia cinco partidas sem marcar. Após o duelo entre Newell's e Vasco da Gama, disputado em 21 janeiro de 1994, a equipe argentina faria outro amistoso, desta vez em Mar del Plata. Esse evento, porém, teve de ser cancelado, e o valor obtido com a venda dos ingressos, devolvido. Diego tinha desaparecido.

Pouco tempo depois, um comunicado foi emitido informando que, após cinco jogos oficiais e dois amistosos, o contrato havia sido rescindido "de comum acordo". Maradona alegou que a culpa era do presidente do Newell's, e que desejava voltar: "Peço desculpas aos torcedores por não ter atendido às expectativas."

Contudo, havia ainda uma coisa a ser feita, outro objetivo de curto prazo a ser atingido. Diego chamou Fernando Signorini para ajudá-lo a chegar à Copa do Mundo, mas o preparador físico disse não. "Para quê? Você já disputou três!" Maradona enumerou uma porção de razões, incluindo o fato de que seria a primeira vez que Dalma e

Giannina veriam seu pai atuar em um Mundial, e completou: "Você escolhe o lugar".

A três meses da Copa do Mundo, Maradona, pesando 104 quilos, embarcou em uma aeronave leve e obsoleta a caminho do lugar escolhido por Fernando Signorini: um campo a quarenta quilômetros de Santa Rosa, na província de La Pampa. "Aqui?", perguntou o jogador.

"Trouxe você para Fiorito. Estaremos sozinhos aqui, sem distrações, que é o que você precisa. Se deseja voltar ao topo, como diz a letra do tango 'El choclo', você tem de sair 'do pântano sórdido e buscar o céu'."

Daniel Cerrini, treinador de fisiculturismo apresentado ao grupo por Cóppola, também participou dos treinamentos, que contavam com três sessões diárias. Cerrini era o responsável pela dieta de Diego e o fazia tomar uma grande quantidade de remédios, algo que incomodava Signorini. "Eu disse a ele: 'Não, assim, não. Você vai conseguir com alimentação saudável, Diego, não com essas coisas estranhas'." Contudo, Maradona incorporou a medicação à sua rotina.

"Ficamos lá por doze dias maravilhosos", recorda-se Signorini. "Talvez tenha sido o melhor período da minha vida. Ele trabalhou feito um burro de carga, e lembro que parou de consumir cocaína por vontade própria, tendo deixado tudo em Buenos Aires — não levou nem meio miligrama."

Uma noite, Signorini, após ouvir um barulho, foi ver o que estava acontecendo e se deparou com Diego na porta de seu quarto, olhando-o fixamente. O jogador fez um gesto com a cabeça pedindo para que Signorini o seguisse. "Eu entendi e rapidamente coloquei meu tênis, me agasalhei e saímos. Ele estava sofrendo com sintomas de abstinência. Corremos até que passasse, de um lado a outro, mais um pique, outra volta. 'Já estou bem.' Tinha passado. Lembrar disso me deixa emocionado, porque só Diego e eu sabemos quanto esforço ele fez para derrotar aquela merda de cocaína e deixar Dalma e Giannina felizes. Era um gesto de amor por elas e pela bola. De certo modo, a Copa do Mundo era algo secundário."

Depois daqueles dias de dedicação total, que incluíram a disputa de um amistoso contra o Marrocos (vitória da Argentina por 3 a 1, com Maradona tendo marcado um), o grupo se dirigiu para outra estância, em Norberto de la Riestra, na província de Buenos Aires, antes de se juntar à seleção de Alfio Basile. O elenco contava com alguns jogadores espetaculares: Redondo, Simeone, Batistuta, Ortega... Porém, após uma excursão complicada por Chile, Equador, Israel e Croácia, que não rendeu bons resultados, começaram a surgir dúvidas em relação ao rendimento do grupo.

A organização também deixava a desejar, e Maradona chegou a ameaçar, em duas ocasiões, voltar a Buenos Aires. Caniggia explicou ao site *lanzalaboladeportes.com* a insatisfação com a questão logística às vésperas da Copa do Mundo: "Tudo começou no voo para Nova York. Éramos os campeões de 1986 e os vices de 1990 e, ainda assim, antes do início da Copa de 1994, eles nos enfiaram em um voo de treze horas na classe econômica. Dois de nós aqui, outros dois lá atrás, todos com pessoas desconhecidas. Maradona estava sentado com três turistas. Eu, numa fileira de três com um cara no meio que eu não conhecia. Batistuta também estava com dois estranhos". Havia 22 jogadores espalhados em meio a 250 pessoas. Diego começou a se irritar. Basile se aproximou e disse: "Há um assento na primeira classe", e Maradona respondeu: "Vou ficar aqui com todos os meus companheiros".

Depois de finalmente chegar a Nova York para a disputa do Mundial, a delegação não conseguia encontrar um lugar para treinar. A comissão técnica pediu aos jogadores que pegassem um táxi e fossem até um parque, que no fim não passava de um terreno baldio com grama gasta, cacos de vidro espalhados e cachorros abandonados. Maradona não aguentava mais. Ele não queria ficar e reclamou daquilo tudo, embora fosse mais uma ameaça para provocar uma reação da AFA.

Certa noite, por volta das duas horas da manhã, outro tipo de ansiedade se abateu sobre Maradona, que, andando de um lado a outro pelo saguão do hotel, um labirinto àquela altura, gritava que queria ir para casa conversar com Claudia. Carlos Losauro, especialista em boxe que estava cobrindo a Copa do Mundo para o diário *La Nación*, o chamou até o bar e disse: "Venha aqui, sente-se e pare de fazer besteira. Vamos conversar sobre boxe". Diego obedeceu. "É, você tem razão. Vamos falar de boxe." E então ele se acalmou.

Ninguém queria que nada desse errado e, por precaução, a equipe médica da Argentina sugeriu a Grondona que se fizesse um teste antidoping surpresa em todos os atletas, não apenas em Diego — alegariam ter sido uma exigência da Fifa. O presidente, contudo, disse que aquilo seria uma chateação para os jogadores e se recusou a fazê-lo.

Apesar de tudo, dos altos e baixos, Diego se sentia bem, tendo atingido a condição física que desejava, com a ajuda de Signorini; no último dia de preparação, treinou na academia acompanhado de Dalma e Gianninna — seu peso havia baixado para 74,5 quilos, menos do que ele pesava em 1986.

"Estávamos tão felizes; Fernando estava tão feliz", comentou Maradona. "Eu sabia, embora não dissemos o que sentíamos. Olhávamos um para o outro e pensávamos: 'Estamos onde queríamos estar'. Agora, a Copa do Mundo começa para nós."

34
O DOPING NA COPA DO MUNDO DE 1994

A caminho do estádio Foxboro, que depois seria demolido e transformado em um enorme centro comercial, torcedores gregos e argentinos levavam cores a um ambiente mais parecido com uma convenção de funcionários de TI do que um Mundial. Embora a Fifa tivesse usado a imagem de Diego para atrair torcedores da região do estado de Massachusetts, não havia sinal de anúncios com sua imagem nem fotos do argentino em torno do estádio.

Maradona tinha perdido peso e deslizava pelo gramado toda agilidade dos velhos tempos. Ao lado de Batistuta, herói do jogo com três gols marcados, Maradona também deixou o seu na vitória tranquila por 4 a 0 sobre a Grécia, na estreia da seleção argentina no dia 21 de junho, uma terça-feira. O gol de Diego ocorreu depois de uma linda troca de passes entre Abel Balbo, Fernando Redondo e Claudio Caniggia. Maradona concluiu o lance colocando a bola no ângulo, com uma precisão que lembrava o jogador campeão do mundo oito anos antes. Ele estava de volta — embora aquele viesse a ser seu último gol pela equipe nacional. Na comemoração, compartilhou sua celebração orgástica com uma câmera de televisão, deixando uma imagem que retrata o êxtase da vingança, e que logicamente foi (e ainda é) mal interpretada.

No sábado, o adversário seguinte era a seleção da Nigéria, uma vez mais no estádio Foxboro. As Super Águias tinham uma equipe forte, com muita qualidade. Como vencê-la?

No túnel de acesso ao gramado, os jogadores das duas seleções esperavam a chegada do árbitro; a espera parecia durar uma eternidade. De repente, Diego começou a abraçar cada um de seus adversários. "Irmão! Meu amigo!" E mais e mais abraços se seguiram. Maradona os chamava pelo nome, e os nigerianos não acreditavam. Era um comportamento mais parecido com as gentilezas que ocorrem após os jogos, não antes de uma partida que poderia definir uma classificação. Quando se tratava de vencer um confronto, pouco do que Diego fazia era aleatório. O jogo, por fim, teve início, e Maradona mal foi tocado pelos rivais. A Nigéria também quase não armou barreira nas jogadas de bola parada.

Os africanos abriram o placar, o que pareceu estimular Diego, que passou a brigar por cada bola. Caniggia, com dois gols, virou o jogo — o segundo saiu depois da cobrança rápida de uma falta por Maradona que pegou a defesa adversária desarrumada. A seleção argentina, com Simeone, Redondo, Ruggeri, Balbo e Batistuta, tinha se classificado para a fase de mata-mata e se tornado candidata ao título do torneio.

Ao término do confronto, produziu-se uma imagem indelével: Diego deixando o gramado de mãos dadas com o que parecia ser uma enfermeira loira. O que ela estava fazendo ali? Contudo, Sue Carpenter não era enfermeira, mas uma das quatro auxiliares da Fifa encarregadas de acompanhar os jogadores até o local onde seria feita a coleta da urina. Naquele dia, ela resolveu usar branco. Mas era preciso abordar Maradona na frente de todos? Levá-lo pela mão?

Minutos antes do fim do jogo, Carpenter, conversando no túnel com o dr. Roberto Peidró, membro do departamento médico da Argentina, comentou que seu ex-marido era argentino. Quando se ficou sabendo que Maradona e o zagueiro Sergio Vásquez fariam o exame, Peidró sugeriu: "Vá buscar Maradona. Seu ex-marido vai ver você na televisão".

Já no gramado, um assessor de imprensa da Fifa, chileno, se interpôs entre Maradona e Carpenter. "Qual é a desta garota?", perguntou Diego. "Ela veio acompanhar você", respondeu o chileno. "Tudo bem. Vou só dizer uma coisa para Claudia e meu pessoal antes." Olhando para a esposa, e sorrindo de maneira descarada, Maradona gritou na direção dela: "Vou injetar uma coisa nesta enfermeira". Aquilo provocou ataques de riso em Claudia.

Nos camarotes, o presidente da Associação do Futebol Argentino, Julio Grondona, fez o sinal da cruz e murmurou: "Deus nos ajude".

Na véspera da última partida da fase de grupos, durante a tarde, o elenco argentino fez uma escala em Baltimore durante o voo da American Airlines de Boston a Dallas, onde o grupo, naquela mesma noite, treinaria no estádio Cotton Bowl, local do jogo contra a Bulgária. O técnico *Coco* Basile, sentindo-se feliz, desceu do avião por um momento — as coisas estavam saindo como planejado. Então, um funcionário se aproximou e, certificando-se de que não havia ninguém por perto, disse: "*Coco*, deu positivo. Ainda não sabemos quem foi".

"Do que você está falando?" Basile não acreditava e temia o pior.

No avião de Baltimore a Dallas, o treinador da seleção argentina pediu a um assistente que fosse buscar Sergio Vázquez. "Você tomou alguma coisa? Fez alguma coisa que não devia ter feito?", perguntou.

"Não, nada."

Imediatamente, Diego percebeu que algo estava acontecendo, mas Basile resolveu não falar com o jogador durante a viagem.

Ao pousar, o elenco se deparou com o primeiro de muitos grupos de jornalistas que aguardavam uma reação. Ninguém parou para atendê-los, e os jogadores entraram no ônibus em direção ao hotel, onde repórteres se amontoavam nos degraus de entrada.

A amostra de urina de Diego, que continha um código, não seu nome, havia sido enviada para Los Angeles. Ele tinha testado positivo para efedrina, uma substância proibida pela Fifa que oferece estímulo energético e melhora a performance atlética — mas vendida sem receita em qualquer lugar dos Estados Unidos. Daniel Cerrini, alguém em quem o círculo íntimo de Maradona não confiava, cometera um erro ao comprar Ripped Fuel, que era vendido em duas versões: com ou sem efedrina. Ou Cerrini não notou o rótulo (indicando a presença de seis por cento de efedrina) ou achou que era uma quantidade insignificante.

Sepp Blatter, secretário-geral da Fifa, já tinha informado Julio Grondona, que estava em Dallas. "Vamos fazer isso juntos", disse o chefe da AFA para seu treinador, no hotel. Basile e Grondona foram conversar com Diego; acabaram todos chorando. O técnico da seleção logo foi ao Cotton Bowl para o treinamento, onde mais jornalistas aguardavam.

Grondona disse a Basile que havia uma pequena esperança: durante a Copa do Mundo do México, o espanhol Ramón Calderé testara positivo para efedrina e recebera suspensão de apenas uma partida. "Vamos apresentar a mesma defesa", afirmou. "Nos encontramos às oito e meia da manhã no hotel da Fifa." Basile não pregou o olho durante a noite que, segundo admitiu mais tarde, foi a pior de sua vida.

No hotel da equipe em Dallas, alguém bateu na porta do quarto de Signorini, que não tinha ido com o elenco para o estádio.

"Quem é?"

Era Cerrini. "Você ouviu a notícia?", perguntou.

Irritadíssimo, Fernando respondeu: "O que você está fazendo aqui? Pegue um avião e suma para o fim do mundo, porque Don Diego está vindo para cá e, se ele pegar você aqui, vai te dar um tiro. Entre em um avião e suma para o lugar mais longe possível".

Durante o café da manhã, no dia seguinte, o treinador da seleção recebeu um telefonema e se dirigiu até a recepção para atender. Era Grondona. "Estamos quase prontos para encontrá-lo", disse Basile. O presidente da AFA respondeu: "Não precisa".

João Havelange, presidente da Fifa, dissera a Grondona que Maradona seria suspenso, a vitória sobre a Nigéria, anulada, e que a seleção argentina voltaria para casa e não poderia participar da próxima Copa do Mundo. "Não, acho que não vai ser assim, não", respondeu Grondona, mencionando ao mandatário da Fifa alguns assuntos que ninguém, Havelange em particular, gostaria que fossem revelados.

Depois daquela discussão desagradável, chegou-se a um acordo que evitava uma punição severa para a AFA, mas que deixava Havelange, que se sentia parte da aristocracia do esporte, satisfeito por poder mostrar ao mundo que havia sido aplicada uma sanção exemplar baseada nas regras antidopagem do Comitê Olímpico Internacional (COI).

Maradona seria retirado da Copa do Mundo pela AFA, e sua punição, definida mais adiante, após o término do torneio.

Por telefone, Grondona deu a notícia a Basile. "Você não precisa vir até aqui, Diego está fora da Copa do Mundo. Ele tem de deixar o hotel e não pode ficar com nosso plantel." Basile queria morrer — foi assim que, anos depois, descreveu o que sentiu.

Signorini, sabendo da suspensão, foi ao quarto de Diego: "Estava tudo escuro e eu dei um chacoalhão nele... 'Vamos, Diego, levanta. Eles nos aniquilaram'. Usei o plural para mostrar que aquilo não tinha acontecido apenas a ele, mas a todos nós; era uma maneira de mostrar nossa solidariedade. Ele fingia estar dormindo, como se pudesse afugentar o momento. 'O que aconteceu?' 'Acabou, Diego.' Saí e o deixei sozinho. Fechei a porta e ouvi uma pancada seguida de um grito que abarcava uma série de emoções, como raiva e angústia, todas misturadas numa só".

Poucos minutos depois, seu empresário Franchi, Ruggeri e Signorini foram até seu quarto tentar acalmá-lo. "Acabou, Dieguito... É isso, acabou, vá para casa, acabou, eles nos mataram..."

Na coletiva de imprensa, a Fifa deu detalhes da suspensão e se reservou a possibilidade de impor novas punições a Maradona depois da Copa do Mundo. Havelange afirmou: "Os Estados Unidos gastam 50 bilhões de dólares por ano na luta contra as drogas. Vocês acham que poderíamos deixar um caso assim passar em branco?".

A seleção da Argentina, moralmente destroçada, perdeu por 2 a 0 para a Bulgária, no Cotton Bowl. Na fase seguinte, os argentinos foram eliminados pela Romênia, em Los Angeles, com uma derrota por 3 a 2.

Em agosto daquele ano, a Fifa, por fim, anunciou a punição de Maradona: suspensão do futebol por quinze meses, válida para partidas nacionais ou internacionais, além de uma multa de 20 mil francos suíços. Daniel Cerrini recebeu o mesmo tratamento. A AFA não teve direito a apelação.

Hoje em dia, a efedrina consumida por Diego não é considerada doping. As dúvidas sobre por que não houve exame antidoping nas partidas da repescagem contra a Austrália ainda permanecem. Talvez a Fifa achasse necessário ter Maradona na Copa do Mundo. Grondona, certamente, se esforçou para garantir sua presença.

Sendo a única delegação a se apresentar durante o torneio com um jogador que não havia seguido as regras predeterminadas, era de se esperar que os diretores da AFA recebessem alguma punição. No entanto, isso não ocorreu, e Grondona seguiu como vice-presidente da Fifa e presidente do comitê financeiro da organização, apesar de não falar uma palavra de inglês.

Maradona tinha jogado 91 partidas pela Argentina e marcado 34 gols. A Copa do Mundo de 1994 foi sua última participação internacional como jogador, mas seguramente não marcou seu último confronto com a Fifa. O pássaro não havia sido punido apenas; suas asas tinham sido arrancadas. "Foi muito triste", explicou Signorini, "porque ele tinha feito um esforço tão monumental, incluindo o fato de ter deixado a cocaína em Buenos Aires, correndo o risco de sofrer com os sintomas de abstinência, que é uma coisa terrível. Não havia mais uma chance real de voltar ao topo."

Pouco depois de sua punição, Maradona resolveu falar. O jornalista argentino Adrián Paenza descreveu a entrevista no podcast *¡Hola! ¿Qué tal, cómo estás?*.

> *Quando a história do doping foi divulgada, combinei com o empresário dele, Marcos Franchi, uma conversa com Diego, porque o país todo esperava por isso. Era uma situação muito delicada. O hotel em Dallas era um cilindro alto com quinhentos jornalistas do lado de fora, ao menos era o que parecia. Chegamos, e quando a porta se abriu eu vi Diego, na penumbra, sentado em uma enorme poltrona em posição de Buda. Ao me ver, ele se levantou, se aproximou para me abraçar e começou a chorar de uma maneira que também me fez chorar, como se o filho de alguém tivesse morrido. Ele me dizia: "Não usei drogas, não usei drogas". Grondona, então, chegou e me perguntou: "O que você está fazendo aqui?". Diego respondeu: "Que diferença faz para você? Adrián é meu amigo e vai ficar aqui. Você já me expulsou; não faço mais parte da seleção". Marcos Franchi me pediu para esperar em seu quarto, a algumas portas dali, e esperei. Diego veio e fizemos a entrevista.*
>
> MARADONA: *Dói muito porque eles realmente cortaram minhas pernas. Me derrubaram no momento em que eu tinha a chance de me recuperar de uma série de coisas. No dia em que me droguei, fui à juíza e disse: "Sim, usei drogas. Qual a punição?". Eu aceitei. Foram dois anos muito difíceis me apresentando a cada dois, três meses, ou quando a juíza me chamasse para que pudessem fazer uma rinoscopia e coletar uma amostra da minha urina, mas isto aqui eu simplesmente não entendo... Achei que a Justiça seria boa, mas parece que se equivocaram comigo.*
>
> PAENZA: *Então por que a substância apareceu, Diego?*
>
> MARADONA: *Não sei por quê. Talvez por descuido da nossa parte, mas eu juro pela vida das minhas filhas que não me droguei. Acho que eles me expulsaram definitivamente do futebol, não acho que vá haver outra volta. Prometi à minha esposa que não ia chorar, prometi às minhas filhas, mas...*

35
"CUESTA ABAJO"[1] E O RETORNO AO BOCA

A punição de quinze meses se estendeu até setembro de 1995 e, embora não tivesse permissão para jogar, Diego podia desempenhar outras funções no futebol, como a de treinador, por exemplo. Sergio Goycochea, que estava se apresentando como reforço do modesto Deportivo Mandiyú, de Corrientes, ajudou a convencê-lo a aceitar o cargo de técnico da equipe. Uma vez mais, Maradona nadava contra a corrente rumo às suas origens, trabalhando em um clube próximo do lugar onde sua avó e seu pai tinham fincado raízes depois de terem deixado Santiago del Estero. Ele conhecia bem a região, que visitava com frequência durante seus momentos de recuperação e refúgio para pescar com Don Diego.

Carlos Fren, que fizera parte do time do Argentinos Juniors ao lado de Maradona, foi convidado para ser seu assistente. "É perfeito; vai manter você ocupado. Se você quiser, nós vamos", disse Fren. A dupla compartilhava os treinos e as ideias de como o modelo futebolístico de Diego poderia evitar o rebaixamento do clube da primeira divisão. As conversas ininterruptas entre eles se davam em torno de uma churrasqueira, bem como em viagens para pescar em um lago, o que em pouco tempo deixou o freezer do Mandiyú abarrotado de peixes. Na véspera dos jogos,

---

1 "Cuesta abajo" (ou "Ladeira abaixo") é um tango de Carlos Gardel, gravado no início da década de 1930. Em 1986, Caetano Veloso incluiu uma versão da canção em seu álbum ao vivo *Totalmente demais*.

Maradona ficava no hotel da equipe, ao passo que Fren ajustava os aspectos táticos com o time. Nos dias das partidas, via-se o lado ensolarado de Diego: o novo treinador transmitindo energia positiva e motivação.

A estreia de Maradona como treinador foi com derrota, em casa, por 2 a 1 diante do Rosario Central, em 9 de outubro de 1994; contudo, o astro teve de assistir ao jogo das tribunas, uma vez que ainda aguardava sua licença de treinador e a autorização da Associação do Futebol Argentino. Passadas algumas partidas, o Deportivo Mandiyú quase bateu o River Plate, em um jogo fora de casa que terminou empatado em 2 a 2. Depois de uma derrota em casa para o Independiente, Maradona acusou o árbitro Ángel Sánchez de mafioso e insultou o presidente do clube de Avellaneda.

Se sua equipe estivesse jogando em Buenos Aires, Maradona viajava na véspera da partida. Afinal, era em Buenos Aires que as coisas aconteciam.

Foram dois meses intensos: em doze confrontos, o Mandiyú contabilizou uma vitória, seis empates e cinco derrotas, um desempenho que fez o presidente da agremiação, Roberto Cruz, invadir o vestiário em uma ocasião para distribuir ofensas e conselhos táticos. "Sou eu que mando aqui", respondeu Maradona, antes de apresentar sua demissão.

Apesar de Maradona ter deixado o Mandiyú à beira do rebaixamento, Juan Destéfano, presidente do histórico e popular Racing Club, de Avellaneda, começou a negociar com Diego. Então com 34 anos, Maradona pediu a Guillermo Cóppola que voltassem a trabalhar juntos para selar o acordo que fez dele, no início de 1995, treinador do Racing. Em meio a tudo isso, Maradona, suspenso dos gramados, recebeu a Bola de Ouro da France Football em reconhecimento por sua carreira de jogador.

Fren aceitou o desafio de ser auxiliar de Maradona também no Racing, apesar da disparidade de salário: o Mandiyú pagava 15 mil dólares a Fren; o Racing, por sua vez, lhe ofereceu "dez pesos. Foi um daqueles acordos estranhos que Maradona costumava fazer, mas eu só queria trabalhar", explicou o auxiliar. Contudo, em pouco tempo a coisa azedou. Primeiro, Diego começou a não comparecer aos treinamentos; depois, às partidas. Sua rotina estava completamente destruída mesmo antes da aposentadoria de fato. Sem o rigor de treinamentos apropriados e desprovido de uma motivação real — exceto ter um palco —, o álcool tornou-se sua muleta.

Antes de um jogo contra o San Lorenzo, Fren teve de dizer a Maradona que ele era uma "vergonha" para todos. Ambos tinham combinado de se apresentar de terno, mas Diego, que havia brigado com Claudia, não estava trajando roupas apropriadas. Após darem a preleção para o grupo, a caminho do gramado, Fren percebeu que algo não estava bem. Eles, então, se trancaram no vestiário e Fren disse umas verdades para Diego, que começou a chorar, afirmando que a situação estava fora de controle. A partida terminou em derrota por 2 a 1, e Maradona sumiu. Por duas ou três semanas Fren não voltou a vê-lo.

A aventura no Racing durou quatro meses, com duas vitórias em onze jogos (uma delas contra o Boca Juniors, na Bombonera, além de seis empates e três derrotas). Alguns dias depois de sua saída, Maradona e Fren foram se encontrar com diretores do Boca, o clube que Diego sonhava treinar. No caminho de volta, pararam na orla e Maradona se apoiou na barreira onde algumas pessoas pescavam. Olhando para o rio, desafiou Fren: "Já que você sabe de tudo, me diga: o que há de errado comigo?".

"É óbvio o que está errado com você: uma parte do seu cérebro quer ir para casa ficar com Claudia e as meninas; a outra quer seguir adiante e terminar como você sempre termina", respondeu Fren. Maradona, olhos cheios de lágrimas, respondeu que ele estava certo, e dali acabou indo para uma casa noturna, onde ficou até as primeiras horas da manhã.

No dia 27 de dezembro, aniversário de Fren, Diego lhe telefonou da casa de Cóppola às três horas da manhã. Estava deprimido porque todos tinham ido para Punta del Este, deixando-o sozinho em casa por três dias. Fren foi até lá e o encontrou em péssimo estado, chorando por ter brigado com Claudia. "Ele falava que ia se jogar de uma janela que dava para a rua", contou Carlos Fren. Seu auxiliar técnico então levou Diego até a casa de Claudia. Alguns dias mais tarde, Maradona ligou novamente para Fren e agradeceu — havia passado a véspera de Ano Novo com as filhas.

De 1989 a 1999, a Argentina foi comandada pelo presidente Carlos Saúl Menem, do Partido Justicialista (Peronista), conduzindo o país à chamada era menemista. Menem incentivou a privatização de empresas estatais e promoveu a ilógica paridade do dólar com o peso argentino. Também foi visto dirigindo seus carros esportivos e fotografado ao lado de ícones dos mais diversos, tais como os Rolling Stones, Bill Clinton e Maradona. Esse período de gastos excessivos e extravagância mergulhou o país em dívidas e caos social. Contudo, antes da grave e previsível crise de 2001, o futebol argentino viveu seu próprio período iluminado, com jogadores de seleção atuando em todos os principais clubes do país. Enquanto alguns estavam regressando à sua terra natal, jovens estrelas sul-americanas desfilavam seu talento em casa sem que os gigantes europeus os levassem embora com ofertas inflacionadas. River Plate, San Lorenzo, Vélez Sarsfield, Racing e Independiente lutavam todos contra o Boca pelo almejado título nacional.

Em 1995, Pelé se encontrou com Diego no Brasil. Seu intuito era convencê-lo a jogar por seu amado Santos, após o término da suspensão imposta pela Fifa. A informação de que um acordo teria sido selado vazou, talvez para gerar publicidade tanto para o jogador quanto para o clube. Porém, uma vez mais, aquele era um projeto mal planejado, como tantos outros que envolveram Maradona.

A atração de Diego seria sempre pelo Boca, e, não satisfeito em anunciar seu desejo de jogar novamente pela equipe xeneize, o astro afirmou também que desejava treiná-la. Embora tenham mantido o ídolo Silvio Marzolini como técnico, os cartolas queriam ver o gênio do futebol desfilando novamente pelos gramados da Argentina, e com a ajuda de vários empresários angariaram recursos para pagar o salário de Maradona, permitindo que ele voltasse a vestir as cores do Boca como jogador.

Em Punta del Este, Daniel Cerrini, o fisiculturista envolvido no doping da Copa do Mundo de 1994, o ajudou a entrar em forma novamente. A reestreia do jogador pelo Boca ocorreu em um amistoso, vitória por 2 a 1 contra a seleção da Coreia do Sul, em Seul, em setembro de 1995, catorze anos depois de sua primeira aparição com a camisa *azul y oro*. Antes de ser substituído, Maradona deu o passe para o primeiro gol do Boca: uma cobrança de escanteio fechada e potente — uma de suas marcas registradas — que encontrou a cabeça de Carlos Mac Allister, pai de Alexis Mac Allister, que seria campeão do mundo com a Argentina na Copa de 2022, no Qatar.

Em outubro, mais de trezentos jornalistas de todo o mundo estavam presentes em sua reestreia em La Bombonera, contra o Colón. Em uma época na qual a própria imprensa se metamorfoseava, com canais dedicando cada vez mais horas à transmissão de futebol, devorava-se o espetáculo da volta de Diego, que jogaria ao lado de lendas como Carlos Navarro Montoya, Cristian *Kily* González e Claudio Caniggia, formando um Boca que era forte candidato ao título.

Entediado com as sessões de treinamento, Maradona buscou saciar seu apetite por confrontos com autoridades ajudando Eric Cantona a criar a Associação Internacional de Futebolistas Profissionais (que durou apenas dois anos); além disso, reafirmava seu prestígio recebendo diversos prêmios, como o de "Mestre Inspirador de Sonhos", oferecido pela L'Chaim Society, da Universidade de Oxford.

Durante o desenrolar da temporada, o Boca liderou o torneio, chegando a abrir seis pontos de vantagem para seu principal concorrente, o Vélez; porém, uma queda de rendimento no fim da competição fez os xeneizes terminarem em um distante quinto lugar. "Pensei em virar treinador ainda dentro de campo", escreveu Maradona em sua autobiografia. "Não achei que Marzolini fosse se irritar." Após Diego ter ameaçado deixar o clube, a diretoria do Boca, ao término da temporada, demitiu Marzolini. No conselho diretor, um novo mandatário foi eleito, Mauricio Macri, que, décadas depois, viria a ser presidente da Argentina.

A indústria do futebol, em constante expansão, passou a temer a possibilidade cada vez mais iminente da aposentadoria de Maradona. A AFA havia proibido Juan Funes de jogar futebol por um problema cardíaco; Diego corria o mesmo risco, mas foi autorizado a continuar jogando, apesar dos quase quinze anos de vício em cocaína estarem cobrando a conta. Parte da imprensa fazia campanha para que cocaína deixasse de fazer parte da lista de substâncias proibidas, uma vez que não influía de maneira positiva no rendimento no gramado, buscando, assim, tornar o futebol subserviente às exigências de seu ídolo.

O Boca escolheu Carlos Bilardo para comandar o time na temporada 1996/1997, uma escolha que, uma vez mais, levou Maradona, que se lembrava muito bem dos confrontos entre os dois em Sevilha, a ameaçar sair do clube. Contudo, no fim, Diego aquiesceu, passou por outro processo de desintoxicação e, em março de 1996, começou a entrar em forma. O grande meio-campista Juan Sebastian Véron também se juntou ao time, levando uma esperança aos torcedores de terem um time competitivo que pudesse brigar por taças.

Maradona ditava as partidas com seus passes, mas percorria poucas áreas do campo, e nem sempre atuava os noventa minutos. Contra o Newell's Old Boys, após perder um pênalti, teve de deixar o campo devido a uma lesão no músculo da panturrilha esquerda que o afastou dos gramados por um mês. Em junho de 1996, as atuações do Boca seguiam em queda. Em um jogo contra o Vélez, o árbitro Javier Castrilli expulsou um furioso Maradona, que gritava para o juiz: "Fale comigo. Ou você está morto?". Em seu livro *Yo soy El Diego*, o jogador complementou: "Se dependesse de mim, eu teria partido a cara dele [ao meio]".

Para Castrilli, os dois tinham maneiras distintas de entender a vida:

> *Tudo aconteceu por causa do gol marcado pelo Vélez, aquilo foi o estopim. Até então, o Boca vencia por 1 a 0. Meus auxiliares me disseram que o goleiro do Boca, Carlos Navarro Montoya, tinha tirado a bola de dentro do gol, e eu tive de dar o gol. Foi aí que o Boca se descontrolou [no fim foram derrotados por 5 a 1] porque, em vez de jogar contra o Vélez, passaram a jogar contra as decisões do árbitro. Os jogadores estavam indignados, fora de si e me tratando como um louco.*
>
> *Então começaram as expulsões, e a resposta da torcida do Boca foi violenta, quebrando alambrados e tentando invadir o gramado. No meio da comoção estava Maradona. Ele estava a sete ou oito metros de mim, vindo em minha direção, apontando para o que estava acontecendo — policiais usando gás de pimenta, bombeiros jogando água gelada nas pessoas numa noite congelante, e ele apontando para mim. Interpretei aquilo como incitação à violência e o expulsei prontamente. Enquanto caminhava até ele, observei que ele tinha visto o cartão vermelho, se virado e saído. Dou o cartão vermelho e me dirijo para o círculo central. Não me lembro se foi um jornalista ou um policial que me perguntou se havia alguma maneira de reverter o cartão vermelho. Eu disse que não, que enquanto eu estivesse no comando Maradona não jogaria. Naquele exato momento, quando a polícia tinha tudo sob controle, me vi cercado por uma grande quantidade de pessoas e, no meio delas, diante das câmeras, estava Maradona, que supostamente estava vindo me pedir uma explicação, embora soubesse por que tinha sido expulso. Jamais em minha vida tomei uma decisão sem que o jogador soubesse o motivo.*
>
> *Como qualquer esporte, o futebol educa e forma as pessoas, e é, portanto, um veículo de transmissão de valores. Se o futebol, que abrange todas as esferas da sociedade, mostra como conseguir seus objetivos desobedecendo as leis, que a Justiça é cúmplice na conquista de tais objetivos, e que obter esses resultados de maneira ilegal dá sucesso, poder, fama e dinheiro às pessoas, essa sociedade se torna corrupta.*

Uma vitória espetacular no *Superclásico* contra o River Plate (4 a 1, com Diego perdendo mais um pênalti) não foi o suficiente para colocar os xeneizes na briga pelo título, mas produziu uma imagem icônica: o beijo na boca de Maradona em Caniggia após um dos gols do Boca. A então esposa de Caniggia, Mariana Nanis, disse ter ficado "enojada". E Maradona respondeu: "Claudio é meu amigo, mas, se não consegue controlar sua mulher, ele não existe para mim". O machismo de Diego se misturava a uma certa ambiguidade hedonista que, às vezes, vinha à tona. Fazia uma provocação ao mundo do futebol, que era, e ainda é, cheio de preconceitos. Maradona já havia sido visto em discotecas vestindo casacões de pele e roupas provocativas, às vezes se vestia de mulher em festas, ou mexia sensualmente o quadril quando sabia que estava sendo filmado, o que, ainda assim, não o impedia de usar expressões homofóbicas.

Na antepenúltima partida do Boca pelo Clausura, contra o Racing, Maradona perdeu seu quinto pênalti consecutivo no campeonato. A derrota por 1 a 0 em Avellaneda deixou a equipe mais distante da disputa pelo título. Era agosto de 1996, e Diego Armando Maradona, com o fim do Clausura, queria se afastar do futebol por algumas semanas para se desintoxicar e tratar seu vício. Porém, a pausa se prolongou por bastante tempo, e ele não seria visto em um campo de futebol pelos onze meses seguintes.

"Fui, sou, e sempre serei um viciado em drogas... Não quero que as crianças passem por isso", disse Diego, àquela altura, durante a campanha do governo argentino *Sol sin Drogas*. Para tentar superar seu vício em cocaína, Maradona viajou para uma clínica na Suíça, onde, dois dias depois de sua internação, o dr. Harutyun Van, sem sua permissão, concedeu uma entrevista coletiva. O médico "disse a todos tudo sobre mim", reclamou o jogador, irritado.

"Seu principal problema é existencial", afirmou Van. "Meu trabalho consiste em fortalecer sua imunidade psicológica ao longo de dez dias para que ele possa enfrentar esses problemas existenciais. Ele recorre à cocaína quando se sente excessivamente sob pressão, não por causa de um vício físico. Ele se sente vulnerável, não é uma pessoa feliz e se considera um perdedor."

Maradona abandonou a clínica e o médico se desculpou: "Sinto muito, não consegui aguentar a pressão da imprensa, todos queriam saber". Maradona, por sua vez, reagiu: "Convivo com essa pressão há vinte anos e você não conseguiu aguentar dois dias".

Naquele outono de 1996, Cóppola foi preso porque a Justiça acreditava que ele não apenas consumia cocaína, mas também fazia parte de um cartel de drogas. O mundo estava despencando em torno de um Maradona desiludido, que assistia às partidas do Boca de um camarote privativo. Em uma entrevista para o canal de televisão América, Diego afirmou que não se suicidava por amor às filhas.

Em 1997, um Maradona mentalmente forte tentou sua terceira passagem pelo Boca, valendo-se de métodos testados e aprovados, como conversar com jornalistas para pressionar os diretores do clube diante do público. Em abril, teve de ser internado em um hospital depois de sua pressão arterial ter subido durante um programa de televisão. Dias mais tarde, após dançar *cumbia* em outro programa, ficou sem ar. Contudo, ele continuava batendo na porta do Boca, e, por fim, assegurou um acordo com a equipe, comemorado por todos os diretores da imprensa argentina.

Maradona queria assinar o contrato "ao vivo" diante das câmeras, mas o Boca acabou realizando uma entrevista coletiva. Àquela altura, Diego tinha 36 anos e estava havia onze meses sem disputar uma partida oficial, e ao menos seis temporadas sem treinar de maneira consistente e profissional. Desta vez, buscou a ajuda do polêmico ex-velocista olímpico canadense Ben Johnson para entrar em forma. A volta de Maradona aos gramados pelo Boca, então treinado por Héctor Veira, diante do Newell's Old Boys em um amistoso, foi a principal notícia na imprensa naquele 9 de julho de 1997.

Cerca de seis semanas depois, em 24 de agosto, e após ter ajudado a equipe a superar o Argentinos Juniors por 4 a 2, mais um teste antidoping de Diego voltou a dar positivo — traços de cocaína foram encontrados na amostra. Ele insistia que havia sido uma armação, que recebera telefonemas ameaçando colocar a droga em seus testes. A contraprova também deu positiva, e o inevitável aconteceu: suspensão pela AFA, escândalo na imprensa e depressão pessoal. A pressão arterial de Don Diego foi às alturas de maneira preocupante. "Se isso acontecer novamente com meu pai, abandono o futebol."

O juiz Claudio Bonadío, vinculado ao governo do presidente argentino Carlos Menem, impôs a *Pelusa* apenas a realização de testes regulares antidoping e a AFA revogou a suspensão. Maradona continuava se sentindo perseguido pelas autoridades, ainda que essas mesmas autoridades, bem como a imprensa e os torcedores, o protegessem e dele cuidassem.

Mais uma vez em forma, Maradona voltou aos gramados: tudo indicava que sua despedida do futebol seria em grande estilo. O Boca lutava pelo título e, esporadicamente, a canhota de Maradona pintava momentos de genialidade artística sobre os gramados da Argentina. Uma lesão contra o Colo-Colo, no Chile, pela Supercopa Libertadores, forçou o jogador, uma vez mais, a se ausentar do combate — sua paleta colorida voltava a ser guardada no mesmo quarto escuro de outrora. Contudo, a poeira não se assentaria completamente, e tampouco o brilho seria apagado: Maradona se recuperou a tempo de disputar o *Superclásico* contra o River, em 25 de outubro. Porém, ele se lesionou novamente e, no intervalo, foi substituído pela estrela em ascensão Juan Román Riquelme. O Boca venceu por 2 a 1 e, no fim da partida, Maradona correu para dentro do gramado e comemorou a vitória diante da torcida do River. Feitos os testes antidoping exigidos tanto pela AFA quanto pelo juiz Bonadío, Maradona foi para casa e abriu uma garrafa de champanhe Cristal, cantando e celebrando noite adentro.

Rumores de um novo resultado positivo começaram a circular antes mesmo da análise das provas. Diego, após ficar sabendo que uma estação de rádio havia declarado a morte de seu pai, ligou para casa, desesperado. "Ele está aqui comigo, filho", disse Doña Tota. Alguns dias mais tarde, Maradona se encontrou com Don Diego na casa do jogador em Villa Devoto, Buenos Aires. Doña Tota, embora os olhasse de longe, sabia o que estava sendo conversado.

No dia seguinte, o de seu 37º aniversário, Maradona anunciou sua aposentadoria do futebol pela emissora de rádio argentina La Red.

"Estou parando. Não aguento mais. E é definitivo. Meu pai, chorando, me pediu para fazer isso. Minha família não pode mais sofrer, tudo sendo investigado, cada onda de boato que nos envolve. Estou parando. Não aguento mais."

Depois de 692 partidas, 352 gols e onze títulos importantes na carreira, incluindo uma Copa do Mundo, Diego Armando Maradona não era mais jogador de futebol.

Agora que ele nunca mais erraria um passe, um cruzamento, um pênalti ou um chute, seu caminho em direção ao endeusamento estava pavimentado; todavia, ainda era preciso um milagre.

36
O CAMINHO PARA A DIVINDADE

O Caminho de San Diego, filme de Carlos Sorin, se passa na primavera de 2004 e segue Tati Benítez, um jovem obcecado por Maradona morador da pobre província de Misiones, na Argentina. Se não é possível reconhecer logo de cara a tatuagem barata em seu braço, há, logo abaixo do desenho, o nome "Diego". Tati é capaz de dizer quanto Giannina, filha de Maradona, pesava ao nascer, e queria que sua própria filha se chamasse Diega, mas essa versão feminina de Diego é um nome que não existe em espanhol. Todos os dias, Tati, vestindo a mesma camisa número 10 da Argentina, vai para o trabalho, que consiste em ajudar um artista local a encontrar madeira nas áreas florestais da região. Durante uma dessas buscas, ele fica preso sob uma tempestade torrencial cuja força derruba um timbó. Valendo-se de mais do que um pouco de imaginação, Tati enxerga nas raízes expostas do timbó a imagem de Maradona, braços levantados, comemorando um gol. Ninguém mais vê, de fato, a semelhança. Porém, trabalhada a madeira, talvez haja alguma coisa ali.

Em uma edição de jornal publicada mais de dois meses antes, Tati lê que um museu do Boca está para ser aberto e que a data de inauguração está próxima. Talvez exibam a estátua de madeira; ou talvez Diego queira guardá-la. Seus amigos dão risada da ideia. "Quem quer um pedaço de madeira de um garoto de Misiones? Maradona fala com reis e com Fidel Castro, não com você!"

Certa manhã, o fã de Diego é acordado por um amigo: Maradona está na UTI da Clínica Suíço-Argentina em Buenos Aires — após uma grave insuficiência cardíaca, Diego luta pela vida, e as próximas 48 horas serão cruciais. Tati sai correndo de seu pequeno barraco, onde moram os cinco membros de sua família, para assistir à única televisão do povoado.

Centenas de pessoas em todo o país se dirigem à porta da clínica, algumas trazendo consigo faixas onde se lê: "Diego, você vai viver para sempre, Deus não quer concorrência"; ou apenas "D10S"; outras simplesmente entoam seu nome. Mulheres se ajoelham e rezam o terço, algumas beijam relicários de santos. Todos, incluindo torcidas organizadas do Boca e do rival River Plate, olham de maneira reverente para as janelas, para o caso de Diego aparecer para saudá-los. Quatro membros da Igreja Maradoniana, que àquela altura contava com cerca de 20 mil seguidores, estão presentes, expressando sua devoção "ao maior de todos".

Tati consulta um xamã que afirma que ele deve ir urgentemente a Buenos Aires. Mesmo sem ter muito dinheiro, o jovem compra uma câmera — ninguém vai acreditar nele se não tiver uma foto registrando o momento em que entregará seu presente a Maradona —, antes de tomar um ônibus que o conduz por uma parte da viagem. O restante é feito graças a caronas de caminhão, ambulância e, por fim, um outro ônibus. As pessoas se perguntam o que ele traz consigo e, quando ele lhes mostra o que é, algumas tentam comprar o objeto, ao passo que outras lhe dizem seus nomes e pedem que Tati transmita a Maradona o quanto amam o ídolo.

As estradas se tornam cada vez mais imponentes, e as pessoas que cruzam seu caminho têm pele mais clara. Tati leva mais de um dia para chegar até a capital e, à medida que se aproxima, carros e caminhões passam por perto soando suas buzinas — Maradona saiu do hospital. Na verdade, foi jogar golfe. Pelos televisores dos postos de gasolina, Tati acompanha cada passo de seu ídolo. Helicópteros seguem o carro de Maradona até o campo de golfe, estações de rádio discutem cada detalhe de sua doença e da milagrosa recuperação. "Ele é imortal, vai enterrar todos nós", alguém diz.

Enquanto jornalistas atualizam a situação para seu público minuto a minuto, Tati chega à entrada do campo de golfe e, após mostrar sua estátua de madeira a um segurança, vê seu presente ser levado, por outro funcionário, ao local onde estão as coisas de Maradona. Passadas algumas horas, alguém grita: "Diego está saindo". Caos. Do nada, surgem ambulâncias, policiais, limusines para afastar a multidão, e tome mais barulho e mais cantoria. Em um segundo, todos desaparecem.

Tati pergunta aos seguranças sobre seu presente. Parece que foi levado. Por Diego? Deve ter sido, porque eles levaram algumas coisas. O garoto de Misiones tem de voltar para casa sem a estátua e sem uma evidência que comprove ter sido entregue a Maradona. Ainda assim, ele jamais se sentiu daquele jeito: estupefato, estranhamente realizado, como se sua peregrinação o tivesse levado para perto da presença de um ser espiritual.

Diego convertido em Deus? Como isso aconteceu?

O Caminho de San Diego é talvez o mais emotivo das dezenas de filmes sobre Maradona, e aquele que melhor capta e explica o fenômeno. Há uns trinta documentários a seu respeito, centenas de estudos universitários e mais de cinquenta livros, bem como bilhões de palavras na imprensa escrita e falada. Tudo foi narrado, e após sua volta à Argentina, onde se aposentou em outubro de 1997, a vigilância, o registro e a documentação aumentaram ainda mais. Naquele período, a receita dos jornais, o preço dos anúncios em quaisquer meios de comunicação e a audiência da televisão subiram exponencialmente, e Diego foi uma parte importante daquele mundo. Ainda enquanto jogava, havia mais espaço para aquilo que o jornalista Juan Pablo Varsky chamou de "entorno" de Diego — negócios, declarações, arrecadações — do que para seu futebol decadente. Uma nova tendência estava sendo criada ao redor de Maradona, um processo que até o fim seria reiterado.

Após o jogador ter aceitado que não podia mais atuar profissionalmente, a lenda de Maradona ganhou muitas cabeças, como Hidra, a monstruosa serpente aquática que vivia nas profundezas do lago de Lerna, segundo a mitologia grega. Nesse corpo habitavam o pequeno menino abandonado de Villa Fiorito; o homem que desejava se manter relevante para o público da Argentina e do mundo; um Maradona afundado em meio às batalhas judiciais — dizia-se que a separação de Diego e Claudia era iminente; a cabeça noturna, das saídas à noite que terminavam em confrontos. Todas elas mostravam uma face de Diego. Agora, com a aposentadoria, surgia uma nova cabeça que também precisava ser alimentada, uma particularmente importante para seus seguidores: a do mito de Maradona.

Em 1998, três amigos de Rosario, Héctor Campomar, Alejandro Verón e Hernán Amez, inventaram a Igreja Maradoniana. Adornada com um leve traço de ironia, o trio anunciou sua adoração a Maradona e, após um pedido da imprensa, escreveu seus Dez Mandamentos: *A bola não se mancha*; *Difundir os milagres de Diego por todo o universo*; *Batizar seu filho de Diego*; *Amar o futebol sobre todas as coisas*, e assim por diante. Há, também, datas sagradas em seu calendário. A Páscoa Maradoniana é em 22 de junho, dia em que ele marcou os dois famosos gols contra a Inglaterra, na Copa do Mundo de 1986. Não existem súplicas pelas almas, templos de adoração nem peregrinações a serem feitas. A igreja é teatro e folclore, presente para agradecer a Maradona por tudo o que ele deu ao mundo. O primeiro Natal Maradoniano (30 de outubro, dia do nascimento do astro) contou com os três amigos fundadores e alguns outros que se juntaram para beber umas cervejas.

Essa paródia religiosa pós-moderna advém do endeusamento de Diego Armando Maradona, um processo cujo início é perceptível, e que não começou com os gols contra a Inglaterra e a conquista da Copa do Mundo de 1986, tampouco com seus triunfos no Napoli. Na verdade, teve início com a primeira ressurreição de Maradona, em 2000, dois anos após sua aposentadoria, sendo confirmada, mais tarde, com sua segunda ressurreição, em 2004.

Em 31 de dezembro de 1999, Maradona viajou em um avião particular para Punta del Este, no Uruguai, para comemorar a chegada do novo milênio. Claudia, as duas filhas do casal, outros parentes e amigos, como Guillermo Cóppola, faziam parte do cortejo, que chegou ao Uruguai às onze horas da noite. Ao meio-dia do dia primeiro de janeiro, sob um intenso calor, eles acenderam a churrasqueira. "Diego ficou exausto", contou Cóppola no documentário sobre sua vida exibido no canal por assinatura *Infinito*. Após ter consumido dois impressionantes pratos de comida, Maradona dormiu profundamente por doze horas em seu cômodo privativo. Nos dias seguintes, brincou com Dalma e Giannina, saiu para jantar com Cóppola e alguns amigos, e continuou comendo em grandes quantidades.

Na manhã do dia 4, por volta das sete horas, Cóppola acordou e se dirigiu ao quarto de Diego, onde o encontrou sentado com a cabeça inclinada para frente como se dormisse, em posição de Buda. "Eu entro, falo com ele e ele não responde. Vejo um líquido verde escorrendo de sua boca, que eu toco, mas ele não se mexe."

Diego contaria para Gabriela Cociffi, da revista *Gente*, de um sonho que havia tido naquele momento. "Eu sonhei que tinha escalado até o cume do Aconcágua; e então comecei a cair e fiquei preso em uma rocha no topo da montanha... e aquilo me salvou. É um sonho para um psicólogo, não?"

Maradona estava em coma. Cóppola começou a gritar por ajuda médica, tentando reanimá-lo com gelo enrolado em uma toalha — quinze minutos se passaram até a chegada de um médico. Segundo testemunhas, Cóppola, a princípio, recusou-se a deixar Maradona ser levado a um hospital por temer a reação da imprensa, mas, por fim, concordou em transferi-lo dentro de uma van.

"Duas horas depois, temos a avaliação médica", explicou Cóppola ao canal *Infinito*. "Diego está morto; ele não reage, não tem reflexos. Seus pais, familiares, suas filhas, a imprensa, um dilúvio, o mundo todo aparece. Estamos ali, no quarto ao lado e, de repente, a porta se abre e ali está um cara com tubos por todo o corpo. 'Guille, Guille, me vê um bife com fritas e ovo e me tira daqui. Onde estou?'. Foi quando decidimos ir para Cuba."

O diagnóstico oficial do hospital uruguaio informou que Diego sofrera uma "crise de hipertensão arterial e arritmia ventricular". Apenas 38 por cento de seu coração estava funcionando corretamente. "O homem lá de cima me deu outra chance", disse Maradona para Gabriela Cociffi, da *Gente*, que o visitou no hospital de Buenos Aires para onde Diego foi transferido após a internação no Uruguai. Gabriela foi cobrir sua ressurreição. Um estudo da Escola de Medicina do Monte Sinai revelou que o uso continuado de cocaína pode provocar danos crônicos às partes do cérebro que regulam a auto-observação e o comportamento social. Os afetados por isso sofrem para reconhecer seus erros, bem como para reagir a eles. Gabi perguntou a Maradona se ele não estava se matando com todos os excessos, as drogas, fazendo o que lhe desse na telha: "A escolha de morrer é minha. Não é dos argentinos, nem de Jesus Cristo, nem dos médicos. É minha".

Parecem palavras corajosas, mas Maradona deve ter sentido medo, uma vez que tomava remédios para ao menos meia dúzia de doenças — eram tranquilizantes, comprimidos para sensação de asfixia, erupção cutânea, dor no fígado e estômago inchado. Cóppola pediu a Cociffi que mencionasse, indiretamente, que Maradona precisava urgentemente de um trabalho. "Ele precisa liderar, estar em um projeto." Pela primeira vez, o povo nas ruas rezava por sua recuperação: do lado de fora do hospital Fleni, no bairro portenho de Belgrano, cerca de cem pessoas se deram as mãos e cantaram seu nome. Maradona, como o papa durantes suas bênçãos, surgiu na janela, e enquanto saudava a multidão seu coração acelerou e o médico sugeriu que ele descansasse.

Como seus exames de sangue e urina mostraram traços de cocaína, Maradona deveria testemunhar diante da Justiça uruguaia, mas foi dispensado de tal incumbência. Após vários dias, foi transferido para sua residência em Buenos Aires, e então viajou para Cuba, onde continuaria sua reabilitação graças ao patrocínio de Fidel Castro. Era algo complexo, uma vez que Diego incentivava o circo e o tratamento especial, além de se sentir imortal, tornando sua recuperação quase impossível. Ele precisava se *desmaradonizar*. Contudo, nem Maradona nem seu *staff* eram capazes de tomar as decisões necessárias.

De acordo com o diário *El País*, durante uma reunião de vinte minutos com Fidel, Diego afirmou: "Comandante, foi muito fácil entrar nisso, mas é dificílimo sair". Aparentemente, o encontro teve "um efeito terapêutico", segundo o próprio jogador, que considerava Fidel um "segundo pai" e "fonte de inspiração". Maradona, que já trazia no braço direito uma tatuagem de Che Guevara, decidiu marcar o rosto de Fidel em sua panturrilha esquerda.

Claudia, que nunca deixou de ser "Claudia Maradona", apesar das dificuldades de seu casamento, acompanhou Diego durantes aqueles primeiros meses em Havana. Ela o ajudou a entrar em forma, conversou com médicos, controlou sua alimentação, respondeu aos e-mails, agradeceu os votos de recuperação e recebeu os visitantes. "Uma vez eu perguntei a Claudia como Diego havia conseguido sobreviver", conta o diretor cinematográfico Emir Kusturica, em seu documentário sobre Diego. "Ela respondeu que ninguém nunca lhe perguntara como ela tinha sobrevivido."

Tanto os pais de Diego como os de Claudia viajaram para Cuba. No primeiro mês havia trinta pessoas ali. Depois de um mês e meio, sobraram três: Cóppola, Claudia e Diego. Passados três meses, apenas Cóppola e Diego. Maradona dedicava seu tempo a ouvir música, jogar golfe e ver muito futebol, além de se dedicar à sua autobiografia, *Yo soy El Diego*, com o jornalista Daniel Arcucci; também concedia entrevistas e descansava. Frequentemente, era possível encontrá-lo sentado diante da porta de entrada de sua casa ou à beira-mar, passando as horas em uma silenciosa contemplação.

Diego acordava e dormia pronunciando o nome Guillermo. E ambos aproveitaram *La Habana*. "Calculo que apenas em Cuba devo ter estado com setecentas mulheres diferentes. Não fazia outra coisa", admitiu Cóppola. Maradona não ficou muito atrás de seu empresário. De seus casos na ilha, nasceram quatro filhos: Javielito, Lu, Johanna e Harold, de três mulheres diferentes — Maradona, incialmente, negou ser o pai daquelas crianças.

Alguém sugeriu a realização de um jogo de despedida para Diego, que insistia que não deveria ser chamado de "evento de despedida". Entusiasmado com a ideia, voltou a Buenos Aires, ainda que por um breve período. Mesmo combalido, ele sabia como era importante fomentar a lenda.

No dia de sua partida de despedida, 10 de novembro de 2001, Maradona interrompeu a entrevista que estava concedendo à televisão e disse a Cóppola que não entraria em campo. "Mas Diego, Pelé está aqui, Platini, todo mundo. Todos estão aqui."

"Você me disse que o estádio estaria lotado, mas está vazio."

"Sim, Diego, você tem razão. Está vazio porque ainda não abriram os portões, é por isso que está vazio."

Quatro anos depois de Diego ter pendurado as chuteiras, e apenas onze meses após ter estado à beira da morte, o estádio do Boca Juniors, La Bombonera, ficou completamente lotado. A seleção argentina de Maradona, com Aimar, Verón, Roberto Ayala, Mauricio Pochettino, e comandada pelo lendário treinador Marcelo Bielsa (então técnico da seleção nacional de fato), enfrentou o time de astros do Resto do Mundo, que contava com Lothar Matthäus, Davor Šuker, Hristo Stoichkov, René Higuita e Juan Román Riquelme.

Depois da partida, vencida pela Argentina por 6 a 3 com dois gols de pênalti de Maradona, Diego se dirigiu à multidão de mais de 50 mil pessoas e demonstrou tal intimidade com o público que parecia uma conversa entre dois amigos. Trajando sua camisa do Boca com o nome de Riquelme às costas, passou cinco minutos agradecendo a todos os envolvidos em sua despedida e escolhendo os momentos mais oportunos para abrilhantar sua imagem. Admitiu seus erros, desculpou-se com o futebol e pediu ajuda. Nas arquibancadas, Claudia e Don Diego vestiam camisas da seleção argentina. Doña Tota estava de preto e, diferentemente de seu marido, não aplaudia cada declaração do filho.

"Tentei ser feliz jogando futebol e fazer vocês todos felizes. Acho que consegui. Isso é muito para uma só pessoa, muito para um só jogador."

"Derramei várias lágrimas", disse Jorge Valdando a Diego Borinsky, da revista *El Gráfico*. "Fiquei tocado por sua maneira singular de dominar o palco e pela espontaneidade do discurso. Por passagens memoráveis como aquela: 'Isso é muito para uma só pessoa'. Acima de tudo, a admissão emocionada de seus erros em um país que não tem muita prática nessa área."

Maradona prosseguiu: "Esperei demais por este jogo e ele já acabou. Espero que o amor que eu sinto pelo futebol nunca acabe, e que esta festa nunca acabe, e que o amor que vocês têm por mim nunca acabe".

Diego se abraçou. Era sua maneira de se conectar com o público e manter o equilíbrio, que não conseguiu aguentar muito mais tempo.

"Agradeço a vocês em nome das minhas filhas, em nome da minha mãe, em nome do meu pai, de Guillermo e de todos os jogadores de futebol do mundo."

Então sua voz fraquejou.

"O futebol é o esporte mais bonito e saudável do mundo, que ninguém duvide disso. Se alguém comete um erro, o futebol não deve pagar o preço por isso. Eu errei e paguei, mas..."

A ovação da multidão o interrompeu. Como em tantas outras oportunidades, Maradona encontrou as palavras certas no momento certo.

"Mas a bola não. A bola não se mancha."

Uma lágrima solitária escorreu por sua bochecha enquanto outra ovação vinha das arquibancadas.

Pochettino também estava chorando: "Como não chorar? Nosso ídolo estava partindo".

"Tenham uma boa tarde, e que este amor nunca acabe, eu imploro, por favor, em nome das minhas filhas e da minha família. Obrigado. Eu devo a vocês... devo muita coisa a vocês. Amo muito vocês. Adeus."

Ele havia se esquecido de mencionar Claudia.

Em 2003, pouco tempo após sua despedida, os dois relacionamentos mais importantes de Maradona tinham terminado. Em 7 de março, e após catorze anos de casamento, Claudia entrou com o pedido de divórcio. Legalmente, devia alegar um motivo, e ela alegou "abandono do lar desde julho de 1998".

Em Havana, o dinheiro estava acabando, e Cóppola passou a dividir uma casa com Diego. "Virou um relacionamento de casal", explicou Cóppola no documentário do canal *Infinito*. "Nós almoçávamos juntos, jantávamos juntos, já era um... casamento."

As restrições da relação começaram a diminuir a intensidade das incríveis aventuras. Cóppola não podia ter outro amigo, uma namorada, nem representar outro jogador. "No seu 44º aniversário, Diego me conta que alguém estava vindo filmar uma reportagem e eu digo: 'Diego, sem câmeras'. 'Você quer foder com meu aniversário? Eles estão vindo'. Teve música, nos divertimos, mas naquela noite eu não era o mesmo, estava deprimido e queria ficar sozinho. Então saí e fui dormir.

"Na manhã seguinte, olhei ao meu redor e, pela primeira vez, pensei em ir para casa. De tarde, nos sentamos para conversar. Jamais me esquecerei daquele dia. 'Você não é mais o mesmo', Diego me disse. 'Nem você', respondi. Não falamos mais nada. Nos abraçamos e nós dois começamos a chorar. Choramos muito. 'Eu amo você', ele disse. "Amo você também', respondi. E lhe disse que estava indo embora. Ele entendeu. 'Vá, então'." No caminho até o aeroporto, Cóppola chorou como uma criança.

Depois daquela despedida, ficaram anos sem se falar.

A proximidade de Maradona com a morte realçou uma espécie de admiração melancólica por alguém cujo talento, àquela altura, era uma imagem distante no horizonte. Diego, contudo, seguia aparecendo na imprensa com regularidade. "Quando meu pai estava dirigindo e se deparava com um carro no qual havia seu nome ou sua assinatura, ele buzinava ou acendia os faróis e cumprimentava o motorista. Imagine!", escreveu Dalma Maradona em seu livro *La hija de Dios*. "Ao longo da minha vida testemunhei todo tipo de reação, homens feitos que saíam do carro e imediatamente começavam a chorar."

Quando Maradona foi a Rosario inaugurar a arquibancada do estádio do Newell's Old Boys que levaria seu nome, encontrou-se com Alejandro Verón, da Igreja Maradoniana, e ambos tiraram uma foto juntos em que aparece um cartão da igreja. Aquilo foi demais para o fundador da igreja, que, no túnel de acesso aos vestiários, começou a chorar. Então, alguém lhe deu um tapa na cabeça, dizendo: "Por que você está chorando?". Era Diego.

"Você sabe quantas pessoas gostariam de estar no meu lugar?", respondeu Alejandro. Maradona o convidou para ir ao hotel bater papo. A Igreja Maradoniana, que começara como um tributo irônico, conta, hoje, com milhares de seguidores por todo o mundo.

Antes de poder realmente aspirar às complexidades divinas, a imagem celestial de Maradona precisava de mais ornamentação. Em abril de 2004, ainda usando cocaína, Maradona foi internado na Clínica Suíço-Argentina em Buenos Aires com pressão alta, dificuldade para respirar e problemas cardíacos. Uma vez mais seu período na Terra estava ameaçado e, em uma tentativa de ajudá-lo a se recuperar, Diego foi colocado em coma induzido. "Era como se eu estivesse em uma areia movediça e atirassem cordas na minha direção para me ajudar, mas, por mais que eu tentasse agarrá-las, não conseguia sair do lugar", contou ele em uma entrevista ao canal TyC Sports.

Claudia, que àquela altura já era sua ex-esposa, o acompanhou na clínica. Do lado de fora, centenas de argentinos formavam correntes de oração em torno do prédio, vindos de todas as partes do país, de pontos tão longínquos quanto Misiones.

Maradona, que deixou a unidade de saúde sem ter recebido alta de fato, voltou a ser internado na mesma clínica no início de maio, quando os médicos o aconselharam a procurar um centro de reabilitação. Após algumas recusas, ele acabou sendo aceito na Clínica Psiquiátrica del Parque, em Ituzaingó, na província de Buenos Aires. Ali, onde alguns pacientes alegavam ser Batman ou Tarzan, "ninguém acreditou em mim quando eu disse que era Maradona", contou o jogador a Daniel Arucci.

Em janeiro de 2005, Maradona estava pesando 120 quilos, e seu corpo não aguentava mais Diego. Como documenta o livro *Vivir en los medios*, o jornal francês *L'Équipe* afirmou: "Este verdadeiro gênio do futebol está enterrado há muito tempo. O que resta são os excessos miseráveis de um homem de 44 anos perdido em seu próprio mito". O que havia sobrado era uma urna itinerante contendo apenas as cinzas do espírito de Maradona.

"Bastou que este camisa 10 propusesse um novo retorno, seu enésimo (ao futebol, à Argentina, à vida, a seu eterno drama) para que este Lázaro dos tempos modernos vindo de Villa Fiorito se levantasse mais uma vez e voltasse a caminhar", escreveu o publicitário Luis Hermida no jornal *Clarín*. E ele prosseguiu: "Algumas decisões pessoais [havia decidido deixar a cocaína a pedido de suas filhas] e uma cirurgia bariátrica [em março de 2005, ele viajou a uma clínica em Cartagena, na Colômbia, onde oitenta por cento de seu estômago foi removido, levando-o a perder mais de trinta quilos] provocaram o milagre: o filho pródigo havia retornado".

Naquele mesmo ano de 2005, o Boca Juniors celebrava seu centenário e o presidente do clube, Mauricio Macri, convidou Maradona para uma noite de comemoração. Os xeneizes vinham de conquistas importantes nos anos anteriores, como as Libertadores de 2000, 2001 e 2003. Macri, que já se apresentava naquela época como uma figura de oposição ao kirchnerismo, queria que Maradona fosse o elo entre a cúpula do Boca e os jogadores, além de contar com os elogios que aquilo renderia em sua tentativa de se fortalecer como político e comandar futuramente o país. Maradona aceitou a oferta.

"Não vivo mais para a noite. Minhas filhas me tiraram de uma situação horrível, elas me salvaram", explicou Diego, à época. Parar de usar cocaína foi um milagre. Porém, uma consequência involuntária foi o surgimento de outros vícios; a partir de então, o jogador passou a consumir de maneira despreocupada quantidades excessivas de álcool e ansiolíticos.

Em maio, o Canal 13 anunciou que Maradona comandaria seu próprio programa, *La Noche del 10*, por treze segundas-feiras consecutivas. O Grupo Clarín, dono da emissora, não mediu esforços, contratando 260 funcionários para a área de produção e utilizando catorze câmeras para a realização do programa. Maradona entrevistou Fidel Castro, Mike Tyson, Pelé, o ator argentino Ricardo Darín; além disso, convidou Lionel Messi para jogar "futetênis" contra Carlos Tévez e o ex-jogador e comediante Rubén Enrique Brieva. O programa destruiu os números de audiência dos demais canais, registrando picos de 35 pontos. "Há um ano e meio eu estava morto", disse Diego a seu público.

Maradona também entrevistou a si mesmo: um Diego elegantemente vestido disparou perguntas a um Diego mais informal, que, ao ser perguntado sobre seus arrependimentos, citou sua ausência durante o crescimento de suas filhas: "Perdi algumas das festas das minhas filhas". Disse, ainda, que preferiria "não ter feito meu pai, minha mãe, meus irmãos e aqueles que me amam sofrer". E admitiu que "usávamos drogas e não dormíamos muito... nós a tomávamos e íamos para o gramado, acabei dando uma vantagem para meus adversários".

"O que diria quando chegasse a hora da morte?", ele se perguntou. "Obrigado por me deixar jogar futebol, porque é o esporte que mais me deu alegria e liberdade. Graças à bola, toquei o céu com as mãos."

Durante três meses Maradona invadiu as salas das pessoas, encheu as colunas dos jornais, além de horas de programas de rádio e páginas da internet, tudo isso com o apoio preciso do poderoso *Clarín*. Suas declarações quase diárias viravam manchetes. Como explica Lalo Zanoni em *Vivir en los medios*, Maradona, no início de novembro de 2005, foi a principal história em quase todas as editorias: política, por liderar um protesto anti-George Bush em Mar del Plata e por entrevistar Fidel Castro; cultura, por leiloar dez obras de artistas renomados; entretenimento, graças à mais recente edição de seu programa; e esportes, por ter se reunido com Julio Grondona, presidente da AFA, para discutir a possibilidade de comandar a seleção da Argentina, uma oferta que se concretizaria três anos mais tarde.

"Era como se sua volta fosse o último trem para Fiorito antes que tudo explodisse, inundasse ou simplesmente chegasse ao fim. E todos nós embarcamos", prossegue Luis Hermida em sua coluna para o *Clarín*. "Estávamos alegres, felizes e exultantes [por fazer parte de tudo]. Da noite para o dia, Maradona passou a ser uma marca desejável, procurada novamente." A Coca-Cola era o único produto mais conhecido na Argentina do que Diego Maradona.

Contudo, faltava aquela fagulha característica, como se o *establishment* tivesse domesticado a fera, forjando aquele casamento de conveniência bem-equilibrado. A extensa cobertura do sucesso dos programas de Maradona levou a uma inevitável abundância de elogios por toda parte, com quaisquer críticas sendo deixadas de lado. "A imprensa tinha uma fascinação divina por Maradona, algo nunca visto anteriormente", explica Zanoni em seu livro. "Chamavam o programa de 'Noite de Deus', e usavam frases exaltadas como essa para se referir a Diego. Quase todas as histórias de Maradona vinham acompanhadas de manchetes que continham a palavra 'Deus'."

A "Mão de Deus" havia sido seu primeiro contato com a divindade, uma semente que germinou e, três décadas mais tarde, floresceu. A revista *Noticias* tratou do assunto depois da exibição de seu último programa de televisão: "Este ano [2005], nós, argentinos, enlouquecemos. Sua santificação mostra uma sociedade órfã de apoio e controle. Por que todos o temem e por que ninguém se atreve a criticá-lo?".

Na Argentina, como em boa parte da América Latina, o futebol é uma maneira de se expressar, de construir a imagem e a história do país, agindo como um termômetro da sociedade. A tentação, àquela altura, era acreditar que Maradona seguia a narrativa típica do endeusamento do herói mitológico — mas sem analisá-la muito de perto. As lojas turísticas do bairro San Telmo, em Buenos Aires, vendem *bombillas* para mate, imagens de Carlos Gardel e Evita, pessoas dançando tango e produtos estampando o rosto de Maradona. Sua foto retratava um país.

Maradona nasceu em um bairro pobre, e, depois de ter tido sucesso, se gabava disso, embora nunca tenha realmente voltado para lá. Era a criança que saíra ilesa depois de cair em uma fossa, habilidade que usou com sucesso muitas vezes ao longo da vida. Por ter saído da pobreza, o povo se via em suas conquistas, e ignorava suas falhas. Não se adaptou à abastada Barcelona, mas foi o redentor em Nápoles, apesar de seu envolvimento com a Camorra.

Sua própria história foi se convertendo em uma narrativa folclórica, transformada em um mito que prontamente se tornou símbolo da Argentina: Maradona, o vingador das mazelas sociais, o representante dos humildes, e, para os jovens, um transgressor. Em Nápoles, depois de aprender sobre os líderes socialistas e comunistas da década de 1970 na América Latina, virou garoto-propaganda da esquerda, embora isso não o tenha impedido de fechar contratos milionários com empresas multinacionais.

Instintivamente, Diego descobriu que os contos de fadas, em nossas lutas de consciência, triunfam sobre a realidade; porém, as narrativas fantásticas precisam de público. Certo dia, Daniel Arcucci o acompanhou durante uma caminhada de uma hora por Berna, na Suíça. As pessoas ou não reconheciam o jogador, ou o observavam de longe. "Diego, você devia vir morar aqui, é o lugar ideal para você", disse-lhe o jornalista. A estrela respondeu: "Em dois dias eu me mataria".

No auge de sua aventura italiana, jornais como a *Gazzetta dello Sport* chegavam às bancas de Buenos Aires com alguns dias de atraso. Havia casos como o de Daniel Arcucci, que acompanhava atentamente os passos de Diego, mas era rara para os argentinos a oportunidade de viver pessoalmente os acontecimentos da vida do ídolo.

Maradona precisou da televisão para ser Maradona — prova disso é que seu primeiro vislumbre da fama se deu controlando uma bola e falando sobre seus sonhos durante uma entrevista para a TV na década de 1970, época em que partidas de futebol não eram transmitidas ao vivo. Depois, passou a ser o ídolo da década seguinte vestindo a camisa do Napoli ou da Argentina, seguido por audiências televisivas de Buenos Aires a Corrientes, de Londres a Tóquio. Nos anos 1990, era o gênio do futebol que podia ser acompanhado em todo lugar, a todo momento. Sua eufórica comemoração após o gol contra a Grécia, na Copa do Mundo de 1994, coincidiu com a explosão da televisão a cabo e via satélite, catapultando sua fama ainda mais. As mídias digitais do século XXI ofereceram uma plataforma para as gerações mais novas acompanharem o drama de Maradona, mantendo-o na linha de frente das conversas sobre futebol.

O circo da imprensa na Argentina estava crescendo: debates, reportagens ao vivo nos centros de treinamento e cobertura em tempo real de tudo, desde a decolagem do avião de uma equipe à chegada da ambulância até a casa de alguém. À medida que o número de comentaristas crescia, aumentava também a luta para se destacar, tornando os pontos de vista mais polarizados e dinâmicos, principalmente com o advento das redes sociais. Décadas depois de ter usado a bola para ganhar a vida, Maradona se mantinha um fenômeno da imprensa mundial.

Jornalistas e aqueles que cruzaram seu caminho podem dar testemunho de sua malandragem, de sua esperteza e de seu carisma. Praticamente ninguém que o conheceu ficou indiferente à sua presença, e ele sabia como tirar proveito disso para conquistar seus objetivos. A imprensa caía nas garras de seu poder, e ele usava sua autoridade como queria: dava entrevistas de graça para um jovem ou exigia milhões para uma conversa com veículos de comunicação internacionais.

A tempestade perfeita havia se formado para o endeusamento de Maradona: o colapso das grandes ideologias nas décadas de 1980 e 1990 (comunismo, socialismo), juntamente com a ascensão dos hedonistas ao pináculo da vida social e o apetite por histórias de ricos e famosos, tudo isso alimentado posteriormente pelas redes sociais. Como disse o escritor Eduardo Galeano a respeito de Maradona: "Qualquer um podia reconhecer nele uma síntese ambulante das fraquezas humanas, ou ao menos masculinas: mulherengo, beberrão, comilão, malandro, mentiroso, fanfarrão, irresponsável".[1] O rebelde perfeito e o revolucionário dissidente que também usava Nike e Versace.

"Gosto de ser Diego, *Pelusa*, Maradona, um filho da puta, bom, normal e ignorante. Gosto de ser como sou", disse Maradona em um vídeo para o grupo Tifosis del Rey, quinteto musical que adaptou uma canção feita por torcedores em homenagem a Diego. Os torcedores sentiam que aquele jovem milionário falava sua linguagem e compartilhava de seus desejos. Diego também precisava ser um deles, ser um em meio a eles e, no processo, não ser punido toda vez que se furtasse às leis.

Nenhum outro jogador de futebol desfrutou de tanto sucesso na cultura popular. Filmes realçaram a lenda, enquanto documentários permitiram que seu talento extraordinário e seus equívocos seguissem vigentes para distintas gerações, e a música completou sua divindade, desde um tango do Quinteto Negro La Boca até o hino de "'El Potro' Rodrigo", cuja letra diz: "*Y todo el pueblo cantó: Maradó, Maradó, nació la mano de Dios*".

E Maradona foi o melhor do mundo? Pelé, Di Stéfano, Messi e Cristiano Ronaldo marcaram uma quantidade maior de gols e foram mais produtivos por períodos mais longos. Porém, a demagogia populista e a megalomania da Argentina, um país que se admite narcisista, intenso, obsessivo e teatral, não permite que o assunto seja discutido. Qualquer dúvida quanto à afirmação de que Maradona é o melhor é vista como um ataque à identidade nacional e à aura divina de Maradona, esse herói trágico que se recupera de todas as adversidades

---

1 GALEANO, Eduardo. *Fechado por motivo de futebol*. Tradução: Eric Nepomuceno, Sergio Faraco, Ernani Ssó, Marlova Aseff e Janine Mogendorff. Porto Alegre: L&PM Editores, 2018.

a ele impostas. Além disso, há ainda uma crítica fervorosa ao que é considerado fracasso — Messi era retratado como um derrotado por não ter conquistado títulos com a seleção principal até a Copa América de 2021, no Brasil, inclusive sendo chamado muitas vezes de "*pecho frio*" [sem garra, sem coração]. Na verdade o estavam punindo por não ser Maradona.

O árbitro Javier Castrilli acrescenta, para este livro, uma nota crítica a um debate sem fim, ainda que estéril: "Ouso dizer que todos os argentinos que são contra Messi endeusam Maradona. Não é uma coincidência. Quais aspectos da personalidade de Maradona despertam uma devoção tão cega, fanática, um endeusamento que, por sua vez, é usado como ferramenta de antipatia diante de um tipo diferente de pessoa? Talvez esse pessoal não queira que ninguém obscureça seu Deus".

Em 2007, Maradona deu entrada, uma vez mais, em um hospital: hepatite aguda por consumo excessivo de álcool. Por alguns meses, antes de ser escolhido treinador da seleção argentina, ele retornou a um hospital psiquiátrico para fazer tratamento. Sua capacidade de se regenerar era vista como algo sobre-humano. "O Barba ainda não me quer", repetia Diego. Apesar da familiaridade incontida com a qual Maradona se referia a Deus, ele era um devoto. De brincadeira, um dia, Maradona proclamou: "Há somente um Deus. Ele tem filhos e gosta mais de uns do que de outros. Sou um de seus preferidos, e é por isso que ele me dá tanta alegria".

Diego seguiu vivendo mil e uma vidas, sempre entrando e saindo de hospitais. Cada vez que enfrentava turbulências, perdia um pouco de sua força; contudo, cada queda do pedestal ampliava-lhe a divindade. Sua mente afiadíssima perdeu o corte, ele travou batalhas judiciais com Claudia e outras pessoas e admitiu a paternidade de mais filhos. Seus pais morreram e, sem uma âncora, a loucura cresceu, o barco ficou à deriva, e restou a sombra de um talento, a gritaria de um coro, a decadência de um corpo, a vitória do vício e, por ele desejar viver à sua maneira, o castigo dos deuses.

EPÍLOGO

A casca de Maradona vagou por Dubai, pelos Estados Unidos, foi de Belarus a La Plata, na Argentina, passando por Sinaloa, no México. Vários projetos esportivos satisfizeram a ilusão de sua relevância — e sua conta bancária —, apesar dos protestos de seu corpo. Adepto da automedicação, não lidou adequadamente com seus problemas pulmonares, hepáticos e cardiovasculares. No dia 30 de outubro de 2020, para marcar seu sexagésimo aniversário, dois de seus funcionários o tiraram do confinamento em sua casa — em meio à pandemia da Covid-19, Maradona era parte do grupo de risco — e o levaram para dar uma volta e receber uma homenagem no estádio do Gimnasia y Esgrima, clube que ele ainda comandava e disputaria, naquele dia, uma partida pela Copa da Liga Profissional Argentina. A equipe de La Plata continuava a promover o ícone Diego, apesar de sua postura cansada e derrotada. Era penoso vê-lo se arrastando, literalmente. Antes mesmo do início do jogo, ele voltou para casa.

As muitas batalhas travadas ao longo da vida pesavam demais em uma alma que sofria para ter ao menos um dia de normalidade. "Gostaria de tirar férias de Maradona", disse ele para as pessoas de seu círculo íntimo, que o convenceram a ir a um hospital para tratar um quadro que parecia ser de anemia e desidratação. No entanto, os médicos encontraram um hematoma subdural — um coágulo no lado esquerdo da cabeça — e Maradona foi para a mesa de cirurgia. Desde o início, sua recuperação foi problemática: a abstinência de álcool e de remédios para dormir o deixavam confuso e ansioso. Queria sair do hospital, mas foi mantido ali por oito dias até ser removido para uma casa alugada em San Andrés, Buenos Aires.

Seu lar temporário continha dois pavimentos e quatro cômodos, e as portas, janelas e mobília refletiam o debilitado inquilino. Diego não conseguia subir os degraus da escada e, por isso, um quarto foi preparado para ele no térreo, ao lado da cozinha, com uma televisão, um banheiro químico e uma cadeira de massagem.

Johnny Esposito, sobrinho de Maradona, se mudou para a casa, enquanto seu médico particular, Leopoldo Luque, visitava Diego a cada três dias. Além das várias enfermeiras que se revezavam para lhe oferecer cuidado, seu *staff* contava ainda com um assessor, um segurança e uma cozinheira. Maradona tinha consultas regulares com um cinesiologista, com o psicólogo Carlos Díaz e com a psiquiatra Agustina Cosachov.

Diego tomava seus medicamentos sem reclamar, mas não havia mais brincadeiras. Enquanto pessoas em Cuba, na Venezuela e em Barcelona arquitetavam planos para transferi-lo e salvá-lo, os dias se passavam sem que notícias sobre seu estado fossem divulgadas. Giannina e Dalma o visitavam, assim como seu filho Dieguito Fernando e a mãe dele, Verónica Ojeda. Sua filha Jana também apareceu; ela era fruto do relacionamento de Diego com Valeria Sabalain, com quem Maradona rompera relações logo após a gravidez, aos dezoito anos de idade, da moça que tinha conhecido em uma casa noturna.

Depois que eles partiram, Diego pediu para não receber mais visitas — não estava disposto e mal dissera uma palavra.

Ao se lembrar de Doña Tota e de *Chitoro*, de quem falava com frequência, Maradona chorava. Seus vizinhos o viram tomando mate algumas vezes no pátio interno, até que, por fim, ele passou a ficar apenas no quarto.

Maradona havia bebido sua vida e provavelmente se sentia saciado.

Às onze horas da noite de 24 de novembro, Johnny deu boa-noite a Diego. Na manhã seguinte, a cozinheira ouviu um barulho em seu quarto; talvez ele estivesse tomando seus remédios, pensou, e por isso preferiu não o incomodar.

Em algum momento impreciso daquele 25 de novembro de 2020, completamente sozinho, Maradona morreu, sendo, finalmente, libertado e poupado do esforço de ser Diego Armando Maradona.

Segundo a autópsia, Maradona morreu de "insuficiência cardíaca crônica exacerbada em um paciente com cardiomiopatia dilatada". Em termos simples: ataque cardíaco, algo inevitável segundo o "suicídio lógico" do "depressivo crônico" descrito pelo dr. Alfredo Cahe, médico da família por duas décadas. Alguns dias antes, um dos assessores de Maradona alertou o dr. Cahe: "Ele já fez tudo nesta vida".

Maradona jamais morreria aos noventa anos vendo televisão em casa, não é assim que os mitos partem. Como ocorreu tantas vezes, suas transgressões foram acompanhadas de impulsos autodestrutivos, como se pôde ver em sua autópsia. Embora não houvesse traços nem de álcool nem de drogas, havia vestígios de psicofármacos para tratar sua depressão grave, além de antipsicóticos, anticonvulsivos e de naltrexona, este para lidar com a abstinência de álcool. Seu coração pesava o dobro do coração de uma pessoa saudável, mas ele não tomava remédios para tratar a doença. Segundo a autópsia, sua agonia se estendeu por seis a oito horas — era inevitável que se investigasse uma possível negligência médica, como de fato aconteceu.

O caixão de Maradona, coberto com uma bandeira da Argentina e uma camisa do Boca Juniors, foi transferido do hospital San Fernando para a Casa Rosada, sede do governo argentino, e colocado no Salão dos Patriotas Latino-Americanos, velado por Dalma e Giannina, Verónica Ojeda, Dieguito Fernando e Jana. Claudia, que organizou o funeral, também estava presente. Companheiros do elenco campeão do mundo compareceram, junto com o goleiro Sergio Goycochea e o fisioterapeuta *Loco* Galíndez, que trabalhou com o jogador no Barcelona e no Napoli. Guillermo Cóppola estava lá. Diego Jr., que tinha planejado partir da Itália rumo a Buenos Aires depois da operação de seu pai, testou positivo para Covid-19 e não pôde viajar. Ficou sabendo da morte pela televisão. O último advogado de Maradona, Matías Morla, não foi convidado, nem a mais recente companheira do craque, Rocío Oliva. Tanto um quanto a outra tiveram desavenças públicas com Claudia e suas filhas acerca do tratamento dispensado a Maradona, que, às vezes, era apartado por Morla e Oliva da primeira esposa e de Dalma e Giannina.

Altares improvisados com camisas, fotos, flores e faixas — "*Diego vive en nosotros*" — foram montados em pontos emblemáticos de Buenos Aires: havia um no campo do Argentinos Juniors, o estádio Diego Armando Maradona; outro, na casa do Boca; e mais um em seu endereço no bairro Villa Devoto, que ficou conhecido na década de 1990 depois de Diego ter chamado o jogador Julio César Toresani para a briga após uma partida entre Boca e Colón em que os dois haviam se estranhado: "[Meu endereço é] Segurola y Habana, 4310, sétimo andar, e vamos ver se ele aguenta trinta segundos".

Mais e mais pessoas se aglomeravam do lado de fora da Casa Rosada. Imagens da vida de Diego foram projetadas em um telão em uma das fachadas do edifício. Barraquinhas improvisadas surgiram em torno da residência presidencial vendendo bonés, *choripanes* e cerveja, dando ao lugar uma atmosfera de estádio de futebol, e começaram os cantos: *"El que no salta, es un inglés"* e *"Dieeeego, Dieeeego"*, mais como um grito de guerra do que uma despedida. Alguns choravam; outros se abraçavam. A dor era sentida em todo o país.

As portas da Casa Rosada se abriram às seis horas da manhã do dia 26 de novembro para que a multidão pudesse ver o caixão. A princípio, a fila estava organizada e, antes de entrarem no salão, as pessoas — em sua maioria usando máscaras para evitar o contágio da Covid-19 — higienizavam as mãos com álcool desinfetante. As flores e coroas se acumulavam, enquanto a fila para prestar homenagens crescia — seriam necessários dias para que todos pudessem passar diante do caixão.

A família, porém, queria que o velório terminasse às sete horas da noite daquele mesmo dia. Rapidamente, à medida que se aproximava o horário estipulado, o clima foi ficando tenso, eclodiram brigas, e o tributo se tornou um assunto de polícia. Houve pancadaria, e muitos conseguiram romper o cerco estabelecido pelas autoridades e invadir a Casa Rosada. Policiais dispararam balas de borracha e usaram spray de pimenta. Com a situação fora de controle, o caixão foi fechado às pressas. Tudo muito Maradona, muito argentino.

Mais de mil pessoas se encarregaram de garantir que o carro fúnebre chegasse seguro ao cemitério Jardín Bella Vista, na província de Buenos Aires, enquanto outras milhares o saudavam, marcando sua passagem. A maioria dos canais de televisão da Argentina transmitiu o velório, o caminho até Bella Vista e o enterro — *drones* sobrevoaram o cemitério para capturar imagens.

O sepultamento foi acompanhado por menos de trinta pessoas. Entre elas estavam Lalo, irmão de Diego (Hugo não pôde deixar a Itália devido às restrições impostas pela pandemia), e suas cinco irmãs; além de duas de suas antigas companheiras, bem como as filhas de Diego, e Guillermo Cóppola, que carregou o caixão — assim como havia feito no funeral de Don Diego. "A última coisa que eu lhe disse foi que ele tinha me deixado na mão, porque era ele quem deveria me levar [para o túmulo]", contou Cóppola no programa *Verdad Consecuente*, da televisão argentina. O momento de silêncio mais pungente da cerimônia se deu antes de o caixão desaparecer de vista, aquele mesmo silêncio profundo que Diego havia descoberto em Cuba sentado em uma pedra olhando o Mar do Caribe.

Quando da morte de Maradona, sessenta processos permaneciam não solucionados, alguns com Maradona como querelante; outros, como réu, em uma lista tão variada quanto extensa: perdas e danos, paternidade, fuga do local de um acidente automobilístico, violência de gênero (contra Rocío Oliva), assédio sexual, sonegação fiscal na Itália e disparo de arma de ar comprimido contra jornalistas, além de outros sete envolvendo sua ex-mulher Claudia. Muitos desses irão prescrever.

Leopoldo Luque, médico particular de Diego por quatro anos, foi acusado de negligência por Dalma e Giannina, vindo a ser, ao lado de outras pessoas que cuidavam do jogador durantes seus últimos dias, investigado.[1] No Twitter, o escritor Andrés Burgo declarou que "uma caçada pelo culpado pela morte de Maradona havia começado, como se sua deterioração tivesse ocorrido somente nos últimos dias, e não pelo que ele fez ou deixou de fazer desde que tinha quarenta anos. É como olhar para a foto e não para o filme".

Os bens de Maradona — inúmeros carros, propriedades, investimentos, *royalties* de empresas de roupa, uma escola de futebol, as marcas *Diego Maradona*, *Diego* e *El Diez*, além de dezenas de presentes, entre eles um tanque anfíbio, tudo avaliado em cerca de 75 milhões de dólares — devem ser repartidos entre seus cinco filhos reconhecidos e herdeiros legítimos: Dalma, Giannina, Diego Jr., Dieguito Fernando e Jana. Há, ainda, outros descendentes não reconhecidos cujos processos de paternidade tramitam na Justiça, o que impediu a cremação do corpo de Maradona, evitando, assim, o desaparecimento de seu DNA. As disputas por sua herança durarão meses, talvez anos.

---

[1] O médico Leopoldo Luque e a psiquiatra Agustina Cosachov, além de outros seis profissionais envolvidos na internação domiciliar de Diego, foram acusados de homicídio culposo, em um caso que se arrasta na Justiça desde a morte do ex-jogador.

Existe também um contêiner com duzentos objetos de valor sentimental. A vida de Diego dentro de uma grande caixa.

O mundo todo se despediu de Maradona, do papa a presidentes. Pelé havia dito na época que esperava poder "um dia bater bola no céu"[2] com Diego. Prestaram-se homenagens à sua memória no Reino Unido, talvez mais na Escócia do que na Inglaterra. No mesmo dia em que se anunciou a maior queda da economia britânica em trezentos anos, quem dominou as capas do *Guardian* e do *The Times* foi Maradona. Peter Shilton reagiu mais rápido à sua morte do que ao lance do primeiro gol argentino na Copa do Mundo de 1986; o ex-goleiro da seleção inglesa afirmou — aparentemente sem perceber a contradição — que Maradona "tinha grandeza, mas, infelizmente, não tinha espírito esportivo".

Este autor ficou sabendo de sua morte enquanto cobria uma partida da Inter de Milão, pela Champions League, para a CBS, e dali resolvi ir a Nápoles. Assim que saí da estação ferroviária, na manhã do dia 26, alguém se aproximou vendendo alguma *memorabilia* de Maradona. O restante da cidade, em meio à pandemia, estava tranquila. Segui até as colinas do Quartieri Spagnoli, onde as ruas são estreitas e pode-se primeiro sentir, depois ver a pobreza.

As pessoas tinham se reunido ao lado de um dos murais de Maradona que cobre uma parede inteira. Diante daquele em que parei, Diego está usando uma camisa do Napoli. Alguns jovens napolitanos reunidos por ali, um deles sentado em uma Vespa, conversavam e fumavam, sem máscaras. Jamais tinham visto Maradona jogar. "Meu pai me contou sobre ele, era alguém que nos deixava orgulhosos", disse-me um deles, que logo começou a falar sobre derrotar o norte, os ricos… e afirmou que naquela noite todos colocariam alguma coisa em suas sacadas para lembrar o argentino — bandeiras, faixas, pôsteres, o que encontrassem.

Nada me preparou para o que eu veria no estádio, que naquela semana passou a se chamar estádio Diego Armando Maradona. Um dia depois de sua morte, o Napoli disputou, pela Europa League, uma partida contra o Rijeka com portões fechados, e uma multidão de mais ou menos 5 mil pessoas se reuniu do lado de fora. Duas horas antes do

---

2   Pelé morreu no dia 29 de dezembro de 2022, aos 82 anos.

jogo já havia quase 10 mil, muitos com seus cigarros na boca, cantando, envoltos pela fumaça dos sinalizadores. Homens de vinte, trinta anos cantando antigas canções — "*Ho visto Maradona / Ho visto Maradona!*", embora não o tivessem visto. Bandeiras foram agitadas, e uma faixa enorme com a inscrição "*The King*" ("O Rei") foi desfraldada em uma das arquibancadas.

Eu havia ficado isolado durante boa parte dos últimos sete meses anteriores — devido à pandemia e compromissos profissionais —, e aquele mundo de fumaça e martírio masculino me asfixiou, obrigando-me a sair dali. Perspectiva é fundamental e, de longe, a imagem que se via era esplendorosa. Sem aviso prévio, milhares de pessoas, jovens em sua maioria, tinham cercado o campo e acendido sinalizadores que iluminavam o estádio. Não estavam chorando, estavam reivindicando-o.

Embora Maradona nunca tenha desejado ser visto como exemplo de nada, aqueles torcedores o viam como um deles — ainda que superior a eles. Em Nápoles, era um tipo diferente de Deus em comparação àquele que deslumbrava a Argentina: mais vingativo, visceral, certamente menos complexo, mas jamais esquecido. E era por isso que todas aquelas pessoas estavam ali, estavam contando ao mundo que jamais o deixariam partir.

AGRADECIMENTOS

Escrever um livro nunca é tarefa para uma única pessoa. Precisei de conselho, apoio, ideias e muitas outras coisas, e, como sempre, consegui isso graças à minha equipe: minha assistente Maribel Herruzo, que poderá descansar seus ombros castigados; o instruído e afetuoso Sergio Levinsky; William Glasswell, sempre; o leal Brent Wilks; o sempre confiável Peter Lockyer; o talentoso Marc Joss; e o mais recente membro do grupo, o feliz Tom Shearman. Minha mãe, minha irmã Yolanda, meu irmão Gustavo e sua companheira Jana, e minha sobrinha Alba me deram a energia positiva para seguir em frente. Luis Miguel García sempre se mostrou disposto a ouvir e discutir os mais diversos assuntos comigo. Mark Wright me deu inúmeros detalhes sobre os carros de Maradona, e Paul Ruiz, sempre que solicitado, ofereceu sua ajuda. Sinto muito o fato de não poder mais ouvir a opinião sempre detalhada de Peter Bennet, mas ele não será esquecido. Agradeço a Teresa Carvi, da Mediapro, e a Garth Brameld, da BBC, que me permitiram tirar folgas que me ajudaram a terminar este livro. E também a Tony Kennedy, por indicar a música certa para me acompanhar em minhas viagens e nos longos períodos de escrita. Alan Samson, da Weidenfeld & Nicolson, sabe como fazer um autor se sentir confortável e querido, e, por isso, estendo a ele meu muito obrigado (e foi tão bom trabalhar novamente com Lucinda McNeile). Meu agente literário David Luxton teve de lidar até com o formato do "G" na capa,[1] então vocês podem imaginar como lhe sou grato!

---

1 O autor se refere à capa da edição original do livro, publicada pela Weidenfeld & Nicolson. (N. E.)

As conversas sobre Maradona têm sido constantes há mais de dois anos, e a lista de pessoas que me fizeram pensar em novas perspectivas acerca desta história fascinante acrescentaria ainda mais páginas a este livro já extenso. Porém, permitam-me mencionar aqueles que se sentaram comigo para me passar informações e compartilhar suas próprias experiências: Paco Aguilar, Daniel Arcucci, Néstor Barrone, Guillermo Blanco, Gustavo Berstein, Diego Borinsky, Lluis Canut, Javier Castrilli, Rodolfo Chisleanschi, Nacho Conte, Gerry Cox, Fernando García, Juan Gaspart, Jesús Gómez, Quique Guasch, Pepe Gutiérrez, Gary Lineker, Daniele Martinelli, Josep Ma Minguella, Víctor Hugo Morales, Fabián Ortiz, Alberto Miguel Pérez, César Pérez, Emilio Pérez de Rozas, Mauricio Pochettino, Adrián Remis, Ramón Rodríguez *Monchi*, Fernando Signorini, Santi Solari, Víctor Tujschinaider, Juan Carlos Unzué, Jorge Valdano, Julián Varsavsky, Eugenia Vega, Leandro Zanoni e Claudio Zuth.

GUILLEM BALAGUE é jornalista e autor. Nascido em Barcelona, na Espanha, atualmente trabalha como comentarista para a BBC Radio 5 Live e a LaLiga TV. Além de *Maradona*, publicou biografias de Pep Guardiola, Lionel Messi e Cristiano Ronaldo, esta premiada como o melhor livro de futebol do ano, em 2016, pelo British Sports Book Awards.

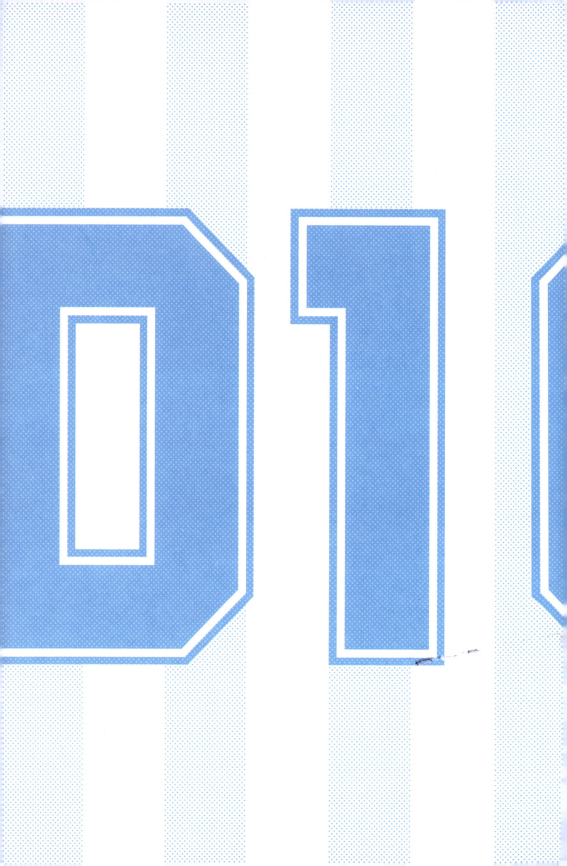